高等学校工程管理专业规划教材

管 理 学

山东建筑大学 张 凤 编著

中国建筑工业出版社

图书在版编目（CIP）数据

管理学/张凤编著 . —北京：中国建筑工业出版社，2015.7
高等学校工程管理专业规划教材
ISBN 978-7-112-18218-3

Ⅰ.①管… Ⅱ.①张… Ⅲ.①管理学-高等学校-教材
Ⅳ.①C93

中国版本图书馆CIP数据核字（2015）第141636号

　　本书是高等院校管理类专业的核心课程教材。编写者借助多年从事管理学教学积累的经验，汲取了多个版本的管理学精华的基础上，系统阐述了管理学的基本原理与基本理论，深入地探讨了管理的职能。其内容主要包括五篇：总论；计划；组织；领导；控制，具体为：管理与管理原理；管理思想与管理理论的发展；职业道德与社会责任；管理的全球化与信息化；决策与决策方法；计划与计划工作；战略管理；组织设计；组织结构的演化与发展；组织文化；人力资源管理；领导理论；激励理论；沟通理论；控制理论，共十五章。本书内容全面，配套拓展阅读与案例分析紧扣主题。

　　本书既可以作为高等院校管理专业，特别是理工建筑类专业的本科教学用书，也可以作为硕士研究生的入学考试和复试用书，同时也可以作为管理类以及相关专业专升本的考试用书。还可以为有意识提高管理能力的社会读者提供思路和借鉴。

＊　　　＊　　　＊

　　责任编辑：毕凤鸣　郭　栋
　　责任校对：张　颖　刘梦然

高等学校工程管理专业规划教材
管　理　学
山东建筑大学　张　凤　编著
＊
中国建筑工业出版社出版、发行（北京西郊百万庄）
各地新华书店、建筑书店经销
北京红光制版公司制版
北京市密东印刷有限公司印刷
＊
开本：787×1092毫米　1/16　印张：19¾　字数：492千字
2015年7月第一版　　2015年7月第一次印刷
定价：**39.00**元
ISBN 978-7-112-18218-3
（27543）

序　言

从教 20 余年，一直讲授管理学，在这个教书育人的过程中，粗略估算讲过二百多遍管理学，选用的教材是周三多教授编写的管理学，当然也选用过几次其他出版社的教材，授课过程参考的管理学书目那就更多了。一直想编写一本适合建筑类专业的管理学，在众位同仁的带动和鼓励下，今天终于正式成型，这部教材是本人从教二十余年讲授管理学知识的系统汇总与整理，也算是多年努力工作的研究成果。

在人类历史上，还很少有什么事比管理的出现和发展更为迅猛，对人类具有更为重大和更为激烈的影响，管理学的鼻祖彼得·德鲁克如是说。钱德勒认为管理协调这只"看得见的手"，相比市场协调这只"看不见的手"而言，能够带来巨大的生产力和丰厚的利润，能够提高资本的竞争力，由此管理的变革会引发生产和消费的显著提高。这也就是钱德勒所谓的"企业的管理革命"。管理是看得见的手，而市场是看不见的手，管理将技术、人才、自然等资源充分进行利用。管理学是一门综合性的交叉学科，管理学既隶属于心理研究，是具有内隐性的组织行为学、管理心理学、领导商数、管理者情商等多门学科的综合。管理学又隶属于技术研究，是外显性的战略管理、组织管理、运营管理、管理工程等的综合。

在今天，管理面临着新的挑战，全球化带来的跨文化管理，多元文化情境下企业如何进行管理？互联网时代带给人们生活方式和工作方式的改变，SOHU 族的出现是否意味着组织面临变革？企业信用危机不断冲击着市场交易的底线，市场化交易如何监管？存在安全隐患的食品与不断恶化的环境已经严重影响了人们的身体健康，如何处理社会责任和企业赢利之间的关系？信息化的发展与信息安全时刻让人们警觉，在信息化时代人们应该如何保证自身信息安全？正如彼得·德鲁克说的，当今世界唯一不变的就是变化，在变化的环境下如何学习管理学？需要我们好好反思。无论外界环境如何变化，如果能够深入学习与理解把握管理学的灵魂，定能改变你的一生。

管理学的版本很多，本书在汲取了众多管理学教材精华的基础上编写而成，本书的特色介绍如下：

（1）为了更好地满足高等院校理工建筑类本科学生管理学教学的需要，在原来管理类，经济类专业管理学的基础上，对管理理论与管理知识进行了系统整理与编写，在书中添加了建筑企业相关案例以及建筑行业从业人员的职业道德。在课程建设方面能够与理工建筑类专业所学习的其他课程密切地结合起来，在具体内容构建方面形成了基础管理到项目管理再到企业管理的逻辑主线与理念，由此也选择了中国建筑工业出版社进行出版。

（2）这本管理学的编写依然按照管理学的经典编排方法，按照管理的职能进行编写，主要包括决策，组织，领导和控制，四大职能。并且在管理总论包括四章内容，涵盖了管理理论、管理流派以及管理原理，还对管理学学习的背景知识，信息化和全球化以及道德和社会责任进行了深入分析，这些都是学习管理学必备的基础背景知识。在编写的过程中，注重把管理的基本概念与基本理论进行阐释，重在让学生明白管理学的核心与灵魂，掌握管理学的重点与难点，每个人对管理学的掌握定会有差别，根据需要可以选择不同内容进行讲解。

（3）每章内容讲解结束后，列出了部分思考题，通过对思考题的解答，不仅可以帮助学生系统掌握本章所讲的知识点与相关理论，还可以促进学生运用理论和知识解答问题的能力，也为整个管理学的掌握提供了参考。在每章后面增加了与本章内容配套的案例以及相应的思考题，通过对案例思考题的解答不仅可以帮助学生理解所讲内容，还能拓宽学生的知识面，而且吸引了学生学习管理学的热情和主动性。

我们一旦走向社会，不是从事管理就是被别人管理，管理时时在，处处在。学习管理学的目的不是仅仅为了获取几个学分，更为重要的是掌握管理的基本理论与方法，通过管理提高效率，实现目标，由此可见管理学的目的显而易见。管理学整个管理学知识体系如下图所示，第1章和第2章是掌握管理的基本原理与管理理论的发展，第2章和第4章是学习管理学的背景知识，当前学习管理学是在道德和企业承担社会责任的前提下，在经济全球化和信息化的背景下，管理的职能包括决策，组织，领导和控制四大部分，决策主要包括第5章、第6章、第7章；组织主要包括第8章、第9章、第10章；领导主要包括第11章、第12章、第13章；控制主要包括第14章、第15章。作为建筑类专业，学好管理学更是至关重要，整个项目的完成离不开管理，通过管理可以用最少的资源得到最大的产生，在既定的资源前提下，缩短工期。本人二十余年的管理学教学经验得出，若能学以致用，必将提高学习和工作效率。通过本书的学习与研读以期希望读者能比较系统地学习和了解管理知识体系，引发当前对管理困境的思考，不断提升自我管理能力。

整本管理学的编写，因本人在二十多年的上课过程中，使用周三多编写的高等教育出版社出版的管理学最多，深受其影响，本书中采用其内容较多，在此表示深深的感谢。在编写过程中，对外经贸大学的吕臣博士，北京工业大学的白素霞博士以及北京大学的赵宝廷博士后，对全书进行了审核与完善，在此表示深深的感谢。在编写的过程中，不免存在纰漏，衷心希望使用者多提意见。

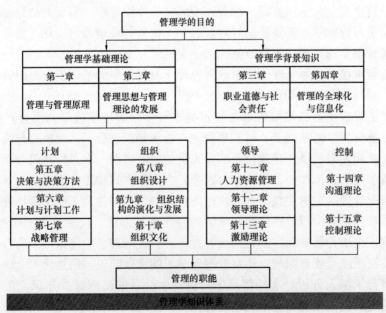

管理学知识体系

4

目　　录

第一篇 总 论

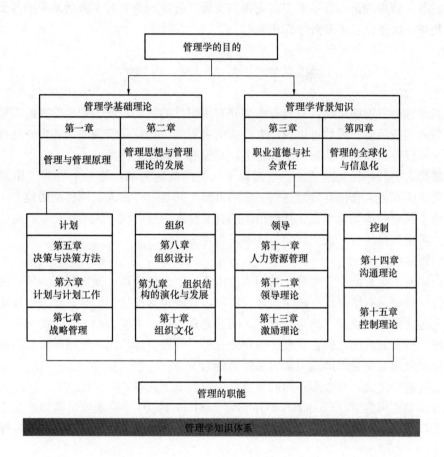

管理学知识体系

第一章　管理与管理原理

在人类历史上，只要人类开展各类活动，就必然有管理。管理活动中各种管理思想以及管理经验的不断积累，就形成了一些简单的管理思想。直到 19 世纪末，随着欧洲工业革命的发展，管理理论得以不断丰富完善和发展，管理理论是对实践活动中的各类管理思想进行提炼、概括以及不断升华而得来的。

第一节　管理的含义

在人类社会发展的早期，只要有人类并有组织性的活动，就会产生管理的需要，也就会有管理的实践活动。因此可以说，人类文明进步的历史就是管理的发展史。这种管理的实践活动仅仅停留在简单认识的基础之上，并没有一套理论体系。

管理是人类的一种实践活动，它起源于人类的共同劳动，是一个协调工作活动的过程，以便能够和他人合作有效地达到一定的目标。凡是有许多人共同劳动的地方，就需要管理。由于共同劳动无所不在、社会组织的普遍存在，管理成了人类社会最普遍的社会行为之一。可见，自从有了人类社会，就有了管理。

一、管理的定义

管，原意为细长而中空之物，其四周被堵塞，中央可通达。使之闭塞为堵；使之通行为疏。管，就表示有堵有疏、疏堵结合。所以，管既包含疏通、引导、促进、肯定、打开之意；又包含限制、规避、约束、否定、闭合之意。理，本义为顺玉之纹而剖析；代表事物的道理、发展的规律，包含合理、顺理的意思。管理犹如治水，疏堵结合、顺应规律而已。所以，管理就是合理地疏与堵的思维与行为[1]。

对于管理的定义，有很多不同的观点，主要有以下几种：

弗雷德里克·泰罗（Frederick Winslow Taylor）认为："管理就是确切地知道你要别人干什么，并使他用最好的方法去干"。在泰罗看来，管理就是指挥他人能用最好的办法去工作。

彼得·德鲁克（Peter F、Drucker）"现代管理学之父"认为："管理是一种工作，它有自己的技巧、工具和方法；管理是一种器官，是赋予组织以生命的、能动的、动态的器官；管理是一门科学，一种系统化的并到处适用的知识；同时管理也是一种文化。"（《管理——任务、责任、实践》）。

福莱特（Follett，1942），美国管理学家。把管理描述为"通过其他人来完成工作的艺术"。这一定义把管理看作为一门艺术，强调了人这一因素在管理中的重要地位。

法约尔（Fayol），法国著名管理学家。从管理的职能和过程的角度把管理定义为：

---

[1]《极简管理：中国式管理操作系统》

"管理就是计划，组织，指挥，协调，控制。"

西蒙（Simon），经济组织决策管理大师，诺贝尔经济学奖获得者。从决策在管理中所占重要地位的角度："管理就是决策"。

孔茨（Koontz），美国管理学家。从管理过程的角度认为，"管理是在正式组织的团体中，通过他人并同他人一起把事情办妥的艺术。"

罗宾斯（Robbins），美国著名管理学教授。综合人和效率的因素认为"管理就是与别人一起，或通过别人使活动完成的更有效率的过程。"

波波夫（Popov），苏联著名经济学家。从管理所产生的组织效果的角度把管理定义为"管理如同土地、劳力和资本一样，都是一种生产因素或曰资源。"

我国学者也给出了一些定义，如下：

胡祖光指出："管理就是组织人力与物力以实现组织目标的过程。"提出了管理涵盖的三要素：人、物、组织。

周三多把管理定义为："管理是指组织为了达到个人无法实现的目标，通过各项职能活动，合理分配、协调相关资源的过程。"

因此，综合以上，管理是有效地整合组织资源，协调组织中的个人和群体行为，确保组织目标得以顺利实现的过程。这一定义包括四个层面的内涵：第一，管理是一个过程；第二，管理的核心是处理好人际关系；第三，管理的手段是有效整合组织拥有的各种资源；第四，管理的意义在于更有效地开展活动，改善工作，更有效得满足客户需要，提高效果、效率、效益。

随着社会的发展，各种活动规模不断扩大，管理变得越来越重要。任何一种管理活动都必须由以下四个基本要素构成，即：①管理主体，由谁管；②管理客体，管什么；③组织目的，为何而管；④组织环境或条件，在什么情况下管。

二、管理的职能

20 世纪初期，法国工业家法约尔提出，所有管理者都要履行以下五种管理职能：计划、组织、指挥、协调和控制。到了 20 世纪 50 年代中期，加利福尼亚大学洛杉矶分校的两位教授：哈罗德·孔茨和西里尔·奥唐内尔，以计划、组织、人事、领导和控制五种职能作为管理教科书的框架，他们合著的《管理学原理》成为此后 20 年中销量最大的管理教科书。至今，大多数管理教科书中仍按照这一管理职能来组织内容。不过一般将这五个职能简化为四个基本职能：计划、组织、领导和控制。

下面依次介绍这四个基本职能。计划职能（Planning）包含规定组织的目标，制定整体战略以实现这些目标，以及将计划逐层展开，以便协调和将各种活动一体化；组织职能（Organizing）就是承担着设计组织结构的职责；领导职能（Leading）就是指导和协调组织中的人；控制职能（Controlling）就是对偏差的监控、识别和纠正，以使组织回到正确的轨道上来。

我国学者周三多把管理的职能分为以下五种：决策与计划、组织、领导、控制和创新。图 1-1 很好地诠释了管理各个职能之间的关系：（1）决策是计划的前提，计划是决策的逻辑延续。（2）组织、领导和控制旨在保证决策的顺利实施。（3）创新贯穿于各种管理职能和各个组织层次之中。

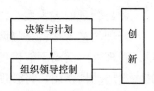

图 1-1 管理职能图

三、管理的性质

管理的性质与管理的概念紧密相关，因此可以总结为以下几个方面：

1. 管理的两重性，它具有自然属性和社会属性

管理两重性理论是马克思最早提出的，他在《资本论》中指出："凡是直接生产过程具有社会结合过程的形态，而不是表现为独立生产者的孤立劳动的地方，都必然会产生监督劳动和指挥劳动，不过它具有两重性。"任何社会生产都是在一定的生产关系下进行的。管理，从最基本的意义来看，一是指挥劳动；二是监督劳动。由于生产过程具有两重性：既是物质资料的再生产，同时又是生产关系的再生产。因此，对生产过程进行的管理也就存在着两重性：一种是与生产力、社会化大生产相联系的管理自然属性；一种是与生产关系、社会制度相联系的管理社会属性。这就是管理的两重性（管理的性质）。

两重性是指事物所具有的双重特征。管理也同样具有两种属性，即管理作为合理组织社会生产力所表现出来的自然属性和在一定社会生产关系下所体现的社会属性。其中，与生产力相联系的是自然属性，与生产关系、社会文化相联系的是社会属性。

2. 管理的科学性与艺术性

（1）管理的科学性

管理的科学性是指管理作为一个活动过程，期间存在着一系列基本的客观规律。人们经过无数次的失败和成功的实践过程，通过收集、归纳、检测数据，提出假设，验证假设，从中总结出一系列反映管理活动的理论和一般方法。人们利用这些理论和方法来指导自己的管理实践，又以管理活动的结果来衡量管理过程中所使用的理论和方法是否正确，是否行之有效，从而使管理的科学理论和方法在实践中得到不断的验证和丰富。

①科学的规律性：管理科学是人类在长期从事社会生产实践活动中，对管理活动规律的总结。作为一门科学，要求管理具有系统化的理论知识。管理科学是把管理的规律性提取出来，形成原则、程序和方法，对管理者管理活动予以普遍性指导，使管理成为理论指导下的规范化的理性行为。承认管理的科学性，就是要求在管理活动中要不断发现与摸索管理的规律性，按照管理的规律来办事，在科学的管理理论与原则的指导下搞好管理，提高管理效率。

管理学是从客观实际出发，研究人类社会中各种组织的管理活动及其规律性的学科，这些规律是客观存在的。如果谁违背了这些规律，就必然会遭到惩罚。

②严密的程序性：科学的逻辑在管理活动中表现为一种严格的程序化操作，程序性是管理活动的一个重要特征。这种程序性首先体现在管理流程的设计中，其次体现在具体的操作工艺中。

③先进的技术性：管理学是一门应用性很强的学科，管理的理论只有转化为具体的管理技术和技能才能发挥作用。在现代管理学中，这些管理技术又被转换成各种管理软件和具体的操作技能，以便完成具体的管理任务。

（2）管理的艺术性

管理的艺术性就是强调管理的实践性，没有管理实践则无所谓管理艺术。换句话说就是，管理这一活动不能仅仅依靠书本上的理论知识，管理人员必须在管理实践过程中发挥其主观能动性作用，将管理理论知识与具体管理活动相结合，才能进行有效的管理。管理是一种随机的创造性工作，它不像有些科学那样可以单纯通过数学计算去求得最佳答案，

也不可能为管理者提供解决问题的具体模式，它只能使人们按照客观规律的要求，实施创造性管理，从这个意义上讲，我们说管理是一种艺术。管理的艺术性在具体的管理活动中要求如下：

①巧妙的应变性

管理者在其管理生涯中，会遇到各种意想不到的事件发生，有无应变能力，便显得十分重要。尤其是当组织遇到突然的重大变故时，管理者的应变能力往往起着决定性的作用。

> 　　海南农民种植的一种叫"白象牙"的芒果，因为在开花时受精受粉不完全，导致"发育不良"，结出的果只有鸡蛋般大小，这种果子学名称为"败育果"。前几年，这种果只能作为淘汰处理。但是，原本要扔掉的小东西，在通过合理的转换后却变成了"珍珠果"。这种果由于其口感好，果肉中几乎没有纤维，核小甚至无核，深受人们的欢迎。正常大小的优质象牙芒果每斤售价二、三元，而它却卖到了四、五元，最高时可卖到 8 元一斤，而且供不应求。在海口、广州、深圳等地，这种小个的象牙芒果成为当地人的送礼佳品。气候还是那个气候，芒果还是那个芒果，但结果却大不相同。这就是在管理的应变性，遇到不同的情况、不同的对象，进行不同的处理。

②灵活的策略性

管理者不仅需要运用智慧进行战略层面上的思维和运作，更需要策略层面上的灵活操作，只有一个个策略上的成功，才能最终取得战略上的成功。

③完美的协调性

管理者的重要任务就是对各种关系的成功协调，如乐队指挥、如弹奏钢琴协奏曲。协调出动力、出效益，其中，人际关系的成功协调是对管理者的重大考验。

（3）管理是科学性与艺术性的统一

管理科学是反映管理关系领域中的客观规律的知识体系，管理艺术则是以管理知识和经验为基础，富有创造性管理技巧的综合。管理科学是管理这一能动过程的客观规律的反映，而管理艺术则是它的主观创造性方面的反映。管理者只有既懂得管理科学又有娴熟的管理艺术，才能使自己的管理活动达到炉火纯青的地步。

在管理的科学性上，人们常犯的错误是：盲目照搬国外的管理理论；将书本上的管理原理当作教条；认为管理只靠实践，从不相信管理专家。尤其是第三种看法，在管理者中广泛存在。在管理的艺术性上，人们常犯的错误是：管理的艺术性是指管理靠的是人格魅力、灵感与创新，而管理本身是没有规律可循的，更没有办法通过学习（尤其是书本学习）掌握管理的技巧。过分强调管理的艺术性，从而否认管理的科学性；认为管理艺术是少数人天生所具有的，从而大多数人只能天生地处于被管理、被领导的地位；在管理实践上缺乏科学的管理制度，而常常以管理者的心情、好恶来作为决策的依据。

对于学习管理学的人来说，不能把管理学当作一般的知识性学科进行学习，也不能简单地当作完成职业任务的操作技能来学习，而应该从管理科学、管理艺术两个层面来学习研讨管理学，使自己修炼成一个出色的管理者。

第二节 管理者理论

一、管理者及其分类

法约尔认为："管理普遍是一种单独活动，有自己的一套知识体系，由各种职能构成，管理者通过完成各种职能来实现目标的一个过程。"计划、组织、指挥、协调和控制是一切管理活动的最基本的职能。管理者是那些在组织中行使管理职能，指挥或协调他人完成具体任务的人，其工作绩效的好坏直接关系着组织的成败兴衰。

管理者的分类：按其所处的管理层次，即纵向分类可分为高层管理者、中层管理者和基层管理者。高层管理者是指负责制定组织的发展战略和行动计划，有权分配组织所有资源的管理人员。中层管理者是指负责制定具体的计划及有关细节和程序，观察执行高层管理者做出的决策和计划的管理人员。基层管理者又称一线管理人员，具体指工厂里的班组长等。

按其所从事管理工作的领域及专业，即横向分类，可以分为综合管理者和专业管理者。综合管理者是指负责管理整个组织或组织中某个事业部全部活动的管理者，专业管理者仅仅负责管理组织中某一类活动（或职能），见图1-2和图1-3。

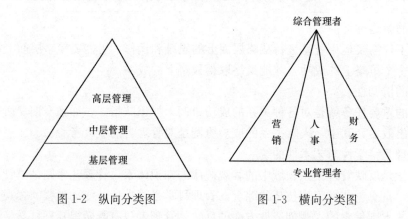

图1-2 纵向分类图   图1-3 横向分类图

二、管理者角色理论

亨利·明茨伯格（Henry Mintzberg）是全球管理界享有盛誉的管理学大师，经理角色学派的主要代表人物。"管理者真正做了什么？他们是怎么做的？为什么要这样做？"他跟踪记录下5位管理者工作时真正在做什么，结果发现管理者们并没有做他们想做和应该做的事，他们并不是在做人们常常宣称的计划、组织、指挥、协调、控制，而是把绝大多数时间都用在快速对付"短暂、多样、零碎"的事情上。杜拉克曾提出过"管理者的角色"，在杜拉克看来，管理是一种无形的力量，这种力量必须通过各级管理者体现出来，而管理者所扮演的角色大体上分为三类：管理组织、管理管理者、管理工人和工作。由此，管理的核心就是处理好各种人际关系。亨利·明茨伯格研究发现管理者扮演着10种不同的，但却是高度相关的角色，这十种角色可被归入三大类：人际角色、信息角色和决策角色。

1. 人际角色

人际角色归因于管理者的正式权力。人际角色直接产生自管理者的正式权力。管理者所扮演的三种人际角色是：代表人角色、领导者角色和联络者角色。

代表人角色：作为头头必须行使一些具有礼仪性质的角色。

领导者角色：管理者和员工一起工作并通过员工的努力来确保组织目标的实现。

联络者角色：与组织内个人、小组一起工作、与外部利益相关者建立良好的关系所扮演的角色。

2. 信息角色

在信息角色中，管理者负责确保和其一起工作的人具有足够的信息，从而能够顺利完成工作。整个组织的人依赖于管理结构和管理者以获取或传递必要的信息，以完成工作。管理者所扮演的三种信息角色是：监督者角色、传播者角色和发言者角色。

监督者角色：持续关注内外环境的变化以获取对组织有用的信息，接触下属或从个人关系网获取信息，依据信息识别工作小组和组织潜在的机会和威胁。

传播者角色：分配作为监督者获取的信息，保证员工具有必要的信息，以便切实有效完成工作。

发言人角色：把角色传递给单位或组织以外的个人，让相关者（股东、消费者、政府等）感到满意。

3. 决策角色

在决策角色中，管理者负责处理信息并得出结论。管理者通过决策让工作小组按照既定的路线行事，并分配资源以保证计划的实施。管理者所扮演的四种角色是：企业家角色、冲突管理者角色、资源分配者角色和谈判者角色。

企业家角色：对作为监督者发现的机会进行投资以利用这种机会。

冲突管理者角色：处理组织运行过程中遇到的冲突或问题。

资源分配者：决定组织资源（财力、设备、时间、信息等）用于哪些项目。

谈判者角色：花费了大量时间，进行必要的谈判，对象包括员工、供应商、客户和其他工作小组，以确保小组朝着组织目标迈进。

三、管理者技能理论

罗伯特·卡茨（Robert L、Katz）美国著名的管理学学者，1955 年在美国哈佛商业评论发表的《高效管理者的三大技能》一文中，他提出管理者必须具备技术技能，人际关系技能和概念技能。

1. 技术技能

运用其所监督的专业领域中的过程、惯例、技术和工具的能力。所有工作都需要一些专门的才能。获取技术技能的途径包括接受正规教育和从事工作。对于基层管理者来说，技术技能是非常重要的，他们要直接处理员工所从事的工作。

2. 人际技能

成功地与别人打交道并与别人沟通的能力。管理者的人际技能包括对下属的领导能力和处理各种关系的能力。由于管理者是通过别人来做事，因而必须具备良好的人际关系技能才能实现有效地沟通，激励和授权。各层管理者都必须具备人际关系能力。

3. 概念技能

产生新想法并加以处理，以及将关系抽象化的思维能力。指综观全局、对复杂情况进行抽象化和概念化的技能。管理者必须能够将组织看作是一个整体，理解各部分之间的关系，设想组织如何适应它所处的广泛的环境。对于高层管理者，概念技能非常重要。

三种技能在不同管理层次中的要求不同，技术技能由低层向高层重要性逐渐递减；概念技能由低层向高层重要性逐步增加；人际关系技能对不同的管理层的重要程度区别不十分明显，但比较而言高层要比低层相对重要一些。一个成功的管理者，肯定具有良好的人际关系，如图1-4所示。

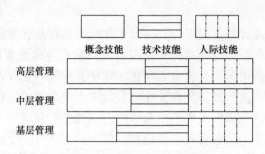

图1-4　各个层次的管理着需要的技能比例图

第三节　管　理　原　理

管理学是以各种管理工作普遍适用的原理和方法为研究对象的一门学科或科学。管理学方法即管理学所研究的管理工作普遍适用的基本方法，该基本方法在管理学中被抽象为管理原理。所谓原理，是对某种客观事物的实质及其运动基本规律的总结。管理原理是不同行业、不同部门、不同性质的各种管理工作所适用的共同性原理，是管理工作的实质及其基本规律，是对管理工作的科学分析与总结，是现实管理现象的抽象，是对各项管理制度和管理方法的高度综合与概括，是一切管理活动具有普遍指导意义的基本方法，它包括系统原理、能级原理、人本原理、责任原理、效益原理、弹性原理六个方面的内容。

一、系统原理

管理学认为，任何社会组织都是由人、物、信息组成的系统，任何管理都是对系统的管理，没有系统，也就没有管理。所谓系统，是指由若干相互联系、相互作用的部分所组成的在一定环境中具有特定功能的有机整体。其本质是"过程的复合体"。在自然界和人类社会中，一切事物都以系统的形式存在，任何事物都可以看作一个系统。从系统组成要素的性质看，系统可以被划分为自然系统和人造系统。自然系统，如生态系统、气象系统等，是由自然组成的系统。人造系统是人们为达到某种目的而建立的系统，如生产系统、交通系统、商业系统等。

系统最基本的特征是其集合性，一个系统至少由两个或两个以上的子系统集合而成。构成系统的子系统也称为要素，系统是由各个要素结合而成，就是系统的集合性。系统的结构又是有层次的。构成一个系统的子系统和子系统之间处于不同的地位，此即系统的层次性。系统各要素之间相互依存、相互制约。系统各要素之间的这种关系即系统的相关性。系统原理不仅为认识管理的本质和方法提供了新的视角，而且它所提供的观点和方法广泛渗透到人本原理、责任原理和效益原理之中，从某种程度上说来，在管理原理的有机体系中起着统帅的作用。

（1）什么是系统——系统是人们对有联系的客观事物的一种总的描述。它是指由若干相互联系、相互依存、相互作用的要素所组成的具有特定功能的有机整体。管理是对组织进行的管理；而组织是由相互联系和作用的要素组成的统一整体。系统原理在管理的原理中最具基础性的原理。①集合性：子系统组合而成。②层次性：构成系统的子系统处于不同的地位，具有一定的层次结构。③相关性：系统中的各子系统相互联系、相互作用。管理的系统原理，是指在管理过程中应从组织全局的角度，正确处理组织与各要素之间、各要素相互之间的关系，以实现组织利益最大化。

（2）系统原理的基本内容：①整体性观点；②开放性观点；③动态性观点（环境适应性观点）；④综合性观点（集成、相关性、层次性）。

二、能级原理

能级原理是指管理的组织结构与组织成员的能级结构必须相互适应和协调，这样才能提高管理效率，实现组织目标。能级原理中的"能级"，是指组织成员在一定条件下，能对实现组织目标起作用的各种能力之和的差别。能，在物理学中是做功的量。在现代管理活动中所谓的能，是指人们从事组织活动和管理活动的能力。从管理的意义上说，人的能力是指组织成员在一定的条件下所具有的对实现组织目标起作用的各种能力之和。级，在物理学中表示物质内部或系统内部的结构、联序、层次等。在管理活动中，级表示管理机构的不同环节和不同层次。管理机构中不同的层次、不同的环节上的管理人员所处的地位是有差别的。不同管理级别和层次的管理者对组织目标的完成所起的作用是不相同的，但这些由各管理人员及其相应管理职能形成的各个管理环节和管理层次，对整个管理系统来说都是不可缺少的，都是完成组织目标所必需的管理组织结构要素。

现代管理的任务是建立一个合理的能级，使管理的内容动态处于相应的能级中，这就是现代化管理的能级原理。管理能级必须按层次。在现代管理系统中，各元素的活动必须服从于系统，具有高效率与高可靠性的要求。管理的能级结构是指为了实施有效的管理，必须在组织中建立一个合理的能级结构，并按照一定的标准，将管理的对象置于相应的等级中。管理的能级一般包括组织各层次的岗位能级和各类型的专业能级两个方面。所以，管理系统中能级的划分不是随意的，它们的组合也不是随意的。理论和实践证明，稳定的管理结构应是正立三角形，三角形的上部具有尖锐的锋芒，下部又有宽厚的基础，这种稳定的管理结构正是建立在合理分级的基础上。管理的能级原理，是指为了实施有效的管理，必须在组织中建立一个合理的能级结构，并按一定的标准，将管理的对象置于相应的能级结构中。能级原理的运用，其重点在于如何使人的能量得到最大限度的发挥，以实现目标。

能级原理的基本内容：

（1）科学、合理地确定组织的能级结构。

（2）按层次需要选人、用人，使各种人才处于相应的能级。

1）能级与职级配置，使能者有其位；

2）能级与岗位配置，使能者有其岗；

3）能级与待遇配置，使能者有其利；

4）能级与能级交叉配置，实现能力优化组合。

三、人本原理

世界上一切科学技术的进步，一切物质财富的创造，一切社会生产力的发展，一切社会经济系统的运行，都离不开人的服务、人的劳动和人的管理。管理学认为，管理就是以人为中心的管理，该思想就是所谓的"人本原理"。人本原理认为：职工是企业的主体；职工参与是有效管理的关键；使人性得到最完美的发展是现代管理的核心；服务于人是管理的根本目的。按此原理，尊重人、依靠人、发展人、为了人是人本原理管理思想的基本内容和特点，因此，任何一个高明的管理者都会以人为本，尊重人，依靠人，发展人和为了人。

人本原理是一种以人为中心（核心）的管理思想。它要求将组织内的人、人际关系放在首位，将管理工作的重点放在激发职工的积极性和创造性方面，使人性得到最完美的发展。管理中对人的认识过程：要素研究——行为研究——主体研究。

人本原理的主要内容：

（1）尊重人——员工是企业的主体；

（2）依靠人——有效管理的关键是员工参与；

（3）发展人——现代管理的核心是使人性得到最完美的发展；

（4）为了人——管理是为人服务的（本质）。

四、责任原理

管理学认为，管理是追求效益的过程。在这个过程中，要挖掘人的潜力，就必须在合理分工的基础上明确规定这些部门和个人必须完成的工作任务和必须承担的与此相应的责任。责任不是抽象的概念，而是在数量、质量、时间、效益等方面有严格规定的行动规范。表达责任的形式主要是工作规程、条例、范围、目标和计划等等。而有了分工，就会有责任；分工明确，责任也就自然会明确。没有分工的共同负责，实际上是职责不清，要么某一个人做事，大家闲着；要么无人负责，其结果必然是管理上的混乱。因此，任何高明的管理者都会在明确分工的基础上，将职责具体化，并且使职责的界限清楚，职责的内容具体，职责中的横向联系得到落实，从而避免管理上的混乱。同时，做到职位设计和权限委授合理，奖惩分明，且公正而及时。

责任原理是指在管理工作中，必须在合理分工的基础上明确相关部门和个人应承担的相应责任，以实现高效的管理。

责任原理的主要内容：

（1）合理分工：没有分工，会造成责任模糊、管理混乱；分工过细，会影响人的积极性和创造性，导致工作效率低下。

（2）明确责任："管理的基本原则是：一定的人对所管的一定的工作完全负责"（列宁），职责界限要清楚；职责内容要具体；职责中要包括横向联系的内容；职责一定要落实到人。

（3）职位设计和权限委授要合理。

（4）检查监督有力，奖惩公正、及时。

五、效益原理

任何组织的管理都是为了获得某种效益，效益的高低直接影响着组织的生存和发展，所以，效益是管理的永恒的主题。效益与效果和效率既相联系，又相区别。效果是指由投入经过转换而产出的有用成果。其中，有的有效益，有的没效益，只有那些为社会所接受的效果，才是有效益的。效率是指单位时间内所取得的效果的数量，反映了劳动时间的利用状况，与效益有一定的联系。实践中，效益与效率并不一定是一致的。效益是有效产出与投入之间的一种比例关系，可从社会和经济两个不同的角度去考察。社会效益和经济效益之间，两者既有联系，又有区别。就其联系而言，经济效益是讲求社会效益的基础，而社会效益又是促进经济效益提高的重要条件。就其区别而言，经济效益比社会效益直接；经济效益可以运用若干个经济指标来计算和考核，而社会效益则难以计量，必须借助于其他形式来间接考核。管理应该是经济效益和社会效益的有机结合。现代管理的基本目标，在于获得最佳的管理效益（经济效益和社会效益）。

效益原理是指在管理工作中，要求一切活动都要始终围绕系统的整体优化目标，通过不断地提高效率，使投入的人、财、物等资源得以充分、合理、有效地利用，从而产出最佳的管理效益。

效益的界定及其评价：

（1）效果：由投入经过转换而产生的成果。只有那些为社会所接受的效果，才是有效益的。

（2）效率：单位时间内所取得的效果的数量。在实践中，效益与效率并不一定一致。

（3）效益：有效产出与投入之间的一种比例关系。管理效益是经济效益与社会效益的有机统一。

效益原理的主要内容：

（1）要重视经济效益。

（2）要有正确的管理战略。

（3）追求局部效益必须与追求全局效益协调一致。

（4）要努力提高管理系统的效率。遇事首先坚持3个"能不能"原则——能不能取消；能不能合并；能不能更简便处理。实行工作ABC分类法——着重处理A类；派人处理B类；暂缓处理C类。调动人的积极性和创造性——激励；授权。

（5）管理者应追求长期、稳定的高效益。

六、弹性原理

弹性原理是指管理必须要有很强的适应性和灵活性，用以适应系统外部环境和内部条件千变万化的形势，实现灵活管理。弹性原理在企业管理中的重要性在于：管理所面临的问题是多因素，这些因素既存在复杂联系又是经常变化的；事先不能精确估计。因此，管理的计划方案、管理的方法都应当有一定弹性，也就是适应性和应变能力。在对系统外部环境和内部情况的不确定性给予事先考虑并对发展变化的诸种可能性及其概率分布，作较充分认识、推断的基础上，在制定目标、计划、策略等方面，相适应地留有余地，有所准备，以增强组织系统的可靠性和管理对未来态势的应变能力，这就是管理的弹性原则。

弹性，一般指物体在外界力的作用下，能做出反应并维持自身稳定性的能力与特性。这种特性必须是一方面能够有所变化（例如弹簧通过伸缩变形），而另一方面又能不被破坏（如伸缩后的弹簧，仍然是原来的弹簧，一旦外力撤走即恢复自身原本面目）。对于现代组织系统而言，弹性就表现为能够对外部环境变化做出能动的反应并最终达成有效目标的能力。一遇到麻烦就立刻降低要求甚至放弃目标，那是一种不可逆的"塑性变形"而绝不是什么"弹性适应"。组织系统的弹性却必须通过富有弹性的管理来实现,所以我们称之为"管理弹性"。

弹性原理是指在管理工作中,为使系统同外部环境之间保持积极的动态适应关系,考虑到各种变化的可能性,从而使管理系统整体或内部诸要素、层次在各个环节和阶段上保持适当的弹性。

根据产生弹性的主体,可将管理弹性分为局部弹性和整体弹性。局部弹性指的是局部自身的应变能力,主要表现在某部门在变化中为实现整体目标而完成自身局部任务的能力。整体弹性指整个系统对外部环境的应变、适应能力。局部弹性,尤其是关键环节的弹性,是系统整体弹性的基础,但正如系统理论指出的,整体弹性具有整体"新质",并非全部局部弹性的机械相加。

第四节 管理学研究方法

一、管理学的性质

管理学是以管理活动为研究对象发展和积累的,有系统的知识和科学。管理学是在自然科学和社会科学两大领域的交叉点上建立起来的一门综合性交叉科学,它广泛涉及其他学科知识,数学、社会科学、技术科学、领导学、决策科学、未来学、预测学、创造学、战略科学等。管理学是系统研究管理活动的基本规律和一般方法的科学。

对于管理学,不论是管理现象还是管理活动,无疑都是一种人类的社会活动或社会现象。管理学中具有科学特质的部分应该将其归入社会科学的范畴,而管理学中具有人文特质的部分则属于人文学科的范畴。因而,管理学还必定是社会科学与人文学科的混合体。

二、研究对象

根据管理的两重性,即自然属性和社会属性,可将管理学的研究对象从理论上概括为对三方面的研究:生产力、生产关系、上层建筑。

1. 生产力方面

研究如何合理组织生产力,包括如何合理分配和充分利用组织中的人、财、物、时间、信息,以适应组织目标及社会的需求,求得最佳经济效益和社会效益。

2. 生产关系方面

研究如何处理组织中人际关系,建立和完善组织结构和管理体制,以最大限度地调动各方面积极性和创造性,实现组织目标。

3. 上层建筑方面

研究如何使组织内部环境与组织外部环境相适应的问题,即如何使组织中各项规章制度、劳动纪律、文化氛围与社会的政治、经济、法律、道德等上层建筑保持一致,从而维持正常的生产关系,促进生产力的发展。

三、研究方法

管理学的研究方法可以分为三个层次:方法论、基本方法和具体技术与工具。其中,马克思主义辩证法是管理学的方法论基础。

管理学研究的基本方法有四类:调查法、观察法、实验法和文献法。

(1) 调查法。是在研究问题已有了理论基础,通过问卷调查或结构访问,通过严密逻辑推理，以对所建立的研究假设进行的验证性研究。

（2）观察法。其研究过程是为特定情境中的管理系统，管理过程以及管理现象提供完整和科学的描述，包括参与观察、直接观察、个案研究等方法。

（3）实验法。是一种在有控制条件下的可重复的观察；其中一个或更多的独立受到控制，以对假设或变量间因果关系检验的方法。实验方法有简化和纯化复杂现象的作用。

（4）文献法。又称作无干扰研究，主要包括内容分析，既有统计数据分析、历史和比较研究三种类型。

管理学研究的具体技术包括：研究组织技术、测量技术、资料收集技术、资料整理技术、资料分析技术。这些技术都包含在基本研究方法中，体现了不同方法的特色。不同的研究方法有不同的具体技术。管理研究工具可以是文书性的，也可以是器具性的。对于管理研究中的资料分析技术，常用的包括描述统计、推论统计、多元统计、计量分析、运筹学、系统工程、博弈论、复杂性科学等。

思考题

    1. 什么是管理？

    2. 管理的性质是什么？

    3. 管理的职能是什么？

    4. 管理者应该具备哪些技能？

    5. 管理者角色理论的内容是什么？

    6. 管理原理包括哪些？

抛砖引玉　什么是管理的大讨论

王苗和李叶是大学同学，学的都是管理科学与工程专业。毕业后，王苗去了深圳一家有名的外资企业从事管理工作，而李叶却被学校免试推荐为该校的硕士研究生。一晃三年过去了，李叶又以优异的成绩考入北京某名牌大学攻读管理科学与工程的博士学位。王苗在当上部门经理后也来到该校参加 MBA 培训。

李叶在办理报到手续时与王苗不期而遇。老同学相见自然免不了要"促膝长谈"，因此两人约定，晚上来个"一醉方休"。李叶如约而至，两人在酒足饭饱之余闲聊起来，由于两人志趣相同，一会儿他们就关于"什么是管理"的话题聊开了。

李叶非常谦虚地问："王兄，我虽然读了许多有关管理方面的著作，但对于什么是管理我还是心存疑虑，管理学家西蒙说'管理就是决策'，有的管理学家却说'管理是协调他人的活动'，如此等等，真是公说公有理，婆说婆有理。你是从事管理工作的，那你认为到底什么是管理？"

王苗略为思索了一会儿，说道："你读的书比我多，思考问题也比我深。对于什么是管理，过去我从来没有认真去想过，不过从我工作的经验看来，管理其实就是管人，人管好了，什么都好。"

"那么依你看，善于交际、会拍'马屁'的人就是最好的管理者了？"李叶追问道。

"那也不能这么说，"王苗忙回答说，"虽然管人非常重要，但管理也不仅仅是管人，正如你所说的，管理者还必须做决策、组织和协调各部门的工作等等。"

"你说得对，管理不仅要管人，还要做计划、定目标、选人才、做决策、组织实施和控制等等。那么，也就是说，做计划、定目标、选人才、做决策、组织实施和控制等活动就是管理啦？"李叶继续发表自己的见解。

"可以这么说，我们搞管理的差不多啥都得做，今天开会，明天制订规则，后天拟订方案等等，所以说，搞好管理可真不容易。"王苗深有感触地说。

"那你怎么解释'管理就是通过其他人来完成工作'，难道在现实中这种说法本身就是虚假的吗？"李叶显得有点激动地说。

王苗想了一会儿才回答道："我个人认为，'管理就是通过其他人来完成工作'这句话有失偏颇，管理的确要协调和控制其他人的活动，使其符合企业制定的目标和发展方向，但管理者绝不是我们有些人所理解的单纯的发号施令者，其实管理者的工作量非常大，在很多方面，他们还必须起到带头和表率的作用。"

"我同意你的观点，管理者不是发号施令者，管理也并不就是叫别人帮你做事。管理者是'舵手'，是'领航员'，他必须带领其他人一起为组织目标的实现而奋斗。不过在咱们中国，听说在一些国有企业，只要你能吃、能喝、会拍'马屁'，你就是一个好管理者，就会受到上级的器重，对此你有何高见？"

"在咱们中国，的确存在着相当普遍的官僚主义、拉关系的现象，这恐怕是我们的传统体制留下的弊端，但这不是说管理就是陪人吃饭、喝酒、拍领导'马屁'。在外资企业，这种现象几乎不存在，只要你有本事，能干出成绩，用不着你去拍马屁、送礼，上级也一样器重你，你就能获得提拔，得到加薪。因此，从某种意义上来说，管理就是管理者带领组织成员一起去实现组织的目标。"

"可是……"

夜深了，可王苗和李叶好像并没有丝毫的睡意，两人还在围绕着关于"什么是管理"的话题继续探讨着。

案例思考题

1. 有人说："管理就是管你的"。对此，你如何看待？

2. 案例中李叶说："管理者不是发号施令者，管理者是舵手、领航员……"，你同意这种说法吗？为什么？

3. 你认为：一个人是管理者必然是领导者吗？或者说是领导者必然是管理者？你如何看待这个问题？

第二章 管理思想与管理理论的发展

第一节 中外早期的管理思想

管理是人类的一种实践活动。起源于人类的共同劳动，有人类共同劳动的地方就需要有管理存在。自从有了人类社会就有了管理实践。随着管理实践的逐渐发展，人们对管理活动逐步产生认识，这种认识亦即人们所掌握的有关管理的知识。进而，管理思想是管理实践的理论表现，它是实际存在的有关管理活动及其职能、目的和范围等的知识主体。因而，管理理论起源于人类对管理实践或活动的总结。

一、中国早期的思想

中国古代管理思想博大精深，源远流长，具有代表性的有儒家、道家、法家和《孙子兵法》中的管理思想。

1. 儒家管理思想

儒家文化的主要代表人物有孔子和孟子。儒家文化的特点是关心劳动人民疾苦。"仁"是孔子人生哲学的核心思想和基本理论。如孔子曰"仁者爱人"，"仁者人也。"儒家还提出以和为贵的中庸管理方法。在儒家文化中，"和"既是管理目的，也是管理方法。如孔子曰"君子和而不同，小人同而不和。"主张在无关原则的小事上，要讲协调、重和谐；在事关原则性的大问题上，则要坚持原则不应苟同。孔子提出的中庸是反对在处理问题时走极端的道路。适中办事才是中庸之道，符合"正"道，符合客观规律的道理。作为孔子之后的最大儒学家，孟子的管理思想继承并发展了孔子以"仁"为核心的管理思想。如孟子的"民为贵，社稷次之，君为轻"，即"民贵君轻"的观点，提出了管理社会、治理国家存在一个民心向背的问题。孟子从他的政治、伦理主张出发，提出要把仁心"推己及人"要保持人与人之间和谐的发展关系，以达到群体和安定协调，即"以和为贵"。孟子在"仁"的思想基础上增加了"义"的伦理思想，把"义"与"仁"并列起来，成为"仁义"。

2. 道家管理思想

道德经又称《老子》，是道家思想的经典之作。《老子》中有着丰富的管理思想，既讲述了"治国"，又谈论了"用兵"。《老子》哲学的最高范畴是道。它把道作为宇宙的本源，认为世界万物都是由道派生出来。《老子》管理思想的最高原则是"无为"，即"道常无为而无不为"。"无为"是一个宏观的管理原则，意味着国家对私人的活动采取放任的态度。"无为"不是让人们什么都不干，无事可做，而是指人的行为及其指导思想必须顺应自然，符合自然的要求，也不是主观随意地蛮干、胡为。对于管理者而言，"无为"还包含着管理方面的要求。作为管理方法，"无为"就是要求管理者要善于抓住大事，把具体的工作分配给具体的机构和人员去做，无须事必躬亲。这样，分工协作，权责分明，各展其长，各尽其力，管理者看似比较清闲，但却能把各方面工作都做的井井有条，取得最佳效果。

这也正是"无为而无不为"。战国后期的"黄老之学"其管理精髓主要集中在《淮南子》一书中。《淮南子》主张一切经济举措必须顺人之心，因民之性，提出了君主治理经济的总方针。即从"安民定用"到"省事节欲"再归于"虚平无为"。

3. 法家管理思想

以法治国的思想到战国时期才建立起来。"法治"管理思想的主要代表人物是韩非，也是法家的代表人物。韩非反对"人治主义"或贤能政治，主张"立法为教"。他认为君主要有驾驭臣下的"南面之术"。这种术就是法。在韩非看来，实行法治，中人之君可使国治；实行人治，必须要有贤能人才可治好国家，所以韩非坚持法治，抨击人治。

4.《孙子兵法》中的管理思想

《孙子兵法》作为兵书中的孙子的代表著作，其含有丰富的重要著作。本书共有十三篇，它的管理思想包含着管理职能的计划、组织、指挥、协调、监督和领导等方面。孙子在书中重点指出了研究和谋划的重要性。他强调是事前必须周密分析各种条件，把"道"、"天"、"地"、"将"、"法"这五点充分考虑周全。在组织、指挥、协调和监督方面，孙子认为"凡治众如治寡，分数是也"，把人员编制组织起来，每一种编制都要用纪律、军法来统一步伐。这种组织和指挥的原则和现代管理的主要职能相比较，可谓"古为今用"的价值。孙子在对人的管理问题上，强调上下协调一致："道者，令民与上同意也，故可以与之死，可以与之生，而不畏危"。孙子提出要有"赏"。因为"赏"是满足士兵的欲望，激励士兵士气的重要方法。但是不可以滥赏。《孙子兵法》中关于领导、用人的管理思想非常丰富，对于提高我们的管理水平，无疑具有积极的借鉴意义。

二、外国早期的管理思想

外国的管理实践和思想主要体现在指挥军队作战、治国施政和管理教会等活动之中。《圣经》、古巴比伦人、古埃及人以及古罗马人在这些方面都有过重要贡献。

譬如，《圣经》解释希伯来人的领袖摩西在领导他的人民时所遇到的组织问题。古巴比伦在汉谟拉比（Hammurabi）的统治下，建起了强大的中央集权国家。在汉谟拉比统治时期，《汉谟拉比法典》的编纂是一件大事。在古埃及，值得称道的管理实例是其金字塔式的管理机构。在古希腊，当时的思想家们对管理有许多精辟的见解。苏格拉底曾提出管理的普遍性，认为管理技能在公共事务和私人事务之间是相通的。亚里士多德（Aristotle）不仅指出了管理一个家庭和管理一个国家的相似之处，而且研究了国家制度的问题，提出了国家制度的各种形式，以及采取各种形式国家制度的原则，描绘了以奴隶制为基础的"理想城邦"的轮廓。另一著名希腊哲学家色诺芬（Xenophon），还专门写了一本《家庭经济》，主要研究家务管理和农业。古罗马在征服了希腊后，逐渐成为一个庞大的帝国。罗马共和时期，在管理体制上，已体现了行政、立法和司法的分离。在法律方面，罗马人大约在公元前 450 年，制订了有名的《十二铜表法》。在 13 世纪和 14 世纪，意大利的大贸易商号需要一种记录商业交易的方法，为了满足这种需要，帕西奥利在 1494 年最先描述了复式簿记的技术。因此，会计学成为现代管理人员的一门重要知识。在欧洲文艺复兴时期，也有许多管理思想的出现。如 16 世纪托马斯·莫尔（Thomas·More）的《乌托邦》和尼科罗·马基雅维利（Niccolo·Machiavelli）的《君主论》。新的宗教伦理观、市场伦理观和个人自由伦理观的建立有助于管理思想的发展。然而，外国管理实践和思想的革命性发展是在工厂制度产生之后。18 世纪 60 年代开始的工业革命使西方世界不仅在工业技术上而且在社会关系上出现了巨大的变化。它加速了资本主义生产的发展。小手工业受到大机器生产的排挤，社会的基本生产组织形式迅速从以家庭为单位转向以工厂为单位。在新的社会生产组织形式下，效率和效益问题、协作劳动之间的组织和配合问题、在机器生产条件下人和机、机和机之间的协调运转问题，使传统的军队式、教会式的管理方式和手段遇到了前所未有的挑战。许多新的管理问题需要人们去回答、去解决。在这种情况下，随着资本主义工厂制度的建立和发展，不少对管理理论的建立和发展具有重大影响的管理实践和思想应运而生。

1. 理查·阿克莱特的科学管理实践

理查·阿克莱特是工业革命时期的企业家，他于 1769 年和 1771 年建立了两个英国最早使用机械的工厂。从建厂的厂址计划，到生产、机器、材料、人员和资本的协调以及工厂纪律、劳动分工等方面都做了合理的安排，显示了他的组织、协调和计划的才能。在一个雇用了 5000 名工人的大企业中，能做好组织和协调工作，说明理查·阿克莱特不愧为有效管理的先驱者。

2. 亚当·斯密的劳动分工观点和经济人观点

亚当·斯密（Adam·Smith）是英国古典政治经济学家，对管理理论发展的一个贡献是他的分工观点。亚当·斯密的名言："土地是财富之母，劳动是财富之父"。1776 年，他在《国富论》中提出：个人在经济生活中只考虑自己利益，受"看不见的手"驱使，即通过分工和市场的作用，可以达到国家富裕的目的。后来，"看不见的手"便成为表示资本主义完全竞争模式的形象用语。他在 1776 年出版的《国民财富的性质和原因的研究》中提出了劳动分工是增进生产率的重要因素，原因是：

（1）分工可以使劳动者专门从事一种单纯的操作，从而提高熟练程度、增进技能；

（2）分工可以减少劳动者的工作转换，节约通常由一种工作转到另一种工作所损失的时间；

（3）分工可以使劳动简化使劳动者的注意力集中在一种特定的对象上，有利于发现比较方便的工作方法，促进工具的改良和机器的发明。斯密的分工观点适应了当时社会对迅速扩大劳动分工以促进工业革命发展的要求，成为资本主义管理的一条基本原理。斯密的另一个贡献是他的经济人观点。他认为，经济现象是由具有利己主义的人们的活动产生的。人们在经济行为中，追求的完全是私人利益。

3. 小瓦特和博尔顿的科学管理制度

小瓦特和博尔顿分别是蒸汽机发明者瓦特（Watt）和其合作者马修·博尔顿（Matthew·Boulton）的儿子。1800 年，他们接管了一家铸造工厂后，小瓦特就着手改革该厂的组织和管理，建立起许多管理制度，如：

（1）在生产管理和销售方面，根据生产流程的要求，配置机器设备，编制生产计划，制订生产作业标准，实行零部件生产标准化，研究市场动态，进行预测；

（2）在会计的成本管理方面，建立起详细的记录和先进的监督制度；

（3）在人事管理方面，制订工人和管理人员的培训和发展规划；

（4）实行工作研究，并按工作研究结果确定工资的支付办法；

（5）实行由职工选举的委员会来管理医疗福利费等福利制度。

4. 马萨诸塞车祸与所有权和管理权的分离

1841 年 10 月 5 日，在美国马萨诸塞至纽约的西部铁路上，两列火车迎头相撞，造成近 20 人伤亡。事件发生后舆论哗然，对铁路公司老板低劣的管理工作进行了猛烈的抨击。为了平息公众的怒气，在马萨诸塞州议会的推动下，这个铁路公司不得不进行管理改革。老板交出了企业管理权，只拿红利，另聘具有管理才能的人员担任企业领导。这是历史上第一次在企业管理中实行所有权和管理权的分离。这种分离对管理有重要的意义：

（1）独立的管理职能和专业的管理人员正式得到承认，管理不仅是一种活动，还是一种职业；

（2）随着所有权和管理权的分离，横向的管理分工开始出现，这不仅提高了管理效率，也为企业组织形式的进一步发展奠定了基础；

（3）具有管理才能的人员掌握了管理权，直接为科学管理理论的产生创造了条件，为管理学的创立和发展准备了前提。

5. 欧文的人事管理

罗伯特·欧文（Robert·Owen）是 19 世纪初英国著名的空想社会主义者。他曾在其经营的一家大纺织厂中作过试验，试验主要是针对当时工厂制度下工人劳动条件和生活水平都相当低下的情况而进行的，主要包括改善工作条件、缩短工作日、提高工资、改善生活条件、发放抚恤金等。试验的目的是探索对工人和工厂所有者双方都有利的方法和制度。欧文开创了在企业中重视人的地位和作用的先河，有人因此称他为"人事管理之父"。

6. 巴贝奇的作业研究和报酬制度

查尔斯·巴贝奇（Charles·Babbage）是英国著名的数学家和机械工程师，出版了《论机器和制造业的经济》一书，他对管理的贡献主要有以下两方面：

（1）对工作方法的研究。他认为，一个体质较弱的人如果所使用的铲在形状、重量、大小等方面都比较适宜，那么他一定能胜过体质较强的人。因此，要提高工作效率，必须仔细研究工作方法。

（2）对报酬制度的研究。他主张按照对生产率贡献的大小来确定工人的报酬。工人的收入应由三部分组成：

1）按照工作性质所确定的固定工资；

2）按照对生产率所做出的贡献分得的利润；

3）为增进生产率提出建议而应得的奖金。

7. 尤尔的工厂秩序和法典

安德鲁·尤尔是英国的化学家和经济学家，1835 年他编写了《工厂哲学或论大不列颠工厂制度的科学、道德和商业经济》一书。在该书中，他主张建立工厂手工业的秩序和工厂的必要的纪律和法典。他认为，工人由熟练而产生的"不驯服的脾气"给整个工厂手工业造成了巨大的损害，所以必须建立"秩序"，必须建立与机器生产体系的需要和速度相适应的"纪律法典"。他认为，只有有效地实行这种"纪律法典"，才能使工人抛弃无规则的劳动习惯，使他们与整个自动体系的始终如一的规律性活动协调一致。尤尔可以说是第一个明确提出在工厂中建立必要规章制度的人。

8. 汤尼的收益分享制度与哈尔西的奖金方案

亨利·汤尼是当时美国耶鲁－汤尼制造公司的总经理。他在 1889 年发表的题为"收益分享"一文中，提出对职工的报酬应采取收益分享制度才能克服由利润分享制度带来的不公平。收益分享，实质上是按某一部门的业绩来支付该部门职工的收益。这样，就可避免某一部门业绩好而另一部门业绩差时，实行利润分享制度使前者受损所产生的不合理现象。他提出的具体办法是：每个职工享有一种"保证工资"，然后每个部门按科学方法制订工作标准，并确定生产成本。该部门超过定额时，由该部门职工和管理阶层各得一半。定额应在 3～5 年内维持不变，以免降低工资。

弗雷德里克·哈尔西对管理的贡献也体现在工资制度方面。1891 年，他向美国机械工程学会提交一篇题为"劳动报酬的奖金方案"的论文。论文指出了当时普遍使用的三种报酬制度的弊端：计时制对员工积极性的发挥无刺激作用；计件制常因雇主不能降低工资率而"宰杀生金蛋的鹅"；利润分享导致部门间良莠不分，有失公允。他认为，汤尼的收益分享虽有改进，但在同一部门中问题依然存在。因而，他提出了自己的奖金方案。该方案是按每个工人来设计的：

（1）给予每个工人每天的保证工资；

（2）以该工人过去的业绩为基础，超额者发给约为正常工资率 1/3 的奖金。

哈尔西认为他所提出的制度与其他当时所见的工资制度相比有许多优点：

（1）不管工人业绩如何，均可获得一定数额的计日工资；工人增加生产，就可得到奖金，从而消除了因刺激工资而引起的常见的劳资纠纷。

（2）工人奖金仅为超出部分的 1/3，即使工人增产 1 倍也不致太高，雇主从中获益 2/3，因而也不会总想削减工资率。

（3）以工人过去的业绩为基础，旨在鼓励工人比过去进步；工人所要超越的是他本人过去的业绩，而不是根据动作和时间研究制订出来的标准。

从 18 世纪末到 20 世纪初这段时间里，管理学基本上处于积累实际经验的阶段。工厂由创业者所统治，企业的业绩主要决定于这些领导者个人的经验和气质，还没有摆脱小生产经营方式的影响，尚未出现专门论述管理原理的著作。因此，这个阶段称为经验管理阶段。这一阶段的末期，随着资本主义生产的发展，原有的小生产管理的传统方法已远不能适应资本主义生产进一步发展的需要，而该阶段管理方法及实践的成功又为后来泰罗等人创立科学管理体系打下良好的基础，因而开始了从经验管理向科学管理的过渡。

三、管理实践、思想和理论之间的关系

随着社会的发展，科学技术的进步，一些人又对管理思想加以提炼和概括，找出管理中带有规律性的东西，并将其作为一种假设，结合科学技术的发展，在管理活动中进行检验，继而对检验结果加以分析研究，从中找出属于管理活动普遍原理的东西。这些原理经过抽象和综合就形成了管理理论。这些理论又被应用于管理实践，指导管理实践，同时对这些理论进行实践检验，这就是管理理论的形成过程。从中我们可以看出管理实践、管理思想和管理理论这三者之间的关系：管理实践是管理思想的根基，管理思想来自管理实践中的经验；管理理论是管理思想的提炼、概括和升华；管理理论对管理实践有指导意义，同时又要经受得住管理实践的检验。

中国早期管理思想虽然博大精深，但管理理论却最先出现于西方，而且时至今日，仍未形成有中国特色的管理理论，这不能不发人深思。

第二节 古 典 管 理 理 论

在 20 世纪初，由弗雷德里克·温斯洛·泰勒（Frederick Winslow Taylor，1856—1915）发起的科学管理革命导致了古典管理理论的产生。古典管理理论代表人物弗雷德里克·温斯洛·泰勒、亨利·法约尔、马克斯·韦伯从三个不同角度，即车间工人、办公室总经理和组织来解决企业和社会组织的管理问题，为当时的社会解决企业组织中的劳资关系、管理原理和原则、生产效率等方面的问题，提供了管理思想的指导和科学理论方法。古典管理理论主要是指以弗雷德里克·温斯洛·泰勒为代表的科学管理理论，以亨利·法约尔为代表的一般管理理论和以马克斯·韦伯为代表的管理组织理论。

一、泰勒的科学管理理论

在管理思想史上，美国的弗雷德里克·W·泰勒（Frederick W、Taylor，1856～1915）无疑是最重要的人物之一，他开创了西方管理理论研究的先河，使管理成为一门真正意义上的科学。弗雷德里克·泰勒是西方古典管理理论主要代表人物之一，科学管理运动的创始人，被公认为"科学管理之父"，也有人称他为"理性效率的大师"。泰勒的科学管理思想深深地扎根在一系列科学实验的基础上，使之成为一门真正的科学。当代许多重要的管理理论都是在泰勒的科学管理理论的基础上的继承和发展。《科学管理原理》出版于 1911 年，标志着一个管理新时代的到来，奠定了科学管理理论的基础。

弗雷德里克·泰勒 1856 年生于美国费城的一个富裕的律师家庭，中学毕业后考上哈佛大学法律系，但因眼疾而不得不辍学。1875 年，他进入一家小机械厂当徒工，1878 年转入费城米德瓦尔钢铁厂当机械工人，他在该厂一直干到 1897 年。在米德维尔钢铁厂，他从一名学徒工开始，先后被提拔为车间管理员、技师、小组长、工长、设计室主任和总工程师。在这家工厂的经历使他了解工人们普遍怠工的原因，他感到：缺乏有效的管理手段是提高生产率的严重障碍。为此，泰勒开始探索科学的管理方法和理论。1881 年，泰勒开始在米德维尔钢铁厂进行劳动时间和工作方法的研究，为以后创建科学管理奠定了基础。1915 年，3 月 21 日因患肺炎在费城逝世，终年 59 岁。泰勒在他的主要著作《科学管理原理》（1911 年）中提出了科学管理理论。20 世纪以来，科学管理在美国和欧洲大受欢迎。100 多年来，科学管理思想仍然发挥着巨大的作用。

泰勒科学管理的根本目的是根本的谋求最高的工作效率。为达到工作效率，需要用科学化、标准化的管理模式代替传统的经验管理模式。以他为首进行研究和创导的管理思想和工厂管理制度，被称为"Taylor 制度"。"泰勒制"的主要内容：

1. 工作定额原理

泰勒认为管理的中心问题是提高劳动生产率。为了改善工作表现，他提出：

（1）企业要设立一个专门制定定额的部门或机构，这样的机构不但在管理上是必要的，而且在经济上也是合算的。

（2）要制定出有科学依据的工人的"合理日工作量"，就必须通过各种试验和测量，进行劳动动作研究和工作研究。其方法是选择合适且技术熟练的工人；研究这些人在工作中使用的基本操作或动作的精确序列，以及每个人所使用的工具；用秒表记录每一基本动作所需时间，加上必要的休息时间和延误时间，找出做每一步工作的最快方法；消除所有错误动作、缓慢动作和无效动作；将最快最好的动作和最佳工具组合在一起，成为一个序列，从而确定工人"合理的日工作量"，即劳动定额。

（3）根据定额完成情况，实行差别计件工资制，使工人的贡献大小与工资高低紧密挂钩。

2. 挑选头等工人

为了提高劳动生产率，必须为工作挑选头等工人，既是泰勒在《科学管理原理》中提出的一个重要思想，也是他为企业的人事管理提出的一条重要原则。泰勒指出，健全的人事管理的基本原则是使工人的能力同工作相适应，企业管理当局的责任在于为雇员找到最合适的工作，培训他们成为第一流的工人，激励他们尽最大的力量来工作。为了挖掘人的最大潜力，还必须做到人尽其才。因为每个人都具有不同的才能，不是每个人都适合于做任何一项工作的，这和人的性格特点、个人特长有着密切的关系。为了最大限度地提高生产率，对某一项工作，必须找出最适宜干这项工作的人，同时还要最大限度地挖掘最适宜于这项工作的人的最大潜力，才有可能达到最高效率。因此，对任何一项工作必须要挑选出"第一流的工人"即头等工人。然后，再对第一流的人利用作业原理和时间原理进行动作优化，以使其达到最高效率。

3. 标准化原理

泰勒认为，科学管理是过去曾存在的多种要素的结合。他把老的知识收集起来加以分析组合，并归类成规律和条例，于是构成了一种科学。工人提高劳动生产率的潜力是非常大的，人的潜力不会自动跑出来，怎样才能最大限度地挖掘这种潜力呢？方法就是把工人多年积累的经验知识和传统的技巧归纳整理并结合起来，然后进行分析比较，从中找出其具有共性和规律性的东西，然后利用上述原理将其标准化，这样就形成了科学的方法。用这一方法对工人的操作方法、使用的工具、劳动和休息的时间进行合理搭配，同时对机器安排、环境因素等进行改进，消除种种不合理的因素，把最好的因素结合起来，这就形成一种最好的方法。

4. 计件工资制

在差别计件工资制提出前，泰勒详细研究了当时资本主义企业中所推行的工资制度，例如日工资制和一般计件工资制等，其中也包括对在他之前由美国管理学家亨利·汤提出的劳资双方收益共享制度和弗雷德里克·哈尔西提出的工资加超产奖金的制度。经过分析，泰勒对这些工资方案的管理方式都不满意。泰勒认为，现行工资制度所存在的共同缺陷，就是不能充分调动职工的积极性，不能满足效率最高的原则。例如，实行日工资制，工资实际是按职务或岗位发放，这样在同一职务和岗位上的人不免产生平均主义。在这种情况下，"就算最有进取心的工人，不久也会发现努力工作对他没有好处，最好的办法是尽量减少做工而仍能保持他的地位"。这就不可避免地将大家的工作拖到中等以下的水平。又如，在传统的计件工资制中，虽然工人在一定范围内可以多干多得，但超过一定范围，资本家为了分享迅速生产带来的利益，就要降低工资率。在这种情况下，尽管工人努力工作，也只能获得比原来计日工资略多一点的收入。这就容易导致这种情况：尽管管理者想千方百计地使工人增加产量，而工人则会控制工作速度，使他们的收入不超过某一个工资率。因为工人知道，一旦他们的工作速度超过了这个数量，计件工资迟早会降低。

5. 劳资双方的密切合作

泰勒在《科学管理原理》一书中指出："一书中指出：资方和工人的紧密、组织和个人之间的合作，是现代科学或责任管理的精髓"。他认为，没有劳资双方的密切合作，任何科学管理的制度和方法都难以实施，难以发挥作用。那么，怎样才能实现劳资双方的密切合作呢？泰勒指出，必须使劳资双方实行"一次完全的思想革命"和"观念上的伟大转变"。泰勒在《在美国国会的证词》中指出："科学管理不是任何一种效率措施，不是一种取得效率的措施；也不是一批或一组取得效率的措施；它不是一种新的成本核算制度；它不是一种新的工资制度；它不是一种计件工资制度；它不是一种分红制度；它不是一种奖金制度；它不是一种报酬职工的方式；它不是时间研究；它不是动作研究……我相信它们，但我强调指出这些措施都不是科学管理，它们是科学管理的有用附件，因而也是其他管理的有用附件。"

6. 建立专门计划层

泰勒指出："在老体制下，所有工作程序都由工人凭他个人或师傅的经验去干，工作效率由工人自己决定；"由于这与工人的熟练程度和个人的心态有关，即使工人能十分适应科学数据的使用，但要他同时在机器和写字台上工作，实际是不可能的。泰勒深信这不是最高效率，必须用科学的方法来改变。为此，泰勒主张："由资方按科学规律去办事，要均分资方和工人之间的工作和职责"，要把计划职能与执行职能分开并在企业设立专门的计划机构。泰勒在《工厂管理》一书中为专门设立的计划部门规定了17项主要负责的工作，包括企业生产管理、设备管理、库存管理、成本管理、安全管理、技术管理、劳动管理、营销管理等各个方面。所以，泰勒所谓计划职能与执行职能分开，实际是把管理职能与执行职能分开；所谓设置专门的计划部门，实际是设置专门的管理部门；所谓"均分资方和工人之间的工作和职责"，实际是说让资方承担管理职责，让工人承担执行职责。这也就进一步明确厂资方与工人之间、管理者与被管理者之间的关系。

7. 职能工长制

泰勒不但提出将计划职能与执行职能分开，而且还提出必须废除当时企业中军队式的组织而代之以"职能式"的组织，实行"职能式的管理"。泰勒认为在军队式组织的企业里，工业机构的指令是从经理经过厂长、车间主任、工段长、班组长而传达到工人。在这种企业里，工段长和班组长的责任是复杂的，需要相当的专门知识和各种天赋的才能，所以只有本来就具有非常素质并受过专门训练的人才能胜任。泰勒列举了在传统组织下作为一个工段长应具有的几种素质，即教育、专门知识或技术知识、充沛的精力、毅力、诚实、判断力或常识、良好的健康情况等。但是每一个工长不可能同时具备这9种素质。但为了事先规定好工人的全部作业过程，必须使指导工人干活的工长具有特殊的素质。因此，为了使工长职能有效地发挥，就要进行更进一步细分，使每个工长只承担一种管理的职能，为此，泰勒设计出8种职能工长，来代替原来的一个工长。这8个工长4个在车间、4个在计划部门，在其职责范围内，每个工长可以直接向工人发布命令。在这种情况下，工人不再听一个工长的指挥，而是每天从8个不同头头那里接受指示和帮助。

8. 例外原则

所谓例外原则，就是指企业的高级管理人员把一般日常事务授权给下属管理人员，而自己保留对例外的事项一般也是重要事项的决策权和控制权，这种例外的原则至今仍然是管理中极为重要的原则之一。泰勒认为，规模较大的企业不能只依据职能原则来组织和管理，而必须应用例外原则。所谓例外原则，是指企业的高级管理人员把一般的日常事务授权给下级管理人员去负责处理，而自己只保留对例外事项、重要事项的决策和监督权，如重大的企业战略问题和重要的人员更替问题等。泰勒在《工厂管理》一书中曾指出："经理只接受有关超常规或标准的所有例外情况的、特别好和特别坏的例外情况、概括性的、压缩的及比较的报告，以便使他得以有时间考虑大政方针并研究他手下的重要人员的性格和合适性。"泰勒提出的这种以例外原则为依据的管理控制方式，后来发展为管理上授权原则、分权化原则和实行事业部制等管理体制。

泰勒的科学管理思想中作业管理占重要地位。标准化管理和计件工资制度是作业管理的核心内容。其中，泰勒思想中职能化管理和例外原则也是其科学管理的精髓。泰勒提倡劳资双方变互相指责、怀疑、对抗为相互信任和合作，共同为提高劳动生产率而努力；伟大的"精神革命"是科学管理的实质；雇主关心的低成本，工人关心的是提高工资，只有劳动生产率提高了，双方才能满意。这就是泰勒认为的劳资双方的"精神革命"。

泰勒之后的追随者卡尔·G·巴思（Carl G. Barth，1860～1939）出生于挪威，后移居到美国。巴思是一位泰勒的忠诚追随者，毕生不遗余力的帮助泰勒在工厂推行泰勒制。而且，1908年哈佛成立工商管理学院的时候，巴思尽其所能说服学院院长，把泰勒制作为现代管理的标准。他在效率主义的传播和实践过程中起了相当大的作用。

另一位追随者亨利·L·甘特（Henry L. Gantt，1861～1919）是泰勒创立和推广科学管理制度的亲密合作者，是科学管理运动的先驱之一。他的主要贡献是发明了用于生产控制的甘特图。即表示工作计划和进度的一种图示方法，至今仍在许多国家采用。他提出了计件奖励工资制，人们还将其称之为"任务加奖金制"。他强调加强工人培训以养成的"工业习惯"。就是养成勤劳与合作的好的工作习惯。

弗兰克·B·吉尔布雷斯（Frank B. Gilbreth，1868～1924）是一位泥瓦匠出身的工程师和管理学家，是泰勒的合作者之一，在动作研究方面有着伟大的研究，被誉为"动作研究之父"。其夫人是美国第一位获得心理学博士学位的妇女，被称为"管理学第一夫人"。吉尔布雷斯夫妇的代表作是《动作研究》、《疲劳研究》等。他们的管理思想包括动作研究、疲劳研究，强调制度管理，探讨了工作、工人和环境之间的相互影响，重视管理人员发展计划和企业中的人的因素。吉尔布雷斯夫妇的结合是管理史上的一件幸事。他们开创了一些新的管理科学研究，动作研究、疲劳研究与制度管理研究。可以说他们是管理史上独特而璀璨的奇葩。

二、亨利·法约尔为代表的一般管理理论

一般管理理论的主要代表人物是法国的亨利·法约尔。亨利·法约尔，法国古典管理理论学家，与马克斯·韦伯（Max. Weber）、弗雷德里克·温斯洛·泰勒（Frederick. Winslow . Taylor，1856～1915）并称为西方古典管理理论的三位先驱，并被尊称为管理过程学派的开山鼻祖。因此，也被称为管理过程之父。亨利·法约尔出身于富裕家庭，1860年毕业于矿业学校，进入法国一家矿业公司任职，1888年任该公司总经理，直到1918年退休。30年的总经理生涯，使他得以从最高层来探讨组织的管理问题。亨利·法约尔是古典管理理论在法国的杰出代表。他提出的一般管理理论对西方管理理论的发展具有重大影响，成为所谓管理过程学派的理论基础，也是以后各种管理理论和管理实践的重要依据之一。法约尔的著述很多，1916年出版的《工业管理和一般管理》是其最重要的代表作，标志着一般管理理论的形成。

1. 区分了经营与管理的概念并论述了人员能力的相对重要性

亨利·法约尔认为，经营和管理是两个不同的概念。经营是指导或指导一个组织趋向目标，它由六项活动组成，即：①技术活动，指生产、制造、加工等；②商业活动，指购买、销售、交换等；③财务活动，指资金的筹措及运用；④安全活动指设备和人员保护；⑤会计活动，指存货盘点、成本核算、统计等；⑥管理活动，指组织内行政人员所从事的计划、组织、指挥、协调和控制活动。亨利·法约尔认为，所有的组织成员都应具备上述六种活动能力，但对不同层次和不同组织的人员来说，这些能力的相对重要性不同。这首先表现在，居于不同层次的人员，各种能力有不同重要性。越往高层，管理能力的重要性增加，技术能力的重要性、准确性减弱；越往低层，管理能力的重要性减弱，技术能力的重要性增强。其次，表现在不同规模组织的领导人员，各种能力的相对重要性不同。组织的规模越大，领导人员的管理能力的重要性增加，技术能力的重要性减弱；组织规模越小，领导人员的技术能力的重要性增加，管理能力的重要性减弱。

亨利·法约尔把企业的经营活动划分为六大类（图 2-1）：

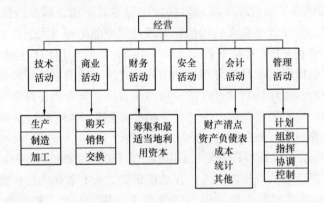

图 2-1 企业的经营活动图

2. 概括并详细分析了管理的五项职能，即计划、组织、指挥、协调与控制

亨利·法约尔认为，计划是最重要的管理职能，计划不同常常是企业衰败的起因。管理为了预见未来，就需要良好的计划。为此，他拟出了计划的依据，指出了良好的计划应具备的特征，提出了为制定良好计划，领导人员必备的条件和能力。亨利·法约尔认为，企业中的组织包括人力和物力的组织，才能够完成他们所承担的任务。为此，他详尽论述了人员在企业中应完成的任务以及为更好完成任务而必备的素质。亨利·法约尔认为，组织作用的发挥离不开指挥，即把任务分配给各级各类领导人员，使他们都承担相应的职责，他对负责指挥的人员提出了八项要求。之后的协调与控制，就是要统一、调节、规范所有的活动，核实工作进展是否与既定计划和原则相一致，从而防止和纠正工作中可能出现或已经出现的偏差。

亨利·法约尔指出，管理是一种普遍存在于各种组织的活动，这种活动对应着计划、组织、指挥、协调和控制五种职能。法约尔认为，管理就是计划、组织、指挥、协调、控制。他对这五个要素进行了分析。

（1）计划。法约尔在这里是把计划和预见作为一个相同的概念提出的，而预见即表示对未来的估计，也表示为未来做准备，它是以企业的资源、所经营业务的性质和未来的趋势为其根据的。法约尔认为，对有关事件的预测，并且以预测的结果为根据，拟定出一项工作方案。一个好的行动计划应具备以下特征：

1）统一性，即一次只能执行一个计划，但一个计划可以分为总计划和部门的专业计划，作为一个整体相互结合、联系。

2）连续性，即应该使第二个计划不间隔地接上第一个，第三个接上第二个，持续不断。

3）灵活性，即计划应能够顺应人们的认识的发展而适当调整，但这并不影响计划总是人们服从的法规。

4）精确性，即根据预测，尽可能使计划适应未来发展的需求；在近期计划中要求有较高的精确度，而长期计划则采取简单的一般方法——制定长期计划是法约尔对管理思想做出的一个杰出贡献。法约尔认为制定一个好的行动计划要求有一个精明的、有经验的领导，他必须具有管理人的艺术、积极性、勇气、专业能力、处理事务的一般知识和领导人员本身的稳定性，缺乏计划或一个不好的计划是人员没有能力的标志。计划即预见是管理的首要因素，具有普遍的适用性，而且是一切组织活动的基础。

（2）组织。为组织中各项劳动、材料、人员等资源提供一种结构。组织可分为物质组织与社会组织，法约尔所论及的仅是社会组织，即为企业的经营提供所有必要的原料、设备、资金、人员。组织所应完成的管理任务有：①检查计划制定情况和执行情况；②注意组织活动是否与企业目标、资源和需要相适应；③建立一元化的、有能力的、有效的领导；④配合行动，协调力量；⑤做出清楚、明确、准确的决策；⑥有效地配备和安排人员；⑦明确职责；⑧鼓励首创精神与责任感；⑨建立合理的报酬方式；⑩建立惩罚制度；⑪使大家遵守纪律；⑫使个人利益服从企业利益；⑬特别注意指挥的统一；⑭维护物品与社会秩序；⑮进行全面控制；⑯与规章过多、官僚主义、形式主义，文牍主义做斗争。为缩小管理的跨度，法约尔提出了他的等级原则，即以生产第一线的监工管理 15 名工人，监工以上各级均为 4∶1 的比数为基础建立等级系列，这样，251658240 人的组织只要求设 12 个管理层。法约尔特别强调了对企业人员的培养，并强调教育在培养企业人员中的作用。但是，他认为学校的课程不适于管理实际的需要，特别是在招考竞争中太偏重于数学了，他说，"长期的个人经验使我懂得，高等数学对管理企业是没有用的"，所以，"时间过多用于学习是一种错误"。他告诫青年管理人员和工程师要研究人，研究他们的行为、性格、能力、工作甚至个人兴趣爱好。

（3）指挥。有关促使组织为达成目标而行动的领导艺术。指挥即让社会组织发挥作用，是一种以某些个人品质和对管理的一般原则的了解为基础的艺术。担任指挥工作的领导应该做到：①对职工有深入的了解；②淘汰没有工作能力的人；③对企业和职工之间的协定很了解；④做出榜样；⑤对组织要定期检查，并使用概括的图表来促进这项工作；⑥召开讨论统一指挥和集中努力时要让主要助手参加；⑦不要陷入琐碎事务；⑧力争使成员团结、主动、积极和忠诚。

（4）协调。为达成组织目标而进行的维持必要的统一的工作。这指企业的一切工作都要和谐地配合，以便于企业经营的顺利进行，并有利于企业取得成功，使各职能的社会组织机构和物资设备机构之间保持一定比例，在工作中做到先后有序、有条不紊。在法约尔看来，协调是一种平衡行动，使支出和收入相等，使设备适合于实现生产目标的需要，以及确保销售和生产之间的协调一致。组织工作和计划工作通过规定任务、制定时间表以及实行目标管理等方法，来推进协调工作。

（5）控制。控制就是要证实一下各项工作是否都与已定计划相符合，是否存在缺点和错误，以便加以纠正并避免重犯。也就是保证各项工作按既定计划进行。对物、对人、对行动都可以进行控制。控制涉及企业的一切方面，包括商业、技术、财政、安全和会计方面。当控制工作太多、太复杂、涉及面太大时，就应作为一项独立的工作来，设立专门的检查员或监督员。在控制中，一个要避免的危险是对各部门的领导和工作进行过多的干预。这种越权行为会造成最可怕的双重领导：一方面是不负责任的控制人员，他们有时在很大范围内造成有害影响；一方面是被控制的业务部门，他们没有权利采取自卫措施来反对这种控制。一切控制活动都应是公正的，控制这一要素在执行时也需要有持久的专心工作精神和较高的艺术，最好要做到不管对什么工作都能够回答以下问题："怎样进行呢？"

3. 提出了管理的 14 条原则

（1）劳动分工

这是一项属于自然规律方面的原则，其目的是用同样的努力生产得更多更好。劳动分工可提高劳动的熟练程度和准确性，从而提高效率；劳动分工不仅限于技术工作，也适用于管理和其他工作——这是一个与泰罗相同的观点，其结果是职能的专业化和权力的分散；没有学者和艺术家的专业化工作，社会进步的可能性也可能想象。

（2）权力和责任

权力，就是指挥和要求别人服从的能力；责任是权力的孪生物，是权力的当然结果和必要补充，凡有权力行使就有责任。权力可分为职能规定的权力和由领导者的智慧、博学、经验、道德品质、指挥才能和以往的功绩而形成的个人权力。一个好的领导者，个人权力是规定权力的必要补充。一般来说，人们像追求权力一样害怕承担责任。但一个好的领导者应具有承担责任的勇气，并使他周围的人也随之具有这种勇气。

法约尔认为，制止一个重要领导人滥用权力的最有效的保证是个人的道德，特别是该领导人的高尚的精神道德，这种道德是选举和靠财产所不能取得的。

（3）纪律

这是企业和其下属人员之间通过协定而达成一致的服从、勤勉、积极、举止和尊敬的表示，它是以尊重而不是以恐惧为基础的。没有纪律，任何一个企业都不能兴旺繁荣，而纪律的状况则主要取决于其领导的道德状况。维护纪律不排除对违反共同协定即违反纪律的行为进行惩罚，包括指责、警告、罚款、停职、降级或开除。

（4）统一指挥

无论对哪一种工作来说，下属人员只应接受一个领导人的命令。在任何情况下，都不会有适应双重指挥的社会组织。双重指挥经常是冲突的根源。

（5）统一领导

人类社会和动物机体一样，如果一个人身体有两个脑袋，就是个怪物，就难以生存。因此，对于力求达到同一目的的全部活动，只能有一个领导人和一项计划。"统一领导"和"统一指挥"是两个概念。人们通过建立完善的组织来实现一个社会团体的统一领导，而统一指挥取决于人员如何发挥作用。

（6）个人利益服从整体利益

在一个企业中，个人或一些人的利益不能置于企业利益之上，一个家庭的利益应先于一个成员的利益，国家利益应高于一个公民或一些公民的利益。因此，必须对无知、贪婪、自私、懒惰、懦弱和一切把个人利益置于整体利益之上的行为进行持久的斗争。

（7）人员的报酬

人员的报酬是其服务的价格，应该合理，并尽量使企业和所属人员都满意。工人的报酬方式有按劳动日付酬、按工作任务付酬和计件付酬三种，其方法还包括奖金、分红、实物补助和精神奖励。付酬的方式取决于多种因素，其目的只有一个，即改善所属人员的作用和命运，鼓励各级人员的劳动热情。

（8）集中

集中也是一种必然规律的现象。在动物机体或社会组织中，感觉集中于大脑或领导部门，从大脑或领导部门发出命令，使组织的各部分运动。集中化管理作为一种制度，本身无所谓好坏，也不为领导人的主随意性所任意取舍。需要根据企业的情况，决定集中化的最适程度。权力集中与分散的措施本身可以经常变化，所有提高下属作用的做法都是分散，降低这种作用的做法则是集中。实行集中化的最终目的是尽可能地使用所有人员的才干。

（9）等级制度

即从最高权力机构直至低层管理人员的领导系列。它显示出企业内信息传递的路线在一个等级制度表现为 G—A—Q 双梯形式的企业里，假设要使 F 与 P 发生联系。按常规，需先从 F 到 A，再下到 P，这之间每一级都需停顿；然后，顺着原路，一级级返回出发点。如果通过 F—P"天桥"（跳板）直接从 F 到 P，那就简单、迅速和可靠多了。如果 F 的领导 E 和 P 的领导 O 允许他们各自的下属直接联系，等级原则就得到了捍卫。法约尔认为，各级人员都应养成使用这种最短通路的习惯。后来人们称这种方式为"法约尔跳板"。组织机构由最高层到最基层所形成的层次结构，这一结构实际上是一条权力线，它是自上而下和自下而上确保信息传递的必经途径。在一定条件下，允许跨越权力线而直接进行的横向沟通，可以克服由于统一指挥而产生的信息传递延误，这一原则称为"跳板原则"，如图 2-2 所示。

（10）秩序

即每个人都有一个位子，每个人都在他的位置上，而每个位子都是事先选择好的。这一条原则还应用于物品和场地方面。

（11）公平

它是由善意和公正产生的。企业领导应努力使公平感深入人心。

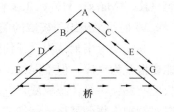

图 2-2　法约尔桥

（12）人员的稳定

不稳定往往是企业不景气的原因与结果，所以要努力保持企业领导人和其他人员的相对稳定性，合理补充人力资源，掌握好人员稳定的尺度。

（13）首创精神

这是人类活动最有力的刺激物之一。除了领导的首创性外，还要加上全体人员的首创性，并在必要时去补充前者，应尽可能地鼓励和发展这种能力。一个能发挥下属人员首创精神的领导要比一个不能这样做的领导高明得多。

（14）集体精神

在组织内部要形成团结、和谐的气氛。全体人员的和谐与团结是一个企业的巨大力量。为维护团结，法约尔特别强调了要注意的一个原则和需避免的两个危险。一个原则即统一指挥的原则；两个危险即：对格言断章取义、各取所需；滥用书面联系。

4. 阐述了管理教育和建立管理理论的必要性

针对当时法国的实际情况，即不少企业领导者都认为，只有实践和经验才是走上管理职位的唯一途径，学校也不讲授管理方面的课程。亨利·法约尔认为，人的管理能力可以通过教育来获得，管理能力像其他技术能力一样，首先在学校里，然后在车间里得到。亨利·法约尔很强调管理教育的必要性与可能性，认为当时缺少管理教育的原因，是因为缺少管理理论，每一个管理者都按自己的方法、原则、判断行事，没有人把可以为大家共同接受的经验教训总结概括为管理理论。亨利·法约尔强调了建立管理理论的必要性，并担起了这一重任。

作为古典管理理论的一个重要组成部分，亨利·法约尔的一般管理理论具有更强的理论性和系统性，他对管理职能的概括和分析为管理学提供了一套科学的理论框架和内容，对现代管理科学仍具有直接的重大影响。他从企业最高管理者的角度概括总结的管理理论具有普遍意义，也适用于其他管理领域，故称一般管理理论。不过，由于他过于追求管理理论的一般性，因而对具体的管理过程重视不够，这是有待于后人补充的。

三、马克斯·韦伯为代表的管理组织理论

管理组织理论的代表人物是马克斯·韦伯（Max Weber，1864～1920），德国著名社会学家。他出生于德国一个有着广泛政治和社会联系的富裕家庭，是一个对社会学、宗教、经济学和政治学都怀有极大兴趣的学者。马克斯·韦伯是与弗雷德里克·温斯洛·泰勒、亨利·法约尔同时代的又一位古典管理理论的代表人物，他先后写了《新教徒伦理》、《经济史》、《社会组织与经济组织理论》等书，后者反映出他对组织理论的重大贡献。在管理思想史上，马克斯·韦伯被誉为是"组织理论之父"。马克斯·韦伯也是现代一位最具生命力和影响力的思想家。公认的社会学三大"奠基人"之一，其他两者为卡尔·马克思（Karl Marx）与爱米尔·杜尔凯姆（Durkheim），其对西方社会的影响是巨大的。

1. 揭示了组织与权威的关系并划分了权威的类型

马克斯·韦伯认为，任何组织都必须以某种权威为基础，才能实现目标，只有权威才能变混乱为秩序，但不同组织赖以建立的权威不同。他认为，古往今来，组织赖以建立的权威有三：一是传统权威，它以对社会习惯、社会传统的尊崇为基础；二是超凡权威，它以对领袖人物的品格、信仰或超人智慧的崇拜为基础；三是合理—合法的权威，它以对法律确立的职位权力的服从为基础。马克斯·韦伯认为，以传统权威或超凡权威为基础建立的组织不是科学的、理想的组织，只有建立在合理—合法权威基础上的组织，才能更好地开展活动，是理想的组织。这种组织在精确性、稳定性、纪律性和有效性等方面，比其他组织都优越。马克斯·韦伯称这种组织为官僚制组织。

2. 归纳了官僚制组织的基本特征

马克斯·韦伯认为，官僚制组织的基本特征有：

（1）实现劳动分工，明确规定每一成员的权力与责任，并作为正式职责使之合法化。

（2）各种公职或职位按权力等级严密组织起来，形成指挥体系。

（3）通过正式考试的成绩或在培训中取得的技术资格来挑选组织的所有成员。

（4）实行任命制，只有个别职位才实行选举制。

（5）公职人员都必须是专职的，并有固定薪金保证。

（6）职务活动被认为是私人事务以外的事情，受规则和制度制约，而且是毫无例外地适于各种情况。

3. 概括了官僚制组织的结构

马克斯·韦伯认为，官僚制组织体系的结构可分为三个层次：即最高领导层、行政官员层和一般工作人员层。在官僚制组织下，最高领导层相当于目前许多组织的高级管理层，其主要职能是决策；行政官员相当于中间管理层，其主要职能是贯彻最高领导层决策；一般工作人员层相当于直接操作层，其主要职能是从事各项具体的实际工作。

官僚制组织理论是适应传统封建社会向现代工业社会转变的需要而提出的，它具有里程碑性质，影响十分深远。这使马克斯·韦伯作为与弗雷德里克·温斯洛·泰勒、亨利·法约尔齐名的管理学说开创者而载入史册。

古典管理理论最显著的两大特点是：

（1）效率主义是古典管理最强劲的主旋律。管理学诞生之初，所要解决的问题相当现实，就是通过寻找和运用科学的管理手段和方法，全力提高生产效率，降低企业社会必要劳动量。无论是泰罗及其追随者，还是法约尔和韦伯，尽管理论视野各有侧重，学术观点也有差异，但他们皆视科学管理为提高工作效率的方法和手段。泰罗对效率的研究主要是通过现场作业的标准化和科学化而展开的。泰罗给管理下过一个不甚严密的定义："确切了解你希望工人干些什么，然后设法使他们用最好、最节约的方法完成它。"泰罗制中无论是抽象的管理原则、理论还是具体的管理方法、技术，都是直指效率这一核心。

（2）古典管理理论又有浓郁的经验论、技术论的色彩。古典管理理论乃至整个管理学，就其理论源泉来说，主要有两类：一条是通过其他学科的渗透，吸取思想资源；另一条是对实践经验的总结提升。古典理论是古典的，然而也是现代的，古典管理的精华永存。

第三节　行为管理理论

19世纪末20世纪初，这段时间被认为是古典管理理论时期，但事实上，这一时期行为科学也逐渐出现，代表人物有德国的雨果·孟斯特伯、美国的玛丽·帕克·福列特。他们的思想不仅是行为科学诞生的前奏，也为行为科学的萌芽夯实了基础。

德国心理学家雨果·蒙斯特伯格（Hugo Munsterberg，1863～1916）是工业心理学的创始人，被誉为"工业心理学之父"，他最早把心理学的观念应用到工业组织。1910年，他提出根据工作成绩确定职业性向的概念。1912年，他出版了《心理学与经济生活》一书，该书在1913年被英国翻译为《心理学与工业效率》。他把自己的研究成果概括为以下几方面：

第一，最合适的人，就是说研究工作对人的要求，识别最适合从事某种工作的人应具备什么样的心理特点，将心理学的实验方法应用在人员选拔、职业指导和工作安排方面。

第二，最合适的工作，即研究和设计适合人们工作的方法、手段与环境，以便提高工作效率。

第三，最理想的效果，即用合理的方法在商业中也同样可以确保资源的合理利用。他利用大量的心理学实验材料来验证以上三个方面，最为著名的研究是探明安全驾驶的无轨电车司机应具备的特征。蒙斯特伯格作为工业心理学的先驱，他的研究和思想对后来的研究工作与工业心理学理论有着深远的影响。

人际关系研究先驱、巾帼管理学大师玛丽·帕克·福列特（Mary Parker Follett），架起了古典管理理论和行为科学之间的思想桥梁。由于她对管理学的巨大贡献，管理学大师德鲁克把她称为"管理学的先知"。有人甚至把她与泰勒相提并论，称为"管理理论之母"。她的行为科学管理思想主要有以下几方面：

1. 群体原则

她认为，只有在群体中才能发现真正的人，个人的潜能只有在群体中才能被发现，从而获得自由。群体原则包含以下几个方面：个人存在于相互的社会交际之中，民主是一种社会意识，群体目标。

2. 通过利益整合解决冲突

她研究了冲突现象，强调正因为冲突是生活中的一种现实情况，就应该让其被我们所用。她提出了解决冲突的四种途径：一是一方自愿退出；二是斗争，一方战胜另一方；三是妥协；四是结合。

3. 通过控制和协作来达到目标

福列特有关控制的基本观点有两个：一是由事实控制而不是由人控制；二是相互关联而形成的控制而不是上面强加的控制。经理人员所要的控制，不是单一的要素而是复杂的相互关系，不是个人而是情景，其结果是要使整个情景形成一种生产性的结构。在技术至上和个人主义的美国，福列特的思想没有引起当时人们足够的重视；但是在大洋彼岸的英国，由于有组织的公会比较发达，她的思想受到了一定的关注。在20世纪80年代新公共管理运动的"重塑政府"浪潮中，福列特的思想成了重要的政府变革的根源。

人际关系学派是早期的行为科学。20世纪30年代，在霍桑实验的基础上，美国管理学家梅奥创立了人力关系学派，并由此产生了"社会人"假设。

一、霍桑实验

1. 梅奥与霍桑实验

美国行为学家乔治·埃尔顿·梅奥（George Elton Mayo，1880～1949）是人际关系学派的创始人。梅奥研究人的个体行为和群体行为，强调满足员工的社会需求，而这些结论的重要依据来自于著名的霍桑实验。霍桑实验是指从1924年11月至1932年5月在美国西屋电器公司的霍桑工厂进行的一系列实验。霍桑试验前后经过4个阶段：车间照明实验——照明试验；继电器装配实验——福利实验；大规模的访谈计划——访谈试验；继电器绕线阻的工作室实验——群体实验。

2. 人际关系学派的主要观点

霍桑实验的结果由梅奥于1933年正式发表，书名为《工业文明中的人类问题》，这标志着人际关系学派的建立，梅奥将人际关系学派的核心思想归结为三个基本点。

（1）工人是社会人，而不是经济人。他提出，人们的行为并不是单纯出自追求金钱的动机，还有社会、心理方面的需要，即追求人与人之间的友情、安全感，而后者更为重要。

（2）企业中存在着非正式组织。在任何一个机构中，在正式的法定关系掩盖下都存在着由大量非正式群体构成的更为复杂的社会关系体系。

（3）生产率主要取决于工人的工作态度以及他和周围人的关系。梅奥建立的人际关系学派，提出了与当时流行的泰勒科学管理思想不同的一些新观点。在决定劳动生产率的诸因素中，置于首位的因素应该是工人的满意度。员工的满意度越高，其工作士气就越高涨，生产效率就会变高。员工拥有高满意度的关键在于，企业管理人员拥有经济技能和人际关系技能，这就是所谓的新的领导能力。

二、巴纳德的社会系统学说

巴纳德认为，社会的各级组织包括军事、宗教、学术、企业等多种类型的组织都是一个协作的系统，这些协作组织是正式组织，都包含三个要素：协作的意愿、共同的目标和信息联系。所有的正式组织中都存在非正式组织，两者是协作中相互作用、相互依存的两个方面。一个协作系统是由相互协作的许多人组成的。对于个人目标和组织目标的不一致，巴纳德提出了"有效性"和"能率"两条原则。当一个组织系统协作得很成功，能够实现组织目标时，这个系统就是"有效性"的，它是系统存在的必要条件。系统的"能率"是指系统成员个人目标的满足程度，协作能率是个人能率综合作用的结果。这样，就把正式组织的要求同个人的需要结合起来了，这在管理思想上是一个重大突破。该理论也被称作为"组织协作理论"。

巴纳德组织理论的主要内容：

1. 组织是一个合作系统

巴纳德认为，"组织是2人或2人以上，用人类意识加以协调而成的活动或力量系统"，他所强调的是人的行为，是活动和相互作用的系统。他认为在组织内，主管人是最为重要的因素，只有依靠主管人的协调才能维持一个"努力合作"的系统。他认为，主管人有三个主要职能：①制定并维持一套信息传递系统；②促使组织中每个人都能做出重要的贡献；③阐明并确定本组织的目标。

2. 组织存在要有三个基本条件

巴纳德认为，组织不论大小，其存在和发展都必须具备三个条件，即明确的目标、协作的意愿和良好的沟通。

（1）明确的目标。首先，一个组织必须有明确的目标，否则协作就无从发生。其次，组织不仅应当有目标，而且目标必须为组织的成员所理解和接受，倘若组织的目标不能为组织成员所理解和接受，也就无法统一行动和决策。目标的接受与协作意愿是相互依存的。再次，对于组织目标的理解可以分为协作性理解和个人性理解。协作性理解是指组织成员站在组织利益立场上客观地理解组织目标。个人性理解是指组织成员站在个人利益立场上主观地理解组织目标。主管人的重要职能就是向组织成员灌输组织目标和统一对组织目标的理解。最后，必须区分组织目标与组织成员的个人目标。如何协调组织目标与个人目标的差异是主管者另一重要的任务。此外，一个组织要存在和发展，必须适应环境的变化，组织目标也必须随环境作适当的变更。

（2）协作的意愿。协作意愿是指组织成员对组织目标做出贡献的意愿。一个人是否具有协作意愿依个人对贡献和诱因进行合理的比较而定。所谓贡献，是指个人对实现组织目标做出的有益的活动和牺牲。所谓诱因，是指为了满足个人的需要而由组织所提供的效应。只有当诱因大于贡献时，个人才会有协作意愿。然而，对贡献和诱因以及其净效果的度量都不是客观的，而是个人的主观判定，它随个人的价值观念不同而有很大变化。作为组织，要在条件许可的情况下，针对不同的人来增大诱因，给职工的需求以更大的满足，从而激发他们为组织做出贡献的意愿。

（3）良好的沟通。组织的共同目标和个人的协作意愿只有通过意见交流将两者联系和统一起来才具有意义和效果。

以上就是一个组织能够存在的必要条件，这里指的是正式组织。这 3 个条件中若有一条不满足，组织就要解体。

巴纳德在组织管理理论方面的开创性研究，奠定了现代组织理论的基础，后来的许多学者如德鲁克、孔茨、明茨伯格、西蒙、利克特等人都极大地受益于巴纳德，并在不同方向上有所发展。对于经理人员，尤其是将一个传统的组织改造为现代组织的经理人员来说，巴纳德的价值尤其突出。因为传统的组织偏重于非正式组织和非结构化的决策与沟通机制，目标也是隐含的，要将其改造为现代组织，就必须明确组织的目标、权力结构和决策机制，明确组织的动力结构即激励机制，明确组织内部的信息沟通机制。这三个方面是现代组织的柱石；同时在转变的过程中，要充分考虑利用非正式组织的力量。这一点对我国当前的企业改革非常具有现实意义。

三、卢因的团体动力学

团体力学理论是行为科学学派代表人之一库尔特·卢因于 1944 年提出的。卢因的团体力学理论认为，团体是处于均衡状态的各种力的"力场"，叫作"生活场所"、"自由运动场所"。这些力场涉及团体在其中活动的环境，还涉及团体成员的个性及其相互间的看法。团体成员在向其目标运动时，可以看成是力图从紧张状态中解脱出来。所谓各种力处于均衡状态是相对的。事实上，一个团体永远不会处于"稳固的"均衡状态，而是处于不断地相互适应的过程。这可以比作一条波澜不惊的河流：看起来是相对静止的，实际上却在不断地缓慢运动和变化。

团体力学所研究的团体指非正式组织。同正式组织一样，团体有三个要素：一是活动；二是相互影响；三是情绪。在这三项要素中，活动是指人们在日常工作、生活中的一切行为；相互影响是指人在组织中的相互发生作用的行为；情绪是人们内在的，看不见的生理活动，如态度、情感、意见、信息，但可以从人的"活动"和"相互影响"中推知其活动，相互影响和情绪不是各自孤立的，而是密切相关的，其中一项变动会使其他要素发生改变。团体中各个成员的活动、相互影响和情绪的综合，就构成团体行为。

第四节　管理理论的"丛林式"发展

一、权变理论学派

权变理论学派著名的代表人物有杰伊·W·洛希（Jay W. Lorsch，1932）和保罗·R·劳伦斯（Paul R. Lawrence）。他们合作出版了《组织与环境：差异化与整合管理》，最早明确使用"权变理论"这一概念。之后，洛希与美国管理心理学家约翰·莫尔斯根据"复杂人"假设，提出了"超 Y 理论"。权变理论学派的主要观点如下：

1. 基于权变理论的组织结构设计

洛希和劳伦斯比较各种组织结构理论，高度概括阐述了以权变理论为基础的组织结构理论。该学派从系统观点的基础上看问题，权变就是权宜应变的意思。他们认为，一个企业的组织结构绝不是一成不变的东西，相反而是一个复杂的变量。他们提出了关于组织结构设计构想包含的两个基本概念："差异"或"差异化"，"综合"或"整体化"。他们详细分析了把"差异"和"综合"两个概念具体运用于组织结构设计的实践中来。首先，按任务划分单位；其次，设计综合手段，以有效地组织企业的生产活动；最后，设计好各下属部门，重点是建立好运行机制。

2. 超 Y 理论

超 Y 理论是 1970 年由美国管理心理学家约翰·莫尔斯（J、J、Morse）和杰伊·洛希（J、W、Lorscn）根据"复杂人"的假定，提出的一种新的管理理论。它主要见于1970 年《哈佛商业评论》杂志上发表的《超 Y 理论》一文和 1974 年出版的《组织及其他成员：权变法》一书中。

超 Y 理论认为，没有什么一成不变、普遍适用的最佳的管理方式，必须根据组织内外环境自变量和管理思想及管理技术等因变量之间的函数关系，灵活地采取相应的管理措施，管理方式要适合于工作性质、成员素质等。超 Y 理论在对 X 理论和 Y 理论进行实验分析比较后，提出一种既结合 X 理论和 Y 理论，又不同于是 X 理论和 Y 理论，是一种主张权宜应变的经营管理理论。实质上是要求将工作、组织、个人、环境等因素作最佳的配合。

基本观点：

（1）人们带着许多不同的需要和动机加入组织，但最主要的是实现其胜任感。

（2）由于人们的胜任感有不同的满足方法，所以对管理要求也不同，有人适用 X 理论管理方式，有人适用 Y 理论管理方式。

（3）组织结构、管理层次、职工培训、工作分配、工资报酬和控制水平等都要随着工作性质、工作目标及人员素质等因素而定，才能提高绩效。

（4）一个目标达成时，就会产生新的更高的目标，然后进行新的组合，以提高工作效率。

莫尔斯和洛希由此提出了一套新的假设：强调组织的适当形式应随着工作的性质和有关的人的特殊需要来决定，没有一套能适合任何时代、任何人的普遍的行之有效的管理方式。最有成效的组织是在任何特殊情况下都能适合其工作和人们需要的那种组织。任务、组织和工作人员之间的更恰当的适合似乎是促使个人产生强烈胜任感的动力。管理者的职责就是应随着工作的性质和有关人的特殊需要来决定组织的适当形式，超 Y 理论体现了权宜应变的管理思想，这也使得该理论成为权变管理理论的理论基础。

二、系统理论学派

弗里蒙特·E·卡斯特（Fremont E、Kast）和詹姆斯·E·罗森茨韦克（James E、Rosenzweig）是系统管理学派的主要代表人物。他们先后合作出版了《系统理论和管理》、《组织与管理——系统方法与权变方法》，全面地阐述了系统管理理论。

1. 系统观念和权变观念

卡斯特和罗森茨韦克主张组织和管理思想发展的现代观点——系统观念和权变观念。系统观念为现代组织理论和管理实践提供了完整的基础。传统理论只是奉行封闭系统的思想，现代理论则转向把组织作为与环境相互作用的开放系统来研究。权变观念更为具体，重点研究各个子系统中的具体特征和相互关系模式。其基本设想是，在组织及其环境之间都应有一致性。组织与其环境以及内部设计之间的和谐将能够提高效能、效率和参与者的满足感。

2. 管理系统

管理系统是联络各子系统并把朝向有关目标的组织活动结合起来的工具。管理者起着三种基本作用：人际的、信息的和决策的。

（1）管理决策——信息系统。管理系统在组织内借助于决策——信息系统发生作用。

（2）计算的决策方法。数学模型是管理科学解决问题的一种主要工具。

（3）管理决策的行为方面。相对开放系统中的判断决策承认组织内部气氛和外部环境的复杂性。

（4）管理计划。管理计划是对付未来不确定性的一种手段，促使企业适应环境并勇于革新。

（5）组织控制。他们主要是把控制论与信息论的原则应用到管理当中。

3. 组织变革

卡斯特和罗森茨韦克认为，组织必须在稳定性、持续性、适应性、革新性之间保持一个动态平衡。环境系统通过技术、经济、法律、政治、人口、生态和文化的因素对组织产生明显的影响。

三、管理科学学派

20世纪60年代，管理科学学派的主要代表人物是埃尔伍德·斯潘塞·伯法（Elwood Spencer Buffa，1923～2005）。他的代表作是《现代生产管理》。书中用了大量的图表和数学公式，正是这些科学的计量方法，使得管理问题的研究由定性走向定量，从而开拓了管理学的有一个广阔的研究领域。

伯法认为，生产系统中所研究的问题要求两种类型的：一种是长期决策，它关系到生产系统的设计；另一种是短期决策，它关系到生产系统的运行和控制。决策理论中的决策分类按照可选方案发生概率的现有信息量来划分，进而把决策分为四类：确定性决策，风险型决策，非确定型决策和博弈型决策。伯法阐述了系统的概念，认为系统是指由一群相互作用或者相互依存的要素组成的一个统一的整体，这些组成要素为着某种共同目标而统一起来，形成一个统一体。一个统一的各个组成部分都对"输入—转换—产出"有所贡献。伯法对生产设计中的人—机系统进行了开创性研究。他指出，计算机和自动化的不断发展，使人在生产系统中的作用出现了观念性的变化。人和机器在完成工作中的基本功能是相似的但在各自能胜任的工作的性质上存在明显的差异。因此，他认为只有找到一种高效的人与设备的组合，才能充分发挥系统的作用。

管理科学学派的主要特点：

（1）力求减少决策的个人艺术成分。依靠建立一套决策程序和数学模型以增加决策的科学性。他们将众多方案中的各种变数或因素加以数量化，利用数学工具建立数量模型研究各变数和因素之间的相互关系，寻求一个用数量表示的最优化答案。决策的过程就是建立和运用数学模型的过程。

（2）各种可行的方案均是以经济效果作为评价的依据。例如成本、总收入和投资利润率等。

（3）广泛地使用电子计算机。现代企业管理中影响某一事务的因素错综复杂，建立模型后计算任务极为繁重，依靠传统的计算方法获得结果往往需要若干年时间，致使计算结果无法用于企业管理。电子计算机的出现大大提高了运算的速度，使数学模型应用于企业和组织成为可能。

管理科学学派的理论贡献是：倡导管理科学理论，主张管理应借助数学模型与程序来表现计划、组织、控制和决策等活动，以求得最佳解决方案，实现企业经营目标。不过，管理科学学派把一切问题都程序化和公式化的做法也收到了一些管理学家的批评。

四、组织理论学派

20 世纪 60 年代，组织理论的代表人物有沃伦·G·本尼斯、琼·伍德沃德、斯坦利·E·西肖尔。沃伦·G·本尼斯（Warren G. Bennis，1925— ）是美国当代著名组织理论和领导理论大师、组织发展理论创始人。他通过对官僚组织的批判，提出了以科学精神为主导的临时组织，很早就引领着组织理论向有机模式转变。他用小说的语言，形象地批评了官僚制度在现实中造成的怪异类型："墨迹式组织"和"老大式组织"。在管理理论的发展中，本尼斯认为，一直存在着由官僚体系与个人发展的冲突造成的二元对立，如个人与组织、人际关系与科学管理、外向与内向等。新的组织理论应当从这种二元对立中走出来。

琼·伍德沃德（Joan Woodward，1916～1971）是英国著名女管理学家。她首次提出了"组织结构因技术而变化"的研究结论。她发现技术与组织结构之间的适应度，同组织的绩效密切相关。如下：小批量与连续生产的成功组织，倾向于相似的机构——更为粗略地界定任务，更关注授权；不存在普遍适用的组织结构；使用同样技术方法的公司有同样的组织结构，不同的技术对人员和组织有不同的要求，两者要求通过合理的组织形式来实现。伍德沃德的研究发现，组织绩效固然与组织结构有关，但必须同时将组织使用的技术列为考虑因素。

斯坦利·E·西肖尔（Stanley E、Seashore，1915～1999）1965 年发表了《组织效能评价标准》，提出了组织有效性评价标准。西肖尔认为，组织的目标是多种多样并相互矛盾的，他们的重要性也是不同的。要评价何种评价标准的相关性，首先应对不同的标准及用途加以区分，主要包括：目标和手段，时间范围，长期与短期，硬指标与软指标，价值判断。西肖尔指出，行为学标准即指那些描述组织成员及其价值观、态度、相互关系和行为的标准，大都位于评价标准网络系统的较低位置，与那些评价组织效能的最终目标相距甚远，或者只是间接地相关。

五、经理角色学派

经理角色学派是在组织理论基础上发展起来的，是在经营权与所有权分离以后经理成为一种职业的产物。加拿大管理学家亨利·明茨伯格（Henry Mintzberg，1939—）1973年出版了《经理工作的性质》一书，这是经理角色学派最早出现的经典著作。他所讲的"经理"，是指一个正式组织或组织单位的主要负责人，拥有正式的权利和职位。"角色这一概念是行为科学从舞台术语中借用到管理学里来的，角色就是属于一定职责或地位的一套有条理的行为"。

经理角色学派的代表人物主要有：亨利·明茨伯格（Henry Mintzberg，1939-）主要代表作《经理工作的性质》是经理角色学派最早出版的经典著作。乔兰（Choran）用结构分析的方法对三个小公司的总经理所担任的各种角色进行了研究，并于 1969 年出版了《和小公司的经理》一书。科斯廷（Costin）对 200 个中层经理所担任的各种角色进行了研究，并于 1970 年出版了《工商业和政府中的管理轮廓》一书。英国的贝克斯（John Bex）他于 1971 年 9 月在英国运筹学学会召开的大会上宣读了《对变动环境中的经理角色的某些观察》一文。萨尔宾（T. R. Sarbin）和艾伦（Alien）于 1968 年发表了《角色理论》一文。托马斯（E. J. Thomas）和比德尔（Biddle）于 1966 年出版了《角色理论：概念和研究》一书。托马森（G. F. Thomason）于 1966 年发表论文《经理工作角色和关系》论文。

经理角色理论是在现代企业组织理论基础上发展起来的，是在经营权与所有权分离以后经理成为一种职业的产物。该理论不仅对我们理解经理人的角色、工作性质、职能、经理的培养具有重要意义，而且还对如何提高经理工作效率，尤其是对改革我国传统的经营管理体制（如激励机制、监控机制、决策机制）具有重要的现实意义。由于经理工作极为重要，权力又非常之大，其行为的影响又非常深远，因此如何建立既不影响经理发挥职能，又能有效发挥其积极性、创造性，同时又能约束其滥用职权的制度，就是我国目前建立现代企业制度的当务之急。过去的经验表明，我们旧的管理体制中对经理的复杂角色欠缺全面的考虑，因此经理的角色未能得到充分地发挥。经理角色理论为我们在这方面的改革提供比较好的理论。

六、组织理论发展

20 世纪 70 年代，组织理论的代表人物主要有埃利奥特·杰奎斯和罗伯特·汤赛德。埃利奥特·杰奎斯（Elliott Jacques，1917～2003）提出了著名的"必要组织理论"及责任时间幅度思想。

必要组织理论的关键思想如下：

（1）几乎所有组织的功能障碍都可以归因于不良的结构和系统，而非有缺陷的员工。

（2）组织发展干预必须关注组织修复而不是员工调整，组织修复能够促使员工释放最大的潜力，努力工作以提高效率、效果和满意度。

（3）组织修复可以通过科学的方法来实现。

责任时间幅度是指一个工作从规划到执行完成所必须花费的时间长度。杰奎斯认为，管理层次的设立与否，应由责任时间幅度而定；而管理工作的难易并不在于管理人数的多少，而在于责任时间幅度的长短。

罗伯特·汤赛德（Robert Townsend，1920～1998）于 1970 年出版了《提升组织》一书。他的主要思想是：批判现代组织的弊病；倡导授权和参与式管理；批评哈佛商学院与咨询顾问。

七、品质管理理论

品质管理理论的代表人物有美国著名统计学家和质量管理学家 W·爱德华兹·戴明和罗马西亚裔美籍质量管理学家约瑟夫·M·朱兰。

1. 戴明质量管理十四要点

W·爱德华兹·戴明（W·Edwards Deming，1900～1993）被誉为"现代质量管理之父"。戴明的"七项致命恶疾与各种障碍"、"十四要点"质量管理方法改变了日本企业的历史命运，也改变了美国企业的质量管理。他对世界质量管理发展做出的卓越贡献享誉全球。质量管理十四要点有：

（1）创造产品与服务改善的恒久目的。最高管理层必须从短期目标的迷途中归返，转回到长远建设的正确方向。也就是，把改进产品和服务作为恒久的目的，坚持经营，这需要在所有领域加以改革和创新。

（2）采纳新的哲学。必须绝对不容忍粗劣的原料，不良的操作，有瑕疵的产品和松散的服务。

（3）停止依靠大批量的检验来达到质量标准。检验其实是等于准备有次品，检验出来已经是太迟，且成本高而效益低。正确的做法，是改良生产过程。

（4）废除"价低者得"的做法。价格本身并无意义，只是相对于质量才有意义。因此，只有管理当局重新界定原则，采购工作才会改变。公司一定要与供应商建立长远的关系，并减少供应商的数目。采购部门必须采用统计工具来判断供应商及其产品的质量。

（5）不断及永不间断地改进生产及服务系统。在每一活动中，必须降低浪费和提高质量，无论是采购、运输、工程、方法、维修、销售、分销、会计、人事、顾客服务及生产制造。

（6）建立现代的岗位培训方法。培训必须是有计划的，且必须是建立于可接受的工作标准上。必须使用统计方法来衡量培训工作是否奏效。

（7）建立现代的督导方法。督导人员必须要让高层管理者知道需要改善的地方，当知道后，管理当局必须采取行动。

（8）驱走恐惧心理。所有同事必须有胆量去发问，提出问题或表达意见。

（9）打破部门之间的围墙。每一部门都不应只顾独善其身，而需要发挥团队精神。跨部门的质量圈活动有助于改善设计、服务、质量及成本。

（10）取消对员工发出计量化的目标。激发员工提高生产率的指标、口号、图像、海报都必须废除。很多配合的改变往往是在一般员工控制范围之外，因此这些宣传品只会导致反感。虽然无须为员工订下可计量的目标，但公司本身却要有这样的一个目标：永不间歇地改进。

（11）取消工作标准及数量化的定额。定额把焦点放在数量，而非质量上。计件工作制更不好，因为它鼓励制造次品。

（12）消除妨碍员工工作畅顺的因素。任何导致员工失去工作尊严的因素必须消除，包括不明何为好的工作表现。

（13）建立严谨的教育及培训计划。由于质量和生产力的改善会导致部分工作岗位数目的改变，因此所有员工都要不断接受训练及再培训。一切训练都应包括基本统计技巧的运用。

（14）创造一个每天都推动以上13项的高层管理结构。

戴明环或称为PDCA环是一个质量持续改进模型，它包括持续改进与不断学习的四个循环反复的步骤，即计划、执行、检查、处理、戴明环与生产管理中的"改善"、"即时生产"紧密相关。四个步骤的含义是：计划包括方针和目标的确定以及活动计划的制定；

执行就是具体运行，实现计划中的内容；检查就是要总结执行计划的结果，分清哪些对了、哪些错了，明确效果，找出问题；处理就是对总结检查的结果进行处理，对成功的经验加以肯定，并予以标准化，或制定作业指导书，便于以后工作时遵循。

PDCA循环管理的特点：①PDCA循环工作程序的四个阶段，顺序进行，组成一个大圈。②每个部门、小组都有自己的PDCA循环，并都成为企业大循环中的小循环。③阶梯式上升，循环前进，即不断根据处理情况或利用新信息重新开始循环改进过程。④任何提高质量和生产率的努力要想成功都离不开员工的参与。

2. 朱兰质量三部曲

约瑟夫·M·朱兰（Joseph M、Juran，1904～2008）是公认的20世纪最伟大的质量管理大师之一，将毕生的精力投入到质量管理并取得了巨大成就，被誉为质量领域的"首席建筑师"。他是举世公认的现代管理的领军人物。他主编出版了《质量控制手册》一书，被誉为"质量管理领域的圣经"，是一个全球范围内的参考标准。

朱兰三部曲即为以质量计划、质量控制和质量改进这三个步骤作为从事质量管理的一般模式。

质量计划从认知质量差距开始。现实中存在的质量差距，主要包括理解差距、设计差距、过程差距和运作差距。朱兰列举出了六个步骤作为质量计划的解决方案：设立项目；确定顾客；发现顾客的需要；根据顾客的需要开发产品；设计该产品的生产流程；根据工作运行情况制定控制计划以及其中的调控过程。朱兰将质量控制定义为：制定和运用一定的操作方案，以确保各项工作过程按原设计方案进行并最终达到目标。他列出了质量控制的七个步骤：选定控制对象；配置测量设备；确定测量方法；建立作业标准；判断操作的正确性；分析与现行标准的差距；对差距采取行动。质量改进是指管理者通过打破旧的平稳状态而达到新的管理水平。质量改进的七个步骤是：证实改进的必要，即争取立项；确立专门的改进项目，即设立项目组；对项目组织指导，强调领导人的参与；组织诊断，确认质量问题的产生原因；采取补救措施；在操作条件下验证补救措施的有效性；在新水平上控制，保持已取得的成果。

第五节　管理理论的新发展

一、知识管理理论

野中郁次郎（Ikujiro Nonaka，1935—）被誉为"知识管理理论之父"和"知识管理的拓荒者"。他认为，企业的形式由商业策略的需要决定。接下来，影响策略的是革新与创造可持续优势的能力，影响革新的是创造及运用知识的能力，创造及运用知识的能力又直接受企业组织形式的影响。由此看来，成功的管理需要理解和控制这些流程和动力的能力。

野中认为，知识是至关重要的因素。他的观点目前已成为知识管理学的思想核心。他说，以索尼、松下、本田、佳能、日本电气和富士复印机等日本公司为例开展的研究表明：企业必须不断创新，而知识才是创新之源。他说，知识和创新并不是研发、策划或销售部门等"一小部分特定人员的责任"，而是企业每个人的责任。创新必须要有强烈的个人信念和责任感。他认为"创新既是观念也是目标"。知识的更新与改革的推广才是管理者的中心任务。

显性知识和隐性知识有很大区别：前者通常是有形的，也容易被学习掌握；后者则是事物固有的，很难用语言表述和交流。野中认为后者更为重要，这对西方普遍认为知识最好由教育和培训来传递的看法提出了挑战。他说，最有价值的知识不是从别人那里获得的，而是我们自己创造的。

安妮·布鲁金（Annie Brooking，1947—）曾在欧共体担任高级信息处理顾问达 12 年之久；创建和领导了欧洲第一个工业人工智能研究与咨询团体——英国的"知识系统中心"。

布鲁金指出，智力资本是指使公司得以运行的所有无形资产的总称。它可以分为四类：市场资产、知识产权资产、人才资产与基础结构资产。布鲁金指出，必须进行智力资本审计，考察公司所有的无形资产。审计步骤一般有：确定调整内容、目标、范围和限制因素；决定最优内容组合；为内容设定最高值；选择审计方法；分项审计；将资产值编入智力资本信息库。

知识包括真理与信念、角度与概念、判断与期待、方法与专业技能。知识是积累起来的，经过组织和综合，能被较长时间拥有应付具体的情况和问题。知识可以分为四个层次：确立目标或设想的知识、系统知识、实用知识、自动知识。确立目标或设想的知识只能在潜意识中被运用，且用来确定如何设立我们的目标和价值标准；系统知识是指系统、方式和参照方法的知识；使用知识是指决策和事实性知识；自动知识是指能够自动运用的知识。

二、创新理论

克里斯特森·M·克里斯特森（Clayton M. Christensen，1952—）是创新管理学科创始人，提出了颠覆性创新理论。他不仅是一位杰出的管理学家，而且是身体力行的管理实践者，是"颠覆性创新"与"颠覆性技术"理念的创始人。

克里斯特森在《创新者的窘境》一书中首次正式提出颠覆性创新的概念。他认为，创新有不同的路径，第一种创意路径是维持性创新，即在现有市场上使得现有产品或服务更好、更快或更便宜，虽然这些提升可能是困难的或者是昂贵的，但它们毕竟是在已知的路径中应用现有的一系列能力和流程；第二种创新路径是通过不连续的变化，甚至可能是通过技术上的能力破坏。

应对颠覆性技术的五项创新原则：组建新的独立事业部门，融入需要颠覆性技术产品的客户之中；下方颠覆性技术商业化责任，提高针对小型市场机会的反应速度；突破既定的思维模式和已有的知识，有计划地学习所需要了解的新东西；分析组织现有的潜能和缺陷，创造一种新的潜能来解决新的问题；密切关注市场趋势，了解主流客户如何使用产品。

三、流程再造学派

美国两位著名管理学家迈克尔·哈默与詹姆斯·钱皮创立了流程再造学派。迈克尔·哈默（Michael Hammer，1948～2008）被誉为"流程再造之父"，曾担任 IBM 软件工程师与哈默公司总裁；詹姆斯·钱皮（James Champy，1942—）是指数咨询公司的创始人和董事长。

企业再造理论（BPR）也译为"业务流程再造"、"公司再造"、"再造工程"。哈默和钱皮对企业再造定义为，针对企业业务流程的基本问题进行反思，并对企业业务流程进行彻底的重新设计，以便在成本、质量、服务和速度等当前衡量企业业绩的这些重要的尺度上取得显著进展。他俩提出了3C——顾客、竞争与变革，无论是现在还是未来，都是再造的根本，为企业开辟了新天地。

企业再造是需要满足顾客价值的最大化，充分实现从以产品为中心的管理思想过渡到以顾客为中心的管理思想上来。现在的顾客，无论是企业或个人都知道自己想要得到什么，想用什么方式支付贷款，如何根据自己所希望的条件买到想要的东西，因此不会去找那些对市场供求关系的惊人变化不了解、不重视的公司。

竞争是现代企业面临的生存环境之一，并且这种特点变得更加残酷，更加扣人心弦，也是派生出各种新型管理模式的原因之一。顾客和竞争在变化，而变化本身的性质也在变化。最重要的一点是，变化不仅无所不在，而且还持续不断，这已经成了常态。开展根本性、彻底性的企业再造，就是要满足企业应对这种变化的企业生存环境的需要，以获得显著性的效果。

四、学习型组织

学习型组织是一个能熟练地创造、获取和传递知识的组织，同时也要善于修正自身的行为，以适应新的知识和见解。当今世界上所有的企业，不论遵循什么理论进行管理，主要有两种类型：一类是等级权力控制型；另一类是非等级权力控制型，即学习型企业。

学习型组织这一概念主要来自于管理学者彼得·圣吉，彼得·圣吉在其著作《学习型组织的艺术与实践》中提出了学习型组织所需的五项修炼。彼得·圣吉是学习型组织理论的奠基人。作为佛瑞斯特的学生，他一直致力于研究以系统动力学为基础的更理想的组织。1970年在斯坦福大学获航空及太空工程学士学位后，彼得·圣吉进入麻省理工学院斯隆管理学院攻读博士学位，师从佛瑞斯特，研究系统动力学与组织学习、创造理论、认识科学等融合，发展出一种全新的组织概念。他用了近十年的时间对数千家企业进行研究和案例分析，于1990年完成其代表作《第五项修炼——学习型组织的艺术与实务》。他指出现代企业所欠缺的就是系统思考的能力。它是一种整体动态的搭配能力，因为缺乏它而使得许多组织无法有效学习。之所以会如此，正是因为现代组织分工、负责的方式将组织切割，而使人们的行动与其时空上相距较远。当不需要为自己的行动的结果负责时，人们就不会去修正其行为，也就是无法有效地学习。

《第五项修炼》提供了一套使传统企业转变成学习型企业的方法，使企业通过学习提升整体运作"群体智力"和持续的创新能力，成为不断创造未来的组织，从而避免了企业"夭折"和"短寿"。该书一出版即在西方产生极大反响，彼得·圣吉也被誉为20世纪90年代的管理大师，未来最成功的企业将是学习型企业。学习型组织的提出和一套完整的修炼的确立，实际上宣告整个管理学的范式在彼得·圣吉这里发生了转变。正是在这个意义上，不少学者认为，《第五项修炼》以及随后的《第五项修炼·实践篇》、《变革之舞》的问世，标志着学习型组织理论框架的基本形成。

知识经济迅速崛起，对企业提出了严峻挑战，现代人工作价值取向的转变，终身教育、可持续发展战略学习型组织等当代社会主流理念对组织群体的积极渗透，为组织学习提供理论上支持。结合研究现状，提出学习型组织的内涵：

(1) 学习型组织方法——发现、纠错、成长。组织学习普遍存在"学习智障"，是由于个体思维的误区，没有找到关键的要点，你的远景是什么？如何去除其中的限制因素障碍，获得组织肌体的修复，找到合适的成长环路，这需要个体之间不断去学习、探索，达到互动的目的。一切心理和机构层面的考量都不是学习的关键元素，修复和行动力才是主导。所以，方法只能在动态的过程里找到，最后成长。发现、纠错、成长是一个不断循环的过程。也是学习的自然动力。

（2）学习型组织核心——在组织内部建立"组织思维能力"。学会建立组织自我的完善路线图。组织成员在工作中学习，在学习中工作，学习成为工作新的形式。

（3）学习型组织精神——学习、思考和创新。此处学习是团体学习、全员学习，思考是系统、非线性的思考，创新是观念、制度、方法及管理等多方面的更新。

（4）学习型组织的关键特征——系统思考。只有站在系统的角度认识系统，认识系统的环境，才能避免陷入系统动力的旋涡里去。

（5）组织学习的基础——团队学习。团队是现代组织中学习的基本单位。团队学习依靠的是深度会谈，而不是辩论。深度会谈是一个团队的所有成员，摊出心中的假设，而进入真正一起思考的能力。深度会谈的目的是一起思考，得出比个人思考更正确、更好的结论；而辩论是每个人都试图用自己的观点说服别人同意的过程。

五项要素：

（1）建立愿景（Building Shared Vision）：愿景可以凝聚公司上下的意志力，透过组织共识，大家努学习型组织力的方向一致，个人也乐于奉献，为组织目标奋斗。

（2）团队学习（Team Learning）：团队智慧应大于个人智慧的平均值，以做出正确的组织决策，透过集体思考和分析，找出个人弱点，强化团队向心力。

（3）改变心智（Improve Mental Models）：组织的障碍，多来自于个人的旧思维，例如固执己见、本位主义，唯有透过团队学习，以及标杆学习，才能改变心智模式，有所创新。

（4）自我超越（Personal Mastery）：个人有意愿投入工作，专攻工作技巧的专业，个人与愿景之间有种"创造性的张力"，正是自我超越的来源。

（5）系统思考（System Thinking）：应透过资讯搜集，掌握事件的全貌，以避免见树不见林，培养综观全局的思考能力，看清楚问题的本质，有助于清楚了解因果关系。学习是心灵的正向转换，企业如果能够顺利导入学习型组织，不仅能够达到更高的组织绩效，更能够带动组织的生命力。

五、核心竞争力

核心竞争力最早由普拉哈拉德和加里·哈默尔两位教授提出，国内主流经管教育也均对这一概念有不同程度地关注。通常认为，核心竞争力即企业或个人相较于竞争对手而言，所具备的竞争优势与核心能力差异。

在美国学者普拉哈拉德（C. K. Prahalad）和美国学者哈默尔（G. Hamel）看来，核心竞争力首先应该有助于公司进入不同的市场，它应成为公司扩大经营的能力基础。其次，核心竞争力对创造公司最终产品和服务的顾客价值贡献巨大，它的贡献在于实现顾客最为关注、核心、根本的利益，而不仅仅是一些普通、短期的好处。最后，公司的核心竞争力应该是难以被竞争对手所复制和模仿的。

核心竞争力是一个企业（人才，国家或者参与竞争的个体）能够长期获得竞争优势的能力。是企业所特有、能够经得起时间考验、具有延展性，并且是竞争对手难以模仿的技术或能力。

核心竞争力，又称"核心（竞争）能力"、"核心竞争优势"，指的是组织具备的应对变革与激烈的外部竞争，并且取胜于竞争对手的能力的集合。

核心竞争力是企业竞争力中那些最基本的能使整个企业保持长期稳定的竞争优势、获得稳定超额利润的竞争力，是将技能资产和运作机制有机融合的企业自身组织能力，是企业推行内部管理性战略和外部交易性战略的结果。现代企业的核心竞争力是一个以知识、创新为基本内核的企业某种关键资源或关键能力的组合，是能够使企业、行业和国家在一定时期内保持现实或潜在竞争优势的动态平衡系统。

企业核心竞争力的识别标准有四个：

（1）价值性。这种能力首先能很好地实现顾客所看重的价值，如：能显著地降低成本，提高产品质量，提高服务效率，增加顾客的效用，从而给企业带来竞争优势。

（2）稀缺性。这种能力必须是稀缺的，只有少数的企业拥有它。

（3）不可替代性。竞争对手无法通过其他能力来替代它，它在为顾客创造价值的过程中具有不可替代的作用。

（4）难以模仿性。核心竞争力还必须是企业所特有的，并且是竞争对手难以模仿的，也就是说它不像材料、机器设备那样能在市场上购买到，而是难以转移或复制。这种难以模仿的能力能为企业带来超过平均水平的利润。

思考题

1. 弗雷德里克·W·泰勒、亨利·法约尔、马克斯·韦伯的理论贡献是什么？
2. 霍桑实验包括的主要内容有哪些？
3. 巴纳德的社会系统学说的内容是什么？
4. 权变理论的主要内容是什么？
5. 管理科学学派的主要特点是什么？
6. 什么是核心竞争力？
7. 学习型组织具备哪些特点？

拓展阅读　彼得·德鲁克生平简介

彼得·德鲁克（Peter F. Drucker，1909.11.19～2005.11.11）生于维也纳，1937 年移居美国，终身以教书、著书和咨询为业。德鲁克一生共著书 39 本，在《哈佛商业评论》发表文章 30 余篇，被誉为"现代管理学之父"。他文风清晰练达，对许多问题提出了自己的精辟见解。杰克·韦尔奇、比尔·盖茨等人都深受其思想的影响。德鲁克一生笔耕不辍，年逾九旬还创作了这本《德鲁克日志》，无怪乎《纽约时报》赞誉他为"当代最具启发性的思想家"。2005 年 11 月 11 日，德鲁克在加州家中逝世，享年 95 岁。对世人有卓越贡献及深远影响，被尊为"大师中的大师"。德鲁克以他建立于广泛实践基础之上的 30 余部著作，奠定了其现代管理学开创者的地位，被誉为"现代管理学之父"、"大师中的大师"。尊为"现代管理学之父"的德鲁克，是这个时代最出色的管理学者。他曾发誓："如果我能活到 80 岁，我要写到 80 岁"。

1909 年 11 月 19 日，彼得·德鲁克出生于奥匈帝国统治下的维也纳，祖籍荷兰。其家族在 17 世纪时就从事书籍出版工作。父亲是奥国负责文化事务的官员，曾创办萨尔斯堡音乐节；他的母亲是奥国率先学习医科的妇女之一。德鲁克从小生长在富于文化的环境之中。

德鲁克先后在奥地利和德国受教育，1929 年后在伦敦任新闻记者和国际银行的经济学家。于 1931 年获法兰克福大学法学博士。

1937 年移民美国，曾在一些银行、保险公司和跨国公司任经济学家与管理顾问，1943 年加入美国籍。德鲁克曾在贝宁顿学院任哲学教授和政治学教授，并在纽约大学研究生院担任了 20 多年的管理学教授。尽管被称为"现代管理学之父"，但德鲁克一直认为自己首先是一名作家和老师。

1942 年，受聘为当时世界最大企业——通用汽车公司的顾问，对公司的内部管理结构进行研究。

1946 年，将心得写成《公司概念》，"讲述拥有不同技能和知识的人在一个大型组织里怎样分工合作"。该书的重要贡献还在于，德鲁克首次提出"组织"的概念，并且奠定了组织学的基础。

1954 年，出版《管理实践》，提出了一个具有划时代意义的概念——目标管理。从此将管理学开创成为一门学科，从而奠定管理大师的地位。

1966 年，出版《卓有成效的管理者》，告知读者：不是只有管理别人的人才称得上是管理者，在当今知识社会中，知识工作者即为管理者，管理者的工作必须卓有成效。成为高级管理者必读的经典之作。

1973 年，出版巨著《管理：任务，责任，实践》，是一本给企业经营者的系统化管理手册，为学习管理学的学生提供的系统化教科书，告诉管理人员付诸实践的是管理学而不是经济学，不是计量方法，不是行为科学。该书被誉为"管理学"的"圣经"。

1982 年，出版《巨变时代的管理》，探讨了有关管理者的一些问题，管理者角色内涵的变化，他们的任务和使命，面临的问题和机遇，以及他们的发展趋势。

1985 年，出版《创新与企业家精神》，被誉为《管理的实践》推出后德鲁克最重要的著作之一，全书强调目前的经济已由"管理的经济"转变为"创新的经济"。

1999 年，出版《21 世纪的管理挑战》，德鲁克将"新经济"的挑战清楚地定义为：提高知识工作的生产力。

在欧洲经历了二战的残酷，并目睹了美国在两次世界大战中的作用，德鲁克感到那些优秀的领导者才是那个世纪的英雄。德鲁克在他那本发人深省的自传《旁观者的冒险》中写道："我和其他维也纳的小孩一样，都是胡佛总统救活的。他推动成立的救济组织，提供学校每天一顿午餐。这顿午餐的菜式，清一色是麦片粥与可可粉冲泡的饮料，直到今天我仍然对这两样东西倒胃口。不过整个欧洲大陆，当然也包括我在内的数百万饥饿孩童的性命，都是这个组织救活的。"一个"组织"居然能发挥这么大的功用！从德鲁克活生生的经历中，我们不难发现，德鲁克强调"透过组织这种工具，尽量发挥人类创造力"观念的根源。

此外，德鲁克在预测商业和经济的变化趋势方面显示出了惊人的天赋。例如，早在1969年德鲁克就预言将有一种新的类型的劳动者出现——知识员工，他们的职业将由自己所学的知识来决定，不再依靠出卖体力来养家糊口。1987年10月，美国股市大崩盘。仅10月19日一天，美国全国损失股票市值5000亿美元。对此，德鲁克说，他早就预料到了，"不是因为经济上的原因，而是基于审美和道德。"德鲁克将当时的华尔街股票经纪人称为"完全不具有生产力的一群，但又能很轻易地大把捞钱。"

作为第一个提出"管理学"概念的人，当今世界，很难找到一个比德鲁克更能引领时代的思考者：20世纪50年代初，指出计算机终将彻底改变商业；1961年，提醒美国应关注日本工业的崛起；20年后，又是他首先警告这个东亚国家可能陷入经济滞胀；20世纪90年代，率先对"知识经济"进行了阐释。

德鲁克著书和授课未曾间断，自1971年起，一直任教于克莱蒙特大学的彼德·德鲁克管理研究生院。为纪念其在管理领域的杰出贡献，克莱蒙特大学的管理研究院以他的名字命名。1990年，为提高非营利组织的绩效，由弗朗西斯·赫塞尔本等人发起，以德鲁克的声望，在美国成立了"德鲁克非营利基金会"。该基金会十余年来选拔优秀的非营利组织，举办研讨会、出版教材、书籍及刊物多种，对社会造成巨大影响。

德鲁克至今已出版超过30本书籍，被翻译成30多种文字，传播及130多个国家，甚至在苏联、波兰、南斯拉夫、捷克等国也极为畅销。其中，最受推崇的是他的原则概念及发明，包括："将管理学开创成为一门学科、目标管理与自我控制是管理哲学、组织的目的是为了创造和满足顾客、企业的基本功能是行销与创新、高层管理者在企业策略中的角色、成效比效率更重要、分权化、民营化、知识工作者的兴起、以知识和资讯为基础的社会。"至2004年，德鲁克还有新书问世。

2002年6月20日，美国总统乔治·W·布什宣布彼得·德鲁克成为当年的"总统自由勋章"的获得者，这是美国公民所能获得的最高荣誉。

无论是英特尔公司创始人安迪·格鲁夫、微软董事长比尔·盖茨，还是通用电气公司前CEO杰克·韦尔奇，他们在管理思想和管理实践方面都受到了德鲁克的启发和影响。"假如世界上果真有所谓大师中的大师，那个人的名字，必定是彼得·德鲁克"——这是著名财经杂志《经济学人》对彼得·德鲁克的评价。

德鲁克亲传的中国弟子詹文明先生，将德鲁克又译名为杜拉克，更加符合了华人的习惯。为了能将德鲁克大师的管理思想进行传播，其弟子詹文明通过极视传播成立了杜老师工作室，把德鲁克的思想用漫画的方式进行传播，使大家易读、易懂。

一、提出"目标管理"的概念

1954年，德鲁克提出了一个具有划时代意义的概念——目标管理（Management By Objectives，简称为MBO），它是德鲁克所发明的最重要、最有影响的概念，并已成为当代管理学的重要组成部分。

目标管理的最大优点也许是它使得一位经理人能控制自己的成就。自我控制意味着更强的激励：一种要做得最好而不是敷衍了事的愿望，它意味着更高的成就目标和更广阔的眼界。目标管理的主要贡献之一就是它使得我们能用自我控制的管理来代替由别人统治的管理。

二、管理学的真谛

"管理是一门学科，这首先就意味着，管理人员付诸实践的是管理学而不是经济学，不是计量方法，不是行为科学。无论是经济学、计量方法还是行为科学都只是管理人员的工具。但是，管理人员付诸实践的并不是经济学，正好像一个医生付诸实践的并不是验血那样。管理人员付诸实践的并不是行为科学，正好像一位生物学家付诸实践的并不是显微镜那样。管理人员付诸实践的并不是计量方法，正好像一位律师付诸实践的并不是判例那样。管理人员付诸实践的是管理学。"

三、管理要解决的问题有90％是共同的

德鲁克认为：管理在不同的组织里会有一些差异。因为使命决定远景，远景决定结构。管理沃尔玛（Wal-Mart）和管理罗马天主教堂当然有所不同，其差异在于，各组织所使用的名词（语言）有所不同。其他的差异主要是在应用上而不是在原则上。所有组织的管理者，都要面对决策，要做人事决策，而人的问题几乎是一样的。所有组织的管理者都面对沟通问题，管理者要花大量的时间与上司和下属进行沟通。在所有组织中，90％左右的问题是共同的，不同的只有10％。只有这10％需要适应这个组织特定的使命、特定的文化和特定语言。换而言之，一个成功的企业领导人同样能领导好一家非营利机构，反之亦然。

四、培养经理人的重要性

德鲁克认为：经理人是企业中最昂贵的资源，而且也是折旧最快、最需要经常补充的一种资源。建立一支管理队伍需要多年的时间和极大的投入，但彻底搞垮它可能不用费多大劲儿。21世纪，经理人的人数必将不断增加；培养一位经理人所需的投资也必将不断增加。与此同时，企业对其经理人的要求也将不断提高。

企业的目标能否达到，取决于经理人管理的好坏，也取决于如何管理经理人。而且，企业对其员工的管理如何，对其工作的管理如何，主要也取决于经理人的管理及如何管理经理人。企业员工的态度所反映的，首先是其管理层的态度。企业员工的态度，正是管理层的能力与结构的一面镜子。员工的工作是否有成效，在很大程度上取决于他被管理的方式。

德鲁克认为：组织的目的是使平凡的人做出不平凡的事。

组织不能依赖于天才，因为天才稀少如凤毛麟角。考察一个组织是否优秀，要看其能否使平常人取得比他们看来所能取得的更好的绩效，能否使其成员的长处都发挥出来，并利用每个人的长处来帮助其他人取得绩效。组织的任务还在于使其成员的缺点相抵消。

1950年元旦，德鲁克和他的父亲去探望他的老师约瑟夫·熊彼特，过了8天熊彼特就去世了。在这次见面中，熊彼特对德鲁克父子说："我现在已经到了这样的年龄，知道仅仅凭借自己的书和理论而流芳百世是不够的。除非能改变人们的生活，否则就没有任何重大的意义。"

这句话成了德鲁克后来衡量自己一生成败的基本标准，也是他一生从事学术研究的重要法则，还是他和学术界格格不入的主要原因。他一边教书一边做咨询一边写作，正是这三种不同的身份塑造了他的研究方法与成文风格，也成了他区别于别的管理学者的重要特征。

他曾经拒绝了哈佛商学院的邀请，主要原因是当时哈佛商学院院长制定了一项规

定——教职员工每星期最多只能做一次咨询工作。而在他看来，管理学更是一种实践，从业者必须要参与实践。在 1946 年出版《公司的概念》之前，他曾经在通用汽车工作和观察了两年。

在写作前，德鲁克通常对企业进行深入研究和观察，在咨询过程中发现问题，并在这种观察和互动中形成一些颇具洞察力的观点。在他的作品中，很少看到什么"管理模型"和"数据分析"，取而代之的则是一些直指人心的观点和故事，成文风格简单、清晰而有力。

这种研究方法在管理学术中被称之为"管理经验学派"，这种学派在学术研究中不属主流。因为他们的研究方法不符合科学的"学术规范"，没有"模型"和"论证"，因此很难在学术论文中引用他们的"研究成果"。

一位留学欧洲的博士告诉记者，他当时为了写博士论文，看过几百篇学术论文，没有一篇引用德鲁克的话语。他唯一一次听到德鲁克的名字是在一次午餐会上，几位管理学博士在讨论德鲁克和一个助教谁的贡献大，那位年轻的助教做了一个合资企业盈利模式的调查研究。

德鲁克清楚地意识到，他从来就是一个学院派的"边缘人"。德鲁克本人提供了一个富有洞见的解释："为了控制学界，美国政府只向那些用数学公式写作的研究人员提供研究资金，自己这类深入实践的学者被拒之门外便顺理成章了。"

2002 年 6 月 22 日，美国总统乔治·W·布什宣布彼得·德鲁克成为当年的"总统自由勋章"的获得者，这是美国公民所能获得的最高荣誉。这是一份迟到的荣誉，当时德鲁克已经 93 岁了。幸亏他活得足够久，给了美国政府一个改正错误的机会。

五、德鲁克的"五项主要习惯"是领导特质论的主要流派。

德鲁克指出，有效的管理者具有不同的类型，缺少有效性的管理者也同样有不同类型。因此，有效的管理者与无效的管理者之间，在类型、性格及才智方面，是很难加以区别的。有效性是一种后天的习惯，既然是一种习惯，便可以学会，而且必须靠学习才能获得。他认为，一个优秀的管理者必须具备以下五项主要习惯。

1. 善于利用有限的时间

他认为，时间是最稀有的资源，丝毫没有弹性，无法调节、贮存、替代。时间一去不复返，因而永远是最短缺的。而任何工作又都要耗费时间，因此，一个有效的管理者最显著的特点就在于珍惜并善于利用有限的时间。这包括三个步骤：记录自己的时间，管理自己的时间，集中自己的时间，减少非生产性工作所占用的时间。这是管理的有效性的基础。

2. 注重贡献和工作绩效

重视贡献是有效性的关键。"贡献"是指对外界、社会和服务对象的贡献。一个单位，无论是工商企业、政府部门还是医疗卫生单位，只有重视贡献才会凡事想到顾客、服务对象、病人，其所作所为都考虑是否为服务对象尽了最大的努力。有效的管理者重视组织成员的贡献，并以取得整体的绩效为己任。

每一个组织都必须有三个主要方面的绩效：直接成果、价值的实现和未来的人才开发。企业的直接成果是销售额和利润，医院的直接成果是治好病人；价值的实现指的是社会效益，如企业应为社会提供最好的商品和服务；未来的人才开发可以保证企业后继有人。一个组织如果仅能维持今天的成就而忽视明天，那它必将丧失其适应能力，不能在变动的明天生存。

3. 善于发挥人之所长

德鲁克认为，有效的管理者应注重用人之长处，而不介意其缺点。对人从来不问"他能跟我合得来吗？"而问"他贡献了些什么？"也不问"他不能做什么？"而问："他能做些什么？"有效的管理者择人任事和升迁，都以一个人能做些什么为基础。

4. 集中精力于少数主要领域，建立有效的工作秩序

他认为，有效性的秘诀在于"专心"，有效的管理者做事必"先其所当先"，而且"专一不二"。因为要做的事情很多而时间毕竟有限，而且总有许多时间非本人所能控制。因此，有效的管理者要善于设计有效的工作秩序，为自己设计优先秩序，并集中精力坚持这种秩序。

5. 有效的决策

他认为，管理者的任务繁多，"决策"是管理者特有的任务。有效的管理者做的是有效的决策。决策是一套系统化的程序，有明确的要素和一定的步骤。一项有效的决策必然是在"议论纷纷"的基础上做成的，而不是在"众口一词"的基础上做成的。有效的管理者并不做太多的决策，而做出的决策都总是重大的决策。

六、核心遗产

作为"现代管理之父"，德鲁克的思想几乎涉及了管理学的方方面面，现在我们熟知的许多管理理论的概念都是他首先提出来的，如营销、目标管理和知识工作者等。菲利浦·科特勒说："如果人们说我是营销管理之父，那么德鲁克就是营销管理的祖父。"

但德鲁克不是一个通常意义上的管理学者，实际上他和管理的学院派一直格格不入。他在谈到自己的职业时说："写作是我的职业，咨询是我的实验室。"他的研究领域涵盖了管理学、政治学和社会学的诸多范畴，这使得他的作品具有宽广的视野和恒久的穿透力。

1971年秋天，德鲁克离开了曾经任教20多年的纽约大学商学院研究生院，到洛杉矶的加州克莱尔蒙特研究生院为企业高层管理人员培训班授课。这所大学不仅在当时没有什么影响力，即便是现在的美国商学院排行榜中，它的排名也在50名之外。

这个选择反映了他对当时的管理学研究和教学的日益不满。他相信管理学应该是一门综合的人文学科，而不是一些细分学科的组合。克莱尔蒙特研究生院也遵从了他的管理哲学，在这里的学生不仅要学习经济和管理，而且要学习历史、社会学、法律和自然科学。

这种学术训练方式沿袭了欧洲的大学传统，也反映了管理的本质要求。那就是管理不应该只是一些技能的训练，而是一个对人类、社会和企业的整体认识。管理不应该只是一些理论和学术研究，而是应该用来解决社会和企业所需要解决的问题。

正因为这个缘故，德鲁克的作品赢得了许多企业家的高度评价。英特尔的创始人安迪·格鲁夫毫不掩饰对德鲁克的崇拜之情。"彼得·德鲁克是我心中的英雄。他的著作和思想如此清晰有力，在那些狂热追求时髦思想的管理学术贩子中独树一帜。"杰克·韦尔奇也将其重要的企业决策归功于德鲁克，他认为1981年整合通用电气的第一个核心思想——"第一第二"的原则便来自彼得·德鲁克。

幸好有像安迪·格鲁夫、比尔·盖茨这样伟大的企业家和杰克·韦尔奇、张瑞敏这样伟大的经理人积极实践他的理论，从而不容辩驳地证明了他的理论的价值。而这些成就也

符合德鲁克的一贯看法:"管理是一种实践,其本质不在于知而在于行,其验证不在于逻辑而在于成果。"

虽然是德鲁克创建了现代管理学,但恐怕连他自己当初也没想到如今的管理学已经走入了这种高度分工的学术研究之中。一位不愿透露姓名的管理学副教授告诉记者,当前的大多数管理学学术论文虽然符合严格的学术规范,但其价值却不为企业界所认同,没有什么实践的价值。

追随德鲁克的其他管理大师在管理学界也一直没有得到主流的认可,其中包括《基业长青》和《从优秀到卓越》的作者吉姆·柯林斯、《追求卓越》的作者汤姆·彼得斯和《第五项修炼》的作者彼得·圣吉。以彼得·圣吉为例,他现在只是麻省理工学院的一个"资深讲师"!

1994 年冬天,吉姆·柯林斯完成了他在管理学上的重要著作《基业长青》之后,第一件事就是驱车到加州的克莱蒙特去拜访德鲁克。时年 36 岁的柯林斯在管理学界还属于"无名小辈",和 85 岁的德鲁克在一起的那一天,彻底改变了柯林斯对生活的看法。

柯林斯说:"别人都在问'我如何成功?'而德鲁克却在问'我如何贡献?'别人都在追问'我怎么做才能使自己有价值?'德鲁克却在问:'我怎么做才能对别人有价值?'"

"走出去,使自己成为有用的人。"临行之前,德鲁克告诉柯林斯。柯林斯是个才华横溢的人,但德鲁克却告诉他:"把才华应用于实践之中——才能本身毫无用处。许多有才华的人一生碌碌无为,通常是因为他们把才华本身看作是一种结果。"

德鲁克对生活的看法和对管理的看法一脉相承,那就是任何一种知识,只有当他能应用于实践,改变人们的生活,这种知识才会有价值。

德鲁克早年在德国留学,晚上经常去歌剧院听歌剧。有一次他被意大利作曲家威尔第的歌剧《福斯塔》的美感深深地震撼了,更让他震撼的是,他发现这是威尔第 80 岁时谱写的最后一部作品。威尔第在谈到创作《福斯塔》时说:"我一生都是音乐家,且一直极力达到完美的境界,而我一直很困惑自己是否已达到这个境界,只是下定了决心再努力一试。"

这段话成了德鲁克一生追求完美的座右铭。他一生写了 39 本书,仅从 85 岁到 95 岁这 10 年中就出版了 10 本著作。他的最后一本著作将于下一年 1 月份正式出版。

正是这种超常的勤奋,使他一直保持着年轻的头脑。他兴趣广泛,对政治学、社会学和管理学都造诣颇深,并每隔三四年就会选择一个新的主题来研究。在 2002 年的《福布斯》封面文章中,称德鲁克"依然是最年轻的头脑"。

时间对于每个人而言都是公平的,并且是有限的,如何有效地管理并活用时间,是每个人的最大课题。能顺利掌握此问题的人,相信更能享受人生。在现代管理学奠基人彼得·德鲁克的《卓有成效的管理者》一书中提到,管理者有效性的基础是:记录时间;管理时间;统一安排时间。因此,为了提高工作的有效性,第一步就是记录时间耗用的实际情况。

linkwedo 可以清晰记录时间,帮助员工和管理者准确把握时间的分配情况,体现出也许连员工自己都忽略的工作过程和时间付出。

通过具体的事件记录和数字统计对时间花费进行分析比较,不仅可以使管理者一目了然地查看和评估员工的工作时间分配,而且也可以使员工对自己的工作时间安排有了新的认识。有责任感的员工必然会依据统计结果不断地调整自己的工作安排，提高工作效率，而领导者也会从更高的角度及时发现问题并做出调整，支持员工的工作。

因此，Linkwedo 的数据表实现了对时间的记录和分析，为员工和管理者进行下一步的有效管理：时间管理和统一安排时间提供了依据。

第三章 职业道德与社会责任

三鹿奶粉事件、中国台湾地沟油事件、美国安然公司的假账事件等无数真实的事例，都活生生地摆在人们面前，并且已经给社会造成了严重的恶劣后果。企业追求利润无可厚非，但是追求利润必须遵守最基本的道德底线和必要的社会担当。任何组织的管理行为必须要有其最基本的道德观和伦理观。在现代企业发展过程中，坚持道德这个最基本的前提下，承担社会责任已经成为最紧迫和最重要的研究课题。

第一节 道 德

一、道德的定义

1. 伦理道德的真谛

人类是一种群居的动物，同时每个人又想都有个人的自由意志。社会就是以一定物质生产为基础而相互联系的人类生活共同体。人类在社会中利用各自的智力和体力互相协作进行生产活动，共同在一起生活。但是由于人性的特点，既有善的一面——仁爱和自律，又有恶的一面——自利和贪婪。因此，为了相互协调、共同生产和生活，就必须有共同遵守的行为规范，这就是伦理。伦理最初的自然形态就是风俗习惯。而道德就是在一定风俗习惯下形成的个人品质、气质。伦理与道德的关系是什么？用德国古典哲学家黑格尔的话说，"道德是一种伦理上的造诣。"

在中国文化中，"伦"指人处其中的共同体及人在这个共同体中的地位。人类最基本的共同体，被表述为"天伦"与"人伦"。天伦即家庭血缘关系的共同体，人伦指社会关系的共同体。伦理，是人之所以为人，即单个的人成为一个具有共同体本质的人。用管理学家的话说，就是单个人成为"组织人"的理性与原理。这些理性与原理，当走出思维与意识，而具有意志与行为意义时，便是所谓"道"。"德者，得也。"得什么？就是"得道"。于是得到了道，便具有了"伦理上的造诣"，也就是了"德"。由此，道德便相接相通。

伦理的真谛是"本性上普遍的东西"。这种"本性上普遍的东西"被称为伦理性的实体，即伦理性的共同体。在社会体系中，任何组织都首先是一个伦理实体。伦理关系是个人与共同体的关系，伦理行为的本质是个人作为共同体的成员而行动。伦理的真谛是个人的单一性与共同体的普遍性的统一，但它不是借助外在的强制，如法律规范，达到形式上的统一，而是透过精神所达到的统一。因而，精神是伦理的文化内核，即所谓"伦理精神"、"民族精神"、"企业精神"、"企业文化"、"家风"、"校风"等。而所谓"德"就是个体将共同体的普遍性、普遍品质或普遍要求加以内化，"内得于己"并"外施于人"，形成个体内在的伦理普遍性，获得"伦理上的造诣"，造就精神同一性，从而使共同体成员达到"同心同德"。由此可见，伦理与生活中具体表现为一定的行为规范和准则。任何社会任何组织要想长期生存，不仅需要遵守法律，同时还必须遵守一定的道德规范。

道德不同于纪律规章，不同于法律，道德则是在社会生活中自然形成的，纪律规章则是由一定的社会组织或团体制定的，法律是由国家制定或认可的。道德则依靠舆论、习惯和人们的信念来维持，而纪律规章则依靠一定的社会组织或团体来维持，法律依靠国家强制力保证实施。道德则会因人们的阶级立场不同而异，而法律对全体社会成员具有普遍的约束力，纪律规章只对一部分人具有约束力。从某种意义上，法律是道德的具体化、规范化、严格化，因为从法律的演变上来说，最初的法律就是来源于道德。

2. 伦理道德的管理学意义

（1）经济与经营活动的意义，尤其是对终极意义的追求。

（2）对企业组织的意义。造就真正合理有效的企业组织。

（3）人文力与企业精神。"最强的动力"与"最好的动力"相协调。

（4）企业及其产品的价值观。

二、五种道德观

1. 功利主义道德观

基本观点：能给行为影响所及的大多数人带来最大利益的行为才是善的。

合理性：如果行为能为行为影响所及的大多数人带来最大利益，当然就可以认为该行为是善的，必然得到大多数人支持。局限性：没有考虑取得最大化利益的手段；没有考虑所得利益的分配。

2. 权利至上道德观

基本观点：能尊重和保护个人基本权利的行为才是善的。

合理性：尊重人权，保护个人的基本权利。局限性：过高的保障期望会给社会经济发展带来负面效应；组织整体利益的需要和个人的权利不可能完全一致。

3. 公平公正道德观

基本观点：管理者不能因种族、肤色、性别、个性、个人爱好、国籍、户籍等因素对部分员工歧视。那些按照同工同酬的原则和公平公正的标准向员工支付薪酬的行为是善的。

何谓"公平公正"？指支付薪酬的依据应当只是员工的技能、经验、绩效或职责等因素，而不是其他各种似是而非的因素。这种道德观在理论上是完全正确的，但在实践中问题十分复杂。

4. 社会契约道德观

基本观点：只要按照企业所在地区政府和员工都能接受的社会契约所进行的管理行为就是善的。合理性：能大幅度降低企业人力资源的成本，增加企业的利润。局限性：契约具有很强的情境特征，在很多场合是相关各方利益博弈的结果，与合理性无关。

5. 推己及人道德观

中国儒家道德观的高度概括为："己所不欲，勿施于人"；"在邦无怨，在家无怨"；"仁、义、礼、智、信"。"己所不欲，勿施于人"是中国古代思想家教育家孔子的名言。整句话解释为，如果自己身体不想要的结果或精神不情愿被这样对待，就不要使得别人遭受不想要的结果和得不到想要的对待。"在邦无怨，在家无怨"的意思是在诸侯国做官不怨天尤人，在卿大夫家做官也不怨天尤人。"仁、义、礼、智、信"为五常之道，"五常"

是做人的起码道德准则，此为伦理原则，用以处理与谐和作为个体存在的人与人之间的关系。仁：仁者，人人心德也。心德就是良心，良心即是天理，乃推己及人意也。义：义者，宜也，则因时制宜，因地制宜，因人制宜之意也。当做就做，不该做就不做。礼：礼者，说文：礼，履也，所以事神致福也。释名：礼，体也，得其事证也，人事之仪则也。智：智者，知也，无所不知也。明白是非，即人发为是非之心，文理密察，是为智也。信：信者，不疑也，不差爽也，诚实也。

三、道德的发展阶段

道德发展有三个阶段：最低层次——前惯例层次：个人只有在其利益受到影响的情况下才会做出道德判断；中间层次——惯例层次：道德判断的标准是个人是否维持平常的秩序并满足他人的期望；最高层次——原则层次：个人试图在组织或社会的权威之外建立道德准则。有关道德发展阶段研究表明，如表 3-1 所示：

（1）人们渐进地通过这六个阶段，而不能跨越；

（2）道德发展可能中断，可能停留于任何一个阶段；

（3）多数成年人的道德发展处于第 4 阶段。

道德发展阶段　　　　　　　　　　　　　　　　　　　表 3-1

层　　次	阶　　段
前惯例层次 只受个人利益的影响。决策的依据是本人利益，这种利益是由不同行为方式带来的奖赏和惩罚决定的	1. 遵守规则以避免受到物质惩罚。 2. 只在符合你的直接利益时才遵守规则
惯例层次 受他人期望的影响。包括对法律的遵守，对重要任务期望的反应，以及对他人期望的一般感觉	3. 做你周围的人所期望的事。 4. 通过履行你允许的义务来维持平常秩序
原则层次 受个人用来辨别是非的道德准则的影响这些准则可以与社会的规则或法律一致，也可以与社会的规则或法律不一致	5. 尊重他人的权利，置多数人的意见于不顾、支持不相干的价值观和权利。 6. 遵守自己选择的道德准则，即使这些准则违背了法律

四、影响管理者道德行为的因素

影响管理者道德行为的因素包括道德发展阶段、个人特征、结构变量、组织文化、问题强度。

（1）道德发展阶段。人类的道德发展要经历三个层次，每个层次又分两个阶段。随着阶段的上升，个人的道德判断越来越不受外部因素的制约。多数成年人的道德停留在第四阶段。

（2）个人特征。有两个个性变量影响着个人行为。这两个变量是自我强度和控制中心。自我强度用来度量一个人的信念强度。一个人的自我强度越高，克制冲动并遵守其信念的可能性越大。这就是说，自我强度高的人更加可能做他们认为正确的事。我们可以推断，对于自我强度高的管理者，其道德判断和道德行为会更加一致。控制中心用来度量人们在多大程度上是自己命运的主宰。具有内在控制中心的人认为他们控制着自己的命运，而具有外在控制中心的人则认为他们生命中发生什么事是由运气或机会决定的。

（3）结构变量。组织的结构设计有助于管理者道德行为的产生。一些结构提供了有力的指导，而另一些令管理者模糊不已。模糊程度最低并时刻提醒管理者什么是"道德的"的结构设计有可能促进道德行为的产生。

（4）组织文化。组织文化的内容和强度也会影响道德行为。最有可能产生高道德标准的 组织文化是那种有较强的控制能力以及风险和冲突承受能力的组织文化。在弱组织文化中，管理者可能以亚文化准则作为行为的指南。

（5）问题强度。行为造成的伤害越大，就有越多的人认为行为是邪恶的，行为发生并造成实际伤害的可能性越高，行为的后果越早出现，观测者感到行为的受害者与自己挨得越近，行为的后果越集中，问题的强度就越大。这些因素决定了道德问题的重要性，道德问题越重 要，管理者越有可能采取道德行为。

五、崇尚道德的管理者具备的特征

（1）把遵守道德规范看作责任。崇尚道德的管理不仅把遵守道德规范视作组织获取利益的一种手段，更把其视为组织的一项责任。如果遵守道德规范会带来利益而不遵守道德规范会带来损失，组织当然会选择遵守道德规范。但是如果遵守道德规范会带来损失，而不遵守道德规范会带来利益，组织仍然选择遵守道德规范，这就是责任。承担责任意味着要付出额外成本。

（2）以社会利益为重。崇尚道德的管理不仅从组织自身角度更从社会整体角度思考问题。有时，为了社会整体的利益，甚至需要不惜在短期内牺牲组织自身的利益。

（3）重视利益相关者的利益。崇尚道德的管理尊重利益相关者的利益，善于处理组织与利益相关者的关系，也善于处理管理者与一般员工之间一般员工内部的关系。崇尚道德的管理者知道，组织与利益相关者是相互依赖的。

（4）视人为目的。崇尚道德的管理不仅把人看作手段，更把人看作目的。组织行为的目的是为了人。尊重人、视人为目的的思想正逐渐进入管理领域。

（5）超越法律。崇尚道德的管理超越了法律的要求，能让组织取得卓越的成就。法律是所有社会成员必须共同遵守的最起码的行为规范。仅仅遵守法律的组织不大可能激发员工的责任感、使命感，不大可能赢得顾客、供应者、公众的信赖和支持，因而也就不大可能取得非凡的成就。崇尚道德的管理虽不把组织自身利益放在第一位，但常常能取得卓越的业绩。追求卓越实质上就是崇尚道德。

（6）自律。崇尚道德的管理具有自律的特征。有时，社会舆论和内心信念能唤醒人们的良知、羞耻感和内疚感，从而对其行为进行自我调节。

（7）以组织的价值观为行为导向。组织的价值观是组织所推崇的并为全体（或大多数）成员所认同的价值观。组织的价值观有时可以替代法律来对组织内的某些行为作"对错""应该不应该"的判断。崇尚道德的管理者通常为组织确立起较为崇高的价值观，以此来引导组织及其成员的一切行为。这种价值观一般能够激发成员去做出不平凡的贡献，从而给组织带来生机和活力。

六、提高企业员工道德素质的途径

（1）招聘道德素质高的员工人。在道德发展阶段、个人价值体系和个性上的差异，使管理者有可能通过严格的招聘过程（招聘过程通常包括审查申请材料、组织笔试和面试以

及试用等阶段），将道德素质低的求职者挡在门外。招聘过程的另一作用是有助于管理者
了解求职者的个人道德发展阶段、个人价值观、自我强度和控制中心。

（2）确立道德准则。员工对道德是什么认识不清，这显然对组织不利。确立道德准则
可以缓解这一问题。道德准则是表明组织的基本价值观和组织期望员工遵守的道德规则的
正式文件。道德准则既要相当具体以便让员工明白应该以什么样的精神来从事工作、以什
么样的态度来对待工作，也要相当宽泛以便让员工有判断的自由。管理者对道德准则的态
度（是支持还是反对）以及对违反者的处理方式对道德准则的效果有重要影响。

（3）设定工作目标。员工应该有明确和现实的目标。如果目标对员工的要求不切实
际，即使目标是明确的，也会产生道德问题。在不现实的目标的压力下，即使道德素质较
高的员工也会感到迷惑，很难在道德和目标之间做出选择，甚至有时为了达到目标而不得
不牺牲道德。而明确和现实的目标可以减少员工的迷惑，并能激励员工而不是惩罚他们。

（4）对员工进行道德教育。采取各种方式来提高员工的道德素质。向员工讲授解决道
德问题的方案，可以显著改变其道德行为；这种教育提升了个人的道德发展阶段；道德教
育增强了有关人员对商业道德问题的认识。组织中的高层管理人员要以身作则，通过一言
一行来感化员工，让他们树立起高的道德标准。高层管理人员还可以通过奖惩机制来影响
员工的道德行为。选择什么人和什么事作为提薪和晋升的对象和原因，会向员工传递强有
力的信息。管理人员在发现错误行为时，不仅要严惩当事人，而且要把事实及时公布
于众。

（5）对绩效进行全面评估。如果仅以经济成果来衡量绩效，人们为了取得好的绩效，
就会不择手段，从而可能产生不道德行为。如果管理者想让员工坚持高的道德标准，在绩
效评价过程中就必须把道德方面的要求考虑进去。

（6）建立正式的保护机制。正式的保护机制可以使那些面临道德困境的员工在不用担
心受到斥责与报复的情况自主行事。组织可以建立专门的渠道，使员工能放心地举报道德
问题或告发践踏道德准则的人。

第二节 职 业 道 德

一、职业道德的概念

道德是社会学意义上的一个基本概念。不同的社会制度，不同的社会阶层都有不同的
道德标准。所谓道德，就是由一定社会的经济基础所决定，以善恶为评价标准，以法律为
保障并依靠社会舆论和人们内心信念来维系的、调整人与人、人与社会及社会各成员之间
关系的行为规范的总和。

职业道德是一般道德在职业行为中的反映，是社会分工的产物。所谓职业道德，就是
人们在进行职业活动过程中，一切符合职业要求的心理意识、行为准则和行为规范的总
和。它是一种内在的、非强制性的约束机制。是用来调整职业个人、职业主体和社会成员
之间关系的行为准则和行为规范。

二、职业道德的本质

1. 职业道德是生产发展和社会分工的产物

自从人类社会出现了农业和畜牧业、手工业的分离，以及商业的独立，社会分工就逐

渐成为普遍的社会现象。由于社会分工，人类的生产就必须通过各行业的职业劳动来实现。随着生产发展的需要，随着科学技术的不断进步，社会分工越来越细。分工不仅没有把人们的活动分成彼此不相联系的独立活动，反而使人们的社会联系日益加强，人与人之间的关系越来越紧密、越来越扩大，经过无数次的分化与组合，形成了今天社会生活中的各种各样的职业，并形成了人们之间错综复杂的职业关系。这种与职业相关联的特殊的社会关系，需要有与之相适应的特殊的道德规范来调整，职业道德就是作为适应并调整职业生活和职业关系的行为规范而产生的，可见，生产的发展和社会分工的出现是职业道德形成、发展的历史条件。

2. 职业道德是人们在职业实践活动中形成的规范

人们对自然、社会的认识，依赖于实践，正是由于人们在各种各样的职业活动实践中，逐渐地认识人与人、个人与社会之间的道德关系，从而形成了与职业实践活动相联系的特殊的道德心理、观念和标准。由此可见，职业道德是随着职业的出现以及人们的职业生活实践形成和发展起来的，有了职业就有了职业道德，出现一种职业就随之有了关于这种职业的道德。

3. 职业道德是职业活动的客观要求

职业活动是人们由于特定的社会分工而从事的具有专门业务和特定职责，并以此作为主要生活来源的社会活动。它集中地体现着社会关系的三大要素——责、权、利。

4. 职业道德是社会经济关系决定的特殊社会意识形态

职业道德虽然是在特定的职业生活中形成的，但它作为一种社会意识形态，则深深根植于社会经济关系之中，决定于社会经济关系的性质，并随着社会经济关系的变化而变化发展着。

三、职业道德的特征

1. 职业性

职业道德的内容与职业实践活动紧密相连，反映着特定职业活动对从业人员行为的道德要求。每一种职业道德都只能规范本行业从业人员的职业行为，在特定的职业范围内发挥作用。

2. 实践性

职业行为过程就是职业实践过程，只有在实践过程中才能体现出职业道德的水准。职业道德的作用是调整职业关系，对从业人员职业活动的具体行为进行规范，解决现实生活中的具体道德冲突。

3. 继承性

在长期实践过程中形成的，会被作为经验和传统继承下来。即使在不同的社会经济发展阶段，同样一种职业因服务对象、服务手段、职业利益、职业责任和义务相对稳定，职业行为的道德要求的核心内容将被继承和发扬，从而形成了被不同社会发展阶段普遍认同的职业道德规范。

4. 多样性

不同的行业和不同的职业，有不同的职业道德标准。

四、职业道德的基本要求

《中华人民共和国公民道德建设实施纲要》中明确指出："要大力倡导以爱岗敬业、诚实守信、办事公道、服务群众、奉献社会为主要内容的职业道德，鼓励人们在工作中做一个好建设者。"因此，我国现阶段各行各业普遍适用的职业道德的基本内容，即"爱岗敬业、诚实守信、办事公道、服务群众、奉献社会"。

1. 爱岗敬业

通俗地说，就是"干一行爱一行"，它是人类社会所有职业道德的一条核心规范。它要求从业者既要热爱自己所从事的职业，又要以恭敬的态度对待自己的工作岗位。爱岗敬业是职责，也是成才的内在要求。

所谓爱岗，就是热爱自己的本职工作，并为做好本职工作尽心竭力。爱岗是对人们工作态度的一种普遍要求，即要求职业工作者以正确的态度对待各种职业劳动，努力培养热爱自己所从事工作的幸福感、荣誉感。

所谓敬业，就是用一种恭敬严肃的态度来对待自己的职业。任何时候，用人单位只会倾向于选择那些既有真才实学又踏踏实实、持良好态度工作的人。这就要求从业者只有养成干一行、爱一行、钻一行的职业精神，专心致志搞好工作，才能实现敬业的深层次含义，并在平凡的岗位上创造出奇迹。一个人如果看不起本职岗位、心浮气躁、好高骛远，不仅违背了职业道德规范，而且会失去自身发展的机遇。虽然社会职业在外部表现上存在差异性，但只要从业者热爱自己的本职工作，并能在自己的工作岗位上兢兢业业工作，终会有机会创出一流的业绩。

爱岗敬业是职业道德的基础，是社会主义职业道德所倡导的首要规范。爱岗就是热爱自己的本职工作，忠于职守，对本职工作尽心尽力；敬业是爱岗的升华，就是以恭敬严肃的态度对待自己的职业，对本职工作一丝不苟。爱岗敬业，就是对自己的工作要专心、认真、负责任，为实现职业上的奋斗目标而努力。

2. 诚实守信

诚实就是实事求是地待人做事，不弄虚作假。在职业行为中最基本的体现就是诚实劳动。每一名从业者，只有为社会多工作、多创造物质或精神财富，并付出卓有成效的劳动，社会所给予的回报才会越多，即"多劳多得"。

"守信"，要求讲求信誉、重信誉、信守诺言。要求每名从业者在工作中严格遵守国家的法律、法规和本职工作的条例、纪律；要求做到秉公办事，坚持原则，不以权谋私；要求做到实事求是、信守诺言，对工作精益求精，注重产品质量和服务质量，并同弄虚作假、坑害人民的行为进行坚决的斗争。

3. 办事公道

所谓办事公道，是指从业人员在办事情处理问题时，要站在公正的立场上，按照同一标准和同一原则办事的职业道德规范。即处理各种职业事务要公道、正派、不偏不倚、客观公正、公平、公开。对不同的服务对象一视同仁、秉公办事，不因职位高低、贫富亲疏的差别而区别对待。

如一个服务员接待顾客不以貌取人，无论对于那些衣着华贵的大老板还是对那些衣着平平的乡下人，对不同国籍、肤色、民族的宾客能一视同仁，同样热情服务，这就是办事公道。无论是对于那些一次购买上万元商品的大主顾还是一次只买几元钱小商品的人，同样周到接待，这就是办事公道。

4. 服务群众

服务群众是指听取群众意见，了解群众需要，为群众着想，端正服务态度，改进服务措施，提高服务质量。做好本职工作是服务人民最直接的体现。要有效地履职尽责，必须坚持工作的高标准。工作的高标准是单位建设的客观需要，是强烈的事业心责任感的具体体现，也是履行岗位责任的必然要求。

5. 奉献社会

奉献社会是社会主义职业道德的最高境界和最终目的。奉献社会是职业道德的出发点和归宿。奉献社会就是要履行对社会、对他人的义务，自觉、努力地为社会、为他人做出贡献。当社会利益与局部利益、个人利益发生冲突时，要求每一个从业人员把社会利益放在首位。

奉献社会是一种对事业忘我的全身心投入，这不仅需要有明确的信念，更需要有崇高的行动。当一个人任劳任怨、不计较个人得失，甚至不惜献出自己的生命从事于某种事业时，他关注的其实是这一事业对人类、对社会的意义。

五、建筑行业的职业道德

1. 建筑业监督管理人员职业道德规范

（1）工程质量监督人员职业道德规范

遵纪守法，秉公办事。认真贯彻执行国家有关工程质量监督管理的方针、政策和法规，依法监督，秉公办事，树立良好的信誉和职业形象。敬业爱岗，严格监督。不断提高政治思想水平和业务素质，严格按照有关技术标准规范实行监督，严格按照标准核定工程质量等级。提高效率，热情服务。严格履行工作程序，提高办事效率，监督工作及时到位，做到急事快办，热情服务。公正严明，接受监督。公开办事程序，接受社会监督、群众监督和上级主管部门监督，提高质量监督、检测工作的透明度，保证监督、检测结果的公正性、准确性。严格自律，不谋私利。严格执行监督、检测人员《工作守则》，不在建筑业企业和监理企业中兼职，不利用工作之便介绍工程进行有偿咨询活动，自觉抵制不正之风，不以权谋私，不徇私舞弊。

（2）工程招标投标管理人员职业道德规范

遵纪守法，秉公办事。认真贯彻执行国家的有关方针、政策和法规，在招标投标各个环节要依法管理、依法监督，自觉抵制各种干扰，保证招标投标工作的公开、公平，公正。敬业爱岗，优质服务。树立敬业精神，以服务带管理，以服务促管理，寓管理于服务之中。解放思想，实事求是。积极探索在社会主义市场经济条件下工程招标投标的管理，努力发挥优胜劣汰竞争机制的作用，维护建筑市场秩序。接受监督，保守秘密。公开办事程序，分开办事结果，接受社会监督、群众监督及上级主管部门的监督，不准泄露标底，维护建筑市场各方的合法权益。廉洁奉公，不谋私利。不以权谋私，不吃宴请，不收礼金，不指定投标队伍，不准泄露标底，不准自编自审，不参加有妨碍公务的各种活动，不做有损于政府形象的事情。

（3）建筑施工安全监督人员职业道德规范

依法监督，坚持原则。树立全心全意为人民服务的宗旨，广泛宣传和坚决贯彻"安全第一，预防为主"的方针，认真执行有关安全生产的法律、法规、标准和规范。敬业爱岗，忠于职守。安全监督人员要树立敬业精神，以做好本职工作为荣，以减少伤亡事故为本，开拓思路，克服困难，大胆管理。实事求是，调查研究。坚持实事求是的思想路线，理论联系实际，深入基层，深入施工现场调查研究，提出安全生产工作的改进措施和意见，保障广大职工群众的安全和健康。努力钻研，提高水平。认真学习安全专业技术知识，努力钻研业务，不断积累和丰富工作经验，努力提高业务素质和工作水平，推动安全生产技术工作的不断发展和完善。廉洁奉公，接受监督。遵纪守法，秉公办事，不利用职权谋私利，自觉抵制消极腐败思想的侵蚀，接受群众和上级主管部门的监督。

2. 建筑业企业职工职业道德规范

遵纪守法，诚信经营。认真执行国家的有关法规和政策，坚持社会主义经营方向，服务用户，坚持质量第一，塑造良好的企业形象。解放思想，改革创新。坚持解放思想、实事求是的思想路线，大胆改革，务实创新，不断完善现代企业制度，转换企业经营机制，推进企业发展，增强企业在建筑市场上的竞争能力。精心组织，科学管理。加强企业经营活动的组织管理，不断完善企业内部管理体制，抓好企业内部管理工作，使之制度化、标准化、科学化，向管理挖潜力，向管理要效益。清正廉洁，公正无私。密切联系群众，办事公道正派，对工作敢于负责，不推过揽功，严于律己，以身作则，率先垂范。坚持原则，求真务实。牢固树立法制观念、政策观念，坚持原则，严格把关，做遵纪守法的带头人，指导和支持职能部门依法经营和开展工作，不弄虚作假，不欺上瞒下，培养、选拔、使用干部要出以公心，不搞亲疏有别，排斥异己。关心职工，尊重人才。做好职工的思想政治工作，关心职工的身心健康和安全，尽心尽力为职工排忧解难，搞好后勤服务工作。遵守《劳动法》，不强迫职工超负荷工作和生产，尊重知识、尊重人才，努力提高企业的科学技术水平，推动企业生产力的提高。

3. 项目经理职业道德规范

强化管理，争创效益。对项目的人、财、物进行科学管理，加强成本核算，实行成本否决，教育全体人员节约开支，厉行节约，精打细算，努力降低物资和人工消耗。讲求质量，重视安全。精心组织，严格把关，顾全大局，不为自身和小团体的利益而降低对工程质量的要求。加强劳动保护措施，对国家财产和施工人员的生命安全高度负责，不违章指挥，及时发现并坚决制止违章作业，检查和消除各类事故隐患。关心职工，平等待人。要像关心家人一样关心职工，爱护职工，特别是民工。不拖欠工资，不敲诈用户，不索要回扣，不多签或少签工程量或工资，充分尊重职工的人格，以诚相待，平等待人。搞好职工的生活，保障职工的身心健康。廉洁奉公，不谋私利。主动接受监督，不利用职务之便谋取私利，不用公款请客送礼。如实上报施工产值、利润，不弄虚作假。不在决算定案前搞分配，不搞分光吃光的短期行为。用户至上，诚信服务。树立用户至上思想，事事处处为用户着想，积极采纳用户的合理要求和建议，热情为用户服务，建设用户满意工程，坚持保修回访制度，为用户排忧解难，维护企业的信誉。

4. 工程技术人员职业道德规范

热爱科技，献身事业。树立"科技是第一生产力"的观念，敬业爱岗，勤奋钻研，追求新知，掌握新技术、新工艺，不断更新业务知识，拓宽视野，忠于职守，辛勤劳动，为企业的振兴与发展贡献自己的才智。深入实际，勇于攻关。深入基层，深入现场，理论和实际相结合，科研和生产相结合，把施工生产中的难点作为工作重点，知难而进，百折不挠，不断解决施工生产中的技术难题，提高生产效率和经济效益。一丝不苟，精益求精。牢固确立精心工作、求实认真的工作作风。施工中严格执行建筑技术规范，认真编制施工组织设计，做到技术上精益求精，工程质量上一丝不苟，为用户提供合格建筑产品，积极推广和运用新技术、新工艺、新材料、新设备，大力发展建筑高科技，不断提高建筑科学技术水平。以身作则，培育新人。谦虚谨慎，尊重他人，善于合作共事，搞好团结协作，既当好科学技术带头人又甘当铺路石，培育科技事业的接班人，大力做好施工科技知识在职工中的普及工作。严谨求实，坚持真理。培养严谨求实、坚持真理的优良品德，在参与可行性研究时，坚持真理，实事求是，协助领导进行科学决策；在参与投标时，从企业实际出发，以合理造价和合理工期进行投标；在施工中，严格执行施工程序、技术规范、操作规程和质量安全标准，决不弄虚作假、欺上瞒下。

5. 管理人员职业道德规范

遵纪守法，为人表率。认真学习党的路线、方针、政策，自觉遵守法律、法规和企业的规章制度，办事公道，用语文明，以诚相待。钻研业务，爱岗敬业。努力学习业务知识，精通本职业务，不断提高业务素质和工作能力。爱岗敬业，忠于职守，工作认真负责，不断提高工作效率和工作能力。深入现场，服务基层。深入施工现场，调查研究，掌握第一手资料，积极主动为基层单位服务，为工程项目服务，急基层单位和工程项目之所急。团结协作，互相配合。树立全局观念和整体意识，部门、岗位之间做到分工不分家，搞好团结协作，遇事多商量、多通气，互相配合、互相支持，不推诿、不扯皮，不搞本位主义。廉洁奉公，不谋私利。树立全心全意为人民服务的公仆意识，廉洁奉公，不利用工作和职务之便吃拿卡要，谋取私利。

6. 施工作业人员职业道德规范

苦练硬功，扎实工作。刻苦钻研技术，熟练掌握本工程的基本技能，努力学习和运用先进的施工方法，练就过硬本领，立志岗位成才。热爱本职工作，不怕苦、不怕累，认认真真，精心操作。精心施工，确保质量。严格按照设计图纸和技术规范操作，坚持自检、互检、交接检制度，确保工程质量。安全生产，文明施工。树立安全生产意识，严格执行安全操作规程，杜绝一切违章作业现象。维护施工现场整洁，不乱倒垃圾，做到工完场清。争做文明职工，不断提高文化素质和道德修养。遵守各项规章制度，发扬劳动者的主人翁精神，维护国家利益和集体荣誉，服从上级领导和有关部门的管理，争做文明职工。

7. 后勤服务人员职业道德规范

热爱本职，忠于职守。爱岗敬业，严格遵守岗位职责，尽心尽责搞好后勤服务工作。面向职工，主动服务。树立公仆意识，积极主动地为职工服务，帮助职工解决实际困难，解除后顾之忧。提高技能讲求质量。努力学习岗位业务知识，工作一丝不苟，讲求工作和服务质量。遵章守纪，礼貌待人。遵守各项规章制度，严格要求自己，坚持礼貌服务，注意仪表举止，用语文明，不说粗话。

第三节　社　会　责　任

一、社会责任的概念

社会责任是指一个组织对社会应负的责任。一个组织应以一种有利于社会的方式进行经营和管理。社会责任通常是指组织承担的高于组织自己目标的社会义务。如果一个企业不仅承担了法律上和经济上的义务，还承担了"追求对社会有利的长期目标"的义务，我们就说该企业是有社会责任的。社会责任包括企业环境保护、社会道德以及公共利益等方面，由经济责任、持续发展责任、法律责任和道德责任等构成。

社会义务是企业参与社会活动的基础。如果一个企业仅仅履行了经济上和法律上的义务，我们就说该企业履行了它的社会义务，或达到了法律上的最低要求。只履行社会义务的企业只追求那些对其经济目标有利的社会目标。社会责任和社会反应超出了基本的经济和法律标准。有社会责任的企业受道德力量的驱动，去做对社会有利的事而不去做对社会不利的事。社会反应则是指企业适应不断变化的社会环境的能力。

二、两种社会责任观

社会责任是社会法和经济法中规定的个体对社会整体承担的责任，是由角色义务责任和法律责任构成的二元结构体系。责任分为两种：第一种是指分内应做的事，如职责、尽责任、岗位责任等。这种责任实际上是一种角色义务责任或者说是预期责任；第二种是因没有做好分内之事（没有履行角色义务）或没有履行助长义务而应承担一定形式的不利后果或强制性义务，即过去责任，如违约责任、侵权责任等。

社会责任又可分为"积极责任"和"消极责任"。积极责任也称预期的社会责任，它要求个体采取积极行动，促成有利于社会（不特定多数人）的后果的产生或防止坏的结果的产生。消极责任或者说过去责任、法律责任，则只是在个体的行为对社会产生有害后果时，要求予以补救。

三、社会责任价值观的发展

价值观是关于价值的一定信念、倾向、主张和态度的系统观点。是评价人或组织行为善恶的标准和原则。企业价值观主要表现在全体成员对本企业"应当是什么"和"应当做什么"的高度认同。它有利于指导管理者的决策和行为，有利于塑造员工的行为，有利于建立团队精神，也有利于创造优秀的经营绩效。从历史的观点看，企业价值观经历了四个阶段的发展，如图3-1所示。

历史阶段	阶段1 工业化初期	阶段2 工业化中期	阶段3 工业化后期	阶段4 后工业化时期
企业目标	股东利润最大化	企业利润最大化兼顾员工利益	追求企业相关利益者价值最大化	追求企业相关利益者价值最大化同时要保护和增进社会福利
社会责任	更小			更大

图3-1　企业价值观发展阶段图

我国工业化时间比较短，大部分企业尚处在第2、第3阶段；西部地区许多企业可能还处在第1阶段；但是全国也有相当一部分企业已经到达第4阶段。

四、支持与反对企业承担社会责任的理由

支持企业承担社会责任的理由有：

（1）可以增加利润，特别是增加长期利润。企业参与社会活动会使自身的社会形象得到提升，与社区、政府的关系更加融洽；

（2）符合股东利益。承担社会责任的企业通常被看作风险低的和透明度高的，其股票因而受到广大投资者的欢迎；

（3）企业在社会中的地位与所拥有的权力均是有限的，企业必须遵守法律、接受社会舆论的监督；

（4）企业在社会上有一定的权力，根据权责对等的原则，它应承担相应的社会责任；

（5）企业承担社会责任并不缺乏社会基础，近年来舆论对企业追求社会目标的呼声很高；

（6）企业拥有承担社会责任所需的资源，如企业拥有财力资源、技术专家和管理才能，可以为那些需要援助的公共工程和慈善事业提供支持。

反对企业承担社会责任的理由有：

（1）减少利润。一些社会活动白白消耗企业的资源；目标的多元化会冲淡企业提高生产率的基本目标；

（2）不符合股东利益。企业参与社会活动实际上是管理者拿股东的钱为自己捞取名声等方面的好处；

（3）企业承担社会责任会使其本已十分强大的权力更加强大；

（4）从事社会活动是政治家的责任，企业家不能"越俎代庖"；

（5）公众在社会责任问题上意见不统一，企业承担社会责任缺乏一定的社会基础；

（6）企业不存在承担社会责任所需的资源，如企业领导人的视角和能力基本上是经济方面的，不适合处理社会问题。

五、企业承担社会责任的具体表现

目前，欧、美、日各国都在制定自己的社会责任标准，我国也应针对经济社会发展的需要和企业社会责任暴露出的问题，尽早研究和制定中国的企业社会责任标准，以防走在外国的后面，让外国牵制我们的发展。应从以下八个方面来确立我国企业的社会责任标准[1]。

1. 承担明礼诚信确保产品货真价实的责任

由于种种原因造成的诚信缺失正在破坏着社会主义市场经济的正常运营，由于企业的不守信，造成假冒商品随时可见，消费者因此而造成的福利损失每年在 2500 亿～2700 亿元，占 GDP 比重的 3％～3.5％。很多企业因商品造假的干扰和打假难度过大，导致企业难以为继、岌岌可危。为了维护市场的秩序、保障人民群众的利益，企业必须承担起明礼诚信、确保产品货真价实的社会责任。

2. 承担科学发展与交纳税款的责任

企业的任务是发展和赢利，并担负着增加税收和国家发展的使命。企业必须承担起发展的责任，搞好经济发展，要以发展为中心、以发展为前提，不断扩大企业规模，扩大纳税份额，完成纳税任务，为国家发展做出大贡献。但是这个发展观必须是科学的，任何企业都不能只顾眼前、不顾长远，也不能只顾局部、不顾全局，更不能只顾自身而不顾友邻。所以，无论哪个企业，都要高度重视在"五个统筹"的科学发展观指导下的发展。

3. 承担可持续发与节约资源的责任

中国是一个人均资源特别紧缺的国家，企业的发展一定要与节约资源相适应。企业不能顾此失彼，不顾全局。作为企业家，一定要站在全局立场上坚持可持续发展，高度关注节约资源。并要下决心改变经济增长方式，发展循环经济、调整产业结构。尤其要响应中央号召，实施"走出去"的战略，用好两种资源和两个市场，以保证经济的运行安全。这样，我们的发展才能持续，再翻两番的目标才能实现。

4. 承担保护环境和维护自然和谐的责任

随着全球和我国的经济发展，环境日益恶化，特别是大气、水、海洋的污染日益严重。野生动植物的生存面临危机，森林与矿产过度开采，给人类的生存和发展带来了很大威胁，环境问题成了经济发展的瓶颈。为了人类的生存和经济持续发展，企业一定要担当起保护环境维护自然和谐的重任。

5. 承担公共产品与文化建设的责任

医疗卫生、公共教育与文化建设，对一个国家的发展极为重要。特别是公共教育，对一个国家的脱除贫困、走向富强，就更具有不可低估的作用。医疗卫生工作不仅影响全民族的身体健康，也影响社会劳力资源的供应保障。文化建设则可以通过休闲娱乐陶冶人的情操，提高人的素质。我们的国家，由于前一个时期对这些方面投入较少，欠债较多、存在问题比较严重。而公共产品和文化事业的发固然是国家的责任，但在国家对这些方面扶植困难、财力不足的情况下，企业应当分出一些财力和精力，担当起发展医疗卫生、教育和文化建设的责任。

6. 承担扶贫济困和发展慈善事业的责任

虽然我们的经济取得了巨大发展，但是作为一个有 13 亿人口的大国还存在很多困难。特别是农村的困难就更为繁重，更有一些穷人需要扶贫济困。这些责任固然需要政府去努力，但也需要企业为国分忧，参与社会的扶贫济困。为了社会的发展，也是为企业自身的发展，我们的广大企业更应该重视扶贫济困，更好承担起扶贫济困的责任。

7. 承担保护职工健康和确保职工待遇的责任

人力资源是社会的宝贵财富，也是企业发展的支撑力量。保障企业职工的生命，健康和确保职工的工作与收入待遇，这不仅关系到企业的持续健康发展，而且也关系到社会的发展与稳定。为了应对国际上对企业社会责任标准的要求，也为了使中央关于"以人为本"和构建和谐社会的目标落到实处，我们的企业必须承担起保护职工生命、健康和确保职工待遇的责任。作为企业要坚决作好遵纪守法，爱护企业的员工，搞好劳动保护，不断提高工人工资水平和保证按时发放。企业要多与员工沟通，多为员工着想。

8. 承担发展科技和创自主知识产权的责任

当前，就总的情况看，我国企业的经济效益是较差的，资源投入产出率也十分低。为解决效益低下问题，必须要重视科技创新。通过科技创新，降低煤、电、油、运的消耗，进一步提高企业效益。改革开放以来，我国为了尽快改变技术落后状况，实行了拿来主义，使经济发展走了捷径。但时至今日，我们的引进风依然越刮越大，越刮越严重，很多工厂几乎都成了外国生产线的博览会，而对引进技术的消化吸收确没有引起注意。因此，企业要高度重视引进技术的消化吸收和科技研发，加大资金与人员的投入，努力做到创新以企业为主体。

思考题

1. 合乎道德的管理具有哪些特征？
2. 企业的社会责任主要体现在哪些方面？
3. 请解释企业价值观发展的历史阶段。
4. 合乎道德的管理具有哪些特征？

5. 影响管理伦理的因素有哪些？

6. 管理者可以采取哪些办法来改善组织及其成员的伦理行为？

本章案例 三聚氰胺与三鹿奶粉

2007年4月，中国徐州一家宠物食品公司在出口美国的宠物食品中添加三聚氰胺冒充蛋白质导致大批宠物肾衰竭死亡的事件。美国食品和药物管理局（FDA）通报我国部分企业在出口的用于制造宠物食品的小麦蛋白、大米蛋白及麸皮等植物源性蛋白中违规添加三聚氰胺，导致4000多只宠物猫、狗死亡，FDA接到的投诉就有1万多起。这一事件曾一度在国际社会闹得沸沸扬扬。时隔不到一年半的时间，甘肃等地报告多例婴幼儿泌尿系统结石病例，经相关部门调查，高度怀疑石家庄三鹿集团股份有限公司生产的三鹿牌婴幼儿配方奶粉受到三聚氰胺污染……

三聚氰胺（英文名Melamine），是一种三嗪类含氮杂环有机化合物，重要的氮杂环有机化工原料。广泛运用于木材、塑料、涂料、造纸、纺织、皮革、电气、医药等行业。为什么作为一种化工原料的三聚氰胺会出现在婴儿食用的奶粉里？原因在于：食品工业中常常需要检查蛋白质含量，但是直接测量蛋白质含量技术上比较复杂，成本也比较高，不适合大范围推广，所以业界常常使用一种叫作"凯氏定氮法"的方法，通过食品中氮原子的含量来间接推算蛋白质的含量。也就是说，食品中氮原子含量越高，则认定蛋白质含量就越高。这套检测办法有个弱点，即只要在食品、饲料中添加一些含氮量高的化学物质，就可在检测中造成蛋白质含量达标的假象，而三聚氰胺含氮量达66%左右。这样一来，名不见经传的三聚氰胺就派上大用场了。添加三聚氰胺等化学原料可以使食品的蛋白质含量虚高，也就是应对"凯氏定氮法"检测，使蛋白质含量并不高的食品，在受检时显示出高含量。

三鹿奶粉事件曝光以后，三鹿集团给出的官方说法是"我公司从河北省公安厅的新闻发布会上获悉，涉嫌向我公司原奶中添加三聚氰胺的案件已经取得重大进展"，也就是说，混入奶粉中的三聚氰胺是添加到液态奶中的。事实上，简单的化学常识告诉我们：作为一种化工原料，三聚氰胺是一种塑料粉末，要在液态奶里面掺进不溶于水的三聚氰胺从技术层面上几乎是不可能的。何况，奶粉生产过程中要对液态奶进行喷雾干燥，如果液态奶里面含有不可溶的三聚氰胺成分的话，就会堵塞喷头，整个生产线就面临瘫痪。这是一个最简单的判断。三鹿奶粉事件对上千个家庭已经造成的损失还是很难弥补的，我们只是希望，那些可怜的孩子和他们的父母能早日得到一个最真实和客观的解释，他们有权知道真相。

据新华社石家庄9月14日电，据河北省公安厅介绍，公安部门对三鹿牌婴幼儿配方奶粉重大安全事故进行调查，已依法传唤了78名有关人员，其中19人因涉嫌生产、销售有毒、有害食品罪被刑事拘留。这19人中有18人是牧场、奶牛养殖小区、奶厅的经营人员，有1人涉嫌非法出售添加剂。据河北省公安厅新闻发言人史贵中说，专案组民警在石家庄市牧场、奶牛养殖小区、奶厅共发现41户有掺入三聚氰胺的重大嫌疑，现场查获了一批疑似三聚氰胺的物品。在9月15日上午举行的河北省政府新闻发布会上，河北省公安厅新闻发言人史贵中就三鹿牌婴幼儿配方奶粉重大安全事故有关调查侦办进展情况进行了通报，称已有两名犯罪嫌疑人被批捕。

据介绍，9月14日晚，经正定县检察院批准，正定县公安局依法对涉嫌生产、销售有毒、有害食品罪的耿某兄弟二人执行逮捕。2004年5月，犯罪嫌疑人耿某投资建立了一家挤奶厅，并与他人合伙建了一个奶牛养殖小区，从养殖小区收购牛奶，向三鹿集团供货，并签署了相关协议。他的弟弟主要负责向三鹿集团送货。该养殖小区共养殖奶牛307头。

据警方侦查，2007年底，耿某向三鹿集团销售的牛奶屡次因检验不合格被拒收，整车的牛奶不得不倒掉，造成经济损失。耿某后得知向牛奶中掺加某种化工原料（三聚氰胺），可增加蛋白质检测指标，以蒙混过关。经过多方打听，耿某前往行唐县，在一家经营化工原料的门店里购买了20千克三聚氰胺，按比例勾兑后从槽罐车的顶部掺入销往三鹿集团的牛奶中。耿某兄弟每天生产、销售这种掺加三聚氰胺的牛奶约3吨。

耿某接受警方讯问时供认，他本人清楚"三鹿集团要的是纯的鲜牛奶，不能掺任何东西，而且这些牛奶就是要加工给人吃的，化工原料不是人吃的东西"。当被警方问及是否知道这种行为的后果时，耿某说："没问过，也没想过，只知道对人体无益"，其动机就是能通过三鹿的检验，顺利地把牛奶卖出去。

全国共有175家婴幼儿奶粉生产企业，在这之前已经停止生产婴幼儿奶粉的企业有66家。我们对其余的109家产品生产企业的491批次婴幼儿奶粉进行了检验，其中22家企业69批次检出含量不同的三聚氰胺，占这些企业的20.18%，占总批次的14.05%。在检出三聚氰胺的产品中，石家庄三鹿牌婴幼儿奶粉三聚氰胺含量很高，最高的达2563毫克/千克。其他品牌的婴幼儿奶粉三聚氰胺含量在0.09～619毫克/千克之间。

这次的婴儿肾结石事件很有可能会发展成一场国产奶粉的危机事件，2004年，安徽阜阳百余名儿童因吃了劣质奶粉成了"大头娃娃"、多位儿童因此丧命，已经给中国消费者留下了后遗症，如今结石宝宝事件更让消费者对国产奶制品在质量把关上产生质疑。

三鹿集团是一家位于中国河北石家庄的中外合资企业，主要业务为奶牛饲养、乳品加工生产，主要经营产品为奶粉，其控股方是持股56%的石家庄三鹿有限公司，合资方为新西兰恒天然集团，持股43%。三鹿集团的前身是1956年2月16日成立的"幸福乳业生产合作社"，经过50年的艰苦创业，一度成为中国最大奶粉制造商之一，其奶粉产销量连续15年全中国第一。2008年8月，其产品爆发三聚氰胺污染事件，企业声誉急剧下降。2008年12月24日，三鹿集团被法庭颁令破产。2009年2月12日，石家庄市中级人民法院正式宣布三鹿集团破产。

案例思考题

企业应该如何承担社会责任？

第四章 管理的全球化与信息化

经济的全球化时代已经到来，在经济全球化的过程中，伴随着信息化，进而是管理的全球化。经济的全球化与信息化时代对管理也随之提出了更高的要求。社会和文化等不断被整合进一个全球化的大网络之中。有人曾经提出以"五大流"的概念来表征全球化，即"全球化是指人力流、物质流、资本流、信息流、知识流"。

第一节 全球化的内涵

企业的国际化经营，是指企业为了寻求更大的市场、寻找更好的资源、追逐更高的利润，而突破一个国家的界限，在两个或两个以上的国家从事生产、销售、服务等活动。

一、全球化内涵

经济全球化一词最早出现在 20 世纪 80 年代。1992 年，时任联合国秘书长的加利，在当年联合国日的致辞中说："第一个真正的全球化的时代已经到来"，现任联合国秘书长安南也认为："全球化是一个事实"，但迄今为止，人们并没有对此有一个统一的定义，我们这里不妨引用国际货币基金组织在 1997 年 5 月发表的《世界经济展望》中提出的含义："全球化是指跨国商品与服务交易及国际资本流动规模和形式的增加，以及技术的广泛传播使世界各国经济的相互依赖性增强。"这个定义基本上包括了四个层次的内容：一是各种市场的国际一体化；二是经济活动的国际化；三是经济活动的载体的国际化；四是各国经济相互依赖性的增强。

1. 世界层面上的全球化内涵

在世界层面上，全球化是指国家之间日益增长的经济相互依赖性，反映在商品、服务、资本和信息等方面不断增长的跨国流通上。

2. 国家或地区层面上的全球化内涵

在国家或地区层面上，全球化是指一个国家或地区的经济与世界其他领域之间的联系程度。

3. 产业层面上的全球化内涵

在产业层面上，全球化是指一产业在全球范围内的扩张和活动，以及在全球国家或地区间相互依赖的程度。

4. 企业层面上的全球化内涵

在公司层面上，全球化是指公司在各国或地区的收入份额和资产扩张的程度，以及与各国或地区的资本、商品和信息的跨国/地区交流程度。

二、全球化与管理者

1. 全球化管理的环境因素

(1) 全球化的一般环境

　　政治与法律环境：国家政治体制通常指东道国国家的国体和政权的组织形式及其有关制度。政治的稳定性通常指东道国政局的稳定性以及社会的安全状况。政府对外来经营者的态度通常反映在政府对外资的政策上，主要是政府对外国企业的鼓励和限制程度，对国外经营者所提供的便利条件和优惠措施，对外国企业生产经营活动的干预程度，以及对外国企业的经营政策的连续性和稳定性等。法律环境是指本国和东道国颁布的各种法规，以及各国之间缔结的贸易条约、协定和国际贸易法规等。

　　经济和技术环境：经济体制和经济政策；经济发展水平及其发展潜力；市场规模及其准入程度；科技发展水平；社会基础设施。

　　文化环境：霍夫斯泰德提出了现今被广泛接受的文化环境的指标：权力距离；不确定性的避免；个人主义或集体主义；男性化或女性化；长期导向或短期导向。

　　荷兰人类学家霍夫斯泰德他于 1967～1973 年间对美国 IBM 公司分布在世界 50 多个国家的 11600 名员工进行了价值观调查，在对数据进行统计分析之基础上，提出了自己的价值理论，完成了他的惊世经典之作《文化之重》。该书一经面世就引起西方学界极大的关注，他采用定量分析方法所提出的 5 个"文化维度"模型在文化研究领域中得到了广泛的应用。文化维度模型的五个维度：

　　① 权力距离（power distance）：权力距离即在一个组织当中，权力的集中程度和领导的独裁程度，以及一个社会在多大的程度上可以接受组织当中这种权力分配的不平等，在企业当中可以理解为员工和管理者之间的社会距离。一种文化究竟是大的权力距离还是小的权力距离，必然会从该社会内权力大小不等的成员的价值观中反映出来。因此研究社会成员的价值观，就可以判定一个社会对权力差距的接受程度。

　　② 不确定性避免（uncertainty avoidance index）：在任何一个社会中，人们对于不确定、含糊、前途未卜的情境，都会感到面对的是一种威胁，从而总是试图加以防止。防止的方法很多，例如提供更大的职业稳定性，订立更多的正规条令，不允许出现越轨的思想和行为，追求绝对真实的东西，努力获得专门的知识等等。不同民族、国家或地区，防止不确定性的迫切程度是不一样的。相对而言，在不确定性避免程度低的社会当中，人们普遍有一种安全感，倾向于放松的生活态度和鼓励冒险。而在不确定性避免程度高的社会当中，人们则普遍有一种高度的紧迫感和进取心，因而易形成一种努力工作的内心冲动。

　　③ 个人主义与集体主义（individualism versus collectivism）："个人主义"是指一种结合松散的社会组织结构，其中每个人重视自身的价值与需要，依靠个人的努力来为自己谋取利益。"集体主义"则指一种结合紧密的社会组织，其中的人往往以"在群体之内"和"在群体之外"来区分，他们期望得到"群体之内"的人员的照顾，但同时也以对该群体保持绝对的忠诚作为回报。

　　④ 男性度与女性度（masculine versus feminality）：男性度与女性度即社会上居于统治地位的价值标准。对于男性社会而言，居于统治地位的是男性气概，如自信武断，进取好胜，对于金钱的索取，执着而坦然；而女性社会则完全与之相反。有趣的是，一个社会对"男子气概"的评价越高，其男子与女子之间的价值观差异也就越大。

　　⑤ 长期取向与短期取向（long vs short term orientation）：第五个维度从对于世界各地的 23 个国家的学生的研究中得出。这项研究使用的是由中国学者设计的调查问卷，可以说是注重德行而不是真理。长期取向的价值观注重节约与坚定；短期取向的价值观尊重

传统，履行社会责任，并爱面子。

（2）全球化的任务环境

供应商；销售商；顾客；竞争对手；劳动力市场及工会。

2. 全球化管理者的关键能力

（1）国际商务知识：国际商务知识至少包含三层含义：一是对管理者所负责的所有国家和地区的一般环境因素的深入了解；二是对管理者所负责的业务的任务环境因素的深入理解；三是深入理解一般环境和任务环境对市场和商场活动的影响，并能够有效地开展一系列的管理活动。

（2）文化适应能力：文化知识是文化适应能力的重要组成部分，但是要成为一位有效的全球化管理者，关键是要理解这些文化知识并学会如何恰当地改变自己的行为。文化适应能力也是管理者处理压力能力的一种。

（3）视角转换能力：视角是对事物是怎样的或者应该是怎样的一种观点或假设。当管理者试图理解来自另一种文化的人的观点的时候，必须在思想里对那种文化有个基本框架，然后从该框架确定的视角来审视事物。转换到别人的视角就可以明白别人对事物的看法，理解他们认为事物是什么样的或者应该是什么样的想法。

（4）创新能力：掌握足够的国际商务知识，改变自己的行为以及适应不同的文化期望，能够从不同文化价值结构去理解事物，作为一位全球化管理者来说，这些都是为了创造出新的有效的管理方式。创造新事物正是一位有效的全球化管理者的本质所在。创新是落脚点，但创新建立在全球化管理者对国际商务知识的掌握与理解基础上。

第二节　全球化与管理职能

1. 全球化经营的进入方式决策

国际化经营的进入方式主要有：出口、非股权安排和国际直接投资。企业根据国际国内环境和自身的发展，选择合适的进入方式。

（1）出口

出口指企业将国内生产和加工的产品运往海外目标市场的活动。其根据企业与目标市场联系的紧密程度不同，可以分为直接出口进入和间接出口进入两种。

间接出口是一种与目标市场联系较为松散的进入方式，一般也是国际化经营的最初阶段。企业通过本国的中间商向海外市场销售产品、服务，以达到进入市场和扩张的经营目的。这种进入方式适用于中小企业和刚介入对外贸易活动的企业。

直接出口是出口阶段的高级形式。在直接出口方式下，企业绕开国内中间商直接与海外需求者联系，以实现对海外目标市场的进入和扩张。贸易对象可以是海外中间商、分销商，也可以是最终消费者。

（2）非股权安排

又被称为合同安排，是国际化经营的第二阶段，这种方式的主要特征是不以股权管理为目标，并且所涉及的财务风险较小。主要包括特许、合同制造、管理合同等几种类型。

特许是当事人一方将其技术、商标或专权的使用权转让给另一方，由后者按合同规定使用的交易行为。

合同制造是介于许可贸易与直接投资之间的一种市场进入方式。它是指企业利用目标市场国厂商现有的设备和条件生产规定产品的经营方式。

管理合同是通过向目标市场国的某一企业提供管理技术，或负责该企业的经营管理等，借以进入海外市场的一种方式。

（3）国际直接投资

指以管理权为目的的国际资本流动，管理权的获得是通过股权的占有来实现的。其主要包括合资进入和独资进入，新建进入和并购进入。

合资进入指企业通过与东道主国投资者共同投资，依照东道国法律在其境内设立实体的经营方式。

独资进入指企业依据东道国的法律，在东道国境内建立全部资本为投资者所有的企业。

新建进入指国际企业在对外直接投资过程中，通过建立一个新的企业进入国外市场的行为。

并购进入指国际企业通过收购投资所在国的企业的股份或购买企业产权以达到管理被收购企业。

2. 全球化经营的组织模式

（1）全球化的压力：

产品需求的同质性；全球战略协调的竞争对手的出现。

（2）当地化反应的压力：

不同国家的习惯不同；不同国家之间分销渠道和销售方式的差异；东道国政府在经济和政治上的要求。

（3）全球化组织模式的选择：

按照全球化的压力和当地化的压力高低划分，可以将全球竞争战略分为四种：国际模式、多国模式、全球模式和跨国模式。

1）国际组织模式

母公司向世界各地的子公司转移技术和知识，它不能为子公司提供最大程度的自由使它们能够根据当地的情况做出反应，通常不能以规模经济实现低成本。

2）多国组织模式

赋予子公司很大的自主权，各子公司可以根据当地的情况做出相应的改变。其优点是允许子公司根据当地市场的情况做出反应，很少需要公司总部来进行协调和指导；缺点是较高的制造成本和重复工作

3）全球组织模式

由母公司集中决策，并对海外的大部分业务实行严格的管理。低成本，规模经济，协调成本比较高。

4）跨国组织模式

将某些职能集中在最能节约成本的地方，把其他一些职能交给子公司以便更多地适应当地的情况，并促进子公司之间的交流以及技术的转移，职能的集中与分散有机结合，较高的协调成本。

第三节 信息管理与管理信息系统

一、信息管理管理制度的概念

所谓信息管理管理制度是指为了确保组织的管理信息的准确可靠，贯彻管理方针，提高经营管理效率，以职责分工为基础所设计实施的对组织内部各种业务活动的信息进行制约和协调的一种管理制度。理解该概念应注意以下几点：

（1）管理的主体。管理的主体是管理者。因为管理制度是存在于组织内部的一种管理制度，是由管理者设计实施的。

（2）管理的客体。管理的客体是指其作用对象，即它所要解决的问题。管理是信息管理的重要职能，其所管理的对象无疑是组织内各种业务活动所反映的信息。现代管理的特点之一就是对组织各种业务活动所反映信息的全面管理，保证各项工作正确、合理、合法和经济有效。

（3）管理的目标。信息管理的主要目标是：确保组织的管理信息的准确性和可靠性，保证组织内管理部门方针政策和指令的贯彻执行，促进组织经营管理效率的提高。

（4）管理的本质。从系统论的观点看，信息管理即是组织的整个管理系统的一个子系统。因此，本质上讲，信息管理制度仍然是一种管理制度。

二、信息管理制度的作用

信息管理制度在管理中的作用主要表现为：

（1）保证党和国家方针政策与法令制度的贯彻执行。健全的和有效执行的管理制度是保证此项任务圆满完成的强有力手段。因为通过管理制度所形成的相互协调与相互制约机制，就是及时地反映、检查、揭示和纠正组织内各项活动中的违法乱纪行为，从而有效地保证党和国家方针政策和法令制度在组织内部得到贯彻执行。

（2）保证组织内各项业务活动高效而有序地进行。通过管理制度所规定的各种程序和手续，就可将组织内部各职能部门和人员执行管理部门方针政策、计划定额以及其他管理制度的情况反馈给管理部门，及时发现和纠正所发生的偏差，从而保证组织各项预期目标的实现。

（3）保证和提高组织的管理信息质量。管理工作涉及组织的各个方面。管理决策和日常管理所需的信息都来自于组织的管理信息系统。准确可靠的管理信息是组织的管理部门评价过去，管理现在和把握未来的重要条件。管理管理制度可使组织的各项业务活动得到有效管理，尽量避免差错和弊端的发生，从而可以保证和提高管理信息的质量水平。

（4）有利于提高工作效率。健全的管理制度，明确了各职能部门及工作人员的职责和权限，各司其职，各负其责，减少不必要的请示、汇报，避免相互推诿。同时，合理的管理制度，有利于组织、领导、协调、监督各部门、各环节的工作，从而提高工作效率。

三、信息管理制度的内容

信息管理制度，从系统论的角度看，应是一个完整的动态系统。从系统功能角度可将其内容划分为以下几部分。

1. 信息收集环节的管理制度

为了确保所收集的管理信息及时准确，一个组织必须建立健全如下管理制度。

（1）责权信息管理制度

根据"组织机构职责权限必须明确界定"和"不相容职务必须分离"的原则，建立具有预防管理功能的组织制度。该项制度内容是：

① 从横向看，组织内部各个部门，或分支机构，都应根据其业务内容和性质，明确界定各自的职责权限。

② 从纵向看，组织内部从高层管理当局到每个员工都应明确其职责范围，形成责权利相结合的机制。

③ 从系统层次看，各分支机构的上下级之间应形成一种层次责权制约机制。

④ 对不相容职务由不同职能部门或人员分工处理。

（2）程序信息管理制度

为保证组织目标的实现，管理当局为组织内部各种业务活动设计的预定运行程序，而形成的动态管理机制。程序管理制度的核心，就是将组织内部的各类业务活动划分为若干个行动步骤，分别交由不同的职能部门或人员来处理。它特别强调，任何一项业务活动都应按授权、核准、执行、记录、复核进行分工，且交由不同部门或人员处理。它与责权信息管理制度相结合，形成动静交融的高功效管理系统。

（3）会计信息管理制度

在一定意义上，会计是一个管理系统。管理功能是会计的突出功能，此乃会计信息管理制度之基础。

（4）人事信息管理制度

管理系统是一个人造系统，而非自然系统，其最大特征在于为实现既定目标所采取的各种措施、程序、方法、制度都是由人来制定和执行的，人员素质的高低直接影响着该系统功能的发挥。因此，人事信息管理系统自然成为管理系统中的一个特殊的功能子系统。该项管理制度是指在人员的选择、使用、培养等方面所采取的一系列管理措施。

（5）财产安全信息管理制度

财产安全信息管理制度是为了保护财产物资的安全和完整所采用的方法、措施和程序。其管理的方法与财产安全和完整有关，而最重要的是将财产物资的保管职务与对财产物资的核算职务分工，使会计部门和保管部门相对独立。

2. 信息加工整理环节的管理制度

在信息的加工整理过程中，应建立健全如下管理制度。

（1）信息统计管理制度

组织为了实现对所收集的各类管理信息进行及时的加工整理，就必须要建立健全信息统计管理制度。这样就能保证各类管理信息按照规定的程序进行统计、分类和加工整理，尽量减少不必要和无关的信息对决策的干扰。

（2）信息质量管理制度

信息质量管理制度是指为了保证反映的组织业务活动信息的真实、及时、可靠，所采用的方法和措施。管理信息失真往往是导致决策失误的主要原因。因此，任何组织都需要建立健全相应的信息管理制度来确保组织系统的高效有序运转。

3. 信息存贮使用环节的管理制度

管理信息通过加工整理后，要立即进行贮存，并及时提供给有关单位和个人去使用。

为了确保信息的时效性，还必须对贮存的信息进行及时更新。因此，任何组织都需要建立健全相应的信息管理制度来确保组织系统信息的及时贮存和合理使用，实现信息资源的优化配置。

四、管理信息的基本概念

1. 管理信息的概念

从管理学角度来看，信息是具有新内容、新知识的消息（如书信、情报、指令等）。信息和数据有不同的含义。数据是对情况的记录，是一种可被鉴别的符号，它本身并没有意义。信息是对数据的解释。数据经过处理仍然是数据，只有经过解释才有意义，才成为信息。可以说，信息是经过加工处理后对组织的管理决策和管理目标的实现有参考价值的数据。

管理信息是指反映事物在管理过程中的活动特征及其发展变化情况的各种消息、情报、资料等（如企业生产经营活动中的原始记录、统计分析、经济技术情报、科技档案等等）的总称，是用于管理的信息。在企业的整个生产经营活动中始终贯穿着三种运动过程：物流——劳动者利用劳动工具作用于劳动对象和加工产品的过程；资金流——伴随着物流过程，资金从货币资金形态依次变换为储备资金、生产资金、成品资金，最后又回到货币资金形态的过程；信息流——各种文件、情报、资料和数据在各生产经营环节之间的传递。信息流反映着物流和资金流的状况，并指挥着物流和资金流的运动。信息流动不畅，就难以进行有效的管理。

由此看出，管理信息是实施有效管理的重要基础，是组织的一种重要资源。作为资源的信息具有如下特点：

①影响和决定组织的生存；

②能够为组织带来收益；

③获取和使用信息要支付费用和成本；

④对信息的使用应当考虑获取信息的费用与它为改善管理所带来的功效相比是否合算。

显然，无论是从改进计划工作、组织工作、人员配备、指导与领导工作的角度，还是从直接利用信息资源的角度，都必须加强对信息的管理。虽然管理信息要支出费用，并且可能费用很高，但对信息管理不善而付出的代价也许更高。

2. 管理信息的特征

管理信息有以下三方面的主要特征。

（1）信息来源的分散性和数量的庞杂性

任何组织的活动都涉及内外各个方面。特别是企业的生产经营过程是一项非常复杂的活动，如产品品种，生产用的材料、工具、资金，企业中的各类人员及其数量、技术、文化水平等等。企业的原始数据就产生在生产经营的各个环节和方面，所以信息来源面广、数量大。这就决定了数据收集工作的复杂性和繁重性。

（2）信息加工处理的多样性

在一个组织中，各部门使用信息的目的不同，对原始信息的加工处理也必须采用多样化的方法。如有的只要按不同的标志对信息分类、检索并简单运送即可；有的则要应用现代数学方法，求解一些比较复杂的数学模型，比如企业生产计划的优化、销售预测、作业排序等等。所以需求不同，方法就不同。

（3）信息传递的及时性

信息具有一定的时效性。在管理中只有及时灵敏地传递和使用信息，才能不失时机地对生产经营活动做出反应并制定对策。反之，如果信息传递不及时，延误了时机，企业就抓不住机会，就可能造成损失。这时即使十分重要的信息，也会变得毫无价值。

3. 管理信息的分类

要对信息进行有效的管理，就要对信息进行科学的分类。

（1）按组织不同层次的要求分类

1）计划信息。这种信息与最高管理层的计划工作任务有关，即与确定组织在一定时期的目标、制定战略和政策、制定规划、合理分配资源有关。这种信息主要来自外部环境，诸如当前和未来经济形势的分析预测资料、资源的可获量、市场和竞争对手的发展动向，以及政府政策及政治情况的变化等。

2）管理信息。这种信息与中层管理部门的职能工作有关。它帮助职能部门制定组织内部的计划，并使之有可能检查实施效果是否符合计划目标。管理信息主要来自组织的内部。

3）作业信息。这种信息与组织的日常管理活动和业务活动有关，例如会计信息、库存信息、生产进度信息、质量和废品率信息、产量信息等。这种信息来自组织的内部，基层主管人员是这种信息的主要使用者。

（2）按信息的稳定性分类

1）固定信息。它指具有相对稳定性的信息，在一段时间内，可以供各项管理工作重复使用而不发生质的变化。它是组织或企业一切计划和组织工作的重要依据。以企业为例，固定信息主要由三部分组成：定额标准信息，包括产品结构、工艺文件、各类劳动定额、材料消耗定额、工时定额、各种标准报表、各类台账等；计划合同信息，包括计划指标体系和合同文件等；查询信息，包括国际标准、国家标准、专业标准和企业标准、产品和原材料价目表、设备档案、人事档案、固定资产档案等。

2）流动信息。又称为作业统计信息。它是反映生产经营活动实际进程和实际状态的信息，是随着生产经营活动的进展不断更新的。因此，这类信息时间性较强，一般只具有一次性使用价值。但及时收集这类信息，并与计划指标进行比较，是管理和评价企业生产经营活动并不失时机地揭示和克服薄弱环节的重要手段。

一般来说，固定信息约占企业管理系统中周转总信息量的 75%，整个企业管理系统的工作质量在很大程度上取决于固定信息的管理。因此，无论是现行管理系统的整顿工作，还是应用现代化手段的计算机管理系统的建立，一般都是从组织和建立固定信息文件开始的。

五、信息管理工作

信息管理工作主要包括信息的采集、信息的加工、信息的存储、信息的传播、信息的利用和信息的反馈。

信息的采集是指信息管理者根据一定的目的，通过各种不同的方式搜寻并占用各类信息的过程。信息的采集是信息管理工作的第一步，是做好信息管理工作的基础与前提。其余管理工作都是后续工作。

信息的加工是指对采集来的大量的无序的信息进行鉴别和筛选，使信息条理化、规范化、准确化的过程。

信息的存储是指对加工后的信息进行记录、存放、保管以便使用的过程。

信息的传播是指信息在不同主体之间的传递。

信息的利用是指有意识地运用存储的信息去解决管理中具体问题的过程。

信息的反馈是指对信息利用的实际效果与预期效果进行比较，找出发生偏差的原因，采取相应的管理措施以保证信息的利用符合预期的过程。

六、管理信息系统

所谓管理信息系统（Management Information System，简称 MIS），是指提供管理活动所需要的经济信息的一种有组织的程序；或者是指对管理所需要的经济信息进行收集、传递、存储、输出等所有处理的总和，并把实现这些处理过程的手段和方法结合起来，使管理信息工作成为有组织系统程序。实际上，管理信息这一概念是指管理系统和管理信息的集合。当人们把管理对象作为一个完整的系统进行分析和设计时就构成管理系统，而管理信息就是根据管理功能和管理技术而组成的信息流和信息集。当把管理系统和管理信息集合成一个系统时，就形成管理信息系统。一般信息系统包括五个基本要素：输入、处理、输出、反馈和管理。输入是系统所要处理的原始数据；处理是把原始数据加工转换为有用信息的过程；输出是处理后的结果，即为有用的信息；反馈是管理者对输出的信息不满意或者希望得到更好信息的重新调整；管理是对输入、处理、输出和反馈过程的监视，使这些过程保持正常。

作为一个管理信息系统，它将在管理信息的产生源与使用者之间起到媒介作用，并以此使管理信息从产生到利用的时间间隔大大缩短，同时保证管理信息处理的准确性和时效性，有利于提高管理信息利用率，更好地满足各种管理工作的需要。

一个较为完善的管理信息系统，必须具备四项基本职能。首先，确定信息的需求，即按照管理工作的要求正确确定需要的信息的类型和类别，以及需要的时间和数量；其次，按照信息的需求，进行信息的收集、加工等处理；第三，向管理者提供经济信息的服务；第四，对信息进行系统管理。这四项基本职能之间有着密切的联系，表现为彼此间的衔接和连续，即后一个职能的发挥都必须以前一个职能工作的完成为基础。

七、管理信息系统在管理系统中的作用

管理信息系统的目的是向管理者提供用于决策和管理的准确而又适时的信息。而且，管理信息系统作用于组织及其所使用的资源，使得组织在多方面受到影响，使整个管理系统更加完善。

1. 管理信息系统可以产生并提供决策和管理的信息

对于组织的上层管理者来说，健全的管理信息系统向他们提供的信息应包括：国家和上级主管部门对组织长远规划的设想、国内外市场需要的预测、国内外同类产品主要技术经济指标和主要措施等组织外部情报，根据这类信息，管理者可以制定出组织的长远计划、战略决策和经营方针等；此外，还包括一些组织内部信息，如产品产量、质量、品种、计划完成情况，利润税收计划，资金利用率指标完成情况，经济合同完成情况等。

管理信息系统可以给组织的中层管理者提供：来自下属的各种报表，各职能部门主持制定的各种定额、技术标准、技术规程和其他规章制度，来自上层的决策，组织外的情报等。管理信息系统还向基层管理者提供上级的计划和下属的执行情况等。这些重要的信息可以帮助不同层次的管理者做出决策或采取管理行动。

2. 管理信息系统可以提高获得信息的效率

组织中传统的信息交流方式是，从管理者开始沿着权力结构向上交流或向下交流，主要的正式信息交流是垂直进行的。而管理信息系统允许更多的正式信息以横向或超级方式进行交流。也就是说，利用组织内部网络可以更有效地完成工作，避免"正常交流渠道"的障碍，直接地获得数据或信息，而不必拘谨地通过层次结构依次上下传递信息。管理信息系统还可以减少对信息的篡改和过滤现象。另外，高级的管理信息系统可以使管理者不必到现场就能得到及时准确的信息，这样可以提高管理的效率并降低管理的成本。

3. 管理信息系统可以提高管理者决策和管理的能力

当一个人不能及时处理完他所接收到的所有信息时，超载现象就产生了。由于信息系统具有扫描、过滤、处理、存储和传送信息的功能，超载现象可以减少。比如，一位销售经理不再需要花费几个小时来查找几十份报告和几千个统计数据来分析某一地区的销售量为什么下降；一个精密的管理信息系统可以在几秒钟内迅速而准确地完成这位经理的绝大部分工作，并为他提供相应的答案。因此，管理信息系统可以提高信息处理的数量和质量，有利于管理者及时而准确地采取管理措施。

4. 管理信息系统对组织管理方式的影响

利用计算机的信息系统与手工作业方式进行比较，它所提供的信息快速、准确且简单省力。因此，它能为管理者的决策提供详尽、全面、准确的数据资料，使管理者有可能及时掌握组织活动的全貌，从而促进在管理中运用系统的观点来考虑问题，并为在预测、库存、订货等计划和管理中运用数学规划模型来定量分析组织中的问题提供了可能。

在组织活动中，遇到的最大问题之一就是难于进行实验。特别是在相互关系复杂、变化因素多、持续时间长以及管理方法可能对组织活动带来损害的情况下，就更难于进行实验。然而，利用计算机可突破这个难关。信息系统能结合管理的需要，快速、准确地收集大量的资料为模型的建立和分析提供依据。总之，采用信息系统促使管理方法由定性向定量发展。

5. 管理信息系统可以优化组织结构

利用管理信息系统，一方面可以整理资料、编制表格和分析数据，使管理者能直接查询使用信息，减少了管理人员的工作量，将他们从大量烦琐的事务性工作中解脱出来，从而有更多的精力去考虑具体的工作过程中的问题；另一方面，由于计算机管理代替了人的监督，其结果是管理的范围更加广泛。因此，在组织中可以减少一些专门从事数据整理、报表编制及简单操作的人员的数量，通过减员增效来优化组织结构。同时，由于计算机技术和通信技术的迅速发展，使得信息传递越来越快，提供信息不受时间和空间的限制，因而出现了促进分权管理的趋势，这对于大型的从事多种产品生产和销售性质的企业来说，有利于抓住机遇，占领市场。

此外，管理信息系统的建立还会对组织中的个人产生影响，使他们对机器和技术的看法发生改变，使他们的一些工作性质或工作方式发生改变，使人—机关系和人际关系的发展达到一个新的水平等等。但管理工作毕竟是一项具有高度创造性的工作。任何一个管理信息系统，只能部分代替人的工作，而绝不能代替人的创造性劳动。因此，在利用信息系统时，必须充分考虑人的因素，要采用人—机系统，发挥人的能动作用，使管理的思想变为现实。

第四节　ERP

企业资源计划或称企业资源规划，简称 ERP（Enterprise Resource Planning），是由美国计算机技术咨询和评估集团提出的一种供应链的管理思想，最初被定义为应用软件，但迅速为全世界商业企业所接受，现已经发展成为现代企业管理理论之一。企业资源计划系统是建立在信息技术基础上，以系统化的管理思想，为企业决策层及员工提供决策运行手段的管理平台。企业资源计划也是实施企业流程再造的重要工具之一，是个属于大型制造业所使用的公司资源管理系统。ERP 系统支持离散型、流程型等混合制造环境，应用范围从制造业扩散到了零售业、服务业、银行业、电信业、政府机关和学校等事业部门，通过融合数据库技术、图形用户界面、第四代查询语言、客户服务器结构、计算机辅助开发工具、可移植的开放系统等对企业资源进行了有效的集成。

ERP 汇合了离散型生产和流程型生产的特点，面向全球市场，包罗了供应链上所有的主导和支持能力，协调企业各管理部门围绕市场导向，更加灵活或"柔性"地开展业务活动，实时地响应市场需求。为此，重新定义供应商、分销商和制造商相互之间的业务关系，重新构建企业的业务和信息流程及组织结构，使企业在市场竞争中有更大的能动性。ERP 的提出与计算机技术的高度发展是分不开的，用户对系统有更大的主动性，作为计算机辅助管理所涉及的功能已远远超过 MRPⅡ的范围。

ERP 的功能包括除了 MRPⅡ（制造、供销、财务）外，还包括多工厂管理、质量管理、实验室管理、设备维修管理、仓库管理、运输管理、过程控制接口、数据采集接口、电子通信、电子邮件、法规与标准、项目管理、金融投资管理、市场信息管理等等。它将重新定义各项业务及其相互关系，在管理和组织上采取更加灵活的方式，对供应链上供需关系的变动（包括法规、标准和技术发展造成的变动），同步、敏捷、实时地做出响应；在掌握准确、及时、完整信息的基础上，做出正确决策，能动地采取措施。与 MRPⅡ相比，ERP 除了扩大管理功能外，同时还采用了计算机技术的最新成就，如扩大用户自定义范围、面向对象技术、客户机/服务器体系结构、多种数据库平台、SQL 结构化查询语言、图形用户界面、4GL/CASE、窗口技术、人工智能、仿真技术等等。

一、信息技术的发展

信息技术最初在管理上的运用，也是十分简单的，主要是记录一些数据，方便查询和汇总，而发展到建立在全球 Internet 基础上的跨国家、跨企业的运行体系，初略可分做如下阶段：

1. MIS 系统阶段（Management Information System）

企业的信息管理系统主要是记录大量原始数据、支持查询、汇总等方面的工作。

2. MRP 阶段（Material Require Planning）

企业的信息管理系统对产品构成进行管理，借助计算机的运算能力及系统对客户订单，在库物料，产品构成的管理能力，实现依据客户订单，按照产品结构清单展开并计算物料需求计划。实现减少库存，优化库存的管理目标。

3. MRP Ⅱ阶段（Manufacture Resource Planning）

在 MRP 管理系统的基础上，系统增加了对企业生产中心、加工工时、生产能力等方面的管理，以实现计算机进行生产排程的功能，同时也将财务的功能囊括进来，在企业资源计划中形成以计算机为核心的闭环管理系统，这种管理系统已能动态监察到产、供、销的全部生产过程。

4. ERP 阶段（Enterprise Resource Planning）

进入 ERP 阶段后，以计算机为核心的企业级的管理系统更为成熟，系统增加了包括财务预测、生产能力、调整资源调度等方面的功能。配合企业实现 JIT 管理全面、质量管理和生产资源调度管理及辅助决策的功能。成为企业进行生产管理及决策的平台工具。

5. 电子商务时代的 ERP

Internet 技术的成熟为企业信息管理系统增加与客户或供应商实现信息共享和直接的数据交换的能力，从而强化了企业间的联系，形成共同发展的生存链，体现企业为达到生存竞争的供应链管理想。ERP 系统相应实现这方面的功能，使决策者及业务部门实现跨企业的联合作战。

ERP 的应用的确可以有效地促进现有企业管理的现代化、科学化，适应竞争日益激烈的市场要求，它的导入已成为大势所趋。

电子商务 ERP 在这几年的电子商务快速发展中，已经成为一个热门词。电子商务的迅速发展使得涉及电子商务的企业对电子商务平台上的软件系统产生了新的需求。一位服装电子商务的用户的想法似乎代表了很多电子商务用户的心声。她说，随着品牌的做大，她发现作为卖家越来越需要一种线上的个性化的产品，帮助她实现从前端到后端的无缝的数据对接，即从策划、设计、销售、到供应商、客户体验以及客户回访的一个完整的数据整合 ERP 系统。通过系统分析产品的市场前景，从而提高客户体验，为企业带来更大效益，让企业更积极参与到电子商务中去。

及时、准确地掌握客户订单信息，经过对数据的加工处理和分析，对市场前景和产品需求做出预测。同时，把产品需求结果反馈给生产部门，并及时对收集用户反馈，整合整条生产链的数据，并真正实现零库存，极大减少资金占用，企业参与电子商务热情的高涨势必影响电子商务与 ERP 的融合。

流程化的管理，即利用流程规范去控制人，避免人为不遵守流程而犯错。数据记录详细，便于查询，统计，分析。简单的电子商务 ERP 起到分析基础数据的作用，最简单地，把财务、销售、仓储的信息集成在同一个软件里，可以实现数据化管理。

二、生产特点

它汇合了离散型生产和流程型生产的特点，面向全球市场，包罗了供应链上所有的主导和支持能力，协调企业各管理部门围绕市场导向，更加灵活或"柔性"地开展业务活动，实时地响应市场需求。为此，重新定义供应商、分销商和制造商相互之间的业务关系，重新构建企业的业务和信息流程及组织结构，使企业在市场竞争中有更大的能动性。

ERP 是一种主要面向制造行业进行物质资源、资金资源和信息资源集成一体化管理的企业信息管理系统。ERP 是一个以管理会计为核心可以提供跨地区、跨部门、甚至跨公司整合实时信息的企业管理软件。针对物资资源管理（物流）、人力资源管理（人流）、财务资源管理（财流）、信息资源管理（信息流）集成一体化的企业管理软件。

　　ERP 的提出与计算机技术的高度发展是分不开的，用户对系统有更大的主动性，作为计算机辅助管理所涉及的功能已远远超过 MRP Ⅱ 的范围。ERP 的功能包括除了 MRP Ⅱ（制造、供销、财务）外，还包括多工厂管理、质量管理、实验室管理、设备维修管理、仓库管理、运输管理、过程控制接口、数据采集接口、电子通信、电子邮件、法规与标准、项目管理、金融投资管理、市场信息管理等等。它将重新定义各项业务及其相互关系，在管理和组织上采取更加灵活的方式，对供应链上供需关系的变动（包括法规、标准和技术发展造成的变动），同步、敏捷、实时地做出响应；在掌握准确、及时、完整信息的基础上，做出正确决策，能动地采取措施。与 MRP Ⅱ 相比，ERP 除了扩大管理功能外，同时还采用了计算机技术的最新成就，如扩大用户自定义范围、面向对象技术、客户机/服务器体系结构、多种数据库平台、SQL 结构化查询语言、图形用户界面、4GL/CASE、窗口技术、人工智能、仿真技术等等。

　　三、ERP 的核心思想

　　1. 帮助企业实现体制创新

　　新的管理机制必须能迅速提高工作效率，节约劳动成本。ERP 帮助企业实现体制创新的意义在于，它能够帮助企业建立一种新的管理体制，其特点在于能实现企业内部的相互监督和相互促进，并保证每个员工都自觉发挥最大的潜能去工作，使每个员工的报酬与他的劳动成果紧密相连，管理层也不会出现独裁现象。

　　ERP 作为一种先进的管理思想和手段，它所改变的不仅仅是某个人的个人行为或表层上的一个组织动作，而是从思想上去剔除管理者的旧观念，注入新观念。从这个意义上讲，不管是国外的 ERP 产品还是本土的 ERP 产品，关键看其管理思想是否新颖又实用，并且不脱离现实。必须要指出的是：目前我国企业中的确存在捧着"金饭碗"要饭的情况，即企业花巨资购买并实施了 ERP 系统，但却发挥不出该系统的作用，也就是说买而不用。这样，不要说实现企业体制管理创新，连企业基本的信息化也很难实现。

　　2. "以人为本"的竞争机制

　　许多企业都不约而同地提到了"以人为本"的管理思想。笔者不禁要问，什么叫"以人为本"？是不是企业以人为主导作用，就叫做"以人为本"？这种解释应该没有错误，但太笼统，会给企业员工造成模糊不清的认识。ERP 的管理思想认为，"以人为本"的前提是，必须在企业内部建立一种竞争机制，仅靠员工的自觉性和职业道德是不够的。因此，应首先在企业内部建立一种竞争机制，在此基础上，给每一个员工制定一个工作评价标准，并以此作为对员工的奖励标准，使每个员工都必须达到并不断超越这个标准，而且越远越好。随着标准的不断提高，生产效率也必然跟着提高。这样，"以人为本"的管理方法就不会成为空泛的教条。

　　3. 把组织看做是一个社会系统

　　ERP 吸收了西方现代管理理论中社会系统学派的创始人巴纳德的管理思想，他把组织看做是一个社会系统，这个系统要求人们之间的合作。在 ERP 的管理思想中，组织是一个协作的系统，应用 ERP 的现代企业管理思想，结合通信技术和网络技术，在组织内部建立起上情下达、下情上达的有效信息交流沟通系统，这一系统能保证上级及时掌握情况，获得作为决策基础的准确信息，又能保证指令的顺利下达和执行。

　　这样一种信息交流系统的建立和维护，是一个组织存在与发展的首要条件，其后才谈得上组织的有效性和高效率。另外，在运用这一系统时，还应当注意信息交流系统的完整性。

以"供应链管理"为核心ERP基于MRPⅡ，又超越了MRPⅡ。ERP系统在MRPⅡ的基础上扩展了管理范围，它把客户需求和企业内部的制造活动以及供应商的制造资源整合在一起，形成一个完整的供应链（SCM），并对供应链上的所有环节进行有效管理，这样就形成了以供应链为核心的ERP管理系统。供应链跨越了部门与企业，形成了以产品或服务为核心的业务流程。以制造业为例，供应链上的主要活动者包括原材料供应商、产品制造商、分销商与零售商和最终用户。

以SCM为核心的ERP系统，适应了企业在知识经济时代、市场竞争激烈环境中生存与发展的需要，给有关企业带来了显著的利益。SCM从整个市场竞争与社会需求出发，实现了社会资源的重组与业务的重组，大大改善了社会经济活动中物流与信息流运转的效率和有效性，消除了中间冗余的环节，减少了浪费，避免了延误。

4. 以"客户关系管理"为前台重要支撑

在以客户为中心的市场经济时代，企业关注的焦点逐渐由过去关注产品转移到关注客户上来。由于需要将更多的注意力集中到客户身上，关系营销、服务营销等理念层出不穷。与此同时，信息科技的长足发展从技术上为企业加强客户关系管理提供了强有力的支持。

ERP系统在以供应链为核心的管理基础上，增加了客户关系管理后，将着重解决企业业务活动的自动化和流程改进，尤其是在销售、市场营销、客户服务和支持等与客户直接打交道的前台领域。客户关系管理（CRM）能帮助企业最大限度地利用以客户为中心的资源（包括人力资源、有形和无形资产），并将这些资源集中应用于现有客户和潜在客户身上。其目标是通过缩短销售周期和降低销售成本，通过寻求扩展业务所需的新市场和新渠道，并通过改进客户价值、客户满意度、盈利能力以及客户的忠诚度等方面来改善企业的管理。

5. 实现电子商务，全面整合企业内外资源

随着网络技术的飞速发展和电子化企业管理思想的出现，ERP也进行着不断的调整，以适应电子商务时代的来临。网络时代的ERP将使企业适应全球化竞争所引起的管理模式的变革，它采用最新的信息技术，呈现出数字化、网络化、集成化、智能化、柔性化、行业化和本地化的特点。电子商务时代的ERP将围绕如何帮助企业实现管理模式的调整以及如何为企业提供电子商务解决方案，来迎接数字化知识经济时代的到来。它支持敏捷化企业的组织形式（动态联盟）、企业管理方式（以团队为核心的扁平化组织结构方式）和工作方式（并行工程和协同工作），通过计算机网络将企业、用户、供应商及其他商贸活动涉及的职能机构集成起来，完成信息流、物流和价值流的有效转移与优化，包括企业内部运营的网络化、供应链管理、渠道管理和客户关系管理的网络化。

四、ERP 的功能模块

1. 财务管理模块

（1）会计核算

会计核算主要是记录、核算、反映和分析资金在企业经济活动中的变动过程及其结果。它由总账、应收账、应付账、现金、固定资产、多币制等部分构成。

总账模块：ERP 它的功能是处理记账凭证输入、登记，输出日记账、一般明细账及总分类账，编制主要会计报表。它是整个会计核算的核心，应收账、应付账、固定资产核算、现金管理、工资核算、多币制等各模块都以其为中心来互相信息传递。应收账模块是指企业应收的由于商品赊欠而产生的正常客户欠款账。应付账模块：会计里的应付账是企业应付购货款等账，它包括了发票管理、供应商管理、支票管理、账龄分析等。现金管理模块：它主要是对现金流入流出的控制以及零用现金及银行存款的核算。固定资产核算模块：即完成对固定资产的增减变动以及折旧有关基金计提和分配的核算工作。它能够帮助管理者对固定资产的现状有所了解，并能通过该模块提供的各种方法来管理资产，以及进行相应的会计处理。它的具体功能有：登录固定资产卡片和明细账，计算折旧，编制报表，以及自动编制转账凭证，并转入总账。它和应付账、成本、总账模块集成。多币制模块：这是为了适应当今企业的国际化经营，对外币结算业务的要求增多而产生的。多币制将企业整个财务系统的各项功能以各种币制来表示和结算，且客户订单、库存管理及采购管理等也能使用多币制进行交易管理。多币制和应收账、应付账、总账、客户订单、采购等各模块都有接口，可自动生成所需数据。工资核算模块：自动进行企业员工的工资结算、分配、核算以及各项相关经费的计提。它能够登录工资、打印工资清单及各类汇总报表，计算计提各项与工资有关的费用，自动做出凭证，导入总账。这一模块是和总账，成本模块集成的。成本模块：它将依据产品结构、工作中心、工序、采购等信息进行产品的各种成本的计算，以便进行成本分析和规划。还能用标准成本或平均成本法按地点维护成本。

（2）财务管理

财务管理的功能主要是基于会计核算的数据，再加以分析，从而进行相应的预测，管理和控制活动。它侧重于财务计划、控制、分析和预测。财务计划：根据前期财务分析做出下期的财务计划、预算等。财务分析：提供查询功能和通过用户定义的差异数据的图形显示进行财务绩效评估，账户分析等。财务决策：财务管理的核心部分，中心内容是做出有关资金的决策，包括资金筹集、投放及资金管理。

2. 生产控制管理模块

（1）主生产计划

它是根据生产计划、预测和客户订单的输入来安排将来的各周期中提供的产品种类和数量，它将生产计划转为产品计划，在平衡了物料和能力的需要后，精确到时间、数量的详细的进度计划。是企业在一段时期内的总活动的安排，是一个稳定的计划，是以生产计划、实际订单和对历史销售分析得来的预测产生的。

（2）物料需求计划

在主生产计划决定生产多少最终产品后，再根据物料清单，把整个企业要生产的产品的数量转变为所需生产的零部件的数量，并对照现有的库存量，可得到还需加工多少，采购多少的最终数量。这才是整个部门真正依照的计划。

（3）能力需求计划：它是在得出初步的物料需求计划之后，将所有工作中心的总工作负荷，在与工作中心的能力平衡后产生的详细工作计划，用以确定生成的物料需求计划是否是企业生产能力上可行的需求计划。能力需求计划是一种短期的、实际应用的计划。

（4）车间控制

这是随时间变化的动态作业计划，是将作业分配到具体各个车间，再进行作业排序、作业管理、作业监控。

（5）制造标准

在编制计划中需要许多生产基本信息，这些基本信息就是制造标准，包括零件、产品结构、工序和工作中心，都用唯一的代码在计算机中识别。

1）零件代码，对物料资源的管理，对每种物料给予企业资源计划唯一的代码识别。物料清单，定义产品结构的技术文件，用来编制各种计划。

2）工序，描述加工步骤及制造和装配产品的操作顺序。它包含加工工序顺序，指明各道工序的加工设备及所需要的额定工时和工资等级等。

3）工作中心，使用相同或相似工序的设备和劳动力组成的，从事生产进度安排、核算能力、计算成本的基本单位。

3. 物流管理

（1）分销管理

销售的管理是从产品的销售计划开始，对其销售产品、销售地区、销售客户各种信息的管理和统计，并可对销售数量、金额、利润、绩效、客户服务做出全面的分析，这样在分销管理模块中大致有三方面的功能。

对于客户信息的管理和服务：它能建立一个客户信息档案，对其进行分类管理，进而对其进行针对性的客户服务，以达到最高效率的保留老客户、争取新客户。在这里，要特别提到的就是新出现的 CRM 软件，即客户关系管理，ERP 与它的结合必将大大增加企业的效益。

对于销售订单的管理：销售订单是 ERP 的入口，所有的生产计划都是根据它下达并进行排产的。而销售订单的管理是贯穿了产品生产的整个流程。它包括：

1）客户信用审核及查询（客户信用分级，来审核订单交易）。

2）产品库存查询（决定是否要延期交货、分批发货或用代用品发货等）。

3）产品报价（为客户作不同产品的报价）。

4）订单输入、变更及跟踪（订单输入后，变更的修正，及订单的跟踪分析）。

5）交货期的确认及交货处理（决定交货期和发货事物安排）。

对于销售的统计与分析：这时系统根据销售订单的完成情况，依据各种指标做出统计，比如客户分类统计，销售代理分类统计等等，再就这些统计结果来对企业实际销售效果进行评价：销售统计，（根据销售形式、产品、代理商、地区、销售人员、金额、数量来分别进行统计）。销售分析（包括对比目标、同期比较和订货发货分析，来从数量、金额、利润及绩效等方面作相应的分析）。客户服务（客户投诉记录，原因分析）。

（2）库存控制

用来控制存储物料的数量，以保证稳定的物流支持正常的生产，但又最小限度的占用资本。它是一种相关的、动态的及真实的库存控制系统。它能够结合、满足相关部门的需求，随时间变化动态地调整库存，精确的反映库存现状。这一系统的功能又涉及：为所有的物料建立库存，决定何时订货采购，同时作为交予采购部门采购、生产部门作生产计划的依据。收到订购物料，经过质量检验入库，生产的产品也同样要经过检验入库。收发料的日常业务处理工作。

（3）采购管理

确定合理的定货量、优秀的供应商和保持最佳的安全储备。能够随时提供定购、验收的信息，跟踪和催促对外购或委托外加工的物料，保证货物及时到达。建立供应商的档案，用最新的成本信息来调整库存的成本。具体有：

1）供应商信息查询（查询供应商的能力、信誉等）。催货（对外购或委托外加工的物料进行跟催）。

2）采购与委外加工统计（统计、建立档案，计算成本）。

3）价格分析（对原料价格分析，调整库存成本）。

4．人力资源管理模块

（1）人力资源规划的辅助决策

对于企业人员、组织结构编制的多种方案，进行模拟比较和运行分析，并辅之以图形的直观评估，辅助管理者做出最终决策。制定职务模型，包括职位要求、升迁路径和培训计划，根据担任该职位员工的资格和条件，系统会提出针对本员工的一系列培训建议，一旦机构改组或职位变动，系统会提出一系列的职位变动或升迁建议。进行人员成本分析，可以对过去、现在、将来的人员成本做出分析及预测，并通过 ERP 集成环境，为企业成本分析提供依据。

（2）招聘管理

人才是企业最重要的资源。优秀的人才才能保证企业持久的竞争力。招聘系统一般从以下几个方面提供支持：

1）进行招聘过程的管理，优化招聘过程，减少业务工作量；

2）对招聘的成本进行科学管理，从而降低招聘成本；

3）为选择聘用人员的岗位提供辅助信息，并有效地帮助企业进行人才资源的挖掘。

（3）工资核算

1）能根据公司跨地区、跨部门、跨工种的不同薪资结构及处理流程制定与之相适应的薪资核算方法。

2）与时间管理直接集成，能够及时更新，对员工的薪资核算动态化。

3）回算功能。通过和其他模块的集成，自动根据要求调整薪资结构及数据。

（4）工时管理

1）根据该国或当地的日历，安排企业的运作时间以及劳动力的作息时间表。

2）运用远端考勤系统，可以将员工的实际出勤状况记录到主系统中，并把与员工薪资、奖金有关的时间数据导入薪资系统和成本核算中。

（5）差旅核算

系统能够自动控制从差旅申请，差旅批准到差旅报销整个流程，并且通过集成环境将核算数据导进财务成本核算模块中去。

五、ERP 模式实施

第一，要知己知彼，选好软件。

选择 ERP 软件必须遵循以下四个步骤：理解 ERP 原理、分析企业需求、选择软件、选择硬件平台、操作系统和数据库。前两项是为了做到"知己"，后两项是为了做到"知彼"，只有知己知彼，才能选好软件，做到百战不殆。如果在购买 ERP 软件之前，对

MRP/MRP—Ⅱ/ERP 的原理不甚了解，认为可以通过培训来弥补，那就大错特错了。拿生活中的常识来说，如果有人到商场花几十万元买一件不知道是什么东西又不知道怎么使用的商品时，肯定会说他是个十足的傻瓜。但这类事情，在选购 ERP 软件时却是司空见惯，岂不可悲。在购买 ERP 软件之前，还需要分析企业自身特点，了解企业迫切需要解决的问题，哪类软件能适应企业并帮助企业解决实际问题。

企业选择软件，不必追究其是否为真正的 ERP 软件，选择软件功能也不能按企业的大小来区分，而要根据企业的产品特点、生产组织方式、经营管理特点的不同来选择适用的软件。

第二，选择好的管理咨询公司。

前面的详细分析，说明了选择一家富有经验的管理咨询公司的重要性。企业聘请管理咨询公司，可负责完成总体规划的设计，对企业领导和全体员工进行 ERP 理念的培训，项目的详细实施计划等等。

第三，制定具体的量化目标。

谈成功离不开目标；没有目标，成功与否就无从谈起。上 ERP 项目如果没有统一的目标，或者是太抽象即没有具体的、量化的、可考核的目标，就没有办法在系统实施完后进行对比和评判。在实施 ERP 时不能再实行粗放式管理，否则会埋下不成功的潜在危机。在双方合作合同签订前，供求双方一定要在技术协议条款中明确 ERP 的实施目标、具体实施内容、实现的技术、实施的计划、步骤以及分阶段项目成果、验收办法。

第四，做好业务流程重组。

业务流程重组是对企业现有业务运行方式的再思考和再设计，应遵循以下基本原则：必须以企业目标为导向调整组织结构、必须让执行者有决策的权力、必须取得高层领导的参与和支持、必须选择适当的流程进行重组、必须建立通畅的交流渠道、组织结构必须以目标和产出为中心而不是以任务为中心。做法是由管理咨询公司在 ERP 实施前进行较长时间的企业管理状况调研，提出适合企业的改进的管理模型，同时该管理模型必须考虑到企业的发展，并得到企业管理层的批准。

第五，有针对性地实施 ERP，解决企业管理瓶颈。

一个完整的 ERP 系统是一个十分庞杂的系统，它既有管理企业内部的核心软件 MRPⅡ，还有扩充至企业关系管理（客户关系管理 CRM 和供应链管理 SCM）的软件；既有管理以物流/资金流为对象的主价值链，又有管理支持性价值链——人力资源、设备资源、融资等管理，以及对决策性价值链的支持。任何一个企业都不可能一朝一夕就可实现这一庞大的系统。每个企业都有自己的特点和要解决的主要矛盾，需要根据自身实际情况确定实施目标和步骤。

ERP 不仅是一种软件更是一个企业解决方案。因此，即使是同一套软件，不同的企业其实施方法也有所不同，例如实施哪些模块？如何进行分级培训？ERP 管理到哪一级？管理细到什么程度？与手工管理并轨时间多长？什么时间甩掉手工管理？如何强化 MRPⅡ计划的实施？这些都要根据企业的需求和管理基础来确定，并制定切实可行的目标和实施计划，确保 ERP 的成功实施。

第六，通过培训和制定制度，提高员工素质，保证系统的正常运行。

企业实施 ERP 是一个循序渐进、不断完善的过程，只有员工素质的不断提高，才能确保系统的不断深入。可以通过给企业员工定规章制度，把员工的经济效益与工作内容结合起来，这样员工的积极性可得到提高，熟悉业务的自觉性也可得到增强。

六、ERP 的主要特点

ERP 企业资源计划概况图 ERP 把客户需求和企业内部的制造活动以及供应商的制造资源整合在一起，形成企业一个完整的供应链，其核心管理思想主要体现在以下三个方面：

（1）体现对整个供应链资源进行管理的思想；

（2）体现精益生产、敏捷制造和同步工程的思想；

（3）体现事先计划与事前控制的思想。

ERP 应用成功的标志是：

（1）系统运行集成化，软件的运作跨越多个部门；

（2）业务流程合理化，各级业务部门根据完全优化后的流程重新构建；

（3）绩效监控动态化，绩效系统能即时反馈以便纠正管理中存在的问题；

（4）管理改善持续化，企业建立一个可以不断自我评价和不断改善管理的机制。

ERP 具有整合性、系统性、灵活性、实时控制性等显著特点。ERP 系统的供应链管理思想对企业提出了更高的要求，是企业在信息化社会、在知识经济时代繁荣发展的核心管理模式。它可以帮助企业有效利用全社会供应链上的一切资源来快速高效地响应市场需求的变化，形成企业供应链之间的竞争。

ERP 是信息时代的现代企业向国际化发展的更高层管理模式，它能更好地支持企业各方面的集成，并将给企业带来更广泛、更长远的经济效益与社会效益。

七、ERP 的系统优化

1. ERP 全球化

在中小企业信息化建设中，最为明显的发展趋势便是：企业全球化、市场全球化以及竞争全球化。随着电子商务的不断发展，政策屏障已经在过去几年内相继消失，企业电子商务已经在中小企业存在了相当长的一段时间，经营的范围已逐渐扩大到全球。因此，随着中小企业信息化建设的不断加强。势必要求优化 ERP 系统功能，为全球化的企业提供服务。

2. ERP 快速化

在竞争激烈的经营环境中，中小企业为了维持生存、发展，必须迅速了解到单个客户在某一特定时间想要得到什么，并通过 ERP 软件来做出反应。因此，要求 ERP 软件具有快速感知与快速反应能力。优化后的 ERP 必须在技术方面满足中小企业信息化建设的需要。提高企业回应客户的速度和灵活性。

3. ERP 重组化

经济全球化促进了企业间的合并，但是，由于企业及管理机构要求降低管理的成本，因此会促使各企业在本行业内进行重新组合。重组之后的公司也应该能够在优化后的 ERP 软件的帮助下，进行 ERP 重组，使得 ERP 软件可以适应目前企业重组后的要求。

4. ERP 虚拟化

由于虚拟组织是企业为了实现共赢而进行的联合协作。关系范围非常广泛。优化后的 ERP 软件为了涵盖这样的范围，技术上需要支持不同级别的数据与流程的联合，从简单的组织机构间的市场交易，到完全联合与共享，各种级别的联合必须要适合构成虚拟组织的两家（或多家）机构之间的关系种类。要使 ERP 软件虚拟化，方法之一是扩大价值链，把多个数据系统中的信息整合在一起。

思考题

1. 试从适用条件、特点、优缺点等方面，比较不同的全球化经营的组织模式。
2. 全球化管理者的关键能力是什么？它们之间的内在联系是什么？
3. 全球化经营的进入方式有哪些？请分析各自的优点和局限性？
4. 何谓闭环 MRP？它与开环 MRP 有何区别？
5. 与 MRPⅡ相比，ERP 有何进步？
6. 与需求计划相比，制造资源计划（MRP Ⅱ）有何改进？

本章案例　邮件事件

这是一个信息化的时代，如果你今天还不知道"史上最牛女秘书"是谁，或者你还没收到那封在网络上引起轩然大波的邮件，只能说明你不是那些著名外企中的一员。最近一周，从北京、上海到成都、广州、南京……全国所有知名外企都在疯狂转发一封来自EMC（全球最大的网络信息存储商，总部在美国）北京总部的电子邮件：EMC 大中华区总裁陆××和他的高级女秘书因工作琐事发生激烈争吵，导致后者被迫离职。这起本该在企业内部消化的事件，却因牵起"老外和中国员工的文化障碍"的敏感话题，数天之内成为各大外企员工和网络舆论谈论的热点。

昨天上午，当事人瑞 YY（秘书的英文名）无奈地告诉记者，"这件事传得太广，我都找不到工作了。"而面对记者的质询，EMC 公司从美国发来的邮件却认为"该员工离职只是个人事件"。目前，该邮件仍在毫不停歇地转发中。

■下班锁门引起总裁不满

4 月 7 日晚，EMC 大中华区总裁陆××回办公室取东西，到门口才发现自己没带钥匙。此时他的私人秘书瑞 YY 已经下班。陆试图联系后者未果。数小时后，陆××还是难抑怒火，于是在凌晨 1 时 13 分通过内部电子邮件系统给瑞 YY 发了一封措辞严厉且语气生硬的"谴责信"。

陆××在这封用英文写就的邮件中说，"我曾告诉过你，想东西、做事情不要想当然！结果今天晚上你就把我锁在门外，我要取的东西都还在办公室里。问题在于你自以为是地认为我随身带了钥匙。从现在起，无论是午餐时段还是晚上下班后，你要跟你服务的每一名经理都确认无事后才能离开办公室，明白了吗？"（事实上，英文原信的口气比上述译文要激烈得多）。陆在发送这封邮件的时候，同时传给了公司几位高管。

■秘书回了咄咄逼人的邮件

面对大中华区总裁的责备，一个小秘书应该怎样应对呢？一位曾在 GE 和甲骨文服务多年的资深人士告诉记者，正确的做法应该是，同样用英文写一封回信，解释当天的原委并接受总裁的要求，语气注意要温婉有礼。同时，给自己的顶头上司和人力资源部的高管另外去信说明，坦承自己的错误并道歉。

但是瑞 YY 的做法大相径庭，并最终为她在网络上赢得了"史上最牛女秘书"的称号。两天后，她在邮件中回复说，"首先，我做这件事是完全正确的，我锁门是从安全角度上考虑的。如果一旦丢了东西，我无法承担这个责任。其次，你有钥匙，你自己忘了带，还要说别人不对。造成这件事的主要原因都是你自己，不要把自己的错误转移到别人的身上。第三，你无权干涉和控制我的私人时间，我一天就 8 小时工作时间，请你记住中午和晚上下班的时间都是我的私人时间。第四，从到 EMC 的第一天到现在为止，我工作尽职尽责，也加过很多次的班，我也没有任何怨言，但是如果你们要求我加班是为了工作以外的事情，我无法做到。第五，虽然咱们是上下级的关系，也请你注重一下你说话的语气，这是做人最基本的礼貌问题。第六，我要在这强调一下，我并没有猜想或者假定什么，因为我没有这个时间也没有这个必要。"

本来，这封咄咄逼人的回信已经够令人吃惊了，但是瑞 YY 选择了更加过火的做法。她回信的对象选择了"EMC（北京）、EMC（成都）、EMC（广州）、EMC（上海）"。这样一来，EMC 中国公司的所有人都收到了这封邮件。

■邮件被数千人转发

昨天上午，记者打通瑞 YY 的电话，她已不愿回忆那两天的经历，"这只是我和 EMC 之间的事，跟别人没关系"。可就在瑞 YY 回邮件后不久，这封"女秘书 PK 老板"的火爆邮件就被她的同事在全国外企中广泛转发。

近一周内，该邮件被数千外企白领接收和转发，几乎每个人都不止一次收到过邮件，很多人还在邮件上留下诸如"真牛"、"解气"、"骂得好"之类的点评。其中，流传最广的版本居然署名达 1000 多个，而这只是无数转发邮件中的一个而已。记者在邮件上找到了两位留有私人邮件的人士。黄小姐供职于 IBM 中国研究院。据她回忆，该邮件最早从公司同事的大学同学处转来，后来的来路也多为业务关系、大学同学等。张先生就职于 GE 北京总部，"我收到邮件比较早，当时就转给了成都和上海的大学同学，结果后来又从南京同学那里收回来了"。

从邮件的转发过程中，可以发现这样一个顺序：EMC->Microsoft->MIC->HP->SAMSUNG->Honeywell->Thomson->Motorola->Nokia->GE……这些大名鼎鼎的外企大多为 IT 或电子类相关企业。

■女秘书已离开公司

邮件被转发出 EMC 后不久，陆 XX 就更换了秘书，瑞 YY 也离开了公司。目前，EMC 内部对此事噤若寒蝉，一些参与转发邮件的员工挨个儿被人事部门找去谈话。

尽管无论是邮件附加的个人点评还是 BBS 上的讨论，力挺瑞 YY 的声音都超过了八成，但外企人力资源部的管理层却并不买账。昨天早上，记者刚在电话中表明身份，瑞 YY 就明白了，"这事儿闹得太厉害，我已经找不到工作了"。她没有料到邮件会被转发出去，也没有料到目前的局面。

最后消息

EMC 回应"邮件门"

"邮件门"对陆 XX 有何影响？昨天晚上，陆 XX 授意远在美国的 EMC 公司大中国区市场部经理吴薇给记者发来声明。这份外交措辞的声明表示，"最近这位北京员工的离职完全是一个个人行为和独立的事件，EMC 中国区的员工都充满了信心与 EMC 一起取得更大的发展。"有 IT 业资深人士分析，像对大中华区总裁这种高管的评价，一般只有美国总部的总裁和总部人力资源部的主管才有发言权。

附录：陆 XX（Loke Soon Choo），男，新加坡人。EMC 公司大中华区总裁，统管 EMC 在中国的所有运营业务。瑞 YY 是他的高级秘书。据悉，陆 XX 拥有新加坡大学工商管理学位，是名资深的 IT 专业人士，也曾出任 IBM、西门子等知名国际企业的高管。在赴 EMC 履新之前，他曾担任甲骨文大中华区总裁。

案例思考题

这封邮件几天内传了好几千人，全国的外企圈子都知道了。这是为什么？你怎么看待这个问题？

第二篇 计 划

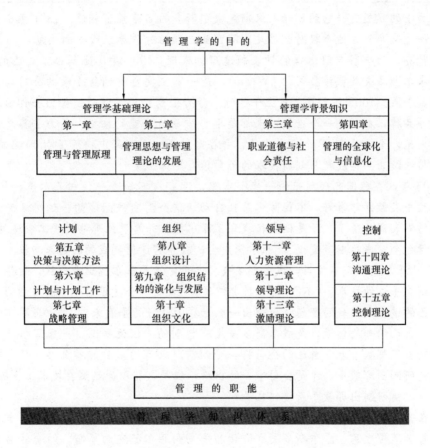

管 理 学 的 目 的

管理学基础理论		管理学背景知识	
第一章	第二章	第三章	第四章
管理与管理原理	管理思想与管理理论的发展	职业道德与社会责任	管理的全球化与信息化

计划	组织	领导	控制
第五章 决策与决策方法	第八章 组织设计	第十一章 人力资源管理	第十四章 沟通理论
第六章 计划与计划工作	第九章 组织结构的演化与发展	第十二章 领导理论	
第七章 战略管理	第十章 组织文化	第十三章 激励理论	第十五章 控制理论

管 理 的 职 能

管 理 学 知 识 体 系

第五章 决策与决策方法

导入案例 让劳力士出名的草帽

劳力士的发展史与它的创始人汉斯·威尔斯多的名字紧密相连。1881年出生在巴伐利亚一座城市里，他年轻时就涉足国际商业。开始时作养殖珍珠的生意，19岁居瑞士拉夏德芬，为一家专门出口的钟表制造厂作代理。1905年，他创办了自己的企业，名为"韦尔斯多夫及戴维公司"（W&D），是一家主要负责销售手表的公司，但他也研发自制手表。1908年7月2日上午8时，劳力士商标正式注册。劳力士作为奢华腕表的领导品牌，在过去一个世纪以来都是卓越质量与声望的象征。劳力士其总部设于瑞士日内瓦，全球共有28个分支机构，并在超过100个国家中聘用了4000名制表师。劳力士将继续为品牌成就与创新技术的历史撰写光辉一页。

1905年，在德国巴伐利亚的一座小城里，没有人不知道一位叫菲尔德的钟表匠，因为他的手表做得非常好，不但防水而且自动。这个消息被同城的一位叫汉斯·威尔斯多夫的钟表商知道了，于是他急忙找到了菲尔德，并看了他那些纯手工制造的手表。

惊讶之余，威尔斯多夫说："菲尔德先生，我想聘请您到我的公司来当技术总监怎么样？"见菲尔德半天不吭声，威尔期多夫又表示，只要菲尔德出个价钱，他愿意购买菲尔德研制手表的技术。"不"，菲尔德拒绝道，"我是不会受眼前一点利益的影响，而放弃自己的追求的，我的理想是研制出一款世界上最好的手表来。"钟表匠菲尔德的理念居然与自己的如此接近，是威尔斯多夫没有想到的。但他知道，一旦菲尔德在自己之前研制出了那款手表，自己的公司将会受到前所未有的威胁。怎么办？只有抢在菲尔德之前研制出那款手表才是公司唯一的出路，但是，菲尔德显然在技术上更胜一筹，要抢在他之前研制出那款手表谈何容易？

就在苦无良策的时候，威尔斯多夫突然得到了一个消息：菲尔德在研制手表的同时，还兼做草帽生意。威尔斯多夫立即让助手去向菲尔德定购草帽。助手莫名其妙地问道："您要的是他制表的技术，现在却定购他的草帽，我不明白您的意思。"威尔斯多夫微笑着说："如果出售草帽的利润超过了一块手表的价值，菲尔德还会费尽力气去研制手表吗？"果然，菲尔德在收到草帽的订单后，决定将研制手表的事情暂放一放，而先去赶制草帽了。就这样，威尔斯多夫为自己尽快研制出手表并抢先上市赢得了时间。他给那款有着防水和自动功能的手表取名为"劳力士"。

当劳力士手表迅速地占领市场，并成为世界品牌后，威尔斯多夫才指着自家后院那一院子的草帽告诉菲尔德，那就是他的作品。恍然大悟的菲尔德这时已悔之晚矣。

决策是指管理者识别并解决问题的过程，有时也指管理者利用机会的过程。决策所遵循的原则是"满意"而不是"最优"。决策需要适量的信息。决策理论在经历了古典决策理论和行为决策理论后，又有了新的发展。决策作为一个过程，通常包含以下步骤：①诊断问题（识别机会）；②明确目标；③拟订方案；④筛选方案；⑤执行方案；⑥评估效果。决策者在日常的决策过程中，一方面要充分考虑决策的各种影响因素，努力提高决策的效率；另一方面，要谨防自己陷入各种决策陷阱中。

第一节 决策的含义与过程

决策是管理的核心，可以认为，整个管理过程都是围绕着决策的制定和组织实施而展开的。诺贝尔经济学奖得主西蒙甚至强调，管理就是决策，决策充满了整个管理过程。决策在管理中的重要地位由此可见一斑。

一、决策的内涵

关于决策的定义，仁者见仁，智者见智。一个简单的定义是，"从两个以上的备选方案中选择一个的过程就是决策"（杨洪兰，1996）。一个较具体的定义是，"所谓决策，是指组织或个人为了实现某种目标而对未来一定时期内有关活动的方向、内容及方式的选择或调整过程"（周三多，1999）。

本书采用路易斯、古德曼和范特（Lewis，Goodman and Fandt，1998）对决策的定义："管理者识别并解决问题的过程，或者管理者利用机会的过程。"对于这一定义，可作如下解释：

（1）决策的主体是管理者，因为决策是管理的一项职能。管理者既可以单独做出决策，这样的决策称为个体决策；也可以和其他的管理者共同做出决策，这样的决策称为群体决策。

（2）决策的本质是一个过程，这一过程由多个步骤组成，尽管各人对决策过程的理解不尽相同。

（3）决策的目的是解决问题或利用机会，这就是说，决策不仅仅是为了解决问题，有时也是为了利用机会。

二、决策的原则

决策遵循的是满意原则，而不是最优原则。对决策者来说，要使决策达到最优，必须具备以下条件，缺一不可：

（1）容易获得与决策有关的全部信息；

（2）真实了解全部信息的价值所在，并据此拟定出所有可能的方案；

（3）准确预测每个方案在未来的执行结果。

但现实之中，上述这些条件往往得不到满足。具体来说原因有：

（1）组织内外的很多因素都会对组织的运行产生不同程度的影响，但决策者很难收集到反映这些因素的一切信息；

（2）对于收集到的有限信息，决策者的利用能力也是有限的，从而决策者只能拟定数量有限的方案；

（3）任何方案都要在未来实施，而未来是不确定的。人们对未来的认识和影响十分有限，从而决策时所预测的未来状况可能与实际的未来状况不一致。

现实中的上述状况决定了决策者难以做出最优决策，只能做出相对满意的决策。

三、决策理论

1. 古典决策理论

古典决策理论是基于"经济人"假设提出的，主要盛行于 20 世纪 50 年代以前。古典决策理论认为，应该从经济的角度来看待决策问题，即决策的目的在于为组织获取最大的经济利益。古典决策理论的主要内容是：

（1）决策者必须全面掌握有关决策环境的信息情报。

（2）决策者要充分了解有关备选方案的情况。

（3）决策者应建立一个合理的自上而下的执行命令的组织体系。

（4）决策者进行决策的目的始终都是在于使本组织获取最大的经济利益。

古典决策理论假设，决策者是完全理性的，决策者在充分了解有关信息情报的情况下，是完全可以做出实现组织目标的最佳决策的。古典决策理论忽视了非经济因素在决策中的作用，这种理论不可能正确指导实际的决策活动。

2. 行为决策理论

行为决策理论始于 20 世纪 50 年代。对古典决策理论的"经济人"假设发难的第一人是赫伯特·A·西蒙，他在《管理行为》一书中指出，理性的和经济的标准都无法确切的说明管理的决策过程，进而提出"有限理性"标准和"满意度"原则。其他学者对决策者行为做了进一步的研究，他们在研究中也发现，影响决策的不仅有经济因素，还有决策者的心理与行为特征。行为决策理论的主要内容有以下几个方面：

（1）人的理性介于完全理性和非理性之间，即人是有限理性的，这是因为在高度不确定和极其复杂的现实决策环境中，人的知识、想象力和计算力是有限的。

（2）决策者在识别和发现问题中容易受知觉上的偏差的影响，而在对未来的状况做出判断时，直觉的运用往往多于逻辑分析方法的运用。

（3）由于受决策时间和可利用资源的限制，决策者即使充分了解和掌握有关决策环境的信息情报，也只能做到尽量了解各种备选方案的情况，而不可能做到全部了解，决策者选择的理性是相对的。

（4）在风险型决策中，与对经济利益的考虑相比，决策者对待风险的态度对决策起着更为重要的作用。决策者往往厌恶风险，倾向于接受风险较小的方案，尽管风险较大的方案可能带来较为可观的收益。

（5）决策者在决策中往往只求满意的结果，而不愿意费力寻求最佳方案。

行为决策理论抨击了把决策视为定量方法和固定步骤的片面性，主张把决策视为一种文化现象。除了西蒙的"有限理性"模式，林德布洛姆的"渐进决策"模式也对"完全理性"模式提出了挑战。林德布洛姆认为决策过程应是一个渐进过程，而不应大起大落，否则会危及社会稳定，给组织带来组织结构、心理倾向和习惯等的震荡和资金困难，也是决策者不可能了解和思考全部方案并弄清每种方案的结果。这说明，决策不能只遵守一种固定的程序，而应根据组织外部环境与内部条件的变化进行适时的调整和补充。

四、决策过程

1. 诊断问题（识别机会）

决策者必须知道哪里需要行动，因此决策过程的第一步是诊断问题或识别机会。评估机会和问题的精确程度有赖于信息的精确程度，所以管理者要尽力获取精确的、可信赖的信息。低质量或不精确的信息不仅白白浪费掉大量时间，也使管理者无法发现导致某种情况出现的潜在原因。即使收集到的信息是高质量的，在解释的过程中也可能发生扭曲。即使管理者拥有精确的信息并正确地解释它，处在他们控制之外的因素也会可能对机会和问题的识别产生影响。管理者只要坚持获取高质量的信息并仔细地解释它，就会提高做出正确决策的可能性。

2. 明确目标

目标体现的是组织想要获得的结果。所想要获得的结果的数量和质量都要明确下来，因为这两个方面都最终指导决策者选择合适的行动路线。

根据时间的长短，可把目标分为长期目标、中期目标和短期目标。长期目标通常用来指导组织的战略决策，中期目标通常用来指导组织的战术决策，短期目标通常用来指导组织的业务决策。无论时间的长短，目标总是指导着随后的决策过程。

3. 拟订方案

一旦机会或问题被正确地识别出来，管理者就要提出达到目标和解决问题的各种方案。这一步需要创造力和想象力。在提出备选方案时，管理者必须把试图达到的目标铭记在心，而且要提出尽量多的方案。

备选方案可以是标准的和显明的，也可以是独特的和富有创造性的。标准方案通常是指组织以前采用过的方案。通过头脑风暴法、名义组织技术和德尔菲技术等可以提出富有创造性的方案。

4. 筛选方案

决策过程的第四步是确定所拟定的各种方案的价值或恰当性，并确定最满意的方案。为此管理者起码要具备评价每种方案的价值或相对优势/劣势的能力。在评估过程中，要使用预定的决策标准，并仔细考虑每种方案的预期成本、收益、不确定性和风险，最后对各种方案进行排序。

在此基础上，管理者就可以做出最后选择。选择一个方案看起来很简单，但实际上做出选择是很困难的。由于最好的选择通常建立在仔细判断的基础上，所以管理者必须仔细考察所掌握的全部事实，并确信自己已获得足够的信息。

5. 执行方案

选定方案后，紧接着的步骤就是执行方案。管理者要明白，方案的有效执行需要足够数量和种类的资源作保障。如果组织内部恰好存在方案执行所需要的资源，那么管理者应设法将这些资源调动起来，并注意不同种类资源的互相搭配，以保证方案的顺利执行。如果组织内部缺乏相应的资源，则要考虑从外部获取资源的可能性与经济性。

6. 评估效果

对方案执行效果的评估是指将方案实际的执行效果与管理者当初所设立的目标进行比较，看是否出现偏差。如果存在偏差，则要找出偏差产生的原因，并采取相应的措施。决策不是一次性的静态过程，而是一个循环往复的动态过程。具体来说，如果发现偏差的出现是由于当初考虑问题不周到，拟定的方案过于粗略，管理者就应该重新回到前面几个步骤，对方案进行适应性调整，以使调整后的方案更加符合组织的实际和变化的环境。

第二节　决　策　的　类　型

一、个体决策与群体决策

组织中的决策制定者，可能是单独的个人，也可能是组成群体的机构。个体决策与群体决策各有优缺点，两者都不可能适用于所有的情况。比较而言，群体通常能比个体做出质量更高的决策，这是群体决策的一个主要优点。原因主要是，由群体来制定决策有利于提供更完整的信息，能产生更多的备选方案，并从更广泛的角度对方案进行评价和论证，从而做出更准确、更富有创造性的决策。群体决策的第二个优点是，以群体方式做出决策有利于增加有关人员对决策方案的接受性。现实中许多决策在做出最终决定后没被付诸实施，很大程度上是因为人们并没有接受所决定的方案。但是，如果让受到决策影响或负责实施决策的人们参与了决策制定，他们将更可能接受所定出的决策，并更可能鼓励他人也接受。毕竟人们不会轻易违背他们自己所制定的决策。当然，群体决策的效果如何也受到群体大小、成员从众现象等的影响。要是决策群体成员不能够真正的集思广益，而都以一个声音说话，那决策的质量就难以得到提高。再从决策群体的规模来看，参与制定决策的人员越多，提出不同意见的可能性虽然增大，但群体就需要花更大的时间和更多的协调来达成相对一致的意见。这样，群体决策的效率性或时效性就比较低。因此，组织在决定是否采用群体决策方式时，必须考虑其决策质量和可接受性的提高是否足以抵消决策效率方面的损失。

相对说来，个体决策的效率性要高于群体决策方式，但效果一般要低于群体决策。因此，对于复杂、重要和需要有关人员广泛接受的决策问题，组织最好要采取群体的方式来制定决策。反之，简单、次要和不需要体现共同意志的决策，采取个体决策方式可能更适宜。

二、初始决策与追踪决策

从决策需要解决的问题来看，可将组织决策分成初始决策与追踪决策。

初始决策是指组织对从事某种活动或从事该种活动的方案所进行的初次选择；追踪决策则是在初始决策的基础上对组织活动方向、内容或方式的重新调整。如果说，初始决策是在对内外环境的某种认识的基础上做出的，追踪决策则是由于这种环境发生了变化，或者是由于组织对环境特点的认识发生了变化而引起的。显然，组织中的大部分决策当属追踪型决策。

与初始决策相比，追踪决策具有如下特征：

（1）回溯分析。追踪决策须从回溯分析开始。回溯分析，就是对初始决策的形成机制与环境进行客观分析，列出失误的原因，以便有针对性的采取调整措施。当然，追踪决策是一个扬弃的过程，对初始决策的合理部分还应保留。

（2）非零起点。追踪决策所面临的条件与对象，已经不是处于初始状态，而是初始决策已经实施，因而受到了某种程度的改造、干扰与影响。也就是说，随着初始决策的实施，组织已经消耗了一定的人、财、物资源，环境状况因此而发生了变化。

（3）双重优化。初始决策是在已知的备选方案中择优，而追踪决策则是需双重优化，也就是说，追踪决策所选的方案，不仅要优于初始决策方案，因为只有在原来的基础上有所改善，追踪决策才有意义，而且要在能够改善初始决策实施效果中的各种可行方案中，选择最优或最满意者。第一重优化是追踪决策的最低要求，后一重优化是追踪决策应力求实现的根本目标。

三、战略决策与战术决策

从决策调整的对象和涉及的时限来看，组织的决策可分为战略决策和战术决策。"战略"与"战术"是从军事学上借用的术语。在管理学的研究中，战略决策与战术决策的区别主要表现在以下几个方面。

从调整对象上看，战略决策调整组织的活动方向和内容，战术决策调整在既定方向和内容下的活动方式。前者是根本性决策，后者是执行性决策。

从涉及的时空范围来看，战略决策面对的是组织整体在未来较长一段时期内的活动，战术决策需要解决的是组织的某个或某些具体部门在未来各个较短时期内的行动方案，组织整体的长期活动目标需要靠具体部门在各阶段的作业中去实现。因此，战略决策时战术决策的依据，战术决策是战略决策的落实，是在战略决策的指导下制定的。

从作用和影响上来看，战略决策的实施是组织活动能力的形成与创造过程，战术决策的实施是对已经形成的能力的应用。因此，战略决策的实施效果影响组织的效益与发展，战术决策的实施效果则主要影响组织的效率与生存。

四、程序性决策与非程序性决策

从决策问题的复杂程度和有无既定的程序可循来看，可以划分为：程序性决策与非程序性决策。

程序化决策就是可以根据既定的信息建立数学模型，把决策目标和约束条件统一起来，进行优化的一种决策。比如工厂选址、采购运输等等决策。这种决策是可以运用运筹学技术来完成的。在这种程序化决策中，决策所需要的信息都可以通过计量和统计调查得到，它的约束条件也是明确而具体的，并且都是能够量化的。对于这种决策，运用计算机信息技术可以取得非常好的效果。通过建立数学模型，让计算机代为运算，并找出最优的方案，都是在价值观念之外做出的，至少价值观念对这种决策的约束作用不是主导因素。

非程序化决策（Non programmed Decisions），针对那些不常发生的或例外的非结构化问题而进行的决策。随着管理者地位的提高，面临的不确定性增大，决策的难度加大，所面临的非程序化决策的数量和重要性也都在逐步提高，进行非程序化决策的能力变得越来越重要。非程序化决策所赖以进行的信息不完全，变量与变量之间的关系模糊。约束条件是由各种各样的社会发展变量，比如社会需求、消费偏好、个人收入、消费习惯等等之间的关系构成的。社会发展变量的不确定性制约着约束条件的稳定性，而且这种决策的贯彻实施还会引发决策所影响对象的有意识反应，比如竞争对手采取与之相对应的措施，这就导致决策与决策实施结果之间关系的进一步复杂化。这种决策，是无法通过建立数学模型来为决策人制定决策提供优化方案的，在这种决策中，变量更多的是人的意志因素。而人又是一个奇怪的存在物，他的意志和欲望多种多样，并且各自的评价又不同。

第三节　决　策　方　法

一、定性决策方法

集体决策方法

1. 头脑风暴法

头脑风暴法出自"头脑风暴"一词。所谓头脑风暴（Brain-storming）最早是精神病理学上的用语，指精神病患者的精神错乱状态而言的，现在转而为无限制的自由联想和讨论，其目的在于产生新观念或激发创新设想。

头脑风暴法的特点是：针对解决的问题，相关专家或人员聚在一起，在宽松的氛围中敞开思路，寻求多种决策思路。头脑风暴法的创始人是英国心理学家奥斯本（A. F. Osborn）。该决策方法的四项原则是：

（1）各自发表自己的意见，对别人的建议不作任何评价；

（2）建议不必深思熟虑，越多越好；

（3）鼓励独立思考、奇思妙想；

（4）可以补充和完善已有建议。

其特点是倡导创新思维，时间一般在 1～2 小时，参加者以 5～6 人为宜。

2. 名义小组技术

名义小组技术是管理决策中的一种定性分析方法，随着决策理论和实践的不断发展，人们在决策中所采用的方法也不断得到充实和完善。名义小组技术是指在决策过程中对群体成员的讨论或人际沟通加以限制，但群体成员是独立思考的，像召开传统会议一样，群体成员都出席会议，但群体成员首先进行个体决策。

计算机广泛应用的时代，名义小组法等管理决策中的定性分析方法仍然被使用的理由：

（1）人们面对信息不完全的决策问题时。比如，面对新的环境里出现的新问题，难以使用对数据依赖程度很高的定量方法。

（2）当决策问题与人们的主观意愿关系密切时，比如定量分析的目标函数如何确定，特别是当多个决策者意见有分歧时，需要采用定性分析或以定性分析为主的决策方法。

（3）当决策问题十分复杂，现有的定量分析方法和计算工具难以胜任时，人们不得不进行粗略的估计和采用定性分析方法。

在集体决策中，如果大家对问题性质的了解程度有很大差异，或彼此的意见有较大分歧，直接开会讨论效果并不好，可能争执不下，也可能权威人士发言后大家随声附和。这时，可以采取"名义小组技术"。管理者先选择一些对要解决的问题有研究或有经验的人作为小组成员，并向他们提供与决策问题相关的信息。小组成员各自先不通气，独立思考，提出决策建议，并尽可能详细地将自己提出的备选方案写成文字资料。然后，召集会议，让小组成员一一陈述自己的方案。在此基础上，小组成员对全部备选方案投票，产生大家最赞同的方案，并形成对其他方案的意见，提交管理者作为决策参考。

3. 德尔菲技术

德尔菲技术是决策学中的一种方法，在 20 世纪 40 年代由赫尔姆和达尔克首创，经过戈尔登和兰德公司进一步发展而成的。德尔菲这一名称起源于古希腊有关太阳神阿波罗的神话。传说中阿波罗具有预见未来的能力。因此，这种预测方法被命名为德尔菲法。1946年，兰德公司首次用这种方法用来进行预测，后来该方法被迅速广泛采用。德尔菲技术是用于听取专家对某一问题的意见。

（1）德尔菲法的步骤

1）根据问题的特点，选择和邀请做过相关研究或有相关经验的专家。

2）将与问题有关的信息分别提供给专家，请他们各自独立发表自己的意见，并写成书面材料。

3）管理者收集并综合专家们的意见后，将综合意见反馈给各位专家，请他们再次发表意见。如果分歧很大，可以开会集中讨论；否则，管理者分头与专家联络。

4）如此反复多次，最后形成代表专家组意见的方案，如图 5-1 所示。

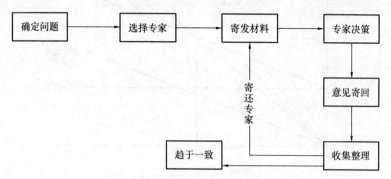

图 5-1 德尔菲技术实施过程

（2）德尔菲法的特点

1）匿名性：德尔菲法采用信函征询的方式进行，互相不知道这意见是谁提出来的，这种匿名的特性完全消除了心理因素的影响，有利于问题的讨论和意见的修正。

2）反馈性：德尔菲法的信函征询不是一次性，而是要经过三到四轮。这种多次有控制的反馈给意见交换和相互启发提供了良好机会，并为较快取得一致意见创造了有利条件。

3）统计性：德尔菲法在征询过程中，对专家的意见或看法可作统计分析，对预测结果可作统计处理。

4）具有较强的代表性：由于德尔菲法是采用信函征询方式，故可邀请教多专家参与预测，具有较广的代表性。

二、定量决策方法

1. 确定型决策

确定型决策是指决策面对的问题的相关因素是确定的从而建立的决策模型中的各种参数是确定的。比起不确定型的风险型决策，确定型决策是比较容易求解的问题。解确定型决策问题的方法有量本利分析法、线性规划、非线性规划、动态规划等等。下面我们主要介绍量本利分析法的基本原理。

量本利分析，也叫保本分析或盈亏平衡分析，是通过分析生产成本、销售利润和产品数量这三者的关系，掌握盈亏变化的规律，指导企业选择能够以最小的成本生产出最多产品并可使企业获得最大利润的经营方案。

企业利润是销售收入扣除生产成本以后的剩余。其中，销售收入是产品销售数量及其销售价格的函数，生产成本可分成固定成本和变动成本。变动成本是随着产量的增加或减少而提高或降低的费用，如原材料、燃料、动力等成本；而固定成本则在一定时期、一定范围内不随产量而变化，如企业管理人员的工资，固定资产折旧费用等。

图 5-2 描述了特定时期企业利润、销售收入以及生产成本（固定费用和变动费用）之间的关系。

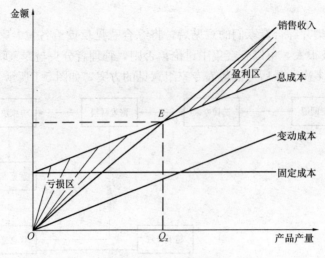

图 5-2 盈亏平衡分析图

企业获得利润的前提是生产过程中的各种消耗均能够得到补偿，即销售收入至少等于生产成本。因此，必须确定企业的保本产量是多少。如图 5-2 所示，即为求出盈亏平衡点的产销量 Q_0。

$$利润＝产品销售收入－总成本$$
$$总成本＝固定成本＋变动成本$$
$$变动成本＝产销量×单位变动成本$$

用 S 代表总销售收入，C 代表总成本，P 代表单位销售价格，F 代表固定成本，C_V 代表单位可变成本，则盈亏平衡时有：

$$Q_0 \times P = F + Q_0 \times C_V$$

整理上式，得到：

$$Q_0 - F / (P - C_V)$$

即盈亏平衡点产量 Q_0＝ 固定成本／（产品单价－单位变动成本）

此外，我们还要了解一个重要的概念，叫做经营安全率，它是反映企业经营状况的一个重要指标，通过经营安全率，可以判断企业经营安全状况。经营安全率的计算公式是：

$$经营安全率＝（产销量－盈亏平衡点产销量）/ 产销量×100\%$$

【例题 5.1】某企业生产 A 产品，年固定费用 80 万元，销售单价 2000 元，单位变动成本 1200 元，实现年利润 40 万元，求该产品的盈亏平衡点产量。

【解】盈亏平衡点的产量＝800000/（2000－1200）＝1000 件

注意：在该题中，有一个干扰项是实现利润 40 万元，这个信息与盈亏平衡点产量没有关系。损益平衡分析是通过对业务量（产量、销售量、销售额）、成本、利润三者相互制约关系的综合分析，以预测利润、控制成本的一种分析方法。它是利用成本特性，即成本总额与产量之间的依存关系，来指明企业获利经营的业务量界限，从而达到控制的作用。企业中任何产品的成本都是由两部分组成的，一部分为固定成本，一部分为变动成本。固定成本包括生产该产品所需要的管理费用、基本工资、设备的折旧费用等，这些费用基本上是恒定的，不随产量的变化而变化。变动成本包括原材料费、能源费等，这些费用的增长与产品的产量成正比。在激烈竞争的市场上，产品的价格由不得一个企业自己决定，只能根据市场的价格来销售产品。由此就产生下个问题，即当产量很少时，该企业单个产品的成本就很高。这是因为固定成本不随产量变化，产量少则固定成本占总成本的比重就大。这时的成本可能高于市场价格，企业发生亏损。只有当产量达到一定水平时，才能收支相抵，超过这个水平企业方可获利。产量和成本及收益的这种关系用平面坐标图表示就称为损益平衡图，如图 5-2 所示。

由图 5-2 可以分析，变动成本加上固定成本是总成本，只有当销售收入大于总成本时方能盈利，而当销售收入小于总成本时就将亏损。在临界点 E，销售收入等于总成本，没有盈利也无亏损。E 点称为损益平衡点，所对应的产量 Q_E 为临界产量。Q_E 的计算公式为：

$$临界产量 = \frac{固定成本}{单位产品售价 - 单位产品变动成本}$$

损益平衡分析在管理中有许多应用：

（1）指导决策。确定企业的临界产量，使管理者针对实际情况对扩大产品的生产还是收缩生产的规模进行决策。

（2）预测实现目标利润的销售量。根据损益平衡分析，可以确定在不同的产量水平时企业的盈亏情况如何，要实现预定的利润目标企业需要达到怎样的产量和销售量。

（3）进行成本控制。通过分析固定成本和变动成本中某些因素的变化对盈亏平衡点的影响，可以用来控制成本。

（4）判断企业经营的安全率。经营安全率是指企业的经营规模（通常指销售量）超过盈亏平衡点的程度，以此可以粗略判断企业的经营状况。经营安全率越高越安全；若在10%以下则比较危险。

但需要注意的是，这种损益平衡分析的方法具有一定的局限性，它假定各种费用、产量和收入之间存在一种线性关系，而实际上只有在产量变动范围很小时此假定才成立；此外，它假定固定成本不变，是一个静态模型，因此仅在相对稳定的情况下才有价值。

2. 不确定型决策

如果决策问题涉及的条件中有些是未知的，对一些随机变量，连它们的概率分布也不知道，这类决策问题被称为不确定型决策。我们通过一个例子介绍几种不确定型决策方法。

【例题 5.2】某企业打算生产某产品。根据市场预测分析，产品销路有三种可能性：销路好、一般和差。生产该产品有三种方案：改进生产线、新建生产线和外包生产。各方案收益在表 5-1 中给出。

<table>
<tr><td colspan="4">企业产品生产各方案在不同市场情况下的收益/万元</td><td>表 5-1</td></tr>
<tr><td>项目</td><td>销路好</td><td>销路一般</td><td>销路差</td></tr>
<tr><td>改进生产线</td><td>180</td><td>120</td><td>−40</td></tr>
<tr><td>新建生产线</td><td>240</td><td>100</td><td>−80</td></tr>
<tr><td>外包生产</td><td>100</td><td>70</td><td>16</td></tr>
</table>

面对这一决策问题，我们不能简单地从表 5-1 中选取受益最大的单元格（240），因为"销路好"这一情况不一定发生，我们甚至不知道三种情况各自发生的概率。

常用的解不确定型决策问题的方法有以下三种：

（1）小中取大法

决策者对未来持悲观态度，认为未来会出现最差的情况。决策时，对各种方案都按它带来的最低收益考虑，然后比较哪种方案的最低收益最高，简称小中取大法，又称为悲观准则。

在本例中，三种方案的最小收益依次分别为 -40、-80、16，其中第三种方案对应的值最大，所以按照这种方法应选择外包生产的方案。

（2）大中取大法

决策者对未来持乐观态度，认为未来会出现最好的情况。决策时，对各种方案都按它带来的最高收益考虑，然后比较哪种方案的最高收益最高，简称大中取大法，又称为乐观准则。

在本例中，三种方案的最大收益依次分别为 180、240、100，其中第二种方案对应的值最大，所以按此方法应选择新建生产线的方案。

（3）折中准则

持折中观的决策者认为要在乐观与悲观两种极端中求得平衡。也即，决策时既不把未来想象地非常光明，也不将之看得过于黑暗，而认为最好和最差的自然状态均有出现的可能。因此可以根据决策者本人的估计，给最好的自然状态一个乐观系数 α，给最差的自然状态一个悲观系数 β，使两者之和等于 1（$\alpha+\beta=1$）；然后，将各方案在最好自然状态下的收益值和乐观系数的乘积所得的积，与各方案在最差自然状态下的收益值和悲观系数的乘积相加，由此求得各方案的期望收益值，经过该值的比较后，从中选出期望收益值最大的方案。

下面我们利用折中准则法找出例题 5.2 的最优方案：

1）乐观系数 $\alpha=0.2$，悲观系数 $\beta=0.8$，使两者之和等于 1（$\alpha+\beta=1$）。

2）利用所给的系数进行计算，见表 5-2。

折中计算结果表　　　　　　　　　　　　　　　表 5-2

项目	销路好	销路差	计算结果
改进生产线	180	-40	$180\times0.2+(-40)\times0.8=4$
新建生产线	240	-80	$240\times0.2+(-80)\times0.8=-16$
外包生产	100	16	$100\times0.2+16\times0.8=32.8$

3）选择最大三个结果中最大的，即 32.8，因此选择外包生产。

（4）最小最大后悔值法

决策者在选择了某方案后，若事后发现客观情况并未按自己预想的发生，会为自己事前的决策而后悔。由此，产生了最小最大后悔值决策方法，其步骤是：

1）计算每个方案在每种情况下的后悔值，定义为：

后悔值＝该情况下的各方案中的最大收益－该方案在该情况下的收益

2）找出各方案的最大后悔值；

3）选择最大后悔值中最小的方案。

下面我们利用最小最大后悔值法找出例题 5.2 的最优方案，最小最大后悔值法的具体计算步骤：

1）首先，计算出每个方案在每种情况下的后悔值，如表5-3所示。

每个方案在每种情况下的后悔值表　　　　　　　　　　　表5-3

项目	销路好后悔值	销路一般后悔值	销路差后悔值
改进生产线	60	0	56
新建生产线	0	20	96
外包生产	140	50	0

2）第二步，找出每个方案的最大后悔值，如表5-4所示。

各方案最大后悔值统计表　　　　　　　　　　　表5-4

项目	销路好后悔值	销路一般后悔值	销路差后悔值	每个方案的最大后悔值
改进生产线	60	0	56	60
新建生产线	0	20	96	96
外包生产	140	50	0	140

3）最后，选择最大后悔值中最小的方案。本例中，最大后悔值中最小的就是60，所以应选择改进生产线这个方案。

3. 风险型决策

如果决策问题涉及的条件中有些是随机因素，它虽然不是确定型的，但我们知道它们的概率分布，这类决策被称为风险型决策。风险型决策的评价方法也很多，我们主要介绍决策树法。

决策树法是一种用树状图来描述各方案在未来收益的计算、比较以及选择的方法。因为图的形状像树，所以被称为决策树。决策树的结构如下图5-3所示。图中的方块代表决策节点，从它引出的分枝叫方案分枝。每条分枝代表一个方案，分枝数就是可能的相当方案数。圆圈代表方案的状态节点，从它引出的概率分枝，每条概率分枝上标明了自然状态及其发生的

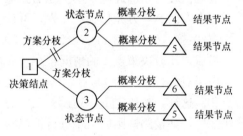

图5-3 决策树的基本图形

概率。概率分枝数反映了该方案面对的可能的状态数。末端的三角形叫结果点，注有各方案在相应状态下的结果值。应用决策树来做决策的过程，是从右向左逐步后退进行分析。根据右端的损益值和概率枝的概率，计算出期望值的大小，确定方案的期望结果，然后根据不同方案的期望结果做出选择。计算完毕后，开始对决策树进行剪枝，在每个决策结点删去最高期望值以外的其他所有分枝，最后步步推进到第一个决策结点，被舍弃的方案用"≠"的记号来表示，最后的决策点留下一条树枝，即为最优方案。

【例题5.3】为了适应市场的需要，某地提出了扩大电视机生产的两个方案。一个方案是建设大工厂，第二个方案是建设小工厂。建设大工厂需要投资600万元，可使用10年。销路好每年赢利200万元，销路不好则亏损40万元。建设小工厂投资280万元，如销路好，3年后扩建，扩建需要投资400万元，可使用7年，每年赢利190万元。不扩建

则每年赢利 80 万元。如销路不好则每年赢利 60 万元。试用决策树法选出合理的决策方案。经过市场调查，市场销路好的概率为 0.7，销路不好的概率为 0.3（图 5-4）。

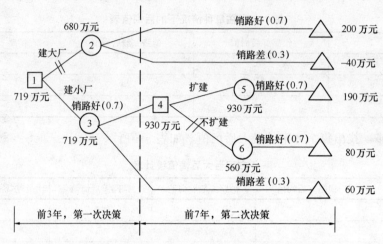

图 5-4　用决策树方法解决多阶段生产规模决策问题

【解】画出决策树（图 6-4）后，计算各点的期望值：

点②：$0.7 \times 200 \times 10 + 0.3 \times (-40) \times 10 - 600$（投资）$= 680$（万元）

点⑤：$1.0 \times 190 \times 7 - 400 = 930$（万元）

点⑥：$1.0 \times 80 \times 7 = 560$（万元）

比较决策点 4 的情况可以看到，由于点⑤（930 万元）与点⑥（560 万元）相比，点⑤的期望利润值较大，因此应采用扩建的方案，而舍弃不扩建的方案。

把点⑤的 930 万元移到点 4 来，可计算出点③的期望利润值：

点③：$0.7 \times 80 \times 3 + 0.7 \times 930 + 0.3 \times 60 \times (3+7) - 280 = 719$（万元）

最后，比较决策点 1 的情况：

由于点③（719 万元）与点②（680 万元）相比，点③的期望利润值较大，因此取点③而舍点②。这样，相比之下，建设大工厂的方案不是最优方案，而合理的策略应采用前 3 年建小工厂，如销路好则后 7 年进行扩建的方案。

思考题

1. 如何理解决策的含义？决策的原则与依据各是什么？

2. 迄今为止，有关决策的理论经历了怎样的发展？

3. 决策的过程包括哪些步骤？每一步骤需要注意哪些问题？

4. 决策的类型有哪些？并简述各个类型的特点。

5. 比较书中三种集体决策方法的异同，举例说明应用时需要注意的问题。

6. 什么是"最小最大后悔值"决策方法？其步骤是怎样的？

7. 在运用决策树解题时，如果在决策点选取最大值时，有两个或者多个取得最大值，该如何处理？

本章案例　诺基亚的辉煌与没落

147 年的历史，14 年的霸主辉煌，跌下神坛只用了 5 年。从辉煌到落魄，不过是转瞬间的事。不管你拥有百年沉淀还是当下正傲视群雄，这都无法作为未来称霸的根本。跟不上时代步伐、看不清形势，就注定被淘汰。即便你是诺基亚。诺基亚手机最终还是无法面对苹果 iPhone 带来的挑战，2013 年 9 月 3 日微软宣布 72 亿美元收购诺基亚设备服务业务。微软已经拆除诺基亚总部外"NOKIA"的标志，换上微软的 LOGO。在被微软收购后，诺基亚移动部门将改名为微软移动，但终端产品依然会继续使用诺基亚品牌，诺基亚的名称还在，只是将来很可能不再是我们曾经认识的诺基亚手机。

对于诺基亚的兴衰过程而言，2007 年是一个关键时间点。这一年，全球通信业发生了两件大事，深刻地影响了未来整个手机市场的格局。不过现在看来，诺基亚当时并没有意识到。

2007 年 6 月底，苹果公司 CEO 乔布斯向世界抛出了一款叫做 iPhone 的手机。iPhone 的触摸屏颠覆了用户使用手机的方式，带来了革命性的全新体验。与此同时，iPhone 还有自己的应用商店，用户可以根据自身的需要去商店下载应用；如果是付费应用，苹果将和应用开发者以 3∶7 的比例分成。触摸屏与应用收入分成模式，是乔布斯带给通信业的两个变革。

另一件大事的主角是谷歌。2007 年 11 月，谷歌宣布成立开放手机联盟，并且将旗下 Android 手机操作系统开源——这意味着智能手机厂商可以免费使用 Android 并可以在其上按自己的需求进行修改。

这两件事都在 2007 年掀起了轩然大波，两个与手机毫不相关的门外汉居然一前一后敲锣打鼓地闯了进来。然而，就是这两个门外汉在 4 年后，以不同的方式诠释了自己的价值。苹果登上了全球智能手机第一的宝座，而且在整个手机行业，它以 5.6% 的份额分享了 66.3% 的利润，让人瞠目；Android 在智能手机领域的市场份额则达到了 48%，撑起了半边天。诺基亚这才惊诧地发现，原来 2007 年，苹果和谷歌在其前行的道路上埋下了两枚炸弹。值得一提的是，两枚炸弹都与智能手机相关。

从辉煌到落寞，失策触摸屏

就在两枚炸弹埋入地下的 2007 年，诺基亚尚美梦正酣，不管在智能手机还是功能型手机领域它都称得上所向披靡。根据市场调研公司 Gartner 的数据，2007 年度，诺基亚在全球手机市场的份额为 37.8%，遥遥领先于排名第二的摩托罗拉——14.3%。在智能手机市场，诺基亚也红透了半边天，2007 年第 4 季度，其在全球的份额达到了 53%。就当市场从功能型手机向智能手机演进的时候，诺基亚的生死考验来临了。2007 年，在诺基亚行进的前方，两枚定时炸弹已经开始倒计时。在 iPhone 问世不久，各大厂商迎头赶上纷纷推出了自己的触屏手机。不过，诺基亚却显得很是淡定，在它看来，iPhone 只是一款售价高昂、被痴狂的苹果粉丝追捧的一部有些特别的手机而已。应该说，作为行业老大，诺基亚有气定神闲的资格。沉着、冷静以及不盲目跟风，也是一家优秀的企业应该具备的素质。而且，诺基亚在怀疑：触摸屏真是未来么？诺基亚自己的第一反应是：不。早在 2004 年，诺基亚就研制了第一款触摸屏手机诺基亚 7700，不过，最终诺基亚以时机不成熟为由放弃了。很快另一款产品 7710 问世，该款手机支持触控笔输入以及手指输入，而且具备完善的通信功能。然而，7710 并没有带来多好的市场反响。

基于 3 年前的教训，诺基亚坚定地相信自己的判断——触摸屏不会成为主流。就在诺基亚静观其变的时候，时间很快来到了 2009 年。在 iPhone 推出了一年多后，诺基亚的触摸屏手机姗姗来迟，如业界所料，并未激起多少浪花。智能手机的第一次小浪潮，诺基亚错过了。事实证明，触摸屏果然是大势所趋，就连以全键盘著称的黑莓都加入了进来。

操作系统伤筋动骨

尽管诺基亚错过了发布触摸屏的最佳时机，但是在该领域的失利也只是让它受了点儿皮外伤；真正让诺基亚伤筋动骨的是其在操作系统上的挫折，直接导致了接下来的举步维艰。智能手机都会搭载一款操作系统。诺基亚采用的叫 Symbian，该系统平台由诺基亚、摩托罗拉、索尼爱立信等公司合资成立，诺基亚的股份为 52%。其他非股东厂商也可以通过授权的方式使用。曾经一度，Symbian 是全球操作系统无可争议的老大，2007 年其全球的市场占有率一度高达 72%。依托 Symbian，诺基亚的智能手机也曾在全球称霸数年。

然而，当谷歌推出免费的操作系统 Android 后，过往的美好日子要注定成为回忆。一直以来，由于诺基亚在 Symbian 中所占股份最高，其他厂商认为两者的关系似乎有点过于密切，本来就心存芥蒂，如今出来个免费的第三方操作系统平台，Symbian 内部开始人心涣散。在第一批 Android 成员中，Symbian 的共同发起人摩托罗拉赫然在列，此后它成为 Android 的坚定追随者。随后，不断有原 Symbian 成员推出 Android 手机，固有的 Symbian 阵营开始瓦解。

另外，自从谷歌将 Android 开源后，舆论上就有一种共同的声音：开放是必然，是未来，似乎如果再闭关下去，只能死路一条。或许是迫于舆论压力，或许是因为慌不择路，2008 年诺基亚做出了一个决定，回购 Symbian 其余 48% 的股份，并宣布将其开源。然而，是寄居于竞争对手门下，还是选择一个纯粹第三方的产品，答案不言而喻。于是，Symbian 就这样被孤立了，诺基亚开始拥着 Symbian 孤独前行。

手机操作系统和用户的使用体验直接相关，而 Symbian 似乎有些落伍了：比如对于许多多媒体格式并不支持，界面比较老旧，功能不够炫。独自坚守的诺基亚也意识到了 Symbian 不再具备竞争力，因为在操作系统和用户体验之外，还有一个重要的领域，那便是应用软件。丰富多彩的软件是一款手机吸引用户购买的一个重要原因。

自从苹果推出了应用商店 APP Store，应用开发者的热情被史无前例地调动起来。开发者称，苹果的开发界面友好，开发难度较低，而且最重要的是，有一套重要的机制最大限度上保证了开发者的利益。

反观 Symbian 却是另一番情境。开发者认为，其开发界面不够友好，门槛较高。而且，由于多年积累了甚为庞大的代码量，新入门的开发者必须花费几倍于其他平台（如 Android）的时间来学习，增加了开发的难度。此外，由于 Symbian 在设计之初就定位于中低端手机，功能上较为简单，已经无法满足如今市场对于智能手机的需求。

诺基亚需要做出改变

2010 年，诺基亚联合英特尔推出了操作系统 Meego，试图自己革了 Symbian 的命，来一次凤凰涅槃。不幸的是，Meego 最终以失败告终，诺基亚无奈将之遗弃。就这样，

Android 的势头越发迅猛，到 2011 年第二季度已经占领了智能手机市场 48％的份额；而 Symbian 则节节败退。2011 年初，诺基亚干脆痛下决心与微软合作，开发 Windows Phone 手机。这意味着，在不久的将来，诺基亚将会成为一家纯粹的手机制造商。操作系统是手机的灵魂，诺基亚却最终只剩下了躯壳。

中国市场危机

自 2005 年起，中国市场开始在诺基亚的版图中扮演越来越重要的角色，甚至被看做是诺基亚的中流砥柱。一直以来，中国市场都对诺基亚表现出了颇大的热情和友好。比如，在智能手机领域，2007 年第 3 季度，Symbian 手机在中国智能手机市场中的份额大约为 70％；而到了 2008 年第 3 季度，诺基亚自己的市场份额就占了 69.2％。直到 2011 年第二季度，当诺基亚在全球遭遇滑铁卢，在中国其占有率依然超过了 50％。

那么，诺基亚在其他市场遭遇寒流时，中国能否成为一个可靠的避风港？形势相当不容乐观，中国的市场竞争环境正在越发复杂。

随着智能终端的迅速发展，华为与中兴等国内厂商近年开始注重自身品牌的建设，试图建立自己的手机王国。这对于诺基亚来说，着实是一大隐患。

挑战还不止于此。自从中国在 2009 年颁发了 3G 牌照以来，各大运营商的网络覆盖已经相继完备，需要通过数据业务带来新的收入来源。而智能手机，则是消费者参与新业务的必要平台。为此，运营商近来开始推广千元智能手机以刺激用户的使用热情。而在和运营商合作的伙伴中，国内手机厂商占了很大比重。这无疑会对诺基亚带来冲击。

就在同年 8 月份，一则关于大批代理商将诺基亚拒之门外的消息在业界引起了轩然大波，虽然此事最终被诺基亚否认，却将诺基亚在渠道上遭遇的危机暴露无遗。曾经，诺基亚凭借完备而深入的渠道覆盖赢得了中国市场，然而一直以来，诺基亚对于渠道的管理颇为严格，对此渠道商的抱怨已经有很长一段时间，大规模爆发似乎也不是什么稀奇事。产品、市场、渠道这三大领域，诺基亚似乎哪一方面都已不再有优势。

诺基亚为什么

事实上，从手机出货数量上而言，诺基亚在今天依旧是老大，而为什么舆论上却普遍唱起了挽歌？直接的原因在于，展望未来，放眼智能手机市场，诺基亚已经丧失了话语权。那么，是诺基亚目光短浅，在智能手机上看走了眼？

事实上，就大趋势的判断上，诺基亚都走在了前列。1996 年，诺基亚就推出了智能手机的概念机；2004 年，诺基亚就开始了触控技术的研究；诺基亚很早就意识到了应用的重要性，早于苹果一年推出了门户 Ovi；而从更为宏观的角度而言，诺基亚 2007 年就提出了向移动互联网转型，它已经意识到，在未来不能仅仅通过生产手机终端打天下，还需要软件与服务。

对于市场机遇，诺基亚了然于心，然而最终却只能眼睁睁看着曾经寄予厚望的一切辜负了自己。为什么？我们不妨以比较分析的方法来对其失败的原因做一次探究。

吃独食要不得

应该说，在公司转型上诺基亚是有着令人称道的经验的。在诺基亚近 150 年的历史上，它曾经经历了几次大的转型，从木材到橡胶到电缆再到通信，最终成就了今天的大业。每一次的华丽转身都颇为成功，然而此次却卡在了移动互联网的大门前。

2007 年 8 月 29 日，诺基亚发布了其互联网门户 Ovi，吹响了向移动互联网进军的号角。单就从终端厂商向移动互联网内容与服务提供商转型这个思路而言，还是颇具前瞻性的。然而，应该如何去抢占这块高地，诺基亚的做法好像有些不符合历史发展的潮流。诺基亚转身的方式简单、粗暴：收购。

2006 年 8 月，收购德国电子导航软件开发商 Gate 5；2006 年 10 月，收购数字媒体发行商 Loudeye；2007 年 7 月，收购媒体共享站点 Twango；2007 年 10 月，收购美国数字地图供应商 Navteq。

我们反观苹果。苹果的方式是，为广大的个人或者企业开发者提供一个开放平台，然后双方将收入分成——苹果只要其中的三成。

由此我们可以发现，诺基亚的思路是将内容提供商占为己有，然后再将其产品转而卖给消费者，自己获利；而苹果的做法是，将利益和产业链的其他环节共享，自己同时获取一小部分利益。

收购的方式或许可以将许多核心应用据为己有，但是与此同时也伴随着巨大的风险。比如，其 81 亿美元收购的地图本指望以收费的方式卖给用户，殊不知用户却有免费的谷歌地图可选。自产自销的方式固然能够保证收益百分之百进自己的口袋，但是如若市场不买单，那么最后的结果只能是"赔了夫人又折兵"。

苹果的平台模式则是最大限度上聚集了全球的优秀应用开发商，而且分成的模式也保证了收入来源的稳定性。具体到什么样的应用更受欢迎，应用是否会被销售出去，苹果根本不用担心，因为广大开发者对此有更大的热情。苹果需要做的，就是把平台做好，然后坐在一边点点钱。更何况，任何使用苹果平台的开发者都需要缴纳一定年费，苹果基本上稳赚不赔。

在转型上，诺基亚"吃独食"的想法贯彻始终。殊不知，互联网是个开放的天地，没有垄断的利益，只有共享的蛋糕。

过于自我

为什么诺基亚没有看清触摸屏，没有把握住手机操作系统，没有明白如何收集以及售卖应用？原因或许在于，诺基亚有些被市场宠坏了。作为市场老大，其习惯性思维是如何贯彻执行自己的意志，跨过了分析对手竞争策略的环节，跨过了分析市场环境的环节，跨过了辨析其判断是否正确的环节。诺基亚没有意识到，市场和商业模式在变，于是策略的出发点也要变。

诺基亚基于错误的依据，做出了错误的判断，于是导致了今天的没落。

也曾经，诺基亚开始放弃自己固有的做法，积极向谷歌学习将操作系统开放，但是却并没有意识到，问题的本质不在于开放与否，而在于开放能否让参与者受益？当沉浸在自我中太久后，面对竞争环境的变化往往就容易乱了阵脚，诺基亚正是如此。

可有机会东山再起？

就在 Android 在全球扩张对诺基亚形成了毁灭性打击的同时，专利诉讼的纠缠却让它不堪其扰。甲骨文起诉谷歌、苹果起诉 HTC、微软起诉摩托罗拉侵犯其各自的专利，并且要求支付巨额专利费。类似的起诉还有多起。

如今，HTC 每生产一部手机就要向微软支付 5 美元的专利费。而如果上述起诉都获成功，Android 手机的生产成本还将进一步增加，这整个 Android 体系的健康发展将起到巨大的阻碍作用。

就在外界围观这场硝烟弥漫的专利战时，2011 年 8 月 15 日，谷歌做出了一个惊人的决定，宣布收购摩托罗拉。谷歌 CEO 拉里佩奇给出的解释是看中了摩托罗拉的大规模专利，以和其他厂商形成专利制衡。不过，外界对此有情节更为丰富的猜测。比如，谷歌最终发现硬的终端与软的应用一个都不能少，想复制苹果的模式并与之抗衡，于是才将摩托罗拉收入旗下。如若这样，Android 阵营将遭遇重创，正如当初的 Symbian 联盟，众厂商如何放心使用最为直接的竞争对手的平台？而这是否会给投奔微软的诺基亚留下喘息的机会？这或许对于诺基亚而言是个好消息。

然而，也许还会有更坏的消息。如果谷歌真的要"软硬兼施"，那么微软会做何反应？是选择吃掉一家手机厂商跟进，还是继续延续自己的操作系统平台授权模式获利？如果是跟进，那么，诺基亚将何去何从？而如果微软打算坚持自己的传统，那么 Window Phone 的阵营或会迎来更多的追随者，而到时，诺基亚会处于一个怎样的位置？"我不认为诺基亚还有希望作为独立的公司存在了，因为诺基亚的灵魂，独立的技术、独立的系统已经不存在了，就跟做 Android 的 Moto 一样，虽存犹亡。"开发者 Chuck Wang 说。

如今，Symbian 已经无力回天，失去了操作系统依附的诺基亚似乎只有任人宰割的份儿了。东山再起，需要的是奇迹。

案例思考题

1. 结合材料分析诺基亚失败的原因。
2. 从诺基亚的案例中可以得到什么启示？

第六章　计划与计划工作

计划职能在管理的职能中处于首要地位，计划是管理工作的开始。我们通常所说的计划一词代表了两个既相互联系又有区别的概念：作为名词，计划一般指预先制定的行动方案；作为动词，计划是指制定实现组织目标的行动方案的过程。计划过程是决策的组织落实过程。决策是计划的前提，计划是决策的逻辑延续。计划通过将组织在一定时期内的活动任务分解给组织的每个部门、环节和个人，从而不仅为这些部门、环节和个人在该时期的工作提供了具体的依据，而且为决策目标的实现提供了保证。

第一节　计 划 概 述

一、计划的概念

在汉语中，"计划"既可以是动词，也可以是名词。从名词意义上说，计划是指用文字和指标等形式所表述的，在未来一定时期内组织以及组织内不同部门和不同成员，关于行动方向、内容和方式安排的管理文件。从动词意义上说，计划是指为了实现决策所确定的目标，预先进行的行动安排。这项行动安排工作包括：在时间和空间两个维度上进一步分解任务和目标，选择任务和目标的实现方式，规定进度，检查与控制行动结果等。因此，我们定义"计划"的概念，是为决策确定的目标提供一种合理的实现方法。

二、计划的内容

哈罗德·孔茨说过，"计划工作是一座桥梁，它把我们所处的这岸和我们要去的对岸连接起来，以克服这一天堑。"计划工作给组织提供了通向未来目标的明确道路，给组织、领导和控制等一系列管理工作提供了基础。有了计划工作这座桥梁，本来不会发生的事，现在就可能发生了，模糊不清的未来也变得清晰、实在。

无论在名词意义上还是动词意义上，计划内容都包括"5W1H"，计划必须清楚地确定和描述这 6 项内容：

What 做什么？——目标和内容

Why 为什么做？——原因和目的

Who 谁去做？——人员安排

Where 何地做？——地点定位

When 何时做？——时间定位

How 怎样做？——手段和方法

三、计划与决策的关系

计划与决策是何关系？两者中谁的内容更为宽泛，或者说哪一个概念是被另一个所包含的？管理理论研究中对这些问题有着不同的认识。

我们认为，决策与计划是两个既相互区别又相互联系的概念。说他们是相互区别的，因为这两项工作需要解决的问题不同。决策是对组织活动方向、内容以及方式的选择。我们从"管理的首要工作"这个意义来把握决策的内涵。任何组织在任何时期，为了表现其社会存在，必须从事某种社会需要的活动。在从事这项活动前，组织必须首先对活动的方向和方式进行选择。计划则是对组织内部不同部门和不同成员在一定时期内的行动任务的具体安排，它详细规定了不同部门和成员在一定时期内的行动任务的具体安排，它详细规定了不同部门和成员在该时期内从事的活动的具体内容和要求。但计划与决策又是相互联系的，这是因为：

（1）决策是计划的前提，计划是决策的逻辑延续。决策为计划的任务安排提供了依据，计划则为决策所选择的目标活动的实施提供了组织保证。

（2）在实际工作中，决策与计划是相互渗透的，有时甚至是不可分割地交织在一起的。

四、计划的性质

计划工作具有承上启下的作用，一方面，计划工作是决策的逻辑延续，为决策所选择的目标活动的实施提供了组织实施保证；另一方面，计划工作又是组织、领导、控制和创新等管理活动的基础，是组织内不同部门、不同成员行动的依据。因此，我们可以从以下四个方面来总结计划的性质。

（1）计划工作为实现组织目标服务

决策活动为组织确定了存在的使命和目标并且进行了实现方式的选择。计划工作是对决策工作在时间和空间两个维度上进一步的展开和细化。组织正是通过这一过程来完成群体的目标而生存的。因此，组织的各种计划及各项计划工作都必须有助于完成组织的目标。

（2）计划工作是管理活动的桥梁，是组织、领导和控制等管理活动的基础

如果说，决策工作确立了组织生存的使命和目标，描绘了组织的未来，那么计划工作是一座桥梁，它把我们所处的此岸和我们要去的彼岸连接起来，给组织提供了通向未来目标的明确的道路，是一系列管理工作的基础。

（3）计划工作具有普遍性和秩序性

所有管理人员，从最高管理人员到第一线的基层管理人员，都要进行计划工作。但不同部门、不同层级的管理人员计划工作的特点和广度都不同。计划工作中的秩序性主要表现为计划工作的纵向层次性和横向协作性。高级管理人员计划组织总方向，各级管理人员再据此拟定计划，从而保证实现组织的总目标。

（4）计划工作要追求效率

效率指投入产出率，即实现计划的收益，扣除制定和实施计划所需要的费用和其他损失之后的剩余。不仅要衡量指定和实施计划所投入的资金、时间，还要衡量组织成员群体或个人的满意程度。

五、计划工作的原理

原理通常指某一领域、部门或科学中具有普遍意义的基本规律。据此，管理原理就是对管理过程基本规律的一种理论概括，使之成为概念，用以指导日常的管理工作。对原理的运用应结合当时当地的实际情况，计划工作作为一种基本的管理职能活动，也有自己的规律，自然也应有自己的原理。计划工作是指一个指导性、科学性、预见性很强的管理活

动。计划工作应遵循基本原理有：①许诺原理；②灵活原理；③改变航道原理；④限定因素原理。

1. 许诺原理

任何一项计划都是对完成各项工作所做出的许诺，因而许诺越大，完成许诺的时间就越长，实现许诺的可能性就越小，这一原理涉及计划期限的问题。一般来说，经济上的考虑影响到计划期限的选择。由于计划工作和它所依据的预测工作是很耗费财力的，所以如果在经济上不划算，就不应当把计划期限定得太长。

许诺原理是指在制订计划时，要根据完成一定的计划目标和计划任务所需耗费的时间来确定合理的计划期限。由于计划制订和它所依据的预测工作常常要支付成本，如果从效益的角度分析，就必须考虑合理的计划期限，以降低风险。遵循许诺原理，可以使人们通过考虑"实现决策中所许诺的任务必须花费的时间"，来确定合理的计划期限。按照许诺原理，计划必须有期限要求。事实上，对于大多数情况来说，完成期限往往是对计划的最严厉的要求。此外，必须合理地确定计划期限并且不应随意缩短计划期限；再有，每项计划的许诺不能太多，因为许诺（务）越多，则计划时间越长。如果主管人员实现许诺所需的时间长度比他能正确预见的未来期限还要长，如果他不能获得足够的资源，使计划具有足够的灵活性，那么他就应当断然地减少许诺或将他所许诺的期限缩短。

所许诺的如果是一项投资，就应当采取加速折旧、提存等措施，使投资的回收期限缩短，以减少风险。

2. 灵活性原理

计划必须具有灵活性，即当出现意外情况时，有能力改变方向而不必付出太大的代价。灵活性原理可以表述为：计划中体现的灵活性越大，未来由于意外事件引起损失的危险性就越小。必须指出，灵活性原理就是制定计划要留有余地，至于执行计划，则一般不应有灵活性。例如，执行一个生产工作计划时必须严格、准确，否则就会发生组装车间停工待料或在制品大量积压的现象。

对主管人员来说，灵活性原理是计划工作中最重要的原理，在承担的任务重、计划期限长的情况下，灵活性便显出它的作用。当然，灵活是有一定限度的，它的限制条件是：

（1）不能总是以推迟决策的时间来确保计划的灵活性。因为未来的肯定性是很难完全预料的，如果我们一味等待收集更多的信息，尽量地将将来可能发生的问题考虑周全，当断不断就会坐失良机，导致失败。

（2）使计划具有灵活性是要付出代价的，甚至由此而得到的好处可能补偿不了它的费用支出，这就不符合计划的效率性。

（3）有些情况往往根本无法使计划具有灵活性。即存在这种情况，个别派生计划的灵活性，可能导致全盘计划的改动甚至有落空的危险。

为了确保计划本身具有灵活性，在制定计划时应量力而行，不留缺口但要留有余地。本身具有灵活性的计划又称为"弹性计划"，即能适应变化的计划。

3. 改变航道原理

改变航道原理是指计划工作为将来承诺得越多，主管人员定期检查现状和预期前景，以及为保证所要达到的目标而重新制订计划就越重要。计划的总目标不变，但实现目标的进程（即航道）可以因情况的变化随时改变。计划制定出来后，计划工作者就要管理计划，促使计划的实施而不被计划所"管理"，不能被计划框住。必要时，可以根据当时的实际情况作要的检查和修订。

因为未来情况随时都可能发生变化，制定出来的计划就不能一成不变。尽管在制定计划时预见了未来可能发生的情况，并制定出相应的应变措施，但正如前面所提到的，一来不可能面面俱到；二来情况是在不断变化；三是计划往往赶不上变化，总有一些问题是不可能预见到的，所以要定期检查计划。如果情况已经发生变化，就要调整计划或重新制定计划，就像航海家一样，必须经常核对航线，一旦遇到障碍就可绕道而行。故改变航道原理可以表述为：计划的总目标不变，但实现目标的进程（即航道）可以因情况的变化随时改变。这个原理与灵活性原理不同，灵活性原理是使计划本身有适应性，而改变航道原理是使计划执行过程具有应变能力。为此，计划工作者就必须经常地检查计划，重新调整、修订计划，以此达到预期的目标。

4. 限定因素原理

限定因素原理是指在计划工作中，越是能够了解和找到对达到所要求目标起限制性和决定性作用的因素，就越是能准确、客观地选择可行的方案。限定因素原理是决策的精髓，决策的关键就是解决抉择方案所提出的问题，即尽可能地找出和解决限定性的或策略性的因素。所谓限定因素，是指妨碍组织目标实现的因素。也就是说，在其他因素不变的情况下，仅仅改变这些因素，就可以影响组织目标的实现程度。限定因素原理可以表述如下：主管人员越是能够了解对达到目标起主要限制作用的因素，就越能够有针对性、有效地拟定各种行动方案。限定因素原理又被形象地称作"木桶原理"。其含义是木桶能盛多少水，取决于桶壁最短的那块木板条。限定因素原理表明，主管人员在制定计划时，必须全部找出影响计划目标实现的主要限定因素或战略因素，有针对性地采取得力措施。毛泽东同志曾在《矛盾论》中，用哲学的语言说明了相同的道理。他指出：任何过程如果有多数矛盾存在，则其中必定有一种是主要的，起领导的决定作用，其他的则处于次要和服从的地位。因此，研究任何过程，如果存在着两个以上矛盾的复杂过程，就要用全力找出它的主要矛盾。

六、计划与预测的区别

计划不同于预测，预测是指在掌握现有信息的基础上，依照一定的方法和规律对未来的事情进行测算，以预先了解事情发展的过程与结果。

与预言的区别："天才的火花相当于预言，逻辑的思维相当于预测。"预测的作用主要有：预测为制订一个切实可行的计划提供科学依据事实；预测是避免决策片面性和决策失误的重要手段；预测既是计划的前提条件，又是计划工作的重要组成部分；是提高管理预见性的一种手段；向前看，面向未来，做好准备，发现问题集中力量解决，一定程度上决定组织成败。

无论采用何种预测方法，进行预测时都必须遵循下面的几个步骤：

（1）确定预测的目的。这是进行预测的首要问题，确定预测的目的就是明确预测所要解决的问题是什么。只有确定了预测的目的，才能进一步落实预测的对象内容，选择适当的预测方法，调查或搜集必要的资料，也才能决定预测的水平和所能达到的目标。

（2）调查、收集、整理市场预测所需资料。预测所需资料的调查、收集和整理是预测的一个非常重要的步骤。预测能否完成、预测结果准确程度的高低、预测是否符合客观实际表现等等，在很大程度上预测者是否占有充分、可靠的历史和现实的市场资料，因此预测必须以充分的历史和现实资料为依据。

（3）对资料进行周密分析，选择适当的预测方法。对预测的资料进行周密分析，主要是分析研究现象及各种影响因素是否存在相关关系，其相关的紧密程度、方向、形式等如何；还要对市场现象及各种影响因素的发展变化规律和特点进行分析。

（4）根据预测模型确定预测值并测定预测误差。在建立了适当的预测模型后，就可以运用这一模型来计算某预测期的预测值。需要注意的是，这一预测值是一个估计值，因此它与实际值之间会出现一定误差，因而我们在计算预测值的同时，还要测定预测值与实际值之间的误差。

（5）检验预测成果，修正预测值。预测者必须根据现实情况的变化，适当地对预测值加以修正，使之更加符合市场发展变化的实际。

第二节 计 划 的 类 型

计划是将决策实施所需完成的活动任务进行时间和空间上的分解，以便将这些活动任务具体落实到组织中的不同部门和个人。因此，计划的分类可以依据时间和空间两个不同的标准。除此之外，我们还可以根据计划的明确性程度和计划的程序化程度对计划进行分类，表 6-1 列出了按不同标准分类的计划类型。

计 划 的 类 型 表 6-1

分类标准	类型
时间长短	长期计划 短期计划
职能空间	业务计划 财务计划 人事计划
综合性程度	战略性计划 战术性计划
明确性	具体性计划 指导性计划
程序化程度	程序性计划 非程序性计划

1. 长期计划和短期计划

财务分析人员习惯于将投资回收期分为长期、中期和短期。管理人员也可采用这种方式来描述计划。长期计划描述了组织在较长时期（通常是五年以上）的发展方向和方针，绘制了组织长期发展的蓝图。短期计划具体的规定了组织的各个部门在目前到未来的各个较短的阶段，特别是最近的时段中应从事何种活动，从而为各组织成员在近期内的行动提供了依据。

2. 业务计划、财务计划和人事计划

按职能空间分类，可以将计划分为业务计划、财务计划及人事计划。组织通过从事一定业务活动立身于社会，业务计划是组织的主要计划。我们通常用"人财物，供产销"六个字来描述一个企业所需的要素和企业的主要活动。业务计划的内容涉及"物、供、产、销"，财务计划的内容涉及"财"，人事计划的内容涉及"人"。

财务计划与人事计划是为业务计划服务的，也是围绕着业务计划而展开的。财务计划研究如何从资本的提供和利用上促进业务活动的有效进行，人事计划则分析如何为业务规模的维持或扩大提供人力资源的保证。

3. 战略性计划与战术性计划

根据涉及时间长短及其范围广狭的综合性标准，可以将计划分类为战略性计划和战术性计划。战略性计划是指应用于整体组织，为组织未来较长时间（通常是五年以上）设立总体目标和寻求组织在环境中的地位的计划；战术性计划是指规定总体目标如何实现的细节的计划，其需要解决的是组织的具体部门或职能在未来各个较短时期内的行动方案。战略性计划是战术性计划的依据；战术性计划是在战略性计划指导下制定的，是战略性计划的落实。从作用和影响上来看，战略性计划的实施是组织活动能力形成与创造的过程；战术性计划的实施则是对已经形成的能力的应用。

4. 具体性计划与指导性计划

根据计划内容的明确性标准，可以将计划分类为具体性计划和指导性计划。具体性计划具有明确的目标，指导性计划只规定某些一般的方针和行动原则，给与行动者较大自由处置权，它指出重点但不把行动者限定在具体的目标上或特定的行动方案上。相对于指导性计划而言，具体性计划虽然更易于计划的执行、考核及控制，但是它缺少灵活性，而且它要求的明确性和可预见性条件往往很难得到满足。

5. 程序性计划与非程序性计划

西蒙把组织活动分为两类：一类是例行活动，指的是一些重复出现的工作，对这类活动的决策是经常反复的，而且具有一定的结构，因此可以建立一定的决策程序。这类决策叫程序化决策，与此对应的计划是程序性计划。另一类活动是非例行活动，这些活动不重复出现，处理这类问题没有一成不变的方法和程序，因为这类问题在过去尚未发生过，或其性质和结构捉摸不定或极为复杂，解决这类问题的决策叫做非程序化决策，与此对应的计划是非程序性计划。

我们知道，一个计划包含组织将来行动的目标和方式。计划是面向未来的，而不是对过去的总结，也不是对现状的描述；计划是面向行动的而不是空泛的议论，也不是学术的见解。面向未来和面向行动是计划的两大显著特征。认识到这一点，我们就能够理解计划是多种多样的。

哈罗德·孔茨和海因茨·韦里克从抽象到具体，把计划分为一种层次体系：①目的或使命；②目标；③战略；④政策；⑤程序；⑥规则；⑦方案；⑧预算。如图6-1所示。

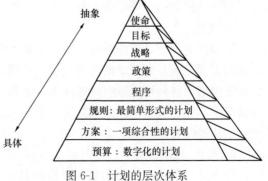

图6-1 计划的层次体系

1. 使命或目的

它指明一定的组织机构在社会上应起的作用和所处的地位。它决定组织的性质，是决定此组织区别于彼组织的标志。换句话说，使命或目的即表明组织是干什么的，每一个组织至少应该有自己的使命或目的。比如，大学的使命是教书育人和科学研究，医院的使命是治病救人，法院的使命是解释和执行法律。

2. 目标

一定时期的目标或各项具体目标是在宗旨指导下提出的，它具体规定了组织及其各个部门的经营管理活动在一定时期达到的具体成果。目标不仅是计划工作的终点，而且也是组织工作、人员配备、指导与领导工作和控制活动所要达到的结果。确定目标本身也是计划工作，其方法与制定其他形式的计划类似。组织的目的或使命往往太抽象、太原则化，它需要进一步具体化为组织在一定时期的目标和各部门的目标。组织的使命支配着组织各个时期的目标和各部门的目标，目标是围绕组织存在的使命所制定的，并为完成组织使命而努力。

3. 战略

是为了达到组织总目标而采取的行动和利用资源的总计划，其目的是通过一系列的主要目标和政策来决定和传达期望成为什么样的组织。战略并不需要确切的描述这个组织怎样去完成它的目标，这些属于主要的和次要的支持性计划的任务。战略是为实现组织或企业长远目标所选择的发展方向、所确定的行动方针，以及资源分配方针和资源分配方案的一个纲要。战略是指导全局和长远发展的方针，它不是要具体地说明企业如何实现目标，因为说明这一切是许多主要的和辅助的计划任务。战略是要指明方向重点和资源分配的优先次序。

4. 政策

是指导或沟通决策思想的全面的陈述书或理解书。但不是所有政策都是陈述书，政策也常常会从主管人员的行动中含蓄地反映出来。政策是组织在决策时或处理问题时用来指导沟通思想与行动方针的明文规定。作为明文规定的政策，通常列入计划之中而一项重大的政策，则往往单独发布。政策有助于将一些问题事先确定下来避免重复分析，并给其他派生的计划一个全局性的概貌，从而使主管人能够控制住全局。

5. 程序

是制定处理未来活动的一种必需方法的计划。它详细列出完成某种活动的切实方式，并按时间顺序对必要的活动进行排列。组织中每个部门都有程序，并且在基层，程序更加具体化，数量也更多了。管理的程序化水平是管理水平的重要标志，制定和贯彻各项管理工作程序是组织的一项基础工作。

6. 规则

规则没有酌情处理的余地。它详细地阐明了必需行动或非必需的行动，其本质是一种必须或无须采取某种行动的管理决策。规则也是一种计划，只不过是一种最简单的计划。它规定组织在各种情况下应该做什么，是指导组织行动的是非标准。它是对具体场合和具体情况下，允许或不允许采取某种特定行动的规定，规则常常与政策和程序相混淆，所以要特别注意区分。

7. 方案（或规划）

方案是一个综合性的计划，它包括目标、政策、程序、规则、任务分配、采取的步骤、要使用的资源，以及为完成既定行动方针所需的其他因素。一项方案可能很大，也可能很小。通常情况下，一个主要方案可能需要很多支持计划。在该主要方案进行前，必须把这些支持计划制定出来并付诸实施。所有这些计划都必须加以协调和安排时间。

8. 预算

预算作为一种计划，是以数字表示预期结果的一种报告书。它也可称之为"数字化"的计划。预算通常是为规划服务的，但其本身可能就是一项规划。例如，企业中的财务收支预算也可称为"利润计划"或"财务收支计划"。预算可以帮助组织或企业上层和各级管理部门的主管人员，从资金和现金收支的角度，全面、细致地了解企业经营管理活动的规模、重点和预期成果。

第三节 计划的编制过程

计划编制本身也是一个过程。为了保证编制的计划合理，确保能实现决策的组织落实，计划编制过程中必须采用科学的方法。

虽然可以用不同标准把计划分成各种类型，计划的形式也多种多样，但管理人员在编制任何完整的计划时，实质上都遵循相同的逻辑和步骤。这个逻辑可以用图6-2来描述。

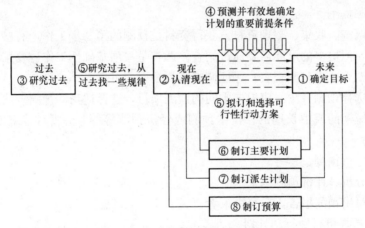

图 6-2 计划编制的步骤

1. 确定目标

确定目标是决策工作的主要任务。制定计划的第一步必须认识我们将要走向何方。目标为组织整体、各部门和各成员指明了方向，描绘了组织未来的状况，并且作为可以衡量实际绩效的标准。计划工作主要任务是将决策所确立的目标进行分解，以便落实到各部门、各个活动环节，并将长期目标分解为各个阶段的目标。企业的目标指明主要计划的方向，而主要计划又根据反映企业目标的方式，规定各个重要部分的目标。

2. 认清现在

制定计划的第二步是认清现在。认清现在的目的在于寻求合理、有效的通向对岸的路径，也即实现目标的途径。认清现在不仅需要有开放的精神，而且要有动态的精神。对外部环境、竞争对手和组织自身的实力进行比较研究，不仅要研究环境给组织带来的机会与威胁，与竞争对手相比组织自身的实力与不足，还要研究环境、对手及其自身随时间变化的变化。

3. 研究过去

研究过去不仅是从过去发生过的事件中得到启示和借鉴，更重要的是探讨过去通向现在的一些规律。从过去发生的事件中探求事物发展的一般规律，其基本方法有两种：一为演绎法，一为归纳法。演绎法是将某一大前提应用于个别情况，并从中引出结论；归纳法是从个别情况发现结论，并推论出具有普通意义的大前提。

4. 预测并有效地确定计划的重要前提条件

前提条件是关于要实现计划的环境的假设条件，是关于我们所处的此岸到达我们将去的彼岸过程中所有可能的情况。计划工作要想降低风险、提高效率和统筹兼顾，就必须对组织计划的环境与前提条件有所预见。充分地进行预测，可以使组织的管理者对未来有清楚的认识，并面对未来做好准备，有效地对组织的薄弱环节有所预见和控制。通过预测，可以把环境的发展和组织的目标一同体现到计划方案之中，从而实现计划方案实施过程的统一和协调。因此，预测在确定前提方面非常重要。

一般来说，预测过程包括六个步骤：

第一步，确定预测目标。根据社会需求、一般情报和创造性的直觉，按照计划和决策需要，提出预测的项目，确定预测要解决的具体问题、预测的内容、预测期限，提出基本假设，拟订预测提纲。

第二步，调查、收集、整理资料。获得资料是预测的第二步工作，有些资料可能是现成的二手资料，但更多的可能需要通过调查。调查是一项基础性工作，要采用适当的调查方法，设计好调查样本和调查表，保证调查资料全面、可靠。

第三步，选择预测方法。应根据不同的预测项目，选择适当的预测方法。比如，定性的或定量的；短期的或中长期的；技术预测或经济预测等等。并要注意各种方法综合使用，相互印证。

第四步，进行预测。

第五步，分析、评价预测结果。

第六步，写出预测报告，提交决策者。

1. 拟定和选择可行性行动计划

这一步骤包括三个内容：拟定可行性行动计划、评估计划和选择计划。拟定可行性行动计划要求拟定尽可能多的计划。可供选择的行动计划数量越多，被选计划的相对满意程度就越高，行动就越有效。评价行动计划，要注意考虑以下几点：其一，认真考察每个计划的制约因素和隐患；其二，用总体效益的观点评估计划；其三，既要考虑有形的可以用数量表示的因素，又考虑无形的不能用数量表示的因素；其四，要动态的考察计划的效果。根据以上原则选择出一个或几个较优计划。

2. 制定主要计划

拟定主要计划就是将所选择的计划用文字形式正式表达出来，作为一项管理文件。计划要清楚的确定和描述"5W1H"的内容，即 What、Why、Who、Where、When、How。

3. 指定派生计划

基本计划需要派生计划的支持。比如，当一家公司决定开拓一项新的业务时，这个决策也发出了要制定很多派生计划的信号，如雇佣和培训各种人员的计划、筹集资金计划、广告计划。

4. 制定预算，用预算使计划数字化

赋予计划含义的最后一步就是把计划转变成预算，使计划数字化。编制预算，一方面是为了使计划的指标体系更加明确；另一方面是企业更易于对计划的执行进行控制。

第四节　计划的实施方法

实践中计划的组织实施行之有效的方法主要有目标管理、滚动计划法和网络计划技术等。

一、目标管理（Management By Objective，MBO）

美国管理大师彼得·德鲁克（Peter F. Drucker）于 1954 年在其名著《管理实践》中最先提出了"目标管理"的概念，其后他又提出"目标管理和自我控制"的主张。20 世纪商学界三个鼎足人物：迈克尔·波特，产业竞争的泰斗；彼得·德鲁克，现代管理学宗师；菲利普·科特勒，行销学之父。

德鲁克认为：先有目标才能确定工作，所以"企业的使命和任务，必须转化为目标"。如果一个领域没有目标，这个领域的工作必然被忽视。因此，管理者应该通过目标对下级进行管理。当组织最高层管理者确定了组织目标后，必须对其进行有效分解，转变成各个部门以及各个人的分目标，管理者根据分目标的完成情况对下级进行考核、评价和奖惩。简单地讲，目标管理是一种将组织目标转换成各个部门乃至个人岗位目标并以此为行动指南和考核标准的管理方法。我国企业于 20 世纪 80 年代初开始引进目标管理法，并取得较好成效。

1. 目标管理的特点

目标管理的具体形式各种各样，但其基本内容是一样的。目标管理是一种程序或过程，它使组织中的上级和下级一起协商，根据组织的使命确定一定时期内组织的总目标，由此决定上、下级的责任和分目标，并把这些目标作为组织经营、评估和奖励每个单位和个人贡献的标准。目标管理指导思想上是以 Y 理论为基础的，即认为在目标明确的条件下，人们能够对自己负责。具体方法上是泰勒科学管理的进一步发展。它与传统管理方式相比有鲜明的特点，可概括为：

（1）重视人的因素

目标管理是一种参与、民主、自我控制的管理制度，也是一种把个人需求与组织目标结合起来的管理制度。在这一制度下，上级与下级的关系是平等、尊重、依赖和支持，下级在承诺目标和被授权之后是自觉、自主和自治的。

（2）建立目标锁链与目标体系

目标管理通过专门设计的过程，将组织的整体目标逐级分解，转换为各单位、各员工的分目标。从组织目标到经营单位目标，再到部门目标，最后到个人目标。在目标分解过程中，权、责、利三者已明确，而且相互对称。这些目标方向一致，环环相扣，相互配合，形成协调统一的目标体系。只有每个人员完成了自己的分目标，整个企业的总目标才有完成的希望。

（3）重视成果

目标管理以制定目标为起点，以目标完成情况的考核为终结。工作成果是评定目标完成程度的标准，也是人事考核和奖评的依据，成为评价管理工作绩效的唯一标志。至于完成目标的具体过程、途径和方法，上级并不过多干预。所以，在目标管理制度下，监督的成分很少，而控制目标实现的能力却很强。

2. 目标的性质

作为任务分配、自我管理、业绩考核和奖惩实施的目标，具有如下特征：

（1）目标的层次性

第一层次的目标是环境对组织的要求；第二层次的目标是组织的总目标和战略；第三层次的目标是组织成员的目标和战略。

（2）目标网络化

①目标和计划是非线性的；②组织中的主管人员必须确保目标网络中的每个组成部分相互协调；③组织中的各部门在制定自己的部门目标时，必须要与其他部门相协调；④组织制定各自的目标时，必须要与许多约束因素相协调。

（3）目标的多样性

如果把盈利目标确定为企业的唯一目标是很危险的。过多考虑眼前的行动而忽视了明天的利益。

（4）目标的可考核性

要使目标量化，一是将目标量化，损失组织运行的一些效率，但对组织活动的控制，对成员的奖惩会带来很多方便。任何定性目标都能用详细说明规划或其他目标的特征和完成日期的方法来提高其可考核的程度。

（5）目标的可接受性

效价×期望值＝积极性或努力程度，这个目标必须是可接受的，可以完成的。

（6）目标的挑战性

目标的设置应当具有一定的挑战性，需要付出努力才可以达到，必须使目标能符合员工的需要，并具有挑战性。

（7）目标的伴随信息反馈性

目标的实施情况不断地反馈给目标设置和实施的参与者。

3. 制定目标必须遵循的原则

目标必须是从全局出发；目标层次要清楚；目标应建立在可靠的基础上；目标必须是具体；目标要保持相对稳定（根据组织内外环境的变化及时调整，实行滚动目标）。

4. 目标管理的过程

孔茨认为，目标管理是一个全面的管理系统，他用系统的方法把许多关键管理活动结合起来，并且有意识地瞄准并有效地和高效地实现组织目标和个人目标。

（1）制定目标

包括确定组织的总体目标、各部门的分目标以及目标对应的职责。总体目标是组织在未来从事活动要达到的状况和水平，其实现有赖于全体成员的共同努力。为了协调这些成员在不同时空的努力，各个部门的各个成员都要建立与组织目标相结合的分目标。这样就形成了一个以组织总体目标为中心的一贯到底的目标体系。

（2）明确组织的作用

理想的情况是每个目标和子目标都有责任人。然而，几乎不可能去建立一个完美的组织结构以保证每一特定的目标都成为某个个人的责任。组织通常采用设立一名产品主管人员来统一协调各种职能。

（3）执行目标

组织中各层次、各部门的成员为达成分目标，必须从事一定的活动，活动中必须利用一定的资源。为了保证他们有条件组织目标活动的开展，必须授予相应的权利，使之有能力调动和利用必要的资源，使目标执行活动有效地进行。

（4）评价成果

成果评价既是实行奖惩的依据，也是上下左右沟通的机会，同时还是自我控制和自我激励的手段。成果评价既包括上级对下级的评价，也包括下级对上级、同级关系部门相互之间以及各层次组织成员对自我的评价。

（5）实施奖惩

奖惩是目标管理的重要内容之一，是一种激励手段。组织对不同成员的奖惩是以上述各种评价的综合结果为依据的。奖惩可以是物质的，也可以是精神的。公平合理的奖惩有利于维持和调动组织成员饱满的工作热情和积极性，奖惩有失公正，则会影响成员的工作积极性。

（6）制定新目标并开始新的目标管理循环

成果评价与成员行为奖惩，既是对某一阶段组织活动效果以及组织成员贡献的总结，也为下一阶段的工作提供了参考和借鉴。在此基础上，组织成员及各个层次、部门制定新的目标并组织实施，即展开目标管理的新一轮循环。

二、滚动计划法

滚动计划法是一种定期修订未来计划并逐期向前推移的计划制定方法。根据计划的执行情况和环境变化情况定期修订未来的计划，并逐期向前推移，使短期计划、中期计划有机地结合起来。滚动计划法的特点是"分段编制，近细远粗"，如图6-3所示。

1. 基本思想

这种方法根据计划的执行情况和环境变化情况定期修订未来的计划，并逐期向前推移，使短期计划、中期计划有机地结合起来。在计划工作中很难准确地预测将来影响企业经营的经济、政治、文化、技术、产业、顾客等各种因素变化，而且随着计划期的延长，这种不确定性就越来越大。因此，若机械地按几年以前的计划实施，或静态的执行战略性计划，则可能导致巨大的错误和损失，滚动计划法可以避免这种不确定性可能带来的不良后果。

具体做法：在制定计划时，同时制定未来若干期的计划，计划内容近细远粗；在计划期的第一阶段完成以后，根据实际情况与计划进行比较并分析原因，然后修订计划使之向前滚动一个阶段；以后根据同样的原则逐期滚动。

2. 滚动计划法的评价

滚动计划法虽然使得计划编制和实施工作的任务量加大，但在计算机广泛应用的今天，其优点十分明显。

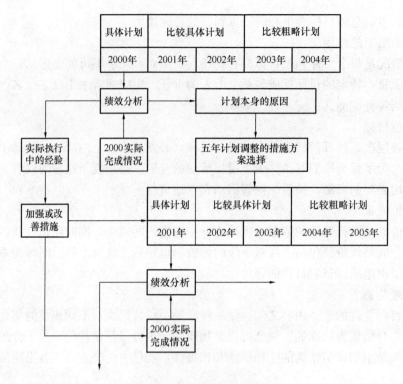

图 6-3 五年期的滚动计划法

首先，最突出的优点是计划更加切合实际，并且使计划的实施也更加切合实际，它可以克服计划期内的不确定性因素的影响。

其次，使长期计划、中期计划与短期计划相互衔接，短期计划内部各阶段相互衔接，这就保证了即使环境变化出现某些不平衡时，各期计划也能及时地进行调节，从而基本保持一致。

第三，滚动计划法大大增加了计划的弹性，这对环境剧烈变化的时代来说尤为重要，它可以提高组织的应变能力。

三、网络计划技术

该技术最初是在 1958 年美国开发北极星潜艇系统中，为协调 3000 多个承包商和研究机构而开发的。由于该技术的运用，使北极星潜艇项目提前两年完成。1961 年，美国国防部和国家航空太空总署规定，凡承制军用品必须用网络计划技术制定计划上报。从那时起，网络计划技术就开始被广泛应用。

1. 基本原理

网络计划技术的原理，是把一项工作或项目分成各种作业，然后根据作业顺序进行排列，通过网络图对整个工作或项目进行统筹规划和控制，以便用最少的人力、物力、财力资源，用最快的速度完成工作。

2. 网络图

网络图是网络计划技术的基础。任何一项任务都可分解成许多工作，根据这些工作在时间上的衔接关系，用箭线表示它们的先后顺序，画出一个由各项工作相互联系并注明所需时间的箭线图，这个箭线图就称作网络图。如图 6-4 所示。

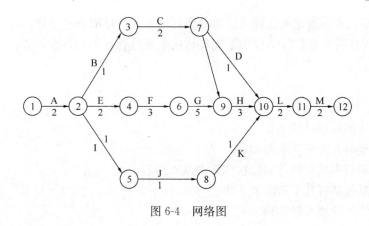

图 6-4　网络图

网络图的基本构成：

（1）工序

实工序：" → "是一项工作的过程，占用时间和资源。

虚工序：" －－＞"既不占用时间，也不消耗资源，网络图中应用虚工序的目的是为避免工序之间的关系含混不清，正确表明工序之间先后衔接的逻辑关系。

（2）事项

"〇"是两个工序间的连接点。事项既不消耗资源，也不占用时间，只表示前道工序结束，后道工序开始的瞬间。一个网络图中只有一个始点事项和一个终点事项。

（3）路线

在网络图中，由始点事项出发，沿箭线方向前进，连续不断到达终点事项的一条通道即是一条路线。

关键路线：比较各路线的路长，可以找出一条或几条最长的路线，这种占用时间最长的路径就是关键路线。如图 6-4 的关键路线为①→②→④→⑥→⑨→⑩→⑪→⑫。关键路线上的工序被称为关键工序。

关键路线的路长决定了整个计划任务所需的时间。关键路线上各工序完成时间提前或推迟直接影响整个活动能否按时完工。确定关键路线，据此合理地安排各种资源，对各工序活动进行进度控制，是利用网络计划技术的主要目的。

3. 网络计划技术的评价

（1）能清晰地表明整个工程的各个项目的时间顺序和相互关系，并指出了完成任务的关键环节和路线。因此，管理者在制定计划时可以统筹安排、全面考虑，又不失重点。在实施过程中，管理者可以进行重点管理。

（2）可对工程的时间进度与资源利用实施优化。在计划实施过程中，管理者调动非关键路线上的人力、物力和财力从事关键作业，进行综合平衡。这既可节省资源，又能加快工程进度。

（3）可事先评价达到目标的可能性。该技术指出了计划实施过程中可能发生的困难点以及这些困难点对整个任务产生的影响，有利于管理者准备好应急措施，从而减少完不成任务的风险。

（4）便于组织与控制。管理者可以将工程分成许多支持系统来分别组织实施与控制，这种既化整为零又聚零为整的管理方法可以实现局部和整体的协调一致。

（5）易于操作并具有广泛的应用范围，适用于各行各业以及各种任务。

思考题

1. 简述计划的概念及其性质。
2. 计划工作的原理是什么？
3. 简述计划的分类标准和类型。
4. 解释孔茨与韦里克的计划层次体系的基本内容。
5. 计划编制包括哪几个阶段的工作？
6. 计划的实施方法有哪几种？
7. 简述目标管理的特点、性质及内容。
8. 网络计划技术的原理及评价是什么？

拓展阅读　网络计划技术的由来与发展

随着建筑行业的发展，大型复杂工程项目的数量和种类越来越多，而每一个大型复杂工程项目急需解决的问题，如工程费用、工程工期、费用与工期之间的关系以及如何处理；工程中各项工作安排的评价和审查；对于经验，传统式的工程项目用什么方法来处理；对于研究，探索与开发的工程项目如何对其进行评审，用什么方法使整个工程项目的费用和成本达到最佳，即合理利用工程费用，人力和资源且使整个工程项目在保质保量的前提下，使工程工期最短等，这些问题一一呈现在我们面前。

目前，国际上流行的网络计划技术是一种科学的计划管理方法，它在工程项目计划管理中的使用价值已得到了各国的认可，网络计划技术以缩短工期，提高生产力，降低消耗为目标，它可以为项目管理提供许多信息，有利于加强项目管理，它既是一种编制计划的方法，又是一种科学的管理方法，它有助于管理人员全面了解，重点掌握，灵活安排，合理组织，经济、有效地完成项目目标。

网络计划技术是运筹学的分支，运筹学是用现有的科学技术知识和数学方法，解决实际中提出的问题，为决策者选择最优决策提供定量依据，网络计划是用网络分析的方法编制的计划。它是 20 世纪 50 年代后期在美国产生和发展起来的，是一种应用于组织大型工程项目或生产计划安排的科学管理方法。它以网络图的形式，反映组成一项生产任务或一项工程中各项作业的先后顺序及相互关系，并通过相应计算方法找出影响整项生产任务或项目的关键作业和关键路线，对生产任务或项目进行统筹规划和控制，是一种能缩短工期、降低成本、用最高的速度完成工作的有效方法。

1956 年，美国杜邦公司在指定企业不同业务部门的系统规划时，制定了各个项目的全套网络计划，这种计划借助于网络表示工作与所需的时间，以及各项工作之间的相互关系，通过网络计划充分地应用于分析研究工程费用与工期的相互关系，并找出在编制时及计划执行过程中的关键路线，这种方法称为关键路线法，Critical Path Method（缩写为CPM）。

1958 年，美国海军武器部，在制定研制北极星导弹计划时，就应用了网络分析方法与网络计划，它注重于各项工作安排的评价和审查，这种计划称为计划评审方法 Plan E-valuation and Review Technique（缩写为 PERT），主要应用于以往在类似工程中已经取得一定经验的承包工程，PERT 研究与开发项目，在这两种方法得到广泛应用以后，又陆续地出现了类似的最低总成本估算计划法、产品分析控制法、人员分配法、物质分配和各种项目制定法等。虽然方法很多，各自侧重的目标有所不同，但都应用的是 CPM 和 PERT 的基本原理和基本方法。20 世纪 60 年代初期，在美国得到了推广，一切新建工程全面采用这种计划管理新方法，并开始将该方法引入日本和西欧其他国家，网络计划技术在建筑工程学中运用最为广泛，由于建筑材料与工艺的标准化，在建筑学中运用网络计划技术已形成了较标准的计算机模块来运作。20 世纪 70 年代，美国在建筑行业已建立了《工程网络计划技术规程》统一标准。随着现代科学技术的迅猛发展，管理水平的不断提高，网络计划技术也在不断发展和完善。20 世纪 60 年代，中国开始应用 CPM 和 PERT，并根据基本原理与计划的表达形式，称它们为网络技术或网络方法，又按照网络计划的主要特点统筹安排，故把这些方法称为统筹法。目前，它已广泛应用于世界各国的工业、国防、建筑、运输和科研等领域，已成为发达国家盛行的一种现代生产管理的科学方法。

网络计划技术已被广泛地应用于现代项目管理之中，现代项目管理通常被认为开始于 20 世纪 40 年代，比较典型的案例是美国军方研制原子弹的曼哈顿计划。但直到 20 世纪 80 年代，项目管理主要还限于建筑、国防、航天等少数行业。我国和世界其他各国历史上都有许多成功的项目管理范例，项目管理的实践可以追溯到古代的一些主要基础设施，如埃及金字塔、运河、大桥、欧洲的古教堂、道路、城堡等的建设之中。对于项目管理的出现，有说服力的其他一些特别事件有：1917 年，亨利·甘特发明了著名的甘特图，使项目经理按日历制作任务图表，用于日常工作安排。1956 年，美国杜邦公司首先在化学工业上使用了 CPM（关键路径法）进行计划编排。1957 年，杜邦公司将关键路径法（CPM）应用与设备维修，使维修停工时间由 125 小时锐减为 7 小时。1958 年，在北极星导弹设计中，应用计划评审技术（PERT），将项目任务之间的关系模型化，将设计完成时间缩短了 2 年。20 世纪 60 年代著名的阿波罗登月计划，采用了网络计划技术使此耗资 300 亿美元、2 万家企业参加、40 万人参与、700 万个零部件的项目顺利完成。美国是网络计划技术的发源地，美国的泰迪建筑公司在 47 个建筑项目中应用此法，平均节省时间 22%，节约资金 15%。美国政府于 1962 年规定，凡与政府签订合同的企业都必须采用网络计划技术，以保证工程进度和质量。1974 年，麻省理工学院调查指出：绝大部分美国公司采用网络计划编制施工计划。目前，美国基本上实现了机画、计算、机编、机调，实现了计划工作自动化。

日本、原苏联、德国、英国也普遍在工程中应用了网络计划技术，并把这一技术应用在建筑工程的全过程管理之中。世界上各个发达国家都非常重视网络计划技术的实际应用，被许多国家公认为最行之有效的现代项目管理方法。实践证明，应用网络计划技术组织与管理生产，能够抓住关键，突出重点，合理确定工期，大幅度降低成本，并能组织均衡生产，尤其是在劳动力相对缺乏的欧洲发达国家，这种方法的作用尤其明显。当前，世界上工业发达国家都非常重视现代管理科学，网络计划技术已被许多国家公认为当前最为行之有效的管理方法。国外多年实践证明，应用网络计划技术组织与管理生产一般能缩短工期 20%左右。

在我国古代，统筹兼顾、合理安排的施工管理方法可见于著名工程建设之始终。20世纪60年代初期，著名科学家华罗庚、钱学森相继将网络计划方法引入我国。华罗庚教授在综合研究各类网络方法的基础上，结合我国实际情况加以简化，于1965年发表了《统筹方法评论》，为推广应用网络计划方法奠定了基础，20世纪60年代就曾把统筹网络理论运用于生产实践，把网络计划技术介绍给工程界，作为项目管理的工具，逐步用于编制施工进度计划和在实施过程中对计划进行监控管理，不少大型施工企业已经规定：必须用网络计划法编制施工进度计划，作为开工报告的必备内容，作为施工进度管理考核标准之一，形成有中国特色的项目管理，但多数单位为手工画图或借助画图工具，难度较大。多年来，网络计划技术作为一门现代管理技术已逐渐被各级领导和广大科技人员所重视。改革开放以后，网络计划技术在我国的工程建设领域也得到迅速的推广和应用，尤其是在大中型工程项目的建设中，对其资源的合理安排、进度计划的编制、优化和控制等应用效果显著。目前，网络计划技术已成为我国工程建设领域中正在推行的项目法施工、工程建设监理、工程项目管理和工程造价管理等方面必不可少的现代化管理方法。近几年，随着科技的发展和进步，网络计划技术的应用也日趋得到工程管理人员的重视，且已取得可观的经济效益。1992年，国家技术监督局和建设部先后颁布了中华人民共和国国家标准《网络计划技术》（GB/T 13400.1、13400.2、13400.3—92，目前已有新版）三个标准和中华人民共和国行业标准《工程网络计划技术规程》（JGJ/T 121—99），使工程网络计划技术在计划的编制与控制管理的实际应用中有了一个可遵循、统一的技术标准，保证了计划的科学性，对提高工程项目的管理水平发挥了重大作用。

网络计划技术的原理是把一项工作或项目分成各种作业，然后根据作业顺序进行排列，通过网络图对整个工作或项目进行统筹规划和控制，以便用最少的人力、物力、财力资源，用最快的速度完成工作。网络图是网络计划技术的基础，任何一项任务都可分解成许多工作，根据这些工作在时间上的衔接关系，用箭线表示它们的先后顺序，画出一个由各项工作相互联系并注明所需时间的箭线图，这个箭线图就称作网络图，如图6-5所示。

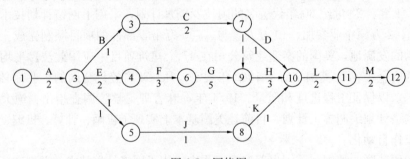

图6-5 网络图

第七章 战 略 管 理

　　战略主要涉及组织的长期发展方向和发展范围,在理想的状态下,它应该使组织的资源和变化中的环境相匹配,来实现组织的目标。战略管理也越来越受到组织管理者的重视,因为它包含了许多重要的管理决策。目前,战略管理已经超出了企业的范围,进入到政府机构、医院以及其他的非营利组织中。在一个组织中,战略性计划是指应用于整体组织的,为组织未来较长时期(通常为5年以上)设立总体目标和寻求组织在环境中的地位的计划。战略性计划的任务不在于看清企业目前是什么样子,而在于看清企业将来会成为什么样子。战略管理过程中的首要内容是确定组织的愿景和使命;第二项内容是战略分析,即分析外部环境和内部条件;战略管理的第三项内容是战略的选择,选择企业合适的发展途径;最后,通过制定一系列战术性计划将战略性计划付诸实施。

第一节 战 略 环 境 分 析

　　战略分析又叫战略环境分析,是为完成企业使命服务的,也是为战略选择服务的。环境分析的内容是"天、地、彼、己"和"顾客(目标市场)",其目的是知天知地、知彼知己和知顾客。就企业环境分析而言,"天"指企业面对的一般外部环境。主要包括政治环境、社会文化环境、经济环境、技术环境和自然环境;"地"指企业竞争所处的行业环境。"波特的五力模型":现有行业间的竞争研究、入侵者研究、替代品生产商研究、买方的讨价还价能力研究、供应商的讨价还价能力研究;"彼"指竞争对手,是战略环境分析的一项重要内容,包括行业内现有竞争对手分析和潜在竞争对手分析;"己"指企业自身条件;"顾客"指企业为之提供商品或服务的消费者,企业的产品或服务必须能为顾客创造价值,与顾客的需求相匹配。

一、外部一般环境

　　外部一般环境,或称总体环境,是在一定时空内存在于社会中的各类组织均面对的环境。其大致可归纳为政治环境、社会环境、经济环境、技术环境和自然环境五个方面。

　　政治环境包括一个国家的社会制度,执政党的性质,政府的方针、政策、法令等。不同的国家有着不同的社会性质,不同的社会制度对组织活动有着不同的限制和要求。

　　社会文化环境包括一个国家或地区居民的教育程度和文化水平、宗教信仰、风俗习惯、审美观点、价值观念等。

　　经济环境主要包括宏观和微观两个方面的内容。宏观经济环境主要指一个国家的人口数量及其增长趋势,国民收入、国民生产总值及其变化情况以及通过这些指标能够反映的国民年经济发展水平和发展速度。微观经济环境主要指企业所在地区或所服务地区的消费者的收入水平、消费偏好、储蓄情况、就业程度等因素。

　　技术环境除了要考察与企业所处领域的活动直接相关的技术手段的发展变化外,还应及时了解：①国家对科技开发投资和支持的重点；②该领域技术发展动态和研究开发费用总额；③技术转移和技术商品化速度；④专利及其保护情况等。

自然环境主要指企业经营所处的地理位置气候条件和资源禀赋状况等自然因素。

二、行业环境

公司环境最关键的部分是公司投入竞争的一个或几个行业的环境，一个行业内部的竞争状态取决于五种基本竞争作用力。五力模型是美国学者迈克尔·波特（Michael Porter）于 20 世纪 80 年代初提出的，对企业战略制定产生全球性的深远影响。用于竞争战略的分析，可以有效地分析客户的竞争环境。五力分别是：供应商的讨价还价能力、购买者的讨价还价能力、潜在竞争者进入的能力、替代品的替代能力、行业内竞争者现在的竞争能力（图 7-1）。这五种力量的合力决定了该产业的最终利润潜力。并且，最终利润潜力也会随着这种合力的变化而发生根本性的变化。一个公司的竞争战略的目标在于使公司在行业内恰当定位，从而最有效地抗击五种竞争作用力并影响它们朝向自己有利的方向变化。

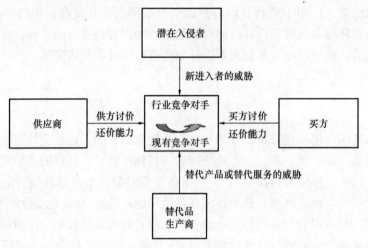

图 7-1 驱动行业竞争的五种力量

（1）供应商的讨价还价能力。供方主要通过其提高投入要素价格与降低单位价值质量的能力，来影响行业中现有企业的盈利能力与产品竞争力。供应商讨价还价能力的影响因素主要有：①要素供应方行业的集中化程度；②要素替代品行业的发展状况；③本行业是否是供方集团的主要客户；④要素是否是该企业的主要投入资源；⑤要素是否存在差别化或转移成本是否低；⑥要素供应者是否有"前向一体化"的威胁。

（2）购买者的讨价还价能力。购买者主要通过其压价与要求提供较高的产品或服务质量的能力，来影响行业中现有企业的盈利能力。买方讨价还价能力的影响因素主要有：①买方是否大批量或集中购买；②买方这一业务在其购买额中的份额大小；③产品或服务是否具有价格合理的替代品；④买方面临的购买转移成本大小；⑤本企业的产品、服务是否是买方在生产经营过程中的一项重要投入；⑥买方是否采取"后向一体化"的威胁；⑦买方行业获利状况；⑧买方对产品是否具有充分信息。

（3）新进入者的威胁。新进入者在给行业带来新生产能力、新资源的同时，将希望在已被现有企业瓜分完毕的市场中赢得一席之地，这就有可能会与现有企业发生原材料与市场份额的竞争，最终导致行业中现有企业盈利水平降低，严重地还有可能危及这些企业的生存。竞争性进入威胁的严重程度取决于两方面的因素,这就是进入新领域的障碍大小与预期现有企业对于进入者的反应情况。

(4) 替代品的威胁。两个处于不同行业中的企业,可能会由于所生产的产品是互为替代品,从而在它们之间产生相互竞争行为,这种源自于替代品的竞争会以各种形式影响行业中现有企业的竞争战略。

(5) 行业内现有竞争者的竞争。大部分行业中的企业,相互之间的利益都是紧密联系在一起的,作为企业整体战略一部分的各企业竞争战略,其目标都在于使得自己的企业获得相对于竞争对手的优势,所以,在实施中就必然会产生冲突与对抗现象,这些冲突与对抗就构成了现有企业之间的竞争。现有企业间的竞争状态取决于如下因素:①现有竞争者的数量和力量;②产业增长速度;③固定或库存成本;④产品特色或转移购买成本;⑤生产能力增加状况;⑥竞争对手类型;⑦战略利益相关性;⑧退出成本。

迈克尔·波特 (Michael E. Porter),哈佛大学商学院著名教授,当今世界上少数最有影响的管理学家之一。他是当今全球第一战略权威,是商业管理界公认的"竞争战略之父"。到现在为止,迈克尔·波特已有 14 本著作。迈克尔·波特的三部经典著作《竞争战略》、《竞争优势》、《国家竞争优势》被称为竞争三部曲。

他的主要理论贡献是五力理论和三大战略。三大战略是:①总成本领先战略;②差异化战略;③专一化战略。成本领先战略要求坚决地建立起高效规模的生产设施,在经验的基础上全力以赴降低成本,抓紧成本与管理费用的控制,以及最大限度地减小研究开发、服务、推销、广告等方面的成本费用。差异化战略是将产品或公司提供的服务差别化,树立起一些全产业范围中具有独特性的东西。专一化战略是主攻某个特殊的顾客群、某产品线的一个细分区段或某一地区市场。

三、竞争对手

一般来说,竞争对手可以从以下的群体中辨识出来:

(1) 不在本行业但可以克服进入壁垒(尤其是那些不费力气者)进入本行业的企业;

(2) 进入本行业可以产生明显协同效应的企业;

(3) 由其战略实施而自然进入本行业的企业;

(4) 那些通过前向或后向一体化进入本行业的买方或供方。

竞争对手分析的目的是认识在行业竞争中可能成功的战略的性质、竞争对手对各种不同战略可能做出的反应,以及竞争对手对行业变迁及其更广泛的环境变化可能做出的反应。

四、企业自身

由美国哈佛商学院著名战略学家迈克尔·波特提出的"价值链分析法",把企业内外价值增加的活动分为基本活动和辅助活动,按价值活动的工艺顺序,基本活动由五个部分构成:

(1) 内部后勤,包括与接收、存储和分配相关联的各种活动;

(2) 生产作业,包括与将投入转化为最终产品形式相关的各种活动;

(3) 外部后勤,包括与集中、存储和将产品发送给买方有关的各种活动;

(4) 市场营销和销售,包括与传递信息、引导和巩固购买有关的各种活动;

（5）服务，包括与提供服务以增加或保持产品价值有关的各种活动。

辅助活动主要包括：

（1）企业基础设施，包括总体管理、计划、财务、会计、法律、信息系统等价值活动；

（2）人力资源管理，包括组织各级员工的招聘、培训、开发和激励等价值活动；

（3）技术开发，包括基础研究、产品设计、媒介研究、工艺与装备设计等价值活动；

（4）采购，指购买用于企业价值链各种投入的活动，包括原材料采购，以及诸如机器、设备、建筑设施等直接用于生产过程的投入品采购等价值活动。

不同的企业参与的价值活动中，并不是每个环节都创造价值，实际上只有某些特定的价值活动才真正创造价值，这些真正创造价值的经营活动，就是价值链上的"战略环节"。企业要保持的竞争优势，实际上就是企业在价值链某些特定的战略环节上的优势。

运用价值链分析方法来确定核心竞争力，就是要求企业密切关注组织的资源状态，要求企业特别关注和培养在价值链的关键环节上获得重要的核心竞争力，以形成和巩固企业在行业内的竞争优势。企业的优势既可以来源于价值活动所涉及的市场范围的调整，也可来源于企业间协调或合用价值链所带来的最优化效益。根据价值链分析法，每个企业都是设计、生产、营销、交货以及对产品起辅助作用的各种价值活动的集合。波特在《竞争优势》中指出："每一个企业都是用来进行设计、生产、营销、交货以及对产品起辅助作用的各种活动的集合。"他提出的价值链，就是把企业创造价值的战略性活动在结构上的分析和流程上的分析，再将其整合为一个完整的体系。进而从结构和流程的相关性角度确定企业的竞争战略。企业的价值链可以用图7-2来表示。

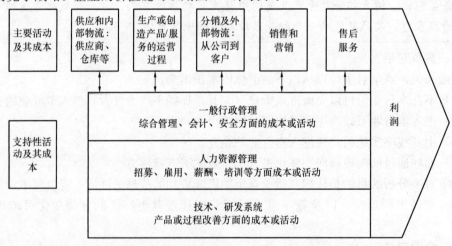

图7-2 企业价值链：基本活动及辅助活动

五、顾客（目标市场）

企业顾客研究的主要内容是：总体市场分析、市场细分、目标市场确定和产品定位（如图7-3所示）。

1. 总体市场分析

要分析市场容量首先必须要界定地域和需求性质。根据所界定的地域和需求性质，再分析市场总需求，以及总需求中有支付能力的需求和暂时没有支付能力的潜在需求。市场

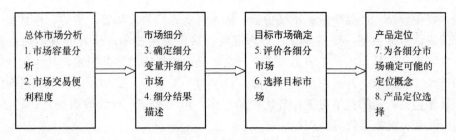

图 7-3　目标市场研究

交易的便利程度主要取决于市场基础建设、法律建设、产权制度和市场制度建设状况。

2. 市场细分

市场细分就是将一个总体市场划分为若干个具有不同特点的顾客群，每个顾客群需要相应的产品或市场组合。市场细分一般包括调查、分析、聚类并描述三个阶段。

3. 目标市场确定

企业用以下三个主要指标来评价细分市场：①细分市场规模及其成长状况；②细分市场结构的吸引力，这可以用上文提到的波特行业竞争结构进行框架分析；③企业的目标和资源状况，即使细分市场在规模、增长及其结构吸引力方面都较好，但如果该细分市场不符合企业的目标，则也不宜选择该细分市场为目标市场。

4. 产品定位

产品定位是企业为了满足目标市场，确定产品（或服务）的功能、质量、价格、包装、销售渠道、服务方式等。与产品定位相联系的是广告（促销）定位。广告定位是使企业的产品在顾客心里占有位子，以及占什么位子。

第二节　战略管理过程中的分析法

一、SWOT 分析法

又称态势分析法或优劣势分析法，用来确定企业自身的竞争优势（strength）、竞争劣势（weakness）、机会（opportunity）和威胁（threat），从而将公司的战略与公司内部资源、外部环境有机地结合起来。EMBA、MBA 等主流商管教育均将 SWOT 分析法作为一种常用的战略规划工具包含在内（图 7-4）。

SWOT 分析法常常被用于制定集团发展战略和分析竞争对手情况。在战略分析中，它是最常用的方法之一。进行 SWOT 分析时，主要有以下几个方面的内容：运用各种调查研究方法，分析出公司所处的各种环境因素，即外部环境因素和内部能力因素。外部环境因素包括机会因素和威胁因素，它们是外部环境对公司的发展直接有影响的有利和不利因素，属于客观因素；内部环境因素包括优势因素和弱点因素，它们是公司在其发展中自身存在的积极和消极因素，属主动因素。在调查分析这些因素时，不仅要考虑到历史与现状，而且更要考虑未来发展问题。优势，是组织机构的内部因素，具体包括：有利的竞争态势；充足的财政来源；良好的企业形象；技

优势	机会
劣势	挑战

图 7-4　SWOT 分析法

术力量；规模经济；产品质量；市场份额；成本优势；广告攻势等。劣势，也是组织机构的内部因素，具体包括：设备老化；管理混乱；缺少关键技术；研究开发落后；资金短缺；经营不善；产品积压；竞争力差等。机会，是组织机构的外部因素，具体包括：新产品；新市场；新需求；外国市场壁垒解除；竞争对手失误等。威胁，也是组织机构的外部因素，具体包括：新的竞争对手；替代产品增多；市场紧缩；行业政策变化；经济衰退；客户偏好改变；突发事件等。

将调查得出的各种因素根据轻重缓急或影响程度等排序方式，构造 SWOT 矩阵。在此过程中，将那些对公司发展有直接、重要、大量、迫切、久远的影响因素优先排列出来，而将那些间接、次要、少许、不急、短暂的影响因素排列在后面。

在完成环境因素分析和 SWOT 矩阵的构造后，便可以制定出相应的行动计划。制定计划的基本思路是：发挥优势因素，克服弱点因素，利用机会因素，化解威胁因素；考虑过去，立足当前，着眼未来。运用系统分析的综合分析方法，将排列与考虑的各种环境因素相互匹配起来加以组合，得出一系列公司未来发展的可选择对策（图 7-5）。

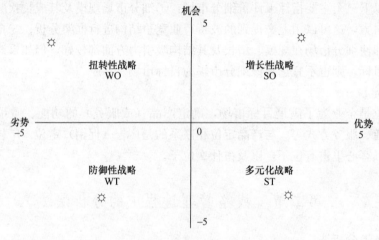

图 7-5　SWOT 分析图

二、经营单位组合分析法

经营单位组合分析法是由波士顿咨询公司提出来的。该方法认为，在确定某个单位经营活动方向时，应该考虑它的相对竞争地位和业务增长率两个维度。相对竞争地位经常体现在市场占有率上，它决定了企业的销售量、销售额和赢利能力；而业务增长率反映业务增长的速度，影响投资的回收期限，如图 7-6 所示。

（1）"金牛"经营单位的特征是市场占有率较高，而业务增长率较低。较高的市场占有率为企业带来较多的利润和现金，而较低的业务增长率需要较少的投资。"金牛"经营单位所产生的大量现金可以满足企业的经营需要。

（2）"明星"经营单位的市场占有率和业务增长率都较高，因而所需要的和所产生的现金都很多。"明星"经营单位代表着最高利润增长率和最佳投资机会，因此企业应投入必要的资金，扩大它的生产规模。

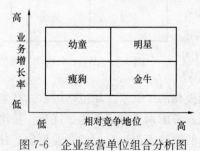

图 7-6　企业经营单位组合分析图

（3）"幼童"经营单位的业务增长率较高，而目前的市场占有率较低，这可能是企业刚刚开发的很有前途的领域。由于高增长速度需要大量投资，而较低的市场占有率只能提供少量的现金，企业面临的选择是投入必要的资金。以提高市场份额，扩大销售量，使其转变为"明星"，或者如果认为刚刚开发的领域不能转变成"明星"，则应及时放弃该领域。

（4）"瘦狗"经营单位的特征是市场份额和业务增长率都较低。由于市场份额和销售量都较低，甚至出现负增长，"瘦狗"经营单位只能带来较少的现金和利润，而维持生产能力和竞争地位所需的资金甚至可能超过其所提供的现金，从而可能成为资金的陷阱。因此，对这种不景气的经营单位，企业应采取收缩或放弃的战略。

经营单位组合分析法的步骤：

（1）把企业分成不同的经营单位。

（2）计算各个经营单位的市场占有率和业务增长率。

（3）根据其在企业中占有资产的比例来衡量各个经营单位的相对规模。

（4）绘制企业的经营单位组合图。

（5）根据每个经营单位在图中的位置，确定应选择的活动方向。

三、政策指导矩阵

政策指导矩阵方法是荷兰皇家——壳牌公司创立的。该方法从市场前景和相对竞争能力两个维度分析企业经营单位的现状和特征，用一个 3×3 的类似矩阵的形式（其实，它不是严格意义的 3×3 矩阵，只是分成了 9 个方格）。市场前景吸引力分为弱、中、强 3 种，相对竞争能力也分成了弱、中、强 3 种，一共分成 9 大类，如图 7-7 所示。

图 7-7 政策指导矩阵示意图

处于区域 6 和 9 的经营单位竞争能力较强，市场前景也较好。应优先发展这些经营单位，确保它们获取足够的资源，以维持自身的有利市场地位。

处于区域 8 的经营单位虽然市场前景较好，但企业利用不够。这些经营单位的竞争能力不够强，应分配给这些经营单位更多的资源以提高其竞争能力。

处于区域 7 的经营单位市场前景虽好，但竞争能力弱。要根据不同的情况来区别对待这些经营单位：最有前途的应得到迅速发展，其余的则需逐步淘汰，这是由于企业资源的有限性决定的。

处于区域 5 的经营单位一般在市场上有 2～4 个强有力的竞争对手。应分配给这些经营单位足够的资源，以使它们随着市场的发展而发展。

处于区域 2 和 4 的经营单位市场吸引力不强且竞争能力较弱，或虽有一定的竞争能力（企业对这些经营单位进行了投资并形成了一定的生产能力）但市场吸引力较弱。应缓慢放弃这些经营单位，以便把收回的资金投入到赢利能力更强的经营单位。

处于区域 3 的经营单位竞争能力较强但市场前景不容乐观。这些经营单位本身不应得到发展，但可利用它们的较强竞争能力为其他快速发展的经营单位提供资金支持。

处于区域 1 的经营单位市场前景暗淡且竞争能力较弱。应尽快放弃这些经营单位，把资金抽出来，并转移到更有利的经营单位。

四、大战略分析矩阵

这是由市场增长率和企业竞争地位两个坐标所组成一种模型，在市场增长率和企业竞争地位不同组合情况下，指导企业进行战略选择的一种指导性模型，它是由小汤普森（A. A. Thompson. Jr.）与斯特里克兰（A. J. Strickland）根据波士顿矩阵修改而成。

大战略矩阵（Grand Strategy Matrix）是一种常用的制定备选战略的工具。它的优点是可以将各种企业的战略地位都置于大战略矩阵的四个战略象限中，并加以分析和选择。

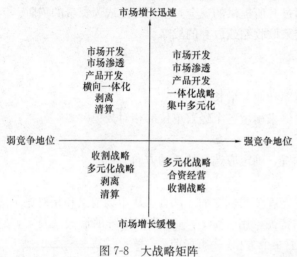

图 7-8　大战略矩阵

公司的各分部也可按此方式被定位。大战略矩阵基于两个评价数值：横轴代表竞争地位的强弱，纵轴代表市场增长程度。位于同一象限的企业可以采取很多战略，图 7-8 描绘出了适用于不同象限的多种战略选择，其中各战略是按其相对吸引力的大小而分列于各象限中。位于不同象限的战略选择如下：

第一象限公司：位于大战略矩阵第一象限的公司处于极佳的战略地位。对这类公司，继续集中于经营当前的市场（市场渗透和市场开发）和产品（产品开发）是适当的战略。第一象限公司大幅度偏离已建立的竞争优势是不明智的。当第一象限公司拥有过剩资源时，后向一体化、前向一体化和横向一体化可能是有效的战略。当第一象限公司过分偏重于某单一产品时，集中化多元经营战略可能会降低过于狭窄的产品线所带来的风险。第一象限公司有能力利用众多领域中的外部机会，必要时它们可以冒险进取。

第二象限公司：位于第二象限的公司需要认真地评价其当前的参与市场竞争的方法。尽管其所在产业正在增长，但它们不能有效地进行竞争。这类公司需要分析企业当前的竞争方法为何无效，企业又应如何变革而提高其竞争能力。由于第二象限公司处于高速增长阶段，加强型战略（与一体化或多元化经营战略相反）通常是它们的首选战略。然而，如果企业缺乏独特的生产能力或竞争优势，横向一体化往往是理想的战略选择。为此，可考虑将战略次要地位的业务剥离或结业清算，剥离可为公司提供收购其他企业或买回股票所需要的资金。

第三象限的公司：位于第三象限的公司处于产业增长缓慢和相对竞争能力不足的双重劣势下。在确定产业正处于永久性衰退前沿的前提下，这类公司必须着手实施收割战略。首先，应大幅度地减少成本或投入。另外，可将资源从现有业务领域逐渐转向其他业务领域。最后，便是以剥离或结业清算战略迅速撤离该产业。

第四象限的公司：位于第四象限的公司其产业增长缓慢，但却处于相对有利的竞争地位。这类公司有能力在有发展前景的领域中进行多元经营。这是因为第四象限公司具有较大的现金流量，并对资金的需求有限，有足够的能力和资源实施集中多元化或混合式多元化战略。同时，这类公司应在原产业中求得与竞争对手的合作与妥协，横向合并或进行合资经营都是较好的选择。

第三节 战略的选择和制定

随着战略管理的重点从重视计划向追求利润的转移，战略研究领域的理论基础也发生了变化，对公司利润源泉和导致不同公司盈利状况差异的关键因素的研究就成了新的重点课题。公司盈利的两大源泉也引出了公司面对的两大战略层次：公司层战略和业务层战略（也称为经营战略或竞争战略）。公司层战略限定了公司竞争活动的范围，即各种行业和市场。公司层战略决策包括在多元化、垂直整合、知识和新业务等方面的投资以及资源在公司不同业务部门之间的配置和资产剥离等内容。区别于公司层战略与业务层战略，公司第三个层次的战略即职能层战略，近年来越来越成为企业战略执行者关注的焦点。职能层战略主要是保证公司层战略与业务层战略在企业各个职能层面具体落实，按具体的职能可以划分为：营销战略、人力资源战略、生产战略、技术发展战略等。

1. 公司层战略

又称企业总体战略，是指为实现企业总体目标，对企业未来发展方向做出的长期性和总体性战略。它是统筹各项分战略的全局性指导纲领，是企业最高管理层指导和控制企业的一切行为的最高行动纲领。

2. 业务层战略

业务层战略是在总体战略指导下，一个业务单位进行竞争的战略。"战略业务单位"被赋予一定的战略决策权利，可以根据外部市场的状况对产品和市场进行战略规划并进行战略决策，其目标是取得竞争优势。

3. 职能层战略

职能层战略是指企业中的各职能部门制定的指导职能活动的战略，描述了在执行公司层战略和经营单位战略过程中，企业中的每一职能部门所采用的方法和手段。

战略分析使企业认识自己所面临的机遇与威胁，了解自身的实力与不足以及能为何种顾客进行服务。战略选择的实质是企业选择恰当的战略，从而扬长避短，趋利避害和满足顾客。表 7-1 列举了企业可制定和选择的各种战略类型。

企业可选择的各种战略类型　　　　　　　　　　　　　表 7-1

分类	战略	定　义
基本战略	成本领先	企业强调以低单位成本价格为用户提供标准化产品，其目标是要成为其产业中的低成本生产厂商
	特色优势	企业力求就顾客广泛重视的一些方面在产业内独树一帜。它选择被产业内许多客户视为重要的一种或多种特质，并为其选择一种独特的地位以满足顾客的要求
	目标集聚	企业选择产业内一种或一组细分市场，并量体裁衣使其战略为他们服务而不是为其他细分市场服务

续表

分类	战略		定　义
成长战略Ⅰ：即核心能力企业内扩张	一体化战略	前向一体化	企业获得分销商或零售商的所有权或加强对他们的控制
		后向一体化	企业获得供应商的所有权或加强对他们的控制
		横向一体化	企业获得与自身生产同类产品的竞争对手的所有权或加强对他们的控制
	多元化战略	同心多元化	企业增加新的，但与原有业务相关的产品与服务
		混合多元化	企业增加新的，与原有业务不相关的产品或服务
	加强型战略	市场渗透	企业通过加强市场营销，提高现有产品或服务在现有市场上的市场份额
		市场开发	企业将现有产品或服务打入新的区域市场
		产品开发	企业通过改进或改变产品或服务而提高销售
成长战略Ⅱ：即核心能力企业外扩张	战略联盟		企业与其他企业在研究开发、生产运作、市场销售等价值活动中进行合作，以相互利用对方资源
	虚拟运作		企业通过合同、参少数股权、优先权、信贷帮助、技术支持等方式同其他企业建立较为稳定的关系，从而将企业价值活动集中于自己的优势方面，将其非专长方面外包出去
	出售核心产品		企业将价值活动集中于自己少数优势方面，产出产品或服务，并将产品或服务通过市场交易出售给其他生产者作进一步的生产加工
防御战略	收缩战略		通过减少成本和资产对企业进行重组，以加强企业所具有的基本的和独特的竞争能力
	剥离战略		企业出售分部、分公司或任一部分，以使企业摆脱那些没有盈利、需要太多资金或与公司其他活动不相适宜的业务
	清算战略		企业为实现其有形资产的价值而将公司资产全部或分块出售

一、基本战略姿态

企业基本战略揭示企业如何为顾客创造价值。波特认为"竞争优势归根结底产生于企业为顾客所能创造的价值，或者在提供同等效益时采取相对低价格，或者其不同寻常的效益用于补偿溢价而有余"。一种基本战略姿态可以有多种实现形式，比如，多元化和一体化战略都可以是成本领先或特色优势战略姿态。同样，一种战略形式可以为多种基本战略姿态服务，比如，多元化战略既可以实现成本领先的战略姿态，又可以实现特色优势的战略姿态。

二、企业核心能力与成长战略

美国学者哈梅尔（G. Hamel）和普拉哈拉德（C. K. Prahalad）认为，"核心能力是组织内的集体知识和集体学习，尤其是协调不同生产技术和整合多种多样技术流的能力"，一项能力能否成为企业的核心能力必须通过三项检验，即：

（1）用户价值。核心能力必须能够使企业创造顾客可以识别的和看重的且在顾客价值创造中处于关键地位的价值。

（2）独特性。与竞争对手相比，核心能力必须是企业所独具的，即使不是独具的，也必须比任何竞争对手胜出一筹。

（3）延展性。核心能力是企业向新市场延展的基础，企业可以通过核心能力的延展而创造出丰富多彩的产品。

企业成长的基础是核心能力。一种方式是核心能力通过一体化、多元化和加强型战略等战略形式在企业内扩张；另一种方式是核心能力通过出售核心产品、非核心能力的虚拟运作和战略联盟等战略形式在企业之间扩张。

三、防御性战略

在企业成长的道路上，经常需要采取一些防御性战略。以退为进，以迂为直，从而使企业更加健康的成长。常采用的防御性战略有收缩、剥离和清算等方式。

第四节　基于产品寿命周期理论的战略选择与制定

产品生命周期理论（product life cycle，PLC）是美国哈佛大学教授雷蒙德·弗农（Raymond Vernon）1966 年在其《产品周期中的国际投资与国际贸易》一文中首次提出的。产品生命周期是产品的市场寿命，即一种新产品从开始进入市场到被市场淘汰的整个过程。弗农认为：产品生命是指市场上的营销生命，产品和人的生命一样，要经历形成、成长、成熟、衰退这样的周期。就产品而言，也就是要经历一个开发、引进、成长、成熟、衰退的阶段。而这个周期在不同的技术水平的国家里，发生的时间和过程是不一样的，期间存在一个较大的差距和时差，正是这一时差，表现为不同国家在技术上的差距，它反映了同一产品在不同国家市场上的竞争地位的差异，从而决定了国际贸易和国际投资的变化大战，如图 7-9 所示。

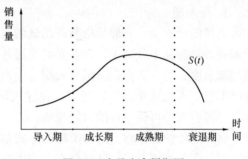

图 7-9　产品寿命周期图

一、产品寿命周期理论的四个时期

导入期：指产品从设计投产直到投入市场进入测试阶段。新产品投入市场，便进入了介绍期。此时产品品种少，顾客对产品还不了解，除少数追求新奇的顾客外，几乎无人实际购买该产品。生产者为了扩大销路，不得不投入大量的促销费用，对产品进行宣传推广。该阶段由于生产技术方面的限制，产品生产批量小，制造成本高，广告费用大，产品销售价格偏高，销售量极为有限，企业通常不能获利，反而可能亏损。

成长期：当产品进入导入期，销售取得成功之后，便进入了成长期。成长期是指产品通过试销效果良好，购买者逐渐接受该产品，产品在市场上站住脚并且打开了销路。这是需求增长阶段，需求量和销售额迅速上升。生产成本大幅度下降，利润迅速增长。与此同时，竞争者看到有产品生命周期理论有利可图，将纷纷进入市场参与竞争，使同类产品供给量增加，价格随之下降，企业利润增长速度逐步减慢，最后达到生命周期利润的最高点。

成熟期：指产品走入大批量生产并稳定地进入市场销售，经过成长期之后，随着购买产品的人数增多，市场需求趋于饱和。此时，产品普及并日趋标准化，成本低而产量大。销售增长速度缓慢直至转而下降，由于竞争的加剧，导致同类产品生产企业之间不得不加大在产品质量、花色、规格、包装服务等方面加大投入，在一定程度上增加了成本。

衰退期：是指产品进入了淘汰阶段。随着科技的发展以及消费习惯的改变等原因，产品的销售量和利润持续下降，产品在市场上已经老化，不能适应市场需求，市场上已经有其他性能更好、价格更低的新产品，足以满足消费者的需求。此时，成本较高的企业就会由于无利可图而陆续停止生产，该类产品的生命周期也就陆续结束，以致最后完全撤出市场。

产品生命周期是一个很重要的概念，它和企业制定产品策略以及营销策略有着直接的联系。管理者要想使他的产品有一个较长的销售周期，以便赚取足够的利润来补偿在推出该产品时所做出的一切努力和经受的一切风险，就必须认真研究和运用产品的生命周期理论，此外，产品生命周期也是营销人员用来描述产品和市场运作方法的有力工具。但是，在开发市场营销战略的过程中，产品生命周期却显得有点力不从心，因为战略既是产品生命周期的原因又是其结果，产品现状可以使人想到最好的营销战略。此外，在预测产品性能时，产品生命周期的运用也受到限制。

二、产品生命周期策略

1. 导入期

商品的导入期，一般是指新产品试制成功到进入市场试销的阶段。在商品导入期，由于消费者对商品十分陌生，企业必须通过各种促销手段把商品引入市场，力争提高商品的市场知名度；另一方面，又因导入期的生产成本和销售成本相对较高，企业在给新产品定价时不得不考虑这个因素，所以，在导入期，企业营销的重点主要集中在促销和价格方面。一般有四种可供选择的市场战略。

（1）高价快速策略。这种策略的形式是：采取高价格的同时，配合大量的宣传推销活动，把新产品推入市场。其目的在于先声夺人，抢先占领市场，并希望在竞争还没有大量出现之前就能收回成本，获得利润。适合采用这种策略的市场环境为：①必须有很大的潜在市场需求量；②这种商品的品质特别高，功效又比较特殊，很少有其他商品可以替代。消费者一旦了解这种商品，常常愿意出高价购买；③企业面临着潜在的竞争对手，想快速地建立良好的品牌形象。

（2）选择渗透战略。这种战略的特点是：在采用高价格的同时，只用很少的促销努力。高价格的目的在于能够及时收回投资，获取利润；低促销的方法可以减少销售成本。这种策略主要适用于以下情况：①商品的市场比较固定，明确；②大部分潜在的消费者已经熟悉该产品，他们愿意出高价购买；③商品的生产和经营必须有相当的难度和要求，普通企业无法参加竞争或由于其他原因，使潜在的竞争不迫切。

（3）低价快速策略。这种策略的方法是：在采用低价格的同时做出巨大的促销努力。其特点是可以使商品迅速进入市场，有效的限制竞争对手的出现，为企业带来巨大的市场占有率。该策略的适应性很广泛。适合该策略的市场环境是：①商品有很大的市场容量，企业渴望在大量销售的同时逐步降低成本；②消费者对这种产品不太了解，对价格又十分敏感；③潜在的竞争比较激烈。

（4）缓慢渗透策略。这种策略的方法是：在新产品进入市场时采取低价格，同时不做大的促销努力。低价格有助于市场快速的接受商品；低促销又能使企业减少费用开支，降低成本，以弥补低价格造成的低利润或者是亏损。适合这种策略的市场环境是：①商品的市场容量大；②消费者对商品有所了解，同时对价格又十分敏感；③存在某种程度的竞争。

2. 成长期

商品的成长期是指新产品试销取得成功以后，转入成批生产和扩大市场销售额的阶段。在商品进入成长期以后，有越来越多的消费者开始接受并使用，企业的销售额直线上升，利润增加。在此情况下，竞争对手也会纷至沓来，威胁企业的市场地位。因此，在成长期，企业的营销重点应该放在保持并且扩大自己的市场份额，加速销售额的上升方面。另外，企业还必须注意成长速度的变化，一旦发现成长的速度有递增变为递减时，必须适时调整策略。这一阶段可以适用的具体策略有以下几种：

（1）积极筹措和集中必要的人力、物力和财力，进行基本建设或者技术改造，以利于迅速增加或者扩大生产批量。

（2）改进商品的质量，增加商品的新特色，在商标、包装、款式、规格和定价方面做出改进。

（3）进一步开展市场细分，积极开拓新的市场，创造新的用户，以利于扩大销售。

（4）努力疏通并增加新的流通渠道，扩大产品的销售面。

（5）改变企业的促销重点。例如，在广告宣传上，从介绍产品转为树立形象，以利于进一步提高企业产品在社会上的声誉。

（6）充分利用价格手段。在成长期，虽然市场需求量较大，但在适当是企业可以降低价格，以增加竞争力。当然，降价可能暂时减少企业的利润，但是随着市场份额的扩大，长期利润还可望增加。

3. 成熟期

商品的成熟期是指商品进入大批量生产，而在市场上处于竞争最激烈的阶段。通常这一阶段比前两个阶段持续的时间更长，大多数商品均处在该阶段，因此管理层也大多数是在处理成熟产品的问题。

在成熟期中，有的弱势产品应该放弃，以节省费用开发新产品；但是同时也要注意到，原来的产品可能还有其发展潜力，有的产品就是由于开发了新用途或者新的功能而重新进入新的生命周期的。因此，企业不应该忽略或者仅仅是消极地防卫产品的衰退。一种优越的攻击往往是最佳的防卫。企业应该有系统地考虑市场、产品及营销组合的修正策略。

（1）市场修正策略。即通过努力开发新的市场，来保持和扩大自己的商品市场份额。

①通过努力寻找市场中未被开发的部分，例如：使非使用者转变为使用者；②通过宣传推广，促使顾客更频繁地使用或每一次使用更多的量，以增加现有顾客的购买量；③通过市场细分化，努力打入新的市场区划，例如地理、人口、用途的细分；④赢得竞争者的顾客。

（2）产品改良策略。企业可以通过产品特征的改良，来提高销售量。例如：①品质改良，即增加产品的功能性效果，如耐用性、可靠性、速度及口味等；②特性改良，即增加产品的新的特性，如规格、大小、重量、材料质量、添加物以及附属品等；③式样改良，即增加产品美感上的需求。

(3) 营销组合调整策略。即企业通过调整营销组合中的某一因素或者多个因素，以刺激销售，例如：①通过降低售价来加强竞争力；②改变广告方式以引起消费者的兴趣；③采用多种促销方式如大型展销、附赠礼品等；④扩展销售渠道，改进服务方式或者货款结算方式等。

4. 衰退期

衰退期是指商品逐渐老化，转入商品更新换代的时期。当商品进入衰退期时，企业不能简单地一弃了之，也不应恋恋不舍，一味维持原有的生产和销售规模。企业必须研究商品在市场的真实地位，然后决定是继续经营下去，还是放弃经营。

(1) 维持策略。即企业在目标市场、价格、销售渠道、促销等方面维持现状。由于这一阶段很多企业会现行退出市场，因此，对一些有条件的企业来说，并不一定会减少销售量和利润。使用这一策略的企业可配以商品延长寿命的策略，企业延长产品寿命周期的途径是多方面的，最主要的有以下几种：①通过价值分析，降低产品成本，以利于进一步降低产品价格；②通过科学研究，增加产品功能，开辟新的用途；③加强市场调查研究，开拓新的市场，创造新的内容；④改进产品设计，以提高产品性能、质量、包装、外观等，从而使产品寿命周期不断实现再循环。

(2) 缩减策略。即企业仍然留在原来的目标上继续经营，但是根据市场变动的情况和行业退出障碍水平在规模上做出适当的收缩。如果把所有的营销力量集中到一个或者少数几个细分市场上，以加强这几个细分市场的营销力量，也可以大幅度地降低市场营销的费用，以增加当前的利润。

(3) 撤退利润。即企业决定放弃经营某种商品以撤出该目标市场。在撤出目标市场时，企业应该主动考虑以下几个问题：①将进入哪一个新区划，经营哪一种新产品，可以利用以前的哪些资源；②品牌及生产设备等残余资源如何转让或者出卖；③保留多少零件存货和服务，以便在今后为过去的顾客服务。

思考题

1. 波特的行业竞争结构分析的主要内容是什么？
2. 影响行业进入障碍的因素有哪些？
3. 影响买方与供方讨价还价能力的因素主要有哪些？
4. 战略管理过程中的分析法有哪些？
5. 进行 SWOT 分析时，主要考虑哪些方面的内容？
6. 简述目标市场研究的主要内容。
7. 如何理解各种战略类型。

本章案例 华为手机的 honor 之路

从 2011 年底华为倾力打造荣耀系列，到 2013 年底荣耀品牌独立，再到 2014 年 10 月华为荣耀裂变"畅玩"子品牌。不到三年的时间里，华为荣耀系列手机已销至全球 100 多个国家，销量已突破千万台，2014 年有望完成销售额达 20 亿美元。庞大的用户群和强大口碑资源让华为荣耀在手机界风生水起，成为国产手机对抗小米的劲敌。随处可见的荣耀系列形象广告，把华为从低端国产拉升到高端商务的品牌形象，让华为在"中华酷联"的阵营里瞬间脱颖而出。

一、定位精准，产品清晰

荣耀品牌的目标非常明显，直接针对小米，荣耀 1 和小米形成直接竞争，号称四核飙机王的荣耀 2 利用小米 2 上市的时间差完成了一个漂亮的狙击，荣耀 3 也是发布在小米 3 之前，荣耀 6 更是和小米 4 死磕到底，以至于荣耀曾放言"初期将会采取不赚钱甚至亏损的激进价格"，充分显示了应对竞争对手小米的决心。但荣耀不满足仅仅成为一个狙击小米的竞争品牌，在新领域的探索，也显示了荣耀对未来的野心和信心。

移动互联网时代，荣耀品牌准确认知互联网本质：平等、开放、去中心化，保持与受众完全对等的沟通，聆听受众的呼声，为受众提供更多满足需求的高性价产品。荣耀产品遵循华为品质，追求更酷、极致体验，定位于年轻移动互联一群，主打性价比和极致体验。荣耀品牌的口号是"勇敢做自己"，追求一种理性的、共鸣性的年轻人价值认同，试图体现一种普世价值的人文精神。"产品来了又走，营销的故事也可以此起彼伏，而只有人性是亘古不变的。"荣耀首席聆听官张晓云解释道。事实上，单单从首席聆听官这个称谓，已经能看到荣耀对与消费者的沟通的关注。

二、软硬结合，营销制胜

华为荣耀和小米在公关层面一直紧咬不放，除却手机业务模式上的冲突，双方的软硬结合布局的冲突也是开战诱因之一。不同于小米的自身团建生态系统，华为荣耀选择和大型互联网公司进行跨界合作，用丰富的产品线打造软件定制版的硬件产品：2014 年 5 月开始，华为荣耀先后和手机 QQ、微信展开了首发预约活动。华为荣耀直接借助手机 QQ 和微信平台的影响力，在微信直接预约销售，取得了非常好的预约成绩（与手机 QQ 合作中，荣耀实现 6 天内超过 700 万的预约量）；华为荣耀曾经和百度爱奇艺还进行了软硬结合的尝试，推出荣耀爱奇艺 X1 用高清大屏＋海量大片免费看＋爱奇艺黄金会员特权的优势，试图打造追剧神器；2014 年 9 月，华为荣耀和腾讯游戏在 TGA 移动游戏大奖赛上展开合作，将荣耀 6 作为 TGA 移动游戏大赛 Android 版比赛专用手机，以求打造华为荣耀"游戏"级爆款手机。

和创维酷开一起搞荣耀电视、用荣耀 6 遥控特斯拉电动车、荣耀大篷车全国巡游、荣耀荧光夜跑……荣耀的营销手段不断翻新，赚足了人气的同时产品也卖了个盆满钵满。这种营销方式也对市场进行了再次的细分，在细分市场细分区域形成品牌优势，用合作伙伴的社交传播优势打造社会化营销，通过联动性的社会化营销，以小博大，在费用有限的情况下尽可能放大品牌势能，提升品牌影响力。

三、品牌互补，产品共存

2014 年 10 月 13 日，华为荣耀旗下裂变出全新子品牌——畅玩。畅玩和荣耀的目标客户稍有差别，定位于比荣耀更年轻的族群，上进、乐观、自信、务实、拥有年轻心态、富有创造性的这群人是主要消费者，倡导充满正能量、敢为人先、快乐撒欢、乐于分享的生活方式，其核心理念是"快科技"——快速尝鲜、快速迭代和快乐消费。畅玩之上是荣耀品牌，相对更加理性和从容，倡导"为勇敢而生"的精神诉求，核心理念是性价比和极致体验。独立的品牌运营给了不同品牌极大的发展空间，保留母品牌、发展子品牌的双品牌策略稳中求胜，退可守，进可攻。子品牌发展不利还有老品牌守城，若业务发展顺利则可以迅速扩张。

于是，我们可以看到，华为的消费者业务中华为与荣耀构成了一个双品牌矩阵，荣耀偏向互联网和电商渠道，华为偏向传统与运营商；而在荣耀体系下，又形成了荣耀与畅玩的双品牌组合，差异在于人群与产品定位。华为主攻高端市场，剑指三星和苹果，荣耀则发力中高端市场，竞争对手是以小米为主的国产手机，而畅玩聚焦在入门智能终端市场，与红米等品牌贴身搏杀。品牌相互独立又相互补充。

在产品层面，荣耀进入了疯狂扩张期：荣耀平板、荣耀 A55 电视盒、畅玩手环夺人眼球的同时，荣耀游戏机也在上市酝酿中，从智能手机到智能路由器，以及智能手环和平板电脑，基于华为自主研发的手机芯片以及通信行业的丰富经验，荣耀"背靠大树好乘凉"，在不到一年的时间里完成了近乎疯狂的扩张，构建移动互联网的丰富生态链。产品的丰富为荣耀提供品牌扩张的同时，也有一定的市场风险。

四、粉丝效应，品牌忠诚

互联网时代是粉丝经济的时代，在移动互联的发展模式下，"得屌丝者得天下"，小米黎万强在《参与感：小米口碑营销内部手册》一书中写：参与感是新营销的灵魂，小米手机成功的原因就是参与感。参与感的三三法则：用户参与营销、用户参与产品创新、用户参与公司内部管理。作为小米的主要竞争对手，华为荣耀当然也不会错失粉丝营销的良机。在华为的官网上开辟了面向荣耀粉丝的论坛，荣耀粉丝自称为"花粉"，他们参与产品的开发、体验、营销、反馈的各个环节，与品牌进行直接的互动，而华为自开发的EMUI 也以其独特卖点，形成了自己的品牌忠诚。

手机行业目前经历着巨大的变化，在商业模式上从运营商主导变成消费者主导，所有产品设计和品牌发展都以打动消费者为最终目的。荣耀正是抓住消费者需求这个关键点，把荣耀品牌打造为一个有品牌内涵，有文化意味，有灵魂的精神符号。对于消费者而言，选择荣耀是选择一种生活态度和生活方式。（本文刊载于《销售与市场》杂志评论版2015.3）

案例思考题

通过案例，谈谈华为的发展战略。

第三篇 组 织

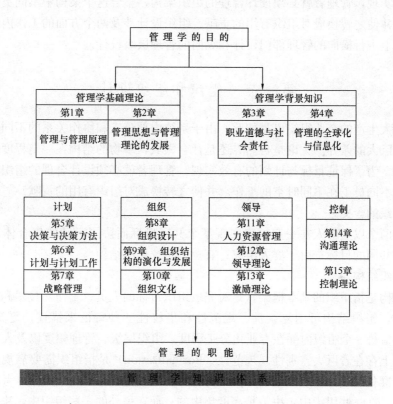

```
                    ┌──────────────────┐
                    │    管理学的目的    │
                    └──────────────────┘
          ┌──────────────────┴──────────────────┐
  ┌───────────────────┐              ┌───────────────────┐
  │    管理学基础理论    │              │    管理学背景知识    │
  ├─────────┬─────────┤              ├─────────┬─────────┤
  │  第1章   │  第2章   │              │  第3章   │  第4章   │
  ├─────────┼─────────┤              ├─────────┼─────────┤
  │ 管理与管理│管理思想与管理│            │职业道德与社│管理的全球化│
  │   原理   │ 理论的发展 │            │  会责任   │ 与信息化  │
  └─────────┴─────────┘              └─────────┴─────────┘

  ┌──────────┐  ┌──────────┐  ┌──────────┐  ┌──────────┐
  │   计划    │  │   组织    │  │   领导    │  │   控制    │
  ├──────────┤  ├──────────┤  ├──────────┤  ├──────────┤
  │   第5章   │  │   第8章   │  │  第11章   │  │          │
  │决策与决策方法│ │  组织设计  │ │ 人力资源管理 │ │  第14章   │
  ├──────────┤  ├──────────┤  ├──────────┤  │  沟通理论  │
  │   第6章   │  │第9章 组织结│ │  第12章   │  ├──────────┤
  │计划与计划工作│ │构的演化与发展│ │  领导理论  │ │          │
  ├──────────┤  ├──────────┤  ├──────────┤  │  第15章   │
  │   第7章   │  │  第10章   │ │  第13章   │  │  控制理论  │
  │  战略管理  │ │  组织文化  │ │  激励理论  │ │          │
  └──────────┘  └──────────┘  └──────────┘  └──────────┘

                    ┌──────────────────┐
                    │    管理的职能      │
                    └──────────────────┘
              ▓▓▓▓▓▓ 管 理 学 知 识 体 系 ▓▓▓▓▓▓
```

第八章 组 织 设 计

管理的组织职能是对组织的资源进行配置。组织是两个以上的人在一起为实现某个共同目标而协同行动的集合体，组织目标一经确立，决策与计划一旦制定，为了保证目标与计划的有效实现，管理者就必须设计合理的组织架构，整合这个架构中不同员工在不同时空的工作，并使之转换成对组织有用的贡献。组织设计涉及两个方面的工作内容：在职务设计的基础上进行横向的管理部门设计和纵向的管理层级设计。

第一节 组织和组织设计

社会化大生产的企业组织也是如此，由于系统内部分工和协作关系的不同，组织的效能会表现出巨大的差异。无论是自然界还是社会领域，事物的结构在一定程度上决定了其功能或效能。为了保证目标与计划的有效实现，管理者就必须设计合理的组织架构，整合这个架构中不同员工在不同时空的工作，并使之转换成对组织有用的贡献。

一、组织的含义

组织是两个以上的人在一起，为实现某个共同目标而协同行动的集合体。组织的特点：有一个共同的目标；由一群人组成；有一个系统化的结构。

二、组织结构

组织结构是指组织的基本框架，是对完成组织目标的人员、工作、技术和信息所做的制度性安排。组织结构可用复杂性、规范性和集权性三种特征来描述。复杂性（Complexity）是指每一个组织内部在专业化分工程度、组织层级、管理幅度以及人员之间、部门之间关系上存在着巨大差别性。规范性（Formalization）是指组织需要靠规章制度以及程序化、标准化的工作，规范地引导员工的行为。集权化（Centralization）考虑决策制定权力的分布。在一些组织中，决策是高度集中的；而在另外的一些组织中，决策权力被授予下层人员，这被称作分权化（Decentralization）。

组织设计就是对组织的结构和活动进行创构、变革和再设计。组织设计的目的：通过创构柔性灵活的组织，动态地反映外在环境变化的要求；能够在组织演化成长的过程中，有效积聚新的组织资源；同时，协调好组织中部门与部门之间、人员与任务之间的关系，使员工明确自己在组织中应有的权力和应担负的责任；有效地保证组织活动的开展，最终保证组织目标的实现。

三、组织设计的任务

设计清晰的组织结构，规划和设计组织中各部门的职能和职权，确定组织中的职能职权、参谋职权、直线职权的活动范围并编制职务说明书。

四、组织设计的主要工作

（1）职能与职务的分析与设计；

（2）部门设计；

（3）层级设计。

五、组织设计的原则

（1）专业化分工原则：专业化分工是组织设计的基本原则，在进行组织设计时，组织活动与员工技能特点相结合。

（2）统一指挥原则：每位下属应该有一个并且只有一个上级，要求在上下级之间形成一条清晰的指挥链。

（3）控制幅度原则：上级领导指挥下属的人数有限、有效。控制幅度原则是指一个上级直接领导与指挥下属的人数应该有一定的控制限度，并且应该是有效的。

（4）权责对等原则：权责对等指在一个组织中的管理者所拥有的权力应当与其所承担的责任相适应的准则。

（5）柔性经济原则：组织的部门、人员根据组织环境的变化而进行灵活调整和变动的。组织设计必须是在考虑经济成本前提下高效率完成。

六、组织设计的影响因素

管理学者西拉季认为：影响组织设计的因素有：环境，战略，技术与组织结构。组织内外的各种变化因素，都会对其组织内部的结构设计产生重大影响。归纳起来，影响组织设计的因素主要包括以下几个主要方面：

1. 组织战略

组织结构只是实现组织战略目标的手段，因此，组织结构的设计和调整必须服从于组织战略。如果管理者对组织战略进行了重大的调整，就需要同时改变组织结构，以适应和支持这一变革。对"战略—结构"关系率先进行研究的是埃尔弗雷德·钱德勒。他对美国100家大公司进行了考察，在追踪了这些组织长达50年的发展历程，并广泛收集历史案例资料后得出的结论是：公司战略的变化的先行，导致了组织结构的变化。

2. 组织规模

有关研究结果表明：组织的规模对其结构具有明显的影响作用。一般而言，组织规模越大，工作越专业化，标准操作化程序和条例制度越多，组织的复杂性和正规化程度也就越高，组织结构越倾向于机械式。而对一个仅有200名员工的组织来说，同样增加500名员工，则可能会使其转变为更为机械式的结构。

3. 技术因素

任何组织都需要利用某种技术，将投入转换为产出。而无论采用什么样的技术和生产方式，都会对组织结构产生一定的影响。美国著名的管理学家琼·伍德沃德早在20世纪60年代初就提出，组织结构稳定而又有变化。她在对英国南部近100架小型制造企业进行调查时，按"工艺技术连续性"的程度，把企业分为三种类型：单件生产、大量生产和连续生产，并提出与之相适应的组织结构。

（1）单件生产，即进行定制生产。组织成员人数不多，生产特点为小批量、多品种。与之相适应的组织结构较为简单，管理层级较少，整体的复杂性、规范程度都较低。

（2）大量生产，包括大量和大批生产。由于这类企业的生产的产品标准化程度较高，为提高效率，组织结构中分工较细、专业化程度高，这就使得组织结构复杂化。同时，为了严格管理，必将制定健全的规章制度，组织结构的规范化程度也较高，整个组织的集权程度也较高。

（3）连续生产，这是所用技术中最复杂的一类，如炼油厂和化工厂这类连续流程的生产企业。这类企业工艺技术复杂，组织结构中各管理层级之间差异较小，管理人员和技术人员比例较大，因此其规范化和集权化程度都较低。总之，一个组织的技术性质是组织结构的重要决定因素。

4. 组织的环境

环境也是组织结构的一个主要影响因素。在稳定的环境中运作有效的组织结构，一旦处于动态的、不确定的环境中将不能适应，从而使组织效率降低。当今社会，日趋激烈的全球竞争，日益加速的产品创新，乃至顾客对产品愈来愈高的要求，使组织处于不断变化的动态环境中。传统的组织结构已越来越不适应快速变化的环境。因此，越来越多的管理者开始致力于组织改组，力求使其精干、快速、灵活，更具有机动性。

5. 人力资源的特点

影响一个组织结构选择的最后一个重要因素是所雇用人力资源的特点。一般而言，组织的劳动力技术含量越高，需要团结成集体或团队来执行任务的人越多，组织越可能使用弹性分权制结构。具有较高技能的员工，或把较强专业价值和行为规范内化为他们所受培训的一部分的员工，往往渴望自由和自治，而且不喜欢被严密监督。在一个组织的环境中，不确定性越大，组织的战略和技术越复杂，它的劳动力素质越高、技能越高，管理者越有可能设计一种弹性结构。而一个组织的环境越稳定，组织的战略或技术越不复杂，越容易理解，劳动力的技能越少，管理者则越可能设计一个规范而可控的组织结构。

第二节　组织的部门化

组织部门化（organizational departmentalization）是依据一定的标准将若干个岗位组合在一起的过程。组织部门化是劳动分工在组织内部的体现，它将组织工作依据一定的标准进行了归类。组织部门化可以依据多种不同的标准进行选择安排，常见的有职能部门化、产品部门化或服务部门化、流程部门化、顾客部门化和地域部门化。

一、组织部门化的基本原则

1. 因事设职与因人设职相结合的原则

组织设计应以工作为中心，不应以人为中心，先有工作，作业分工再设置人；另一方面组织设计也要考虑人员的配置问题，即人尽其能，人尽其用。

2. 分工与协作相结合的原则

一个人并不能完成所有的工作，需要将工作划分为若干步骤，企业目标的完成，离不开内部专业化的分工和协作。只有在合理分工的基础上加强协作和配合，才能保证各项专业管理工作的顺利开展，以达到组织的整体目标。

3. 精简、高效的部门设计原则

精简机构，减少层次，精减人员，实行合理定编，在保证目标能够实现的前提下，人员配置和部门设置精简合理。要求单个部门的效率目标与组织整体效率目标有机结合起来，体现局部利益服从组织整体利益的思想。

二、组织部门化的基本形式

1. 职能部门化

就是按照生产、财务管理、营销、人事、研发等基本相似或技能相似的要求，分类设立专门的管理部门，如图 8-1 所示。

职能部门化的优点：能够突出业务活动的重点，确保高层主管的权威性并使之能有效地管理组织的基本活动；符合活动专业化的分工要求，能够充分有效地发挥员工的才能，调动员工学习的积极性；简

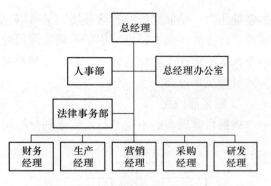

图 8-1 按职能划分的部门化组织图

化了培训，强化了控制，避免了重叠，最终有利于管理目标的实现。职能部门化的缺点：不利于开拓远区市场或按照目标顾客的需求组织分工；可能助长部门主义风气，使得部门之间难以协调配合；部门利益高于企业整体利益的思想可能会影响到组织总目标的实现；不利于高级管理人员的全面培养和提高，也不利于"多面手"式的人才成长。

2. 产品或业务部门化

按照产品或服务的类别对企业获得进行分组（图 8-2）。

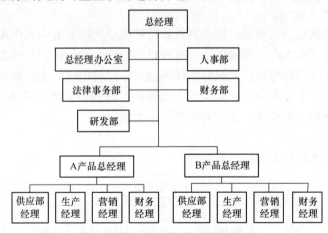

图 8-2 按产品划分的部门化组织图

产品或业务部门化的优点：有助于促进不同产品和服务项目间的合理竞争；有助于比较不同部门对企业的贡献；有助于决策部门加强对企业产品与服务的指导和调整；为"多面手"式的管理人才提供了较好的成长条件。产品或业务部门化的缺点：企业需要更多的"多面手"式的人才去管理各个产品部门；各个部门同样有可能存在本位主义倾向，这势必会影响到企业总目标的实现；部门中某些职能管理机构的重复会导致管理费用的增加，同时也增加了总部对"多面手"级人才的监督成本。

3. 地域部门化

按照地域的分散化程度划分企业的业务活动，继而设置管理部门管理其业务活动（图8-3）。

地域部门化的优点：可以把责权下放到地方，鼓励地方参与决策和经营；地区管理者可以直接面对本地市场的需求灵活决策；通过在当地招募职能部门人员，既可以缓解当地

的就业压力，争取宽松的经营环境，又可以充分利用当地有效的资源进行市场开拓，同时减少了许多外派成本，也减小了不确定性风险。地域部门化的缺点：企业所需的能够派赴各个区域的地区主管比较稀缺，且比较难控制；各地区可能会因存在职能机构设置重叠而导致管理成本过高

4. 顾客部门化

根据目标顾客的不同利益需求来划分组织的业务活动（图8-4）。

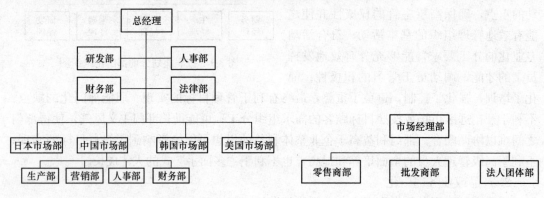

图 8-3　按地域划分的部门化组织图　　　　图 8-4　按顾客划分的部门化组织图

顾客部门化的优点：能满足目标顾客各种特殊而广泛的需求，获得用户真诚的意见反馈；可有针对性地按需生产、按需促销；发挥自己的核心专长，创新顾客需求，建立持久性竞争优势。顾客部门化的缺点：只有当顾客达到一定规模时，才比较经济；增加与顾客需求不匹配而引发的矛盾和冲突；需要更多能妥善处理和协调顾客关系问题的管理人员；造成产品或服务结构的不合理，影响对顾客需求的满足。

5. 流程部门化

按照工作或业务获得流程组织业务活动（图8-5）。

图 8-5　按流程划分的部门化组织图

流程部门化的优点：发挥人员集中的技术优势，对市场需求做出快速反应；简化了培训，容易在组织内产生良好的学习氛围。流程部门化的缺点：部门之间的紧密协作可能得不到贯彻，也会产生部门间的利益冲突；权责相对集中，不利于培养综合性管理人才。

第三节　组织的层级化

组织的层级化是指组织在纵向结构设计中需要确定层级数目和有效的管理幅度，需要

根据集权化的程度，规定纵向各层级之间的权责关系，最终形成一个能够对内外环境要求做出动态反应的有效组织的结构形式。

组织层级化设计的核心内容是确定完成任务需要设定的层级数目，有效的管理幅度是决定组织层级数目的最基本要素。所谓管理幅度，也称组织幅度，是指组织中上级主管能够直接有效的指挥和领导下属的数量。这些下属的任务是分担上级主管的管理工作，并将组织任务进行层层分解，然后付诸实施。

一、管理幅度与组织层次设计

1. 管理幅度与组织层次的关系

管理幅度是指上级主管能够有效管辖下级的人数，它是部门设置中必须考虑的部门规模问题。管理幅度的大小，实际上意味着主管人员直接控制和协调的业务活动量的多少。管理层次是从企业最高一级管理组织到最低一级管理组织的各个组织等级，它是描述组织纵向结构特征的一个概念。管理层次实质上是组织内部纵向分工的表现形式，各个层次分别担负不同的管理职能。

管理幅度对管理层次的多少具有直接影响，并最终影响到组织结构的形式。管理幅度与管理层次成反比关系，即管理幅度加大，管理层级就相应减少；管理幅度缩小，管理层级就相应增多。例如，一个 36 人的企业中，如果经理的管理幅度为 36 人，则该企业的员工均可直接由经理管理，毋须设置中间管理层次；如果经理的管理幅度只有 6 人，则该企业就要分为 6 个部门，并相应产生 6 个部门负责人，通过部门负责人来管理员工。在这种情况下，随着经理管理幅度的缩小，企业的管理层次就相应增加了。由于管理幅度大小的影响，组织结构常常会出现两种形态，即高耸型结构和扁平型结构。前者管理幅度小，管理层次多；两者正好相反。

研究表明，在有的企业中，采用较大管理幅度而形成扁平型组织结构后效果较好。因为在这种情形下管理人员只能让下属履行大量的职责，即迫使下属自我管理，从而提高了下属士气。但是，另外的研究却证明，有的情况用较小管理幅度造成高耸型组织结构后，员工的成绩会更好些，原因是高耸型组织中，比较容易建立起一套有条不紊的决策程序，管理指令更为明确，组织成员的行动也更容易协调。

2. 管理幅度的设计

当古利克与厄威克在 20 世纪 30 年代最先提出管理幅度原则时，他们的指导思想十分明确：

（1）主管人员应该知道自己的管理幅度是有限的；

（2）管理幅度存在一个固定的具体人数，应该努力寻找这一普遍使用的有效幅度，以用于组织设计之中。

格丘纳斯提出过一种关于管理幅度的很有影响的观点，他指出，在向经理汇报的人数以数学技术增加时，管理者和下属间的人与人之间潜在的相互影响的数量就以集合级数增加。他解释说，管理人员可以直接和每个下属联系（直接单独联系），或与每个可能组成的下属人员的小组联系（直接小组联系），而且下属之间还可能相互联系（交叉）。法国的管理学者格丘纳斯发明了一项公式，可用来计算有任何数目的下属所得出的可能存在的关系，该公式为 $N = n(2^{n-1} + n - 1)$，其中 n 表示直接向一位上级报告的下级人数，N 表示需要协调的人际关系数。其他许多关于管理幅度的主张都有其参考价值；英国人汉密尔顿认为，理想的管理幅度应该是 3～6 人。美国管理学家戴维斯把管理幅度分为两类，即行政管理幅度和业务管理幅度。前者是组织的中、上层管理，其幅度以 3～9 人为宜；后者是指组织的下层管理，其幅度可多达 30 人。

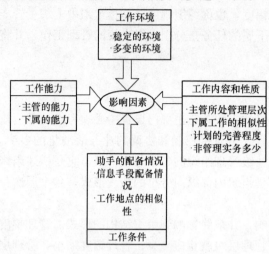

图 8-6　影响管理幅度的因素

管理者与被管理者的工作能力；工作内容和性质：主管所处的管理层次、下属工作的性质、计划的完善程度、非管理性事物的多少；工作条件：助手的配备情况、信息手段的配备情况、工作地点的相似性；工作环境（图 8-6）。

3. 管理的层级划分

管理幅度对管理层次有一定影响，但管理层次的设计绝非只以管理幅度作为唯一参照。在具体操作上，管理层次大多是依据下列三个方面来确定。

依据企业的纵向职能，确定基本的管理层次。这类设计一般把企业的管理层次分为上层、中层和基层三个层次，美国斯隆管理学院提出的"安东尼结构"，是这类设计中比较合理的表述之一。但是，每一个企业实际管理层次的确定，还必须顾及其规模大小。三个层次，是就一般情形而言；在规模较大的企业中（如跨国公司），管理层次可能达 20 多个。

依据提高组织效率的要求，确定具体的管理层次。高效率的组织主要表现：下属有明确而充分的职权，能够参与决策，了解集体目标；能够向下属提供安全与地位，使每个人都有发展机会；下属能够依靠集体的团结与协作，有效地完成工作。那么，管理层次是怎样具体影响组织效率的呢？这里涉及两种不同情况。

第一，管理层次较多时，领导岗位随之增多，人员的晋升机会较多，从而形成一定的激励效果；另外，由于部门规模比较小（增加层次的结果），成员沟通方便，易于达成共识。但是，管理层次较多也会影响组织效率。层次越多，投入管理工作的人员也就越多，协调成本会大量增加；管理层次较多时，会使上下的意见沟通受阻；多层次的严密管理，还会影响下级人员的主动性和创造性。

第二，管理层次较少时，信息流通快，管理费用低，而且由于管理幅度较大，被管理者有较大的自主权。但是，较少的管理层次往往会导致管理严密性的降低和部门规模过大带来的无序状态。因此，一个企业究竟以多少个管理层次为宜，必须服从于组织效率的要求，进行符合实际的选择。

依据组织不同部门的特点，实行管理层次的差异化设计。在一个企业内，管理层次不可能也不应该在所有部门都整齐划一，在不同部门，应根据实际需要体现差异。例如，在技术开发部门，管理层次过多会妨碍技术人员创造性的发挥；而在生产部门，控制的必要性会大大增加，因而往往需要适当增加管理层次。

4. 不同层级的管理幅度的大小

按其层级，组织大致可以分为高层，中层和基层，不同层级的管理幅度一般是不同的，一般来讲高层的管理幅度小于中层管理幅度，中层管理幅度小于基层的管理幅度。

> 刘邦因怀疑韩信谋反而捕获韩信之后，君臣有一段对话。
>
> 刘问："你看我能领兵多少？"
>
> 韩答："陛下可领兵十万。"
>
> 刘问："你可领兵多少？"
>
> 韩答："多多益善。"
>
> 刘不悦，问道："既如此，为何你始终为我效劳又为我所擒？"
>
> 韩答："那是因为我们两人不一样呀，陛下善于将将，而我则善于将兵。"
>
> 这个故事说明了什么道理？

二、职权设计

1. 集权与分权

集权：决策指挥权在组织层级系统中较高层次上的集中，下级的一切行动必须听从上级指挥。分权：决策指挥权在组织层级中较低层次上的分散。集权与分权是相对的，因此，将集权与分权有效地结合起来是组织存在的基本条件，也是组织既保持目标统一性又具有柔性灵活性的基本要求。

过分集权带来了种种弊端，其中最主要的如下：

（1）降低决策的质量。在高度集权的组织中，随着组织规模的扩大，组织的最高管理者远离基层，基层发生的问题经过层层请示汇报后再作决策，不仅影响了决策的正确性，而且影响决策的及时性。

（2）降低组织的适应能力。处在动态环境中的组织必须根据环境中各种因素的变化不断进行调整。过度集权的组织，可能使各个部门失去自我适应和自我调整的能力，从而削弱组织整体的应变能力。

（3）不利于调动下属积极性。由于实行高度集权，几乎所有的决策权都集中在最高管理层，结果使中下层管理者变成了纯粹的执行者，他们没有任何的决策权、发言权和自主权。长此以往，他们的积极性、创造性和主动性会被磨灭，工作热情消失，并且会减弱其对组织关心的程度。

（4）阻碍信息交流。在高度集权的组织里，由于决策层即最高管理层与中下层的执行单位之间存在多级管理层次，信息传输路线长，经过环节多，因而信息的交流比较困难，使下情难以上达。

戴尔提出的判断一个组织分权程度的标准：

1）较低的管理层次做出的决策数量越多，分权程度越大。

2）较低的管理层次担任的决策重要性越大，分权程度越大。

3）较低的管理层次做出的决策影响面越大，分权程度越大。

4）较低的管理层次做出的决策审核越少，分权程度越大。

企业管理应采取权变策略，宜集权则集权，宜分权则分权。具体来说，管理者应综合下述因素相机行事，采取恰当的行动：

（1）组织发展阶段。创业期的企业一般应选择集权模式。当企业发展到较大规模，造成决策者的精力和知识难以应对时，企业应进入分权阶段：通过实行事业部制，总部掌握投资决策权、财务承诺权、融资权、人事权和工资制定权，其他权力则下放到各事业部，调动事业部的积极性，促进企业的跨越式大发展。组织在分权阶段获得又一次飞跃发展后，其规模变得更加巨大，组织结构异常复杂，产品更加多元化，营业额巨大。

（2）组织环境的确定性程度。组织结构、人员比率、市场环境、竞争对手、主要供应商、客户等，都是影响企业采取集权或分权组织结构的因素。一般而言，分权管理因为信息传递成本较低，并且能够很好地发挥下层的主动性和创造性，所以更适合不确定性较高的环境，如竞争激烈的买方市场环境。反之，环境不确定性较低的企业，其对市场适应力的要求不高，可以通过集权管理来增加管理的效率。

（3）下属成熟度。所谓下属成熟度就是指个体完成某一具体任务的能力和意愿程度。在员工的职业生涯早期，员工的工作能力和工作意愿较低，领导者应该尽可能给予员工指导和帮助，即采用指导型的领导方式。随着员工职业能力的成长，任务与关怀的领导方式则更适合于员工的发展，应采用推销型领导方式。当员工步入职业生涯鼎盛时期，领导者的主要角色是提供便利和沟通，应采用参与型领导方式。在员工职业生涯晚期，各方面都能自律自主，领导者应该给予员工一定的决策权力，那时，应采用授权型的领导方式。

（4）工作性质。如果一项工作的技术化程度、专业化程度较高，超出了领导者个人素质所能承受的限度，那么领导者就应该采取分权模式。而那些经常处于"危机"和"紧急状态"的组织一般应该集权管理，如军队、警察等部门。当一项工作的组织利益相关性远远大于个人利益相关性时，采取分权的领导方式往往会加剧决策的混乱。反之，当一项工作的个人利益相关性远远大于组织利益相关性时，领导者在决策时让下属分享并使用权力是极为必要的。

2. 职权

管理中职权的来源：职权是在层级组织中居于某一特殊职位所拥有的命令指挥权；由于个人具备某些核心专长或高级技术知识而拥有的技术能力职权；由于个人能够有效地激励、领导和影响他人而拥有的管理能力职权。直线职权是管理者直接指导下属工作的职权。这种职权由组织的顶端开始，延伸向下至最底层形成所谓的指挥链。参谋职权是管理者拥有某种特定的建议权或审核权，评价直线职权的活动情况，进而提出建议或提供服务。职能职权是由直线管理者向自己辖属以外的个人或职能部门授权，允许他们按照一定的制度在一定的职能范围内行使的某种职权。

参谋职权：管理者拥有某种特定的建议权或审核权，评价直线职权的活动情况，进而提出建议或提供服务。当组织规模逐渐增大且日渐复杂时，直线主管发现他们在时间、技术知识、精力、能力和资源等各个方面都不足以圆满完成任务，这时必须创造参谋职权，以支持和弥补直线主管在能力方面的缺陷和障碍。职能职权：是由直线管理者向自己辖属以外的个人或职能部门授权，允许他们按照一定的制度在一定的职能范围内行使的某种职权。职能职权的设立主要是为了发挥专家的核心作用，减轻直线主管的任务负荷，提高管理工作的效率。

3. 授权

（1）授权

授权是组织为了共享内部权力，激励员工努力工作，而把某些权力或职权授予下级。授权是一门管理的艺术，充分合理的授权能使管理者们不必亲力亲为，从而把更多的时间和精力投入到企业发展上，以及如何引领下属更好地运营企业。

（2）有效授权的原则

重要性原则：敢于把重要的权力下放。

适度原则：防止授权过少或过多。

权责一致原则：授权的同时，必须明确责任。

级差授权原则：不可越级授权。

（3）授权与分权的区别

授权是将属于上级的权利授予下级，是一个短期性质的行为，而分权则是某一部分权力本来就较多地放在下级那里，是一个长期性质的行为。授权是上级决定的，而分权是组织权责制度规定的。一个企业只有经常地授权，才能知道下属处理问题的能力如何，如果令人满意，才能长期地进行分权。

第四节 组织结构类型

一、直线制

最简单的集权式组织结构形式，又称军队式结构，其领导关系按垂直系统建立，不设专门的职能机构，自上而下形同直线。直线制是一种最早也是最简单的组织形式。它的特点是企业各级行政单位从上到下实行垂直领导，下属部门只接受一个上级的指令，各级主管负责人对所属单位的一切问题负责（图8-7）。

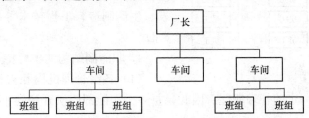

图 8-7　直线型组织结构图

直线型组织结构是最古老的组织结构形式。所谓的"直线"是指在这种组织结构下，职权直接从高层开始向下"流动"（传递、分解），经过若干个管理层次达到组织最低层。其特点是：

（1）组织中每一位主管人员对其直接下属拥有直接职权；

（2）组织中的每一个人只对他的直接上级负责或报告工作；

（3）主管人员在其管辖范围内，拥有绝对的职权或完全职权。即：主管人员对所管辖的部门的所有业务活动行使决策权、指挥权和监督权。

直线型组织结构的优缺点

优点：这种组织结构形式的优点是权力集中，职权和职责分明、命令统一，信息沟通简捷方便，便于统一指挥，集中管理。不过这种组织结构显著缺点是，各级行政首脑必须熟悉与本部门业务相关的各种活动（尤其是最高行政首脑，必须是全能管理者）；缺乏横向的协调关系，没有职能机构作为行政首脑的助手，容易使行政首脑产生忙乱现象。所以，一旦企业规模扩大，管理工作复杂化，行政首脑可能由于经验、精力不足而顾此失彼，难以进行有效的管理。

缺点：

（1）各职能单位自成体系，往往不重视工作中的横向信息沟通，加上狭窄的隧道视野和注重局部利益的本位主义思想，可能引起组织中的各种矛盾和不协调现象，对企业生产经营和管理效率造成不利的影响；

（2）如果职能部门被授予的权力过大过宽，则容易干扰直线指挥命令系统的运行；

（3）按职能分工的组织通常弹性不足，对环境的变化反应比较迟钝；

（4）职能工作不利于培养综合管理人才。

直线型组织结构的适用性：这种组织结构适用于企业规模不大，职工人数不多，生产和管理工作都比较简单的情况或现场作业管理。

二、职能制结构

职能型组织结构亦称 U 型组织。又称为多线性组织结构，职能制结构起源于 20 世纪初法约尔在其经营的煤矿公司担任总经理时所建立的组织结构形式，故又称"法约尔模型"。它是按职能来组织部门分工，即从企业高层到基层，均把承担相同职能的管理业务及其人员组合在一起，设置相应的管理部门和管理职务。例如，把所有同销售有关的业务工作和人员都集中起来，成立销售部门，由分管市场营销的副经理领导全部销售工作。研究开发、生产制造、工程技术等部门同样如此（图 8-8）。

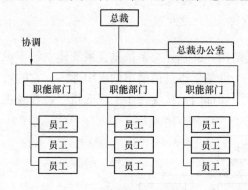

图 8-8　职能型组织结构图

1. 职能制结构的主要特点

（1）各级管理机构和人员实行高度的专业化分工，各自履行一定的管理职能。因此，每一个职能部门所开展的业务活动将为整个组织服务。

（2）实行直线—参谋制。整个管理系统划分为两大类机构和人员：一类是直线指挥机构和人员，对其直属下级有发号施令的权力；另一类是参谋机构和人员，其职责是为同级直线指挥人员出谋划策，对下级单位不能发号施令，而是起业务上的指导、监督和服务的作用。

（3）企业管理权力高度集中。由于各个职能部门和人员都只负责某一个方面的职能工作，唯有最高领导层才能纵观企业全局，所以，企业生产经营的决策权必然集中于最高领导层，主要是经理身上。

2. 职能制结构的优点

（1）由于按职能划分部门，其职责容易明确规定。

（2）每一个管理人员都固定的归属于一个职能结构，专门从事某一项职能工作，在此基础上建立起来的部门间联系能够长期不变，这就使整个组织系统有较高的稳定性。

（3）各部门和各类人员实行专业化分工，有利于管理人员注重并能熟练掌握本职工作的技能，有利于强化专业管理，提高工作效率。

（4）管理权力高度集中，便于最高领导层对整个企业实施严格的控制。

3. 职能制结构的缺点

（1）横向协调差。高度的专业化分工以及稳定性使各职能部门的眼界比较狭窄，他们往往片面强调本部门工作的重要性，希望提高本部门在组织中的地位，十分重视维护本部门的利益，特别致力于提高本部门的工作效率。因此，容易产生本位主义、分散主义，造成许多摩擦和内耗，使职能部门之间的横向协调比较困难。

（2）适应性差。由于人们主要关心自己狭窄的专业工作，这不仅使部门之间的横向协调困难，而且，妨碍相互间的信息沟通，高层决策在执行中也往往被狭窄的部门观点和利益所曲解，或者受阻于部门隔阂而难以贯彻。这样，整个组织系统就不能对外部环境的变化及时做出反应，适应性差。

（3）企业领导负担重。在职能制结构条件下，部门之间的横向协调只有企业高层领导才能解决，加之经营决策权又集中在他们手中，企业高层领导的工作负担就十分重，容易陷入行政事务之中，无暇深入研究和妥善解决生产经营的重大问题。

（4）不利于培养素质全面、能够经营整个企业的管理人才。由于各部门的主管人员属于专业职能人员，工作本身限制着他们扩展自己的知识、技能和经验，而且养成了注重部门工作与目标的思维方式的行为习惯，使得他们难以胜任也不适合担任对企业全面负责的高层领导工作。

4. 职能制结构的适用范围

（1）在各种企业里，职能制结构主要适用于中小型、产品品种比较单一、生产技术发展变化较慢、外部环境比较稳定的企业。具备以上特性的企业，其经营管理相对简单，部门较少，横向协调的难度小，对适应性的要求较低，因此职能制结构的缺点不突出，而优点却能得到较为充分的发挥。

（2）当企业规模、内部条件的复杂程度和外部环境的不确定性超出了职能制结构所允许的限度时，固然不应再采用这种结构形式，但在组织的某些局部，仍可部分运用这种按职能划分部门的方法。例如，在分权程度很高的大企业中，组织的高层往往设有财务、人事等职能部门，这既有利于保持重大经营决策所需要的必要的集权，也便于让这些部门为整个组织服务。此外，在组织的作业管理层，也可根据具体情况、程度不同的运用设置职能部门或人员的做法，借以保证生产效率的稳定和提高。

三、直线职能制

直线职能制组织结构是现实中运用得最为广泛的一个组织形态，它把直线制结构与职能制结构结合起来，以直线为基础，在各级行政负责人之下设置相应的职能部门，分别从事专业管理，作为该领导的参谋，实行主管统一指挥与职能部门参谋、指导相结合的组织结构形式（图8-9）。

1. 直线职能型组织结构的主要特征

以直线为基础，在各级行政负责人之下设置相应的职能部门，分别从事专业管理，作为该级领导者的参谋，实行主管统一指挥与职能部门参谋、指导相结合的组织结构形式。

职能参谋部门拟订的计划、方案以及有关指令，由直线主管批准下达；职能部门参谋只起业务指导作用，无权直接下达命令，各级行政领导人实行逐级负责，实行高度集权。

2. 直线职能制的优、缺点

直线职能制是直线制与职能制的结合。它是在组织内部既有保证组织目标实现的直线部门，也有按专业分工设置的职能部门；但职能部门在这里的作用是作为该级直线领导者

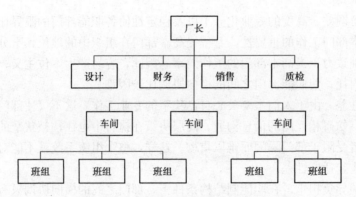

图 8-9 直线职能型组织结构图

的参谋和助手，它不能对下级部门发布命令。这种组织结构形式吸取了直线制和职能制的优点：一方面，各级行政负责人有相应的参谋机构作为助手，以充分发挥其专业管理的作用；另一方面，每一级管理机构又保持了集中统一的指挥。但在实际工作中，直线职能制有过多强调直线指挥，而对参谋职权注意不够的倾向。

优点：（1）把直线制组织结构和职能制组织结构的优点结合起来，既能保持统一指挥，又能发挥参谋人员的作用；

（2）分工精细，责任清楚，各部门仅对自己应做的工作负责，效率较高；

（3）组织稳定性较高，在外部环境变化不大的情况下，易于发挥组织的集团效率。

缺点：（1）部门间缺乏信息交流，不利于集思广益地做出决策；

（2）直线部门与职能部门（参谋部门）之间目标不易统一，职能部门之间横向联系较差，信息传递路线较长，矛盾较多，上层主管的协调工作量大；

（3）难以从组织内部培养熟悉全面情况的管理人才；

（4）系统刚性大，适应性差，容易因循守旧，对新情况不易及时做出反应。直线—参谋型组织结构又称直线—职能型组织结构。其特点是吸收了上述两种结构的优点，设置两套系统：一套是直线指挥系统；另一套是参谋系统。

由于这种组织结构形式具有以上的优点，使得它在各国的组织中被普遍地采用，而且采用的时间也较长。我国目前大多数企业甚至机关、学校、医院等，一般也都采用直线职能制的结构。

四、事业部制

事业部制最早是由美国通用汽车公司总裁斯隆于 1924 年提出的，故有"斯隆模型"之称，也叫"联邦分权化"，是一种高度（层）集权下的分权管理体制，如图 8-10 所示。

事业部制是分级管理、分级核算、自负盈亏的一种形式，即一个公司按地区或按产品类别分成若干个事业部，从产品的设计、原料采购、成本核算、产品制造，一直到产品销售，均由事业部及所属工厂负责，实行单独核算，独立经营，公司总部只保留人事决策、预算控制和监督大权，并通过利润等指标对事业部进行控制。也有的事业部只负责指挥和组织生产，不负责采购和销售，实行生产和供销分立，但这种事业部正在被产品事业部所取代，还有的事业部则按区域来划分。

事业部是在企业宏观领导下，拥有完全的经营自主权，实行独立经营、独立核算的部门，既是受公司控制利润中心，具有利润生产和经营管理的职能，同时也是产品责任单位

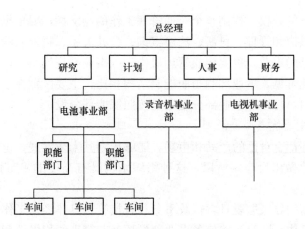

图 8-10 事业部型组织结构图

或市场责任单位，对产品设计、生产制造及销售活动负有统一领导的职能。其特征是：决策权并不完全集中于公司最高管理层，而是分权给事业部，有利于它们统一管理、独立核算；公司最高管理层摆脱了日常事务，集中精力进行重大决策的研究；公司的适应性强；适于规模大，产品种类多，经营范围广，分地区经营，技术上、生产上可以相互独立进行的企业；管理层次多，管理费用高，各事业部协助比较困难，易产生各自为政、本位主义的倾向。

1. 事业部制的主要特点

(1) 成立专业化的生产经营管理部门

按企业的产出将业务活动组合起来，成立专业化的生产经营管理部门，即事业部。如产品品种较多，每种产品都能形成各自市场的大企业，可按产品设置若干事业部，凡与该产品有关的设计、生产、技术、销售、服务等业务活动，均组织在这个产品事业部之中，由该事业部总管；在销售地区广、工厂分散的情况下，企业可按地区划分事业部；如果顾客类型和市场不同，还可按顾客（市场）成立事业部。这样，每个事业部都有自己的产品或服务的生产经营全过程，为企业贡献出一份利润。

(2) 按照"集中政策，分散经营"的原则

在纵向关系上，按照"集中政策，分散经营"的原则，处理企业高层领导与事业部之间的关系。实行事业部制之间的关系。实行事业部制，企业最高领导层要摆脱日常的行政事务，集中力量研究和制定企业发展的各种经营战略和经营方针，而把最大限度的管理权限下放到各事业部，使他们能够依据企业的经营目标、政策和制度，完全自主经营，充分发挥各自的积极性和主动性。例如，通用汽车公司当初按照斯隆模型改组后，各事业部出售的汽车在公司规定的价格幅度内，除此之外，事业部是完全自治的。

(3) 各事业部均为利润中心，实行独立核算

在横向关系方面，各事业部均为利润中心，实行独立核算。这就是说，实行事业部制，则意味着把市场机制引入到企业内部，各事业部间的经济往来将遵循等价交换原则，结成商品货币关系。

(4) 按照职能制结构进行组织设计

企业高层和事业部内部，仍然按照职能制结构进行组织设计。从企业高层组织来说，

为了实现集中控制下的分权，提高整个企业管理工作的经济性，要根据具体情况设置一些职能部门，如资金供应和管理、科研、法律咨询、公共关系、物资采购等部门。从事业部来说，为了经营自己的事业，也要建立管理机构。因事业部规模小，产品单一，故一般采用职能制结构。由此可见，事业部制与职能制结构相比，主要区别在于其企业最高层领导下一格的第一级部门，是按照事业部分设还是按照职能部分设。

2. 事业部制的主要优点

（1）每个事业部都有自己的产品和市场，能够规划其未来发展，也能灵活自主适应市场出现的新情况迅速做出反应，所以，这种组织结构既有高度的稳定性，又有良好的适应性。

（2）有利于最高领导层摆脱日常行政事务和直接管理具体经营工作的繁杂事务，而成为坚强有力的决策机构，同时又能使各事业部发挥经营管理的积极性和创造性，从而提高企业的整体效益。

（3）事业部经理虽然只是负责领导一个比所属企业小得多的单位，但是，由于事业部自成系统，独立经营，相当于一个完整的企业，所以，他能经受企业高层管理者面临的各种考验。显然，这有利于培养全面管理人才，为企业的未来发展储备干部。

（4）事业部作为利润中心，既便于建立衡量事业部及其经理工作效率的标准，进行严格的考核，易于评价每种产品对公司总利润的贡献大小，用以指导企业发展的战略决策。

（5）按产品划分事业部，便于组织专业化生产，形成经济规模，采用专用设备，并能使个人的技术和专业知识在生产和销售领域得到最大限度的发挥，因而有利于提高劳动生产率和企业经济效益。

（6）各事业部门之间可以有比较、有竞争。由此增强企业活力，促进企业的全面发展。

（7）各事业部自主经营，责任明确，使得目标管理和自我控制能有效地进行，在这样的条件下，高层领导的管理幅度便可以适当扩大。

3. 事业部制的主要缺点

（1）由于各事业部利益的独立性，容易滋长本位主义。

（2）一定程度上增加了费用开支。

（3）对公司总部的管理工作要求较高，否则容易失控。

事业部制结构主要适用于产业多元化、品种多样化、各有独立的市场，而且市场环境变化较快的大型企业，是国外较大的联合公司所采用的一种组织形式，近几年我国一些大型企业集团或公司也引进了这种组织结构形式。事业部制是分级管理、分级核算、自负盈亏的一种形式，即一个公司按地区或按产品类别分成若干个事业部，从产品设计、原料采购、成本核算、产品制造，一直到产品销售，均由事业部及所属工厂负责，实行单独核算，独立经营，公司总部只保留人事决策、预算控制和监督大权，并通过利润等指标对事业部进行控制。也有的事业部只负责指挥和组织生产，不负责采购和销售，实行生产和供销分立，但这种事业部正在被产品事业部所取代。还有的事业部则按区域来划分。事业部必须具有三个基本要素：即相对独立的市场；相对独立的利益；相对独立的自主权。

五、矩阵型结构

矩阵型结构是由纵、横两套管理系统组成的矩阵组织结构：一套是纵向的职能管理系统；另一套是为完成某项任务而组成的横向项目系统，横向和纵向的职权具有平衡对等性（图8-11）。

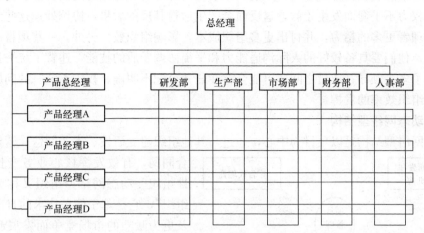

图 8-11 矩阵型组织结构图

1. 矩阵型结构的适用条件

（1）存在跨产品线共享稀缺资源的压力。这类组织通常只有中等的规模，拥有中等数量的产品线，这些产品线之间存在人力与设备灵活调用和共享的压力。但是，组织的规模还没有达到这样的程度，使组织能给每一条生产线配备专职的工程师。这样，工程师只能以临时调配的方式被指派到产品生产线或项目组中。

（2）环境压力使组织需要提供两方面或更多方面的关键产出。这种双方面的压力意味着组织需要职能和产品双重职权线上保持权力的平衡，而双重职权结构正是维持这种平衡所需的。

（3）组织的环境领域不仅复杂，而且充满不确定性。外界的频繁变化和部门之间的高度依存要求组织无论在纵向还是横向上，都具有较高的协调和信息处理能力。

2. 矩阵型结构的特点

在直线职能制垂直形态组织系统的基础上，再加上一种横向的领导系统。矩阵型结构优点：弹性大，可集中资源迅速完成重要任务；由于集中了各专业人才，促进新观点和新设想的产生；多部门组合，可促进相互沟通协调，有利合作；双重的晋升路径，在两条路径上都有更多的职业选择。

项目组织与职能部门同时存在，既发挥职能部门纵向优势，又发挥项目组织横向优势。专业职能部门是永久性的，项目组织是临时性的。职能部门负责人对参与项目组织的人员有组织调配和业务指导的责任，项目经理将参与项目组织的职能人员在横向上有效地组织在一起。项目经理对项目的结果负责，而职能经理则负责为项目的成功提供所需资源。

矩阵型组织是一种混合体，是职能型组织结构和项目型组织结构的混合。它既有项目型组织结构注重项目和客户（业主）的特点，也保留了职能型组织结构的职能特点。这种结构将职能与任务很好地结合在一起，既可满足对专业技术的要求，又可满足对每一项目任务快速反应的要求。

3. 矩阵型结构的缺点

组织中信息和权力等资源一旦不能共享，项目经理与职能经理之间势必会为争取有限的资源或权力不平衡而发生矛盾，这反而会产生适得其反的后果，协调处理这些矛盾必然要牵扯管理者更多的精力，并付出更多组织成本，影响组织效。另外，一些项目成员接受双重领导，他们要具备较好的人际沟通能力和平衡协调矛盾的技能，违背了统一指挥的原则，造成了多头领导；成员之间还可能会存在任务分配不明确、权责不统一的问题，这同样会影响组织效率的发挥。

六、动态网络型结构

动态网络型结构是以项目为中心，通过与其他组织建立研发、生产制造、营销等业务合同网，有效发挥核心业务专长的协作性组织。动态网络型组织又称为"虚拟组织"，它是基于信息技术的日新月异以及更为激烈的市场竞争而发展起来的一种临时性组织（图8-12）。

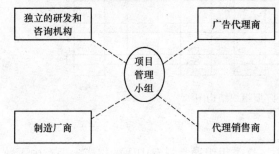

图8-12　动态网络型组织结构图

动态网络型结构的优点：具有更大的灵活性和柔性，可根据市场需求整合资源；这种组织结构简单、精练，由于大多数活动外包，并靠电子商务来处理，效率更高。动态网络型结构的缺点：由于和独立的供应商合作，存在道德风险和逆向选择，可控性差；外部合作组织是临时的，面临解体风险；由于项目是临时的，员工忠诚度较低等。

对六种组织结构的优点和缺点进行了汇总整理，见表8-1。

组织结构汇总表　　　　　　　　　　　　　　　　表8-1

组织结构形式	主要优点	主要缺点
直线制	·管理结构简单 ·指挥命令关系清晰、统一 ·决策迅速 ·管理费用低	·管理专业化分工 ·管理简单、粗放 ·缺乏横向联系
职能制	·专业化分工，有利于充分发挥专业人才的作用 ·管理工作细致深入	·多头领导，削弱统一指挥 ·有时各职能部门要求可能相互矛盾，造成下级人员无所适从
直线职能制	·保证集中统一指挥 ·可发挥专业管理作用	·本位主义 ·缺乏横向信息沟通 ·弹性不足，对环境变化反应迟钝 ·不利于培养综合型管理人才
矩阵制	·加强了横向联系，易于培养合作精神和全局观念 ·较高的资源利用率 ·组织灵活性和应变能力强	·成员工作位置不固定，容易产生临时观念 ·存在双重职权关系，出了问题难以分清责任

续表

组织结构形式	主要优点	主要缺点
事业部制	・专门化管理和集中统一领导相结合 ・责、权、利关系比较明确 ・有利于调动中层管理人员的积极性 ・有利于培养综合型高级经理人才	・对事业部负责人要求过高 ・易造成职能重复，管理费用上升 ・易产生对公司资源和共享市场的不良竞争 ・总公司和事业部处理集、分权关系难度较大
动态网络型	・更大的灵活性和柔性 ・结构简单、精练，效率更高	・存在道德风险和逆向选择，可控性差 ・外部合作是临时的，面临解体风险 ・项目是临时的，员工忠诚度较低

思考题

1. 组织设计的原则是什么？
2. 职能部门化的优、缺点是什么？
3. 影响组织分权的因素有哪些？
4. 直线型组织结构的优、缺点是什么？
5. 事业部制的主要特点是什么？
6. 什么是动态网络型结构？动态网络型结构有什么优点？

拓展阅读　斯隆模式的由来与演化

斯隆模式是美国企业家斯隆于 1923 年创立并在通用汽车公司实行的一种管理体制模式，是一种部门化结构的组织形式。通用汽车公司合并收买了许多小公司，企业规模急剧扩大，产品种类和经营项目增多，而内部管理却很难理顺。当时，担任通用汽车公司常务副总经理的 P. 斯隆参考杜邦化学公司的经验，以事业部制的形式于 1924 年完成了对原有组织的改组，使通用汽车公司的整顿和发展获得了很大的成功，成为实行事业部制的典型，因而事业部制又称"斯隆模型"。

斯隆模型的基本原则是将政策制定与行政管理分开。根据产品或地区，把生产经营活动划分为若干部门，每一部门是一个核算单位。部门经理可以独立自主经营所属新产品的产、供、销，总公司只在一般原则、方针上加以控制，并对各部门的工作统筹协调。威廉姆・C・杜兰特创建通用汽车公司之后，即开始了其扩张的进程。仅在两年多的时间里，就先后购进了 17 家小汽车公司。后来，又兼并谢尔顿汽车公司、费舍汽车公司 60％ 的股份和加拿大的麦克劳林汽车公司。急速扩张又疏于管理，特别是把经营决策权过分地分散，致使通用汽车公司犹如一盘散沙，经营状况每况愈下。在公司管理的最高层的组成人员中，除了威廉姆・C・杜兰特本人和 7 个私人助理及秘书之外，别无他人。公司在密歇根州，而决策者却长住纽约，许多紧急事情往往得拖上数周才能采取行动。总公司对所属各单位缺乏集中的管理和政策上的指导，各部门的负责人可以任意决定产品价格，处理存货和收入，可以随心所欲地同银行发生借贷关系。第一次世界大战后美国爆发了经济危机，通用汽车公司大量的成品汽车堆积在仓库里，占用资金高达 8490 万美元。公司的股票价格由此大幅度下跌。威廉姆·C·杜兰特已濒于破产境地。杜邦公司和摩根公司趁机发难，买下威廉姆·C·杜兰特手中持有的迫不得已而出售的所有股票，通用汽车公司易主。

皮埃尔·杜邦就任通用汽车公司的新总裁，他立即建立了庞大的公司高层管理机构，并采纳艾尔弗雷德·斯隆撰写的《企业组织研究》的报告中所提出的改组通用汽车公司的方案。1923 年，皮埃尔·杜邦又把管理通用汽车公司的权力交给艾尔弗雷德·斯隆，全面推行"斯隆管理模式"。

"斯隆管理模式"的指导思想是"企业组织结构的设置在于谋求公司决策权力集中与分散的最佳结合点"。企业经营决策权力的集中，可以统一指挥、统一步调，获得较高的效率；分散权力有利于调动所属各单位的主动性和责任心，对变化多端的市场情况能够及时做出反应。为了达到"集中与分散"的最佳结合，斯隆把通用汽车公司的业务分为决策和执行两类，即建立领导部门来担负决策任务，建立直线指挥部门来指挥各级的生产经营活动。此外，还要建立必要的职能部门，作为各级直线指挥部门的参谋和助手。

总体来说，"斯隆管理模式"包括领导部门、直线指挥部门和职能部门三大块。

1. 领导部门

由董事会以及其所属机构组成，董事会按规定是由股东大会提出，代表全体股东利益，负责制定公司的重大方针政策并检查其执行情况的机构。其主要职能包括：协调公司与股东之间的矛盾，任免总公司重要职员，审议决定公司的重大方针政策和管理原则，对公司活动进行持续而全面的考察，在处理公共关系和履行社会职责方面提出指导意见。董事会一般每月开会一次。董事会下设执行委员会、财务委员会、经营委员会、人事任免委员会、分红和酬赏委员会、公共关系委员会共 6 个委员会加 1 个法律部。

2. 直线指挥部门

由总经理处（总公司）、事业部（子公司）及工厂三级组成。

总经理处（总公司）的总负责人是总裁。其下设立若干部门组，各部门组根据所属生产的产品或提供的服务来划分，分别由一名副总裁兼管。副总裁不仅担负着承上启下和左右协调的任务，而且对下属各事业部具有管理权力。

事业部是公司内完整的自主经营单位，也是利润中心，一般是按产品对象设置的，如别克汽车部、费台车身部、德尔可产品部等。根据分散经营、协调管理的原则，各事业部的总经理在经营管理方面具有全面的权力，负有全面的责任。在一定限额之内，他有权决定固定资产投资，可自选安排生产计划，决定零部件的供应来源，负责产品销售，并在一定限额内可以自由支配其销售收入，各事业部拥有一批工厂。工厂是事业部领导下的生产单位，它只管生产，不管销售，一切规章制度、标准、方法都由上层事业部制定，工厂及其所属车间、科室只负责组织实施和进行监督。

3. 职能机构

各级直线管理机构都设有职能部门。职能部门是各级直线领导下的助手，也参加相应各级直线管理人决策的顾问工作，但它们对下级直线领导人和职能人员不能下达命令，只能提供参考意见，充当后勤。通用汽车公司的职能部门分服务部门和财务部门两大类。职能部门的主要任务是：拟订制度；组织报表；监督有关方针、政策、计划、制度的执行情况；总结交流经验，提出改进工作的建议。

斯隆设计的通用管理模式是成功的。该创新模式推行4年之后，也就是1927年，通用汽车公司的产值首次超过福特公司，通用汽车公司国内市场占有率由1920年的17％迅速提升到43％，成为美国汽车制造业的新霸主。"斯隆管理模式"以美国式的管理与组织成为资本主义世界的楷模。1956年，艾尔弗雷德·斯隆退休；1963年，出版《我在通用汽车公司的岁月》一书，成为管理学的经典著作。

第九章　组织结构的演化与发展

组织设计与人员配备的任务是将适当的组织成员安排在适当的工作岗位上，以使组织的目标活动能有效地完成。但我们知道，组织的环境及能力是在不断变化的，因此组织活动、组织岗位的设计及其组合也需要不断地调整，组织必须适时进行变革，以对应内外环境变化的挑战，本章讨论组织生命周期理论以及组织的主要类型与特征。

第一节　组织生命周期理论

管理界普遍认为，组织像任何有机体一样，存在生命周期。企业组织就像所有的生命体一样，具有它的生命周期：出生、成长、老化、死亡。尽管这周期可能会长达上百年，但是这却是一个无法否认的真理。就像人类一样，一个组织也会有生有死，有的长寿，有的短命，有的成长快，有的成长慢。在我们的日常生活中，每天都有成千上万个新企业诞生，同时却有成千上万个企业消亡。这种生生灭灭的现象在众多的小企业中尤为常见。美国《财富》杂志的有关数据显示：美国大约有 62％的企业寿命不超过 5 年，只有 2％的企业能存活 50 年。中小企业平均寿命不到 7 年，大企业平均寿命不足 40 年；一般的跨国公司平均寿命 10～12 年；世界 500 强企业平均寿命为 40～42 年，1000 强平均寿命为 30 年。日本《日经实业》的调查显示，企业的平均寿命为 30 年。另有资料显示，我国的集团公司平均寿命 7～8 年，小企业的平均寿命 2.9 年。我国每年近 100 万家企业倒闭（不包括个体企业）。然而，世界上也有能够挺立潮头的诸多企业，如百岁的诺基亚，二百岁的通用、杜邦，以及后来居上的微软公司。

一、组织生命周期的阶段划分

生命周期是一种能够用来进行预测变化的模型。最早提出"组织生命周期"的是金伯利（John R·Kimberly）和米勒思。他们认为，组织必将经历产生、成长和衰退，最后或者复苏或者消失。

马森·海尔瑞（Mason·Haire）最早提出"企业生命周期"概念。20 世纪 50 年代他提出可以用生命学中的"生命周期"观点来看待企业，认为企业的发展也符合生物学中的成长曲线。在此基础上，他进一步提出企业发展过程中会发现停滞、消亡等现象，并指出导致这些现象出现的原因是企业在管理上的不足，即一个企业在管理上的局限性可能成为其发展的极限。

在马森·海尔瑞之后，哥德纳（J·W·Gardner）在 20 世纪 60 年代通过研究发现，企业和人及其他生物一样，也有一个生命周期。但同时他又指出，与生物学中的生命周期相比，企业的生命周期有其特殊性，主要表现在：

（1）企业的发展具有不可预期性。一个企业由年青迈向年老可能会经历 20～30 年时间，也可能会经历好几个世纪的时间。

（2）企业的发展过程中也会出现一个既不明显上升、也不明显下降的停滞阶段，这是生物生命周期所没有的。

（3）企业的消亡并非是不可避免的，企业完全可以通过变革实现再生，从而开始一个新的生命周期。

在他们之后，基于生命周期研究企业组织创新的学者越来越多。众多的企业生命周期理论可以划分为三类：以阶段为特征的生命周期理论、以问题为特征的生命周期理论和以文化为特征的生命周期理论。

1. 以阶段为特征的生命周期理论

该理论把企业的发展划分为几个不同的阶段，并分别研究每个阶段的特征以及实现阶段间跳跃的条件。这其中，又以葛瑞纳（Larry·E·Greiner）的"组织发展模型"阐述得最为完备。

葛瑞纳的"组织发展模型"认为，企业的发展经历比外界力量更能决定企业的未来，这和钱德勒（Chandler）的"结构追随战略"观点正好相反。葛瑞纳把企业的发展分为两个不同的类型：渐进和革命，并指出企业就是通过渐进和革命的交替而向前发展的。葛瑞纳的"组织发展模型"认为企业的发展可以分为五个阶段，这五个阶段具有不同的特征和管理重点，当然也会存在着不同的危机。这五个发展阶段是：创业阶段、指导阶段、分权阶段、协调阶段和合作阶段。葛瑞纳的"组织发展模型"明确了企业在不同发展阶段将会遇到何种矛盾，为组织变革指明了方向。但该理论对企业及其环境的研究都过于静态化，没有认识到企业与环境之间的互动，这也就注定它仅仅是一种理论，难以在企业组织的实践中加以运用。

2. 以问题为特征的生命周期理论

该理论认为企业的生命周期应以企业管理中几个基本问题的此消彼长为特征。企业生命周期的发展过程也就是解决问题、出现新问题、再解决问题的不断循环的过程。

该理论的主要代表人是蒂克，蒂克模型认为，企业在其发展历程中存在着三种基本的管理问题，即：技术问题、分配策略问题和文化及理念整合问题，在不同的时期它们对组织发展的压力是不同的。该理论认为企业在生命周期理论的不同时期应该着重于解决上述最薄弱的管理问题，也就是说，企业是被动地向前发展的。由于以问题为特征的生命周期理论也过于理论化，同样难以运用于企业组织实际之中。

3. 以文化为特征的生命周期理论

该理论认为文化是企业生命周期中最为重要的标志，文化的变革是导致企业发展的重要因素。

伊查克·爱迪思（Lchak Adizes）是以文化为特征的生命周期理论的主要代表人物。1979 年他发表了一篇题为《组织的转变：组织生命周期理论的诊断与处理》的论文，把组织的生命周期划分为五个阶段：产生、成长、成熟、衰退和死亡。随后他在企业生命周期模型的基础上，创建了一套对企业及其文化进行诊断与治疗的方法（即为"爱迪思法"）。该方法共分为 11 个步骤。基于企业生命周期理论的"爱迪思法"在运用于对企业的诊断中获得了很大的成功。这标志着以文化为特征的企业生命周期理论已不仅仅停滞在理论层次上，而且可以运用到企业组织创新的实践中去。

二、格林纳的组织成长六阶段模型

格林纳（Larry E. Greiner）的成长阶段模型认为，组织成长发展有五个必经阶段（后补到六个），在不同阶段必须有不同的组织战略和组织结构与之相适应。这一描述性架构，可以帮助理解在组织发展的一定时期，为什么有的管理方式、组织结构、协调机制就能发挥作用，运作良好，而有的就不行。

1. 创造阶段

在组织诞生初期，其阶段特点是企业家精神培育、信息收集、艰苦创业以及低回报。这是组织的幼年期，规模小，人心齐，关系简单，一切由创业者决策指挥。因创业者一般是"业务型"，不擅管理，于是到了这个阶段的后期，一场领导力危机引发第一次组织变革，标志着第一阶段的结束。

2. 指令阶段

企业进入持续成长期，随着组织结构功能化、会计制度建立以及资本管理、激励机制、预算制度、标准化管理的出现，组织变得更加多样化和复杂化。这是组织的青年时期，企业在市场上取得成功，人员迅速增多，组织不断扩大，职工情绪饱满，对组织有较强的归属感。为了整顿正陷入混乱状态的组织，必须确立发展目标，以铁腕作风与集权和管理方式来指挥各级管理者，这就是"成长经由命令"，在这种管理方式下，中下层因为事事听命于上级而感到不满，要求获得圈套的自主决定权，自主权危机引发第二次组织变革，标志着第二阶段的结束。

3. 授权阶段

分权型组织结构引发组织又进入了一个成长期，分散的组织结构、运营及市场层面的本位责任、各自的利益中心、盛行的财务激励机制、基于阶段性回顾的决策机制。这是组织的中年时期，这时企业已有相当规模，增加了许多生产经营单位，甚至形成了跨地区经营和多元化发展。如果组织要继续成长，就必须采用分权式组织结构，"成长经由授权"。日久使高层主管感到由于采取过分分权与自主管理，使组织陷入了控制危机。当管理层试图重新控制整个公司时，新的巨变又开始了，第三阶段结束了。

4. 协调与监督阶段

这一阶段的特点是，各种正式的管理系统被一一建立起来，如正式的产品组群、正式的规划评估、中心化的支持系统、企业人员海外协调以及企业资本支出、产品组层面上的投资回报责任、组织低层的利益均享促进，等等，以此来协调和监督组织管理。这个时期是企业的成熟阶段，因"失控危机"，促使高层主管加强监督，强化各部门间的协调、配合，加强整体规划，建立管理信息系统，成立委员会组织，或实行矩阵式组织。成长经由监督、协调。至此，许多规章制度、工作程序和手续，逐渐形成了官样文章，文牍主义盛行，产生了"官僚主义危机"或"硬化危机"。虽然企业获得了成长，却又使组织陷入了一场官僚危机，新的变革又开始了，第四阶段结束了。

5. 协作阶段

组织进入新的成长阶段，这一阶段强调通过团队协作来解决各项问题，克服官僚危机，其特点是跨功能区的任务团队、去中心化的支持团队、矩阵式组织结构、简化的控制机制、团队行为教育计划、高级信息系统、团队激励，等等。这个阶段也叫成熟后的阶段，组织的发展前景既可以通过组织变革与创新重新获得再发展，也可以更趋向成熟、稳定，也可能由于不适应环境的变化而走向衰退。为了避免过分依赖正式规章制度和刻板的手续所形成的文牍主义，必须培养管理者和各部门之间的合作精神，通过团队合作与自我控制以达到协调配合的目的，另外要进一步增加组织的弹性，采取新的变革措施，如精简机构，划出核算单位，开拓新的经营项目，更换高级管理人员等。这一阶段最终结束于组织的又一次内部成长危机。

6. 外部组织解决方案阶段（Extra-Organization Solutions）

即通过并购、持股及组织网络等外部手段实现组织成长。

三、组织生命周期的特征

一般来说，企业生命周期变化规律是以 12 年为周期的长程循环。它由 4 个不同阶段的小周期组成，每个小周期为 3 年。如果再往下分，一年 12 个月可分为 4 个微周期，每个微周期为 3 个月。该规律的行业特征不太明显，适用于各种行业，甚至大部分商业现象。由于不同的企业存在着不同的生命周期，不同的生命周期体现不同的变化特征。尽管它们有共同的规律，但在 4 个不同周期阶段变化各异，各自的发展轨迹也不同。这些不同的变化特征归纳为如下三种变化：

1. 普通型

周期运行顺序：上升期（3 年）→ 高峰期（3 年）→平稳期（3 年）→ 低潮期（3 年）。普通型变化最为常见，60％左右的企业属于这种变化。它的 4 个小周期的运行相对比较稳定，没有大起大落。属于普通型变化的企业，即使经营业绩平平，但只要在低潮期不出现大的投资失误，一般都能比较顺利地通过 4 个小周期的循环。

2. 起落型

周期运行顺序：上升期（3 年）→ 高峰期（3 年）→低潮期（3 年）→平稳期（3 年）。起落型变化比较复杂，不易掌握，属于盛极而衰，大起大落之类型。这类变化企业的比例约占 20％。它的运行轨迹在周期转换过程中突发剧变，直接从高峰落入低谷。处于这个周期阶段的企业，经营者一般都会被眼前的辉煌所迷惑，错误估计形势，拼命扩大投资规模，准备大干一场。殊不知这种投资决策的失误，结果导致前功尽弃，甚至全军覆没。

3. 晦暗型

张勇著《现代企业生命力》周期运行顺序：下落期（3 年）→低潮期（3 年）→高峰期（3 年）→平稳期（3 年）。名曰晦暗，隐含韬晦之意。这类变化的企业与上述两类变化相比，运转周期中减少一个上升期，多出一个下落期。这就表明在 12 年 4 个小周期的循环中，这类企业可供发展的机会少了 3 年，而不景气的阶段多出 3 年。这类企业的比例约占 20％。

一个正常运作的企业，如果处于不景气的低迷状态中达 6 年之久，不光众人士气低落，企业决策者也面临严峻的考验。这个周期阶段的企业决策者，容易产生以下两种心态：一种是彻底悲观失望，对前途失去信心，不做任何努力，任企业自生自灭；另一种则出于孤注一掷的赌徒心理，拼命扩大投资，采取破釜沉舟、背水一战的方式来挽救败局。这种急功近利的做法，不但于事无补，反在陷阱中越陷越深。所以在这个阶段，以上两种策略都不足取。晦暗型变化的企业虽有诸多弊端，但也具备独特的优势，它在经历下落和低潮两个小周期阶段的低位循环后，运行轨迹突发剧变，直接从低谷冲上高峰。鉴于这个变化特点，企业决策者要权衡利弊，扬长避短，充分利用这一优势，把不利转化为有利因素。"塞翁失马，焉知祸福"。企业处于低潮，固然不利，但从另一角度分析，这段时间也给企业提供了一个休养生息、调整组合的大好机会，采用相应的战略调整，着眼于中长期目标的投资。

第二节　组织结构类型

一、扁平式组织和锥形组织

管理层次与管理幅度的反比关系决定了两种基本的组织结构形态：扁平结构形态和锥形结构形态。

扁平结构形态是指组织规模已定、较大的管理幅度而较少的管理层次的一种组织结构形态。优点：一方面，由于管理层次少，有利于缩短上下级之间的距离，同时信息传递快，减少了中间管理层的信息过滤；另一方面，较大的管理宽度需要较少的管理人员，从而降低了企业的成本开支；最后，由于管理幅度大，上级对每名下属的控制相对较松，使下属拥有较多的自主性，从而提高了他们的工作积极性，获得更多的满足感。缺点：上级对下属的控制较松，容易失控；同时同级之间的沟通比较困难；影响信息的及时利用。

锥形结构形态是指较小的管理幅度而较多的管理层次形成高、尖、细的金字塔式结构

优点：中上级能给予下级更多的指导，上下级之间沟通方便。缺点：上级对下级的控制过于严密，遏制了下属积极性、主动性、创造性的发挥；过多的管理层次不但增加了过多的管理人员，使管理成本上升；延长了组织中的等级链，使信息沟通的环节增多，从而加大了信息失真的可能性；使计划的控制工作复杂化。

二、有机式和机械式

机械式组织是传统设计原则的产物，它具有严格的结构层次和固定的职责，强调高度的正规化，有正式的沟通渠道，决策常采用集权形式。它是按照不同的设计原则对组织的划分，另一种是有机式组织。机械式组织是一种稳定的、僵硬的结构形式，它追求的主要目标是稳定运行中的效率。机械式组织注重对任务进行高度的劳动分工和职能分工，以客观的不受个人情感影响的方式挑选符合职务规范要求的合格的任职人员，并对分工以后的专业化工作进行严密的层次控制，同时制定出许多程序、规则和标准。个性差异和人性判断被减少到最低限度，提倡以标准化来实现稳定性和可预见性，规则、条例成为组织高效运行的润滑剂，组织结构特征是趋向刚性。

与机械式组织形成鲜明对照的是，有机式组织是一种低复杂性、低正规化和分权化的组织。一方面，它保持着较宽的管理跨度，以层次少、扁平式的结构使员工能够对问题做出迅速反应；另一方面，作为一种松散的结构，不具有标准化的工作和规则条例。所以，它所关注的是人性化和团队合作。有机式（弹性）组织，也称适应性组织，特点：低复杂性、低正规化、分权化不具有标准化的工作和规则、条例，员工多是职业化的；保持低程度的集权。有机式组织是一种松散、灵活的具有高度适应性的形式。它因为不具有标准化的工作和规则条例，所以是一种松散的结构，能根据需要迅速地做出调整。

有机式组织也进行劳动分工，但人们所做的工作并不是标准化的。员工多是职业化

的，具有熟练的技巧，并经过训练能处理多种多样的问题。他们所受的教育已经使他们把职业行为的标准作为习惯，所以不需要多少正式的规则和直接监督。例如，给计算机工程师分配一项任务，就无须告诉他如何做。他对大多数的问题，都能够自行解决或通过征询同事后得到解决。这是依靠职业标准来指导他的行为。有机式组织保持低程度的集权化，就是为了使职业人员能对问题做出迅速的反应；另一方面也因为，人们并不能期望高层管理者拥有做出必要决策所需的各种技能。

三、正式组织和非正式组织

非正式组织是"正式组织"的对称。最早由美国管理学家，哈佛大学心理学教授梅奥通过"霍桑实验"提出，是人们在共同的工作过程中自然形成的以感情、喜好等情绪为基础的松散的、没有正式规定的群体。人们在正式组织所安排的共同工作和在相互接触中，必然会以感情、性格、爱好相投为基础形成若干人群，这些群体不受正式组织的行政部门和管理层次等的限制，也没有明确规定的正式结构，但在其内部也会形成一些特定的关系结构，自然涌现出自己的"头头"，形成一些不成文的行为准则和规范。

非正式组织对正式组织的积极的、正面的作用表现在：它可以满足成员心理上的需求和鼓舞成员的士气，创造一种特殊的人际关系氛围，促进正式组织的稳定；弥补成员之间在能力和成就方面的差异，促进工作任务的顺利完成；此外，还可以用来作为改善正式组织信息沟通的工具。非正式组织的消极作用主要是：它可能在有些时候会和正式组织构成冲突，影响组织成员间的团结和协作，妨碍组织目标的实现。

管理者如何对待非正式组织：

（1）非正式群体的存在是客观的，不能漠视、回避他的存在，也不能一刀切简单地将其禁止、取缔，而要根据实际情况对不同类别的非正式群体采取不同的策略。

（2）除了以上应对策略，在组织管理中，管理者还应注意以下一些方面：

1）提高组织的凝聚力，保证组织成员之间能有有效的沟通。防止不必要的误解和信息扭曲，使成员确信企业在运行上保持公正和宽松的民主氛围。

2）引导和建立非正式沟通机制，从而使企业内部上下级之间、同级之间，有更多的机会了解、沟通，缓解工作压力，增进人际关系。

3）企业的领导人应加入到非正式群体中主动与员工接触，尽可能地参与非正式群体的活动，使得组织的领导者者同时又是非正式群体的领袖，使非正式群体的行为和利益与组织目标保持一致。

正式组织的领导者应善于因势利导，最大限度地发挥非正式组织的积极作用，克服其消极作用，对非正式组织必须妥善地加以管理。

第三节　组　织　变　革

一、组织变革的内涵

组织变革是指运用行为科学和相关管理方法，对组织的权利结构、组织规模、沟通渠道、角色设定、组织与其他组织之间的关系，以及对组织成员的观念、态度和行为，成员之间的合作精神等进行有目的的、系统的调整和革新，以适应组织所处的内外环境、技术特征和组织任务等方面的变化，提高组织效能。企业的发展离不开组织变革，内外部环境的变化，企业资源的不断整合与变动，都给企业带来了机遇与挑战，这就要求企业关注组织变革。

组织变革的原因

（1）企业经营环境的变化。诸如国民经济增长速度的变化、产业结构的调整、政府经济政策的调整、科学技术的发展引起产品和工艺的变革等。企业组织结构是实现企业战略目标的手段，企业外部环境的变化必然要求企业组织结构做出适应性的调整。

（2）企业内部条件的变化。企业内部条件的变化主要包括：技术条件的变化，如企业实行技术改造，引进新的设备要求技术服务部门的加强以及技术、生产、营销等部门的调整。人员条件的变化，如人员结构和人员素质的提高等。管理条件的变化，如实行计算机辅助管理，实行优化组合等。

（3）企业本身成长的要求。企业处于不同的生命周期时对组织结构的要求也各不相同，如小企业成长为中型或大型企业，单一品种企业成长为多品种企业，单厂企业成为企业集团等。

二、组织变革的内容

组织变革具有互动性和系统性，组织中的任何一个因素改变，都会带来其他因素的变化。然而，组织发展的不同时期，由于环境情况各不相同，变革的内容和侧重也有所不同。综合而言，组织变革过程的主要变革因素包括人员、结构、任务和技术。

1. 对人员的变革

人员的变革是指员工在态度、技能、期望、认知和行为上的改变。人既可能是推动变革的力量也可能是反对变革的力量。变革的主要任务是组织成员之间在权力和利益等资源方面的重新分配。

2. 对结构的变革

结构的变革包括权力关系、协调机制、集权程度、职务与工作再设计等其他结构参数的变化。管理者的任务就是对如何选择组织设计模式、如何制定工作计划、如何授予权力以及授权程度等一系列行动做出决策。

3. 对技术与任务的变革

技术与任务的改变包括对作业流程与方法的重新设计、修正和组合，包括更换机器设备，采用新工艺、新技术和新方法等等。

三、组织变革的类型

按变革速度划分为激进式变革和渐进式变革。激进式变革力求在短时间内，对企业组织进行大幅度的全面调整，以求彻底打破初态组织模式并迅速建立目的态组织模式。渐进式变革则是通过对组织进行小幅度的局部调整，力求通过一个渐进的过程，实现初态组织模式向目的态组织模式的转变。按变革的内容划分为：

（1）战略性变革是指组织对其长期发展战略或使命所做的变革。

（2）结构性变革是指组织需要根据环境的变化适时对组织的结构进行变革，并重新在组织中进行权力和责任的分配，使组织变得更为柔性灵活、易于合作。

（3）流程主导性变革是指组织紧密围绕其关键目标和核心能力，充分应用现代信息技术对业务流程进行重新构造。这种变革会使组织结构、组织文化、用户服务、质量、成本等各个方面产生重大的改变。

（4）以人为中心的变革是指组织必须通过对员工的培训、教育等引导，使他们能够在观念、态度和行为方面与组织保持一致。

四、组织变革的目标

组织变革应该有其基本的目标，总的来看，应包括以下三个方面：使组织更具环境适应性；使管理者更具环境适应性；使员工更具环境适应性。

五、组织变革的过程

1. Lewin 变革模型

组织变革是一个过程。心理学家库尔特·勒温从变革的一般特征出发，总结出组织变革过程的三个基本阶段。

第一阶段：解冻。解冻意味着人们认识到，组织的某些状态是不适合的，因而有变革的需要。一般来说，如果没有特殊的情况，组织的原有状态是很难被改变的。只有当组织面临某种危机或紧张状况时，才有可能出现变革的要求。例如，一个企业销售额急剧下降，一个政府组织的社会支持率突然下降，这时，组织成员感觉到了危机形势，有了紧张感。人们开始认识到，组织目前的状况与应达到的状况之间存在较大差距，而且这种差距已严重影响到组织利益。这时，在组织中就会形成一种要求变革的呼声，人们开始认识到，按照原样继续下去已不可能。过去的规则和模式因而不再神圣不可侵犯。组织的管理人员不仅自己而且也动员职工，去寻求新的方法。原有的状态被打破，人们从既定的行为模式、思想观念和制度中解脱出来，准备进行变革。

因此，解冻的过程总是伴随着对旧东西的批判，包括旧的习惯、行为、观念和制度，包括旧的人物及其评价，包括新人的出现等。正如毛泽东同志所说的：不破不立，破字当头。这是任何变革的首要一步。

第二阶段：改变。在认识到变革需要的基础上，改变是新的方案和措施的实施。这个阶段是以行动为特征的，即将新的观念、行为和制度模式在组织内推行，这种实施很可能是强制性的。其实施过程应该包括这样几个方面：

（1）判定组织成员对新方式的赞成或反对情况，不同情况力量大小。

（2）分析哪些力量可以变化，在什么程度改变，哪些力量必须要改变。

（3）制定变革的策略，决定通过什么方式、在什么时间实施变革。

（4）评估变革的结果，总结经验教训。

第三阶段：再冻结。实施变革之后，再冻结是指将新的观念、行为和制度模式固定下来，使它们稳定在新的水平上，成为组织系统中一个较为固定的部分。尽管不存在绝对固定的东西，但相对稳定于组织来说是绝对必要的，否则组织的持续活动无法得到保证。

再冻结的过程，除了组织在制度上采取措施外，另外一个重要的机制是"内在化"。所谓"内在化"，是指将一些行为模式转变为职工个人的观念或信念的过程。组织变革的措施一般是由领导人推行的，对于职工来说，它们是外在的规定。当职工认为这些规定会给他们带来好处，并愿意自觉遵守时，这些外在规则就内化为自觉的行动。只有这时，某种变革才成为不可逆转，才算告一段落。

2. 系统变革模型

系统变革模型是在更大的范围里解释组织变革过程中各种变量之间的相互联系和相互影响关系。这个模型包括输入、变革元素和输出等三个部分。

（1）输入。输入部分包括内部的强点和弱项、外部的机会和威胁。其基本构架则是组织的使命、愿景和相应的战略规划。企业组织用使命句表示其存在的理由；愿景是描述组织所追求的长远目标；战略规划则是为实现长远目标而制订的有计划变革的行动方案。

（2）变革元素。变革元素包括目标、人员、社会因素、方法和组织体制等元素。这些元素相互制约和相互影响，组织需要根据战略规划，组合相应的变革元素，实现变革的目标。

（3）输出。输出部分包括变革的结果。根据组织战略规划，从组织、部门群体、个体等三个层面，增强组织整体效能。

3．Kotter 组织变革模型

领导研究与变革管理专家 Kotter 认为，组织变革失败往往是由于高层管理部门犯了以下错误：没有能建立变革需求的急迫感；没有创设负责变革过程管理的有力指导小组；没有确立指导变革过程的愿景，并开展有效的沟通；没能系统计划，获取短期利益；没有能对组织文化变革加以明确定位等。Kotter 为此提出了指导组织变革规范发展的八个步骤：建立急迫感；创设指导联盟、开发愿景与战略；沟通变革愿景；实施授权行动、巩固短期得益、推动组织变革、定位文化途径等。Kotter 的研究表明，成功的组织变革有 $70\%\sim90\%$ 由于变革领导成效，还有 $10\%\sim30\%$ 是由于管理部门的努力。

4．Bass 的观点和 Bennis 的模型

管理心理学家巴斯（Frank M. Bass）认为，按传统方式以生产率或利润等指标来评价组织是不够的，组织效能必须反映组织对于成员的价值和组织对于社会的价值。他认为评价一个组织应该有三个方面要求：①生产效益、所获利润和自我维持的程度；②对于组织成员有价值的程度；③组织及其成员对社会有价值的程度。

沃伦·本尼斯（Warren G. Bennis）则提出，有关组织效能判断标准，应该是组织对变革的适应能力。当今组织面临的主要挑战，是能否对变化中的环境条件做出迅速反应和积极适应外界的竞争压力。组织成功的关键是能在变革环境中生存和适应，而要做到这一点，必须有一种科学的精神和态度。这样，适应、问题分析和实践检验能力，是反映组织效能的主要内容。在此基础上，Bennis 提出有效与健康组织的标准：

（1）环境适应能力：解决问题和灵活应付环境变化的能力；

（2）自我识别能力：组织真正了解自身的能力，包括组织性质、组织目标、组织成员对目标理解和拥护程度、目标程序等；

（3）现实检验能力：准确觉察和解释现实环境的能力，尤其是敏锐而正确地掌握与组织功能密切相关因素的能力；

（4）协调整合能力：协调组织内各部门工作和解决部门冲突的能力，以及整合组织目标与个人需求的能力。

5．Kast 的组织变革过程模型

弗里蒙特·卡斯特（Fremont E. Kast）提出了组织变革过程的六个步骤：

（1）审视状态：对组织内外环境现状进行回顾、反省、评价、研究；

（2）觉察问题：识别组织中存在问题，确定组织变革需要；

（3）辨明差距：找出现状与所希望状态之间的差距，分析所存在问题；

（4）设计方法：提出和评定多种备选方法，经过讨论和绩效测量，做出选择；

（5）实行变革：根据所选方法及行动方案，实施变革行动；

（6）反馈效果：评价效果，实行反馈。若有问题，再次循环此过程。

6．Schein 的适应循环模型

艾德加·施恩（Edgar Schein）认为，组织变革是一个适应循环的过程，一般分为六个步骤：

（1）洞察内部环境及外部环境中产生的变化；

（2）向组织中有关部门提供有关变革的确切信息；

（3）根据输入的情报资料改变组织内部的生产过程；

（4）减少或控制因变革而产生的负面作用；

（5）输出变革形成的新产品及新成果等；

（6）经过反馈，进一步观察外部环境状态与内部环境的一致程度，评定变革的结果。

上述步骤与方法和 Kast 主张的步骤和方法比较相似，所不同的是，Schein 比较重视管理信息的传递过程，并指出解决每个过程出现困难的方法。

六、组织变革的程序

组织变革程序的一般步骤：

1．诊断组织现状，发现变革征兆

组织变革的第一步就是要对现有的组织进行全面的诊断。这种诊断必须要有针对性。组织除了要从外部信息中发现对自己有利或不利的因素之外，更主要的是能够从各种内在征兆中找出导致组织或部门绩效差的具体原因，并确立需要进行整改的具体部门和人员。

2．分析变革因素，制定改革方案

组织诊断任务完成之后，就要对组织变革的具体因素进行分析，如职能设置是否合理、决策中的分权程度如何、员工参与改革的积极性怎样、流程中的业务衔接是否紧密、各管理层级间或职能机构间的关系是否易于协调等等。在此基础上制定几个可行的改革方案，以供选择。

3．选择正确方案，实施变革计划

制定改革方案的任务完成之后，组织需要选择正确的实施方案，然后制定具体的改革计划并贯彻实施。推进改革的方式有多种，组织在选择具体方案时要充分考虑到改革的深度和难度、改革的影响程度、变革速度以及员工的可接受和参与程度等等，做到有计划、有步骤、有控制地进行。当改革出现某些偏差时，要有备用的纠偏措施及时纠正。

4．评价变革效果，及时反馈

组织变革是一个包括众多复杂变量的转换过程，再好的改革计划也不能保证完全取得理想的效果。因此变革结束之后，管理者必须对改革的结果进行总结和评价，及时反馈新的信息。对于没有取得理想效果的改革措施，要给予必要的分析和评价，然后再做取舍。

七、组织变革的阻力及其管理

1．组织变革的阻力

组织变革是一种对现有状况进行改变的努力，任何变革都常常会遇到来自各种变革对象的阻力和反抗。组织变革中的阻力是指人们反对变革、阻挠变革甚至对抗变革的制约力。

组织变革阻力的存在，意味着组织变革不可能一帆风顺，这就给变革管理者提出了更严峻的变革管理的任务。成功的组织变革管理者，应该既注意到所面临的变革阻力可能会对变革成败和进程产生消极的、不利的影响，为此要采取措施减弱和转化这种阻力；同时变革管理者还应当看到，人们对待某项变革的阻力并不完全是破坏性的，而是可以在妥善的管理或处理下转化为积极的、建设性的。比如，阻力的存在至少能引起变革管理者对所拟订变革方案和思路予以更理智、更全面的思考，并在必要时做出修正，以使组织变革方案获得不断的完善和优化，从而取得更好的组织变革效果。

变革产生这种阻力的原因可能是传统的价值观念和组织惯性，也有一部分来自于对变革不确定后果的担忧，这集中表现为来自个人的阻力和来自团体的阻力两种。

（1）个人阻力

1）利益上的影响。变革从结果上看可能会威胁到某些人的利益，如机构的撤并、管理层级的扁平等都会给组织成员造成压力和紧张感。过去熟悉的职业环境已经形成，而变革要求人们调整不合理的或落后的知识结构，更新过去的管理观念、工作方式等，这些新要求都可能会使员工面临着失去权力的威胁。

2）心理上的影响。变革意味着原有的平衡系统被打破，要求成员调整已经习惯了的工作方式，而且变革意味着要承担一定的风险。对未来不确定性的担忧、对失败风险的惧怕、对绩效差距拉大的恐慌以及对公平竞争环境的担忧，都可能造成人们心理上的倾斜，进而产生心理上的变革阻力。另外，平均主义思想、厌恶风险的保守心理、因循守旧的习惯心理等也都会阻碍或抵制变革。

（2）团体阻力

1）组织结构变动的影响。组织结构变革可能会打破过去固有的管理层级和职能机构，并采取新的措施对责权利重新做出调整和安排，这就必然要触及某些团体的利益和权力。如果变革与这些团体的目标不一致，团体就会采取抵制和不合作的态度，以维持原状。

2）人际关系调整的影响。组织变革意味着组织固有的关系结构的改变，组织成员之间的关系也随之需要调整。非正式团体的存在使得这种新旧关系的调整需要有一个较长过程。在这种新的关系结构未被确立之前，组织成员之间很难磨合一致，一旦发生利益冲突就会对变革的目标和结果产生怀疑和动摇，特别是一部分能力有限的员工将在变革中处于相对不利的地位。随着利益差距的拉大，这些人必然会对组织的变革产生抵触情绪。

2. 消除组织变革阻力的管理对策

为了确保组织变革的顺利进行，必须要事先针对变革中的种种阻力进行充分的研究，并要采取一些具体的管理对策。组织变革过程是一个破旧立新的过程，自然会面临推动力与制约力相互交错和混合的状态。组织变革管理者的任务，就是要采取措施改变这两种力量的对比，促进变革的更顺利进行。

（1）客观分析变革的推力和阻力的强弱

勒温曾提出运用力场分析的方法研究变革的阻力。其要点是：把组织中支持变革和反对变革的所有因素分为推力和阻力两种力量，前者发动并维持变革，后者反对和阻碍变革。当两力均衡时，组织维持原状；当推力大于阻力时，变革向前发展；反之，变革受到阻碍。管理层应当分析推力和阻力的强弱，采取有效措施，增强支持因素，削弱反对因素，进而推动变革的深入进行。

（2）创新组织文化

冰山理论认为，假如把水面之上的冰山比作组织结构、规章制度、任务技术、生产发展等要素的话，那么，水面之下的冰体便是组织的价值观体系、组织成员的态度体系、组织行为体系等组成的组织文化。只有创新组织文化并渗透到每个成员的行为之中，才能使露出水面的改革行为变得更为坚定，也才能够使变革具有稳固的发展基础。

（3）创新策略方法和手段

为了避免组织变革中可能会造成的重大失误，使人们坚定变革成功的信心，必须采用比较周密可行的变革方案，并从小范围逐渐延伸扩大。特别是要注意调动管理层变革的积极性，尽可能削减团体对组织变革的抵触情绪，力争使变革的目标与团体的目标相一致，提高员工的参与程度。

总之，无论是个人还是组织都有可能对变革形成阻力，变革成功的关键在于尽可能消除阻碍变革的各种因素，缩小反对变革的力量，使变革的阻力尽可能降低，必要时还应运用行政的力量，保证组织变革的顺利进行。

第四节　组织结构变化发展趋势

随着经济的发展，未来的企业组织结构将呈现出如下特点：

第一、组织的扁平化。构建一种具有较少的层次，即拥有一个尽可能"平面"的组织。信息技术的迅猛发展使社会各层面的活动量显著增加，知识流大大加速。时间的压力要求组织做出快速反应和决策以保持企业的竞争力。传统的等级制严重地阻碍了这种反应和决策。正是企业计算机技术及互联网技术的应用，使企业内外的信息传递更为方便、直接，原有组织内大量中间层面得以删除，管理层次的减少有助于增强组织的反应能力。企业的所有部门及人员更直接地面对市场，减少了决策与行动之间的延迟，加快对市场和竞争动态变化的反应，从而使组织能力变得柔性化，反应更加灵敏。

第二、组织的网络化。在管理组织中，既强调等级，更强调协调。网络化组织的中心有个由关键人物组成的小规模内核，他们为组织提供着持久的核心能力。网络经济条件下可以充分利用互联网强大的整合资源能力，进行网络化的管理。通过互联网的开发，将企业所面临的众多分散的信息资源加以整合利用，通过一个界面观察到很多不同的系统，从而实现迅速而准确的决策。

第三、组织的虚拟化。虚拟化则是指未来的企业组织结构形式不再是一个以产权关系为基础，以资产为联系纽带，以权威为基本运作机制的由各种岗位和部门组成的实实在在的企业实体，而是以计算机和信息网络为基础和支撑，以分工合作关系为联系纽带，结合权威控制与市场等价交换原则的运作机制的一个动态企业联合体。组织更多的不是表现为一种有形的障碍，其界限越来越趋向于无形。企业再也不会用许多界限将人员、任务、工艺及地点分开，而是将精力集中于如何影响这些界限，以尽快地将信息、人才、奖励及行动落实到最需要的地方。

伦敦商学院的管理发展学教授查尔斯·汉迪也有同样的观点。他提出，"存在着一些通用的组织原则。组织必须是透明的，无疑是其中之一。""组织既要集中化，同时又要分散化，既是紧密的又是松散的，它们必须既作长远计划又保持灵活性，它们的工作人员一方面应具有自主性，另一方面更应具有集体主义精神。"

思考题

1. 企业生命周期理论可以分为哪几类？
2. 组织生命周期分为哪几个阶段？
3. 组织结构的三种分类方式以及各自特点是什么？
4. 组织变革的内涵是什么？
5. 组织变革的类型及目标是什么？
6. 组织变革的阻力有哪两种？
7. 未来的网络化企业组织的特点有哪些？

本章案例 大象的倒下与蚂蚁的突变

大象的不断倒下和蚂蚁的快速崛起，正成为这个时代的标签，甚至成为一种常态。

柯达、摩托罗拉、诺基亚这些大象级企业的倒下，不会是这个时代的终结，而是刚刚开始。像小米这样的企业，快速从蚂蚁成为大象，几年时间走过传统企业几十年的路子，也不会是个案，而是一种典型现象。"我们做错了什么？"当诺基亚发出这样的疑问时，说明他们死得不甘。这样的声音，相信很多大象倒下时都曾经自问过，只不过诺基亚公诸媒体了。那些倒下的大象，"他们做错了什么？"那些崛起的新贵，"他们做对了什么？"这就是我们想回答的问题。这是一个时代的问题。时代的问题，要获得划时代的答案。在企业界，实践总是超前于认知。上述案例就明示对价值实践的认知，我们才刚刚开始。

不同寻常的案例

先让我们从一些典型案例中寻找踪迹吧！

案例 1：华为。华为的任正非谈到"未来的战争是'班长战争'"。华为过去二十几年一直采取中央集权的管理方式，为什么要中央集权呢？就是要组织集团冲锋。为什么要集团冲锋？因为我们火力不强，所以要集团冲锋，搞人海战术，近距离地集中火力。而今天，我们的作战方式已经改变了，怎么抓住战略机会点？这二十几年来，我们向西方公司学习已经有了很大的进步，有可能一线作战部队不需要这么庞大了。流程 IT 的支持以及战略机动部门的建立，未来有可能通过现代化的小单位作战部队在前方发现战略机会，迅速向后方请求强大火力，用现代化手段实施精准打击。

请注意，华为任正非的上述讲话中，关键词是"班长的战争"，这是对传统组织和决策体系的颠覆性认识。过去讲"班长"，指的是最小的作战单元；现在讲"班长"，指的是最小的战略单元。

案例 2：海尔。海尔的张瑞敏一直在坚定地推进"内部 SBU"，强调每个人都是一个 SBU（战略经营单元），后来又提出"人单合一"。

2014 年，张瑞敏在海尔内部年会上，首次对外界宣布，海尔基于互联网思维下的"三化改革"——"企业平台化、员工创客化、用户个性化"改革启动以来，海尔旗下近千个小微组织，就开始了一场内部"竞赛运动"。"半年之内，必须有新项目冒出来！"最先涌现出来的似乎是一个当初并不起眼的"小微"——雷神。这个由三位"85 后"男生

——李宁、李艳兵和李欣发起的海尔内部创业组织，主攻产品是游戏笔记本电脑。

请注意，张瑞敏最初强调的是不脱离正常经营的内部 SBU，现在强调的是可以脱离现有经营的创业型的 SBU。

华为和海尔的案例强调一点，公司未来只是员工创业的平台，是内部诞生新战略单元的孵化器。

案例 3：苹果。在组织架构上，苹果可以看作是三家公司。在最上层，苹果是一家小公司、一个决策和创新团体。这一团体由多名具备专业知识的高管组成，负责苹果的产品和职能。他们在加州库比蒂诺市生活和工作，围绕在乔布斯和库克身边。这一团体的成员负责不同的事务，如果表现不佳有可能被解雇。他们之间的级别体系已经扁平化，但是当他们做出决策并发布命令时，他们希望命令被不加怀疑地完全执行。他们没有兴趣在公司内看到许多不同的创新，而员工也不被允许采取不同的做法。在这一小团体中，"人才密集"原则发挥作用。通过使一些充满才华的人努力工作，你不仅可以出色地完成工作，也可以减少因为办公室政治带来的内耗。

苹果内部的第二家公司包括了 4.6 万名其他全职员工，其中大部分人负责营销和销售。

第三家公司则包括苹果位于亚洲的许多代工商，例如富士康，这家公司基本上是由库克创造的。作为一名供应链专家，他于 20 世纪 90 年代末推动了苹果的制造外包，并与许多代工商建立了良好的关系。这使苹果避免了库存方面的成本。不过，在这一方面的管理与苹果第一和第二家公司完全不同。

请注意，苹果创造力的核心在最上层，由于 IT 业产品生命周期很短，所以，最高管理者直接参与技术与产品研发，并允许技术人员独立创意。对于技术和产品创新，这些非常重要。

案例 4：谷歌。谷歌最神秘的是它的"×实验室"，这是谷歌公司最神秘的一个部门，位于美国旧金山的一处秘密地点。该实验室的机密程度堪比 CIA，仅少数几位谷歌高层掌握情况，在其中工作的人，都是谷歌从其他高科技公司、各大高校和科研院所挖过来的顶级专家。谷歌的×实验室在联合创始人布林的带领下开发过谷歌眼镜和无人驾驶汽车等项目。

"×实验室"有一份列举了 100 项未来高科技创意的清单，多数与现有主业无关，部分项目包括太空电梯、物联网、机器人等。

谷歌技术人员有一项特权，即所谓"20％项目"，就是指谷歌公司允许员工拿出 20％的工作时间，用来做本职工作以外的项目，这样就能开发出更多种类的产品。对于这些准意义上的"额外产品"，谷歌一般是在公司内部使用，但少数"20％项目"已被谷歌对外发布，并受到了用户的热烈追捧，其中就包括 Gmail、谷歌新闻服务、Google Talk 和社交网站 Orkut 等。谷歌"20％项目"就是确保谷歌能够在公司选定的技术方向之外，发现新的技术方向。

（本文刊载于《销售与市场》杂志评论版 2015 年第 2 期）

案例思考题

通过案例你得到了哪些启发？

第十章 组 织 文 化

组织的成功或者失败归因于组织文化。组织文化是被组织成员广泛认同、普遍接受的价值观念、思维方式、行为准则等群体意识的总称。组织通过培养、塑造这种文化，来影响员工的工作态度和工作中的行为方式，引导实现组织目标。组织文化是组织的灵魂和行动导向。在现代管理学里，这是一种企业主动通过一系列活动来塑造而形成的文化形态，当这种文化被建立起来后，会成为塑造内部员工行为和关系的规范，是企业内部所有人共同遵循的价值观，对维系企业成员的统一性和凝聚力起很大的作用。这种新型管理理论得到了现代企业的广泛重视。

第一节 组织文化的内涵与特征

一、组织文化的基本概念

文化并用最早见于《易经·贲卦》之《象传》中，有"观乎天文，以察时变；观乎人文，以化成天下"之语。以"人文"、而"化成天下"，用当今用语诠释，则是指用礼仪、风俗、典籍，以教化天下苍生。此处文与化虽未连接成词，但已有当今"文化"所指之意。一般而言，文化有广义和狭义两种理解。广义的文化是指企业文化，或称组织文化，是一个组织价值观、信念、仪式、符号、处事方式等组成的其特有的文化形象。

二、组织文化的主要特征

1. 组织文化的意识性

大多数情况下，组织文化是一种抽象的意识范畴，它作为组织内部的一种资源，应属于组织的无形资产之列。它是组织内一种群体的意识现象，是一种意念性的行为取向和精神观念，但这种文化的意识性特征并不否认它总是可以被概括性地表述出来。

2. 组织文化的系统性

组织文化是由共享价值观、团队精神、行为规范等一系列内容构成的一个系统，各要素之间相互依存、相互联系。因此，组织文化具有系统性。同时，组织文化总是以一定的社会环境为基础的，是社会文化影响渗透的结果，并随社会文化的进步和发展而不断地调整。

3. 组织文化的凝聚性

组织文化总可以向人们展示某种信仰与态度，它影响着组织成员的处世哲学和世界观，而且也影响着人们的思维方式。因此，在某一特定的组织内，人们总是为自己所信奉的哲学所驱使，它起到了"黏合剂"的作用。良好的组织文化同时意味着良好的组织气氛，它能够激发组织成员的士气，有助于增强群体凝聚力。

4. 组织文化的导向性

组织文化的深层含义是，它规定了人们的行为准则与价值取向。它对人们行为的产生有着最持久最深刻的影响力。因此，组织文化具有导向性。英雄人物往往是组织价值观的人格化和组织力量的集中表现，它可以昭示组织内提倡什么样的行为，反对什么样的行为，使自己的行为与组织目标的要求相互匹配。

5. 组织文化的可塑性

某一组织，其组织文化并不是生来具有的，而是通过在组织生存和发展过程中逐渐总结、培育和积累而形成的。组织文化是可以通过人为的后天努力加以培育和塑造的，而对于已形成的组织文化也并非一成不变，是会随组织内外环境的变化而加以调整的。

6. 组织文化的长期性

长期性指组织文化的塑造和重塑的过程需要相当长的时间，而且是一个极其复杂的过程，组织的共享价值观、共同精神取向和群体意识的形成不可能在短期内完成，在这一创造过程中，涉及调节组织与其外界环境相适应的问题，也需要在组织内部的各个成员之间达成共识。

三、组织文化的结构

组织文化的结构划分有多种观点，本研究将组织文化划分为四个层次，即物质层、行为层、制度层和精神层，见图 10-1。

1. 物质层

是组织文化的表层部分，它是组织创造的物质文化，是一种以物质形态为主要研究对象的表层组织文化，是形成组织文化精神层和制度层的条件。优秀的组织文化是通过重视产品的开发、服务的质量、产品的信誉和组织生产环境、生活环境、文化设施等物质现象来体现的。

2. 行为层

即组织行为文化，它是组织员工在生产经营、学习娱乐中产生的活动文化。包括组织经营活动、公共关系活动、人际关系活动、文娱体育活动中产生的文化现象。组织行为文化是组织经营作风、精神风貌、人际关系的动态体现，也是组织精神、核心价值观的折射。

3. 制度层

是组织文化的中间层次，把组织物质文化和组织精神文化有机地结合成一个整体。主要是指对组织和成员的行为产生规范性、约束性影响的部分，是具有组织特色的各种规章制度、道德规范和员工行为准则的总和。它集中体现了组织文化的物质层和精神层对成员和组织行为的要求。制度层规定了组织成员在共同的生产经营活动中应当遵守的行为准则，主要包括组织领导体制、组织机构和组织管理制度等三个方面。

4. 精神层

即组织精神文化，它是组织在长期实践中所形成的员工群体心理定式和价值取向，是组织的道德观、价值观即组织哲学的综合体现和高度概括，反映全体员工的共同追求和共同认识。组织精神文化是组织价值观的核心，是组织优良传统的结晶，是维系组织生存发展的精神支柱。主要指组织的领导和成员共同信守的基本信念、价值标准、职业道德和精神风貌。精神层是组织文化的核心和灵魂。

四、组织文化的内容

组织文化的内容其内容可以分为显性和隐性两大类。

1. 显性组织文化

所谓显性组织文化就是指那些以精神的物化产品和精神行为为表现形式的，人们通过

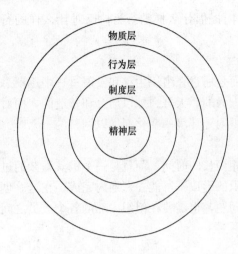

图 10-1 组织文化构成图

直观的视听器官能感受到又符合组织文化实质的内容。它包括组织的标志、工作环境、规章制度和经营管理行为等几部分。

（1）组织标志是指以标志性的外化形态来表示本组织的组织文化特色，并且和其他组织明显地区别开来的内容，包括厂牌、厂服、厂徽、厂旗、厂歌、商标、组织的标志性建筑等。

（2）工作环境是指职工在组织中办公、生产、休息的场所，包括办公楼、厂房、俱乐部、图书馆等。

（3）规章制度。并非所有的规章制度都是组织文化的内容，只有那些激发职工积极性和自觉性的规章制度，才是组织文化的内容，其中最主要的就是民主管理制度。

（4）经营管理行为。再好的组织哲学或价值观念，如果不能有效地付诸实施，就无法被职工所接受，也就无法成为组织文化。组织在生产中以"质量第一"为核心的生产活动、在销售中以"顾客至上"为宗旨的推销活动、组织内部以"建立良好的人际关系"为目标的公共关系活动等等，这些行为都是组织哲学、价值观念、道德规范的具体实施，是他们的直接体现，也是这些精神活动取得成果的桥梁。

2. 隐性组织文化

隐性组织文化是组织文化的根本，是最重要的部分。隐性组织文化包括组织哲学、价值观念、道德规范、组织精神几个方面。

（1）组织哲学是一个组织全体职工所共有的对世界事物的一般看法。组织哲学是组织最高层次的文化，它主导、制约着组织文化其他内容的发展方向。从组织管理史角度看，组织哲学已经经历了"以物为中心"到"以人为中心"的转变。

（2）价值观念是人们对客观事物和个人进行评价活动在头脑中的反映，是对客观事物和人是否具有价值以及价值大小的总的看法和根本观点，包括组织存在的意义和目的、组织各项规章制度的价值和作用、组织中人的各种行为和组织利益的关系等等。

（3）道德规范是组织在长期的生产经营活动中形成的，人们自觉遵守的道德风气和习俗，包括是非的界限、善恶的标准和荣辱的观念等等。

（4）组织精神是指组织群体的共同心理定式和价值取向。它是组织的组织哲学、价值观念、道德观念的综合体现和高度概括，反映了全体职工的共同追求和共同的认识。组织精神是组织职工在长期的生产经营活动中，在组织哲学、价值观念和道德规范的影响下形成的。

第二节　组织文化的功能与作用

一、组织文化的功能

组织文化的功能是指组织文化发生作用的能力，也就是组织这一系统在组织文化导向下进行生产、经营、管理中的作用。但是,任何事物都有两面性,组织文化也不例外,它对于组织的功能可以分为正功能和负功能。组织文化的正功能在于提高组织承诺,影响组织成员,有利于提高组织效能。同时,不能忽视的是潜在的负效应,它对于组织是有害无益的,这也可以看作组织文化的负功能。

(一)组织文化的正功能

(1)组织文化的导向功能。组织文化的导向功能,是指组织文化能对组织整体和组织每个成员的价值取向及行为取向起引导作用,使其符合组织所确定的目标。组织文化只是一种软性的理智约束,通过组织的共同价值观不断地向个人价值观渗透和内化,使组织自动生成一套自我调控机制,以一种适应性文化引导着组织的行为和活动。

(2)组织文化的约束功能。组织文化的约束功能,是指组织文化对每个组织员工的思想、心理和行为具有约束和规范的作用。组织文化的约束不是制度式的硬约束,而是一种软约束,这种软约束等于组织中弥漫的组织文化氛围、群体行为准则和道德规范。

(3)组织文化的凝聚功能。组织文化的凝聚功能,是指当一种价值观被该组织员工共同认可之后,它就会成为一种黏合剂,从各个方面把其成员团结起来,从而产生一种巨大的向心力和凝聚力。而这正是组织获得成功的主要原因,"人心齐,泰山移",凝聚在一起的员工有共同的目标和愿景,推动组织不断前进和发展。

(4)组织文化的激励功能。组织文化的激励功能,是指组织文化具有使组织成员从内心产生一种高昂情绪和发奋进取精神的效应,它能够最大限度地激发员工的积极性和首创精神。组织文化强调以人为中心的管理方法。它对人的激励不是一种外在的推动而是一种内在引导,它不是被动消极地满足人们对实现自身价值的心理需求,而是通过组织文化的塑造,使每个组织员工从内心深处为组织拼搏的献身精神。

(5)组织文化的辐射功能。组织文化的辐射功能,是指组织文化一旦形成较为固定的模式,它不仅会在组织内发挥作用,对本组织员工产生影响,而且也会通过各种渠道对社会产生影响。组织文化向社会辐射的渠道是很多的,但主要可分为利用各种宣传手段和个人交往两大类。一方面,组织文化的传播对树立组织在公众中的形象有帮助;另一方面,组织文化对社会文化的发展有很大的影响。

(6)组织文化的调适功能。组织文化的调适功能,是指组织文化可以帮助新进成员尽快适应组织,使自己的价值观和组织相匹配。在组织变革的时候,组织文化也可以帮助组织成员尽快适应变革后的局面,减少因为变革带来的压力和不适应。

(二)组织文化的负功能

尽管组织文化存在上述种种正功能,但是组织文化对组织存在潜在的负面作用。

1. 变革的障碍

如果组织的共同价值观与进一步提高组织效率的要求不相符合时,它就成了组织的束缚。这是在组织环境处于动态变化的情况下,最有可能出现的情况。当组织环境正在经历迅速的变革时,根深蒂固的组织文化可能就不合时宜了。因此,当组织面对稳定的环境时,行为的一致性对组织而言很有价值。但组织文化作为一种与制度相对的软约束更加深入人心,极易形成思维定式。这样,组织有可能难以应付变化莫测的环境。当问题积累到一定程度,这种障碍可能会变成组织的致命打击。

2. 多样化的障碍

由于种族、性别、道德观等差异的存在，新聘员工与组织中大多数成员不一样，这就产生了矛盾。管理人员希望新成员能够接受组织的核心价值观；否则，这些新成员就难以适应或被组织接受。但是组织决策需要成员思维和方案的多样化，一个强势文化的组织要求成员和组织的价值观一致，这就必然导致决策的单调性，抹杀了多样化带来的优势，在这个方面组织文化成为组织多样化、成员一致化的障碍。

3. 兼并和收购的障碍

以前，管理人员在进行兼并或收购决策时，所考虑的关键因素是融资优势或产品协同性。近几年，除了考虑产品线的协同性和融资方面的因素外，更多的则是考虑文化方面的兼容性。如果两个组织无法成功的整合，那么组织将出现大量的冲突、矛盾乃至对抗。所以，在决定兼并和收购时，很多经理人往往会分析双方文化的相容性。如果差异极大，为了降低风险则宁可放弃兼并和收购行动。

二、组织文化的作用

由于组织文化涉及分享期望、价值观念和态度，它对个体、群体及组织都有影响。组织文化除了提供组织的身份感之外，还有稳定感。具体来说，有以下几个方面：

1. 整合作用

传统的科学管理法或科学管理职能约束住员工的行为，但不能赢得员工的心。而强有力的组织文化，却能成为激发员工积极性、使员工全心全意工作的动力。在一个富有凝聚力的组织文化中，组织价值观念深入人心，员工把组织当成自己的家，愿意为了组织目标共同努力，贡献自己的力量，使得员工和组织融为一体。

组织文化能从根本上改变员工的旧有价值观念，建立起新的价值观念，使之适应组织正常实践活动的需要。一旦组织文化所提倡的价值观念和行为规范被接受和认同，成员就会做出符合组织要求的行为选择，倘若违反了组织规范，就会感到内疚、不安或自责，会自动修正自己的行为。从这个意义上说，组织文化具有很强的整合作用。

2. 提升绩效作用

管理学大师彼得·德鲁克（Peter F. Drucker）说过："企业的本质，即决定企业性质的最重要的原则，是经济绩效。"如果组织文化不能对企业绩效产生影响，那么也就凸显不出它的重要性了，我们知道组织文化在组织内部整合方面确实发挥着积极作用，但是它是否能够提高企业的经济效益呢？答案是肯定的。

3. 完善组织作用

组织在不断的发展过程中所形成的文化积淀，通过无数次的辐射、反馈和强化，会不断地随着实践的发展而更新和优化，推动组织文化从一个高度向另一个高度迈进。也就是说，组织文化不断地深化和完善，一旦形成良性循环，就会持续地推动组织本身的上升发展；反过来，组织的进步和提高又会促进组织文化的丰富、完善和升华。国内外成功组织和企业的事实表明，组织的兴旺发达总与组织文化的自我完善分不开。

4. 塑造产品作用

组织文化作为一种人类的创造物，它最好的表现形态是企业的产品。当企业的产品都浸润了组织文化时，其产品的生命力将会是任何其他企业不可以相提并论的。组织文化对于塑造企业产品有极为重要的作用，企业依据组织文化进行产品设计、生产和销售，只有符合企业文化的产品才能在市场上立足立稳。反过来，企业产品的畅销则会使消费者进一步了解企业的组织文化，这是一种相互促进和发展的关系。

第三节 企业文化的塑造与发展

美国哈佛大学教育研究院的教授特雷斯·迪尔和麦肯锡咨询公司顾问阿伦·肯尼迪20世纪80年代初在长期的企业管理研究中积累了丰富的资料。他们在6个月的时间里，集中对80家企业进行了详尽的调查，写成了《企业文化——企业生存的习俗和礼仪》一书。该书在1981年7月出版后，就成为最畅销的管理学著作。后又被评为20世纪80年代最有影响的10本管理学专著之一，成为论述企业文化的经典之作。它用丰富的例证指出：杰出而成功的企业都有强有力的企业文化，即为全体员工共同遵守，但往往是自然约定俗成的而非书面的行为规范；并有各种各样用来宣传、强化这些价值观念的仪式和习俗。正是企业文化——这一非技术、非经济的因素，导致了这些决策的产生、企业中的人事任免，小至员工们的行为举止、衣着爱好、生活习惯。在两个其他条件都相差无几的企业中，由于其文化的强弱，对企业发展所产生的后果就完全不同。

企业文化则是企业在生产经营实践中逐步形成，为全体员工所认同并遵守、带有本组织特点的使命、愿景、宗旨、精神、价值观和经营理念，以及这些理念在生产经营实践、管理制度、员工行为方式与企业对外形象的体现的总和。它与文教、科研、军事等组织的文化性质是不同的。

一、企业文化的五个要素

迪尔和肯尼迪把企业文化整个理论系统概述为5个要素，即企业环境、价值观、英雄人物、文化仪式和文化网络。

1. 企业环境

是指企业的性质、企业的经营方向、外部环境、企业的社会形象、与外界的联系等方面。它往往决定企业的行为。

2. 价值观

是指企业内成员对某个事件或某种行为好与坏、善与恶、正确与错误、是否值得仿效的一致认识。价值观是企业文化的核心，统一的价值观使企业内成员在判断自己行为时具有统一的标准，并以此来选择自己的行为。

3. 英雄人物

是指企业文化的核心人物或企业文化的人格化，其作用在于作为一种活的样板，给企业中其他员工提供可供仿效的榜样，对企业文化的形成和强化起着极为重要的作用。

4. 文化仪式

是指企业内的各种表彰、奖励活动、聚会以及文娱活动等，它可以把企业中发生的某些事情戏剧化和形象化，来生动的宣传和体现本企业的价值观，使人们通过这些生动活泼的活动来领会企业文化的内涵，使企业文化"寓教于乐"之中。

5. 文化网络

是指非正式的信息传递渠道，主要是传播文化信息。它是由某种非正式的组织和人群，以及某一特定场合所组成，它所传递出的信息往往能反映出职工的愿望和心态。

二、企业文化的层次

一个能够落地的企业文化主要由三个层次组成：第一层面是企业理念。它是企业文化最核心的层面，企业理念也可以被称为企业发展的定位和未来的愿景。

第二层面是企业的核心价值观。它是指明确的做事原则，也就是企业对待员工、对待客户、对待工作的准则。其中包含企业规定的员工价值趋向和做事情的行为态度等内容。

第三层次是企业的形象与标识。其主要包括企业对外的形象，员工工作时着装、用语等一系列行为形象的规范。

三、企业文化的内容

根据企业文化的定义，其内容十分广泛，但其中最主要的应包括如下几点：

1. 经营哲学

经营哲学也称企业哲学，是一个企业特有的从事生产经营和管理活动的方法论原则。它是指导企业行为的基础。一个企业在激烈的市场竞争环境中，面临着各种矛盾和多种选择，要求企业有一个科学的方法论来指导，有一套逻辑思维的程序来决定自己的行为，这就是经营哲学。

2. 价值观念

所谓价值观念，是人们基于某种功利性或道义性的追求而对人们（个人、组织）本身的存在、行为和行为结果进行评价的基本观点。可以说，人生就是为了价值的追求，价值观念决定着人生追求行为。价值观不是人们在一时一事上的体现，而是在长期实践活动中形成的关于价值的观念体系。企业的价值观，是指企业职工对企业存在的意义、经营目的、经营宗旨的价值评价和为之追求的整体化、个异化的群体意识，是企业全体职工共同的价值准则。只有在共同的价值准则基础上才能产生企业正确的价值目标。有了正确的价值目标才会有奋力追求价值目标的行为，企业才有希望。因此，企业价值观决定着职工行为的取向，关系企业的生死存亡。只顾企业自身经济效益的价值观，就会偏离社会主义方向，不仅会损害国家和人民的利益，还会影响企业形象；只顾眼前利益的价值观就会急功近利，搞短期行为，使企业失去后劲，导致灭亡。

3. 企业精神

企业精神是指企业基于自身特定的性质、任务、宗旨、时代要求和发展方向，并经过精心培养而形成的企业成员群体的精神风貌。企业精神要通过企业全体职工有意识的实践活动体现出来。因此，它又是企业职工观念意识和进取心理的外化。企业精神是企业文化的核心，在整个企业文化中起着支配的地位。企业精神以价值观念为基础，以价值目标为动力，对企业经营哲学、管理制度、道德风尚、团体意识和企业形象起着决定性的作用。可以说，企业精神是企业的灵魂。企业精神通常用一些既富于哲理又简洁、明快的语言予以表达，便于职工铭记在心，时刻用于激励自己；也便于对外宣传，容易在人们脑海里形成印象，从而在社会上形成个性鲜明的企业形象。

4. 企业道德

企业道德是指调整本企业与其他企业之间、企业与顾客之间、企业内部职工之间关系的行为规范的总和。它是从伦理关系的角度，以善与恶、公与私、荣与辱、诚实与虚伪等道德范畴为标准来评价和规范企业。

企业道德与法律规范和制度规范不同，不具有那样的强制性和约束力，但具有积极的示范效应和强烈的感染力，当被人们认可和接受后具有自我约束的力量。因此，它具有更广泛的适应性，是约束企业和职工行为的重要手段。中国老字号同仁堂药店之所以三百多年长盛不衰，在于它把中华民族优秀的传统美德融于企业的生产经营过程之中，形成了具有行业特色的职业道德，即"济世养身、精益求精、童叟无欺、一视同仁。"

5. 团体意识

团体即组织，团体意识是指组织成员的集体观念。团体意识是企业内部凝聚力形成的重要心理因素。企业团体意识的形成使企业的每个职工把自己的工作和行为都看成是实现企业目标的一个组成部分，使他们对自己作为企业的成员而感到自豪，对企业的成就产生荣誉感，从而把企业看成是自己利益的共同体和归属。因此，他们就会为实现企业的目标而努力奋斗，自觉地克服与实现企业目标不一致的行为。

6. 企业形象

企业形象是企业通过外部特征和经营实力表现出来的，被消费者和公众所认同的企业总体印象。由外部特征表现出来的企业的形象称表层形象，如招牌、门面、徽标、广告、商标、服饰、营业环境等，这些都给人以直观的感觉，容易形成印象；通过经营实力表现出来的形象称深层形象，它是企业内部要素的集中体现，如人员素质、生产经营能力、管理水平、资本实力、产品质量等。表层形象是以深层形象为基础，没有深层形象这个基础，表层形象就是虚假的，也不能长久地保持。流通企业由于主要是经营商品和提供服务，与顾客接触较多，所以表层形象显得格外重要，但这绝不是说深层形象可以放在次要的位置。

7. 企业制度

企业制度是在生产经营实践活动中所形成的，对人的行为带有强制性，并能保障一定权利的各种规定。从企业文化的层次结构看，企业制度属中间层次，它是精神文化的表现形式，是物质文化实现的保证。企业制度作为职工行为规范的模式，使个人的活动得以合理进行，内外人际关系得以协调，员工的共同利益受到保护，从而使企业有序地组织起来为实现企业目标而努力。

四、企业 CIS 系统

CIS 是英文 corporate identity system 的缩写。意思是"企业的统一化系统"，"企业的自我同一化系统"，"企业识别系统"。CIS 理论把企业形象作为一个整体进行建设和发展，企业识别系统基本上有三者构成：①企业的理念识别（mind identity 简称 MI）；②企业行为识别（behavior identity，简称 BI）；③企业视觉识别（visual identity，简称 VI）。MI 是抽象思考的精神理念，难以具体显现其中内涵，表达其精神特质；BI 是行为活动的动态形式，VI 用视觉形象来进行个性识别。

企业的理念识别是一个企业在生产经营活动过程中的经营理念、经营信条、企业使命、企业目标、企业哲学、企业文化、企业性格、企业座右铭、企业精神和企业战略等的统一化。换言之，企业理念是企业在开展的生产经营活动中的指导思想和行为准则。它包括企业的经营方向、经营思想、经营道德、经营作风和经营风格等具体内容。

企业的行为识别包括对内和对外两部分：对内包括对干部的教育，员工的教育（如服务态度，接待技巧，服务水准，工作精神等），生产福利，工作环境，生产效益，废弃物处理，公害对策，研究发展等；对外包括市场调查，产品开发公共关系，促销活动，流通政策，银行关系，股市对策，公益性，文化性活动等。企业的行为识别几乎涵盖了整个企业的经营管理活动，不同的企业，在内涵上又有所不同。

企业的视觉识别一般包括基本设计、关系应用和辅助应用三个部分。基本设计包括，如企业名称，品牌标志，标准字，标准色，企业造型，企业象征图案，企业宣传标语，口号，吉祥物等；关系应用包括，如办公器具，设备，招牌，标识牌，旗帜，建筑外观，橱窗，衣着制服，交通工具，包装用品，广告传播，展示，陈列等；辅助应用，如样本使用法等。

五、企业文化建设的步骤

1. 制定企业文化系统的核心内容

企业价值观和企业精神是组织文化的核心内容。首先，企业价值观体系的确立应结合本企业自身的性质、规模、技术特点、人员构成等因素；其次，良好的价值观应从企业整体利益的角度来考虑问题，更好地融合全体员工的行为；第三，一个企业的价值观应该凝聚全体员工的理想和信念，体现企业发展的方向和目标，成为鼓励员工努力工作的精神力量；第四，企业的价值观中应包含强烈的社会责任感，使社会公众对企业产生良好的印象。

2. 进行企业文化表层的建设

主要指组织文化的物质层和制度层的建设。组织文化的表层建设主要是从企业的硬件设施和环境因素方面入手，包括制定相应的规章制度、行为准则，设计公司旗帜、徽章、歌曲，建造一定的硬件设施等，为组织文化精神层的建设提供物质上的保证。

3. 企业文化核心观念的贯彻和渗透

员工的选聘和教育；英雄人物的榜样作用；礼节和仪式的安排和设计；组织的宣传口号的设计传播。

六、组织文化的发展趋势

1. 组织文化愈发重要

随着企业内部人员的不断更替，未来企业的员工配置将是以"80后"为主的人员结构。"80后"员工与前人相比，彰显出极强的自我意识以及不安现状、浮躁虚荣等特点，同时还缺乏团队协作和实干精神。他们这种独特的个性将给企业带来巨大的压力。"80后"自身存在很多缺点，但是他们同时拥有追求快乐、思维活跃、敢于创新的优秀品质。关键在于如何正确引导。什么能对"80后"进行正确引导，就是企业文化。首先，要让"80后"从内心深处认同和理解所在企业的组织文化，中国企业未来的发展而言，企业文化的塑造和执行将成为制约企业成长的核心要素。

2. "领导者"文化还将盛行

组织文化鲜明的个性和差异性。不同的企业具有不同的成长经历和组织文化，往往是由企业经营者的文化素质、性格特征以及处理事情的能力等决定的。西方学者罗伯特·布莱克（Robert Blake）与简·穆顿（Jane S. Mouton）在《新管理风格》中就提到："现实中企业领导人的风格对企业的经营风格具有决定作用"。这就是在中国企业中普遍存在的"领导者"文化现象。

在中国，由于其独有的历史原因和文化背景，人们往往将领导者的重要性看得很高，认为领导者指引组织方向，决策组织战略，执行战略决策，主导企业文化，其个人魅力直接决定企业的氛围。总而言之,领导者是企业生存发展的核心。此观点显然偏激,过分依赖领导者的作用,忽略企业自身发展以及能力的建设,必然带来不良的后果。但这对于有着"领导者为大"思想的中国企业来说有其存在的意义,例如海尔的成功常常被定义为组织文化的成功。对一个民族来说,这种观点的改变并不是一朝一夕的事情,因此中国企业的文化建设还将经历一段"领导者"文化为先的时期。

思考题

1. 组织文化的内涵是什么?
2. 组织文化的主要特征是什么?
3. 组织文化能划分为哪几个层次?
4. 组织文化的内容分为哪几类?每一类各包含哪些内容?
5. 组织文化的正负功能各有哪些?
6. 组织文化的作用有哪些?
7. 组织文化建设的步骤有哪些?
8. 组织文化的发展趋势是什么?

本章案例 沃尔玛的企业文化

沃尔玛公司虽然仅有40余年的历史,但其企业文化已成为零售业界的佳话。沃尔玛一直非常重视企业文化的作用,充分发挥企业文化对形成企业良好机制的促进和保障作用,增强企业的凝聚力和战斗力。这也是沃尔玛能够荣登世界排行榜头把交椅的重要因素。

一、顾客就是上帝

为了给消费者提供物美价廉的商品,沃尔玛不仅通过连锁经营的组织形式、高新技术的管理手段,努力降低经营费用,让利于消费者,而且从各个方面千方百计节约开支。

二、尊重每一位员工

尊重个人,这是沃尔玛最有特色的企业文化。在沃尔玛,"我们的员工与众不同"不仅是一句口号,更是沃尔玛成功的原因。它真正的含义是每位员工都很重要,无论他在什么岗位都能表现出众。"我们的员工与众不同"这句话就印在沃尔玛每位员工的工牌上,每时都在提升员工的自豪感,激励员工做好自己的工作。

三、每天追求卓越

沃尔玛公司已经连续几年位居全球商业企业榜首,但人们接触到的员工都没有满足的表示,确实体现了"每天追求卓越"的企业精神。对于沃尔玛商店经理来说,他们每周至少要到周围其他商店10次以上,看看自己的商品价格是不是最低,看看竞争对手有哪些长处值得学习,丝毫不敢懈怠。公司以沃尔玛(WAL—MART)的每个字母打头,编了一套口号,内容是鼓励员工时刻争取第一。

四、坚持以人为本

沃尔玛不只强调尊重顾客,提供一流的服务,而且还强调尊重公司的每一个人,坚持一切要以人为本的原则。沃尔玛公司重视对员工的精神鼓励,重视对员工潜能的开发,重视对员工的素质的培养，重视每一位员工的建立，重视在企业内部建立一种和谐的气氛，正是这些重视使得员工感到自己是公司的重要一员，在公司就像是在一个大家庭里。也正是这样，沃尔玛才能把员工们团结起来，发挥集体的力量，愿意为公司这个自己的大家庭贡献一份光、一份热。

五、激励员工

沃尔玛在处理员工关系方面运用最多的方法是激励而不是批评或者是处罚，如果员工某件事做对了，他们就会对其良好的表现进行褒扬："你做得很好！"；如果员工做错了，他们会对员工说："换种方法你会做得更好！"

六、上下沟通

沃尔玛公司的领导人常会对沃尔玛商店进行不定期的视察，并与员工们保持沟通。例如山姆就是这样做的，这使他成为深受大家敬爱的老板，同时这也使他获得了大量的第一手信息。一方面，他通过沟通发现问题，同时也乘此机会挖掘人才。因此，常有这样的情况，他会给他的业务执行副总经理打电话说："让某某人去管一家商店吧，他能胜任。"业务经理要是对此人的经验等方面表示出一些疑虑，山姆就会说："给他一家商店吧，让我们瞧瞧他怎么做。"因为在沟通中他已经了解了这个人的能力。

七、信息共享

沃尔玛的信条是"接触顾客的是第一线的员工，而不是坐在办公室里的官僚"。这种体制保证了信息的及时反馈以达到共享，同时也促使员工提出了许多改善管理的卓有成效的建议。所有这些构成了独特的沃尔玛文化，它是支撑这个零售业巨人的中流砥柱。

沃尔玛处理员工关系经常用到的一个词汇叫"分享信息"。分享信息和分担责任是构成沃尔玛合伙关系的另一个重要内容。它使人产生责任感和参与感。在各个商店里，沃尔玛公布该店的利润、进货、销售和减价情况，并且不只是向经理及其助理们公布，而是向商店的每个员工、计时工和兼职雇员公布各种信息。

对沃尔玛的员工来说，在这里感到被尊重、被重视，发现自己与老板并不是上下属的关系，还是朋友，甚至是亲人。这对于加强沃尔玛公司的凝聚力具有至关重要的意义。

案例思考题

1. 从沃尔玛的组织文化中可以看出组织文化的哪些重要功能？
2. 从组织文化的作用的角度分析组织文化对于沃尔玛的重要性。

附录：

1962年，山姆·沃尔顿开设了第一家沃尔玛商店。当时谁也不会想到，这正是一个美国成功故事的开始。这位曾在阿肯色州和密苏里开过杂货店的小镇商人相信，只要小店货品丰富、服务优良、物美价廉，顾客定会蜂拥而至。

事实证明他是对的。沃尔顿的沃尔玛商店迄今已成为世界第一大百货店。他的品种丰富的杂货店、沃尔玛超市、他的全球连锁店、他的会员俱乐部、山姆俱乐部以及他的特别折扣商店、马德折扣商品城，无不给沃尔玛事业的发展提供了众多机会。不同于其他公司经济增长而就业机会不增多，沃尔玛公司的经济增长为人们带来了更多的就业机会。仅在1995年，公司就创造了85000个新的就业机会，并有力地支持了上千个美国的制造业工作。现在，已超过60万美国人在沃尔玛工作。

沃尔玛受到顾客青睐的重要原因之一就是它的家乡小镇特色，每一个沃尔玛商店购物的顾客在商店门口会收到店员的热情欢迎和问候，当地生产的商品经常会在沃尔玛售卖并得到展示，公司员工还有权决定向谁捐赠慈善基金。

关键在于，沃尔玛的商品物美价廉，对顾客的服务优质上乘，天天如此。沃尔玛总是小心地控制开支，以维持其低价格结构。这样，顾客就不必等到削价打折季节，就可以达到节约开支的目的。支持沃尔玛家乡小镇特色的是沃尔玛自身的高效和新式的分销体系。这种体系使得每一个沃尔玛商店都能有效地分配商品以适应社区的需要。

沃尔玛在 2014 年的《财富》世界 500 强排行榜上蝉联榜首，力压荷兰皇家壳牌集团，摘下了世界 500 强榜首的桂冠。沃尔玛近年加大了对国际市场的拓展力度。2014 年，随着董明伦走马上任，担任公司 CEO，沃尔玛表现出了加强海外扩张的野心。担任 CEO 之前，董明伦曾于 2009 年 2 月至 2014 年 2 月期间担任沃尔玛国际业务部负责人。

沃尔玛每周为 26 个国家超过 1 亿名消费者提供服务。事实上，这家公司表示，超过 6000 家海外店铺的净销售额比 2013 年上涨了 4.6%，达到了 1409 亿美元。如果你问顾客他们为什么一次又一次回到 Wal-Mart，很有可能他们会说不止是价格与更多的选择。更由于人，在每家店前面的友好接待人员。迅速、友好的服务，在 Wal-Mart 是件严肃的事。

第四篇 领 导

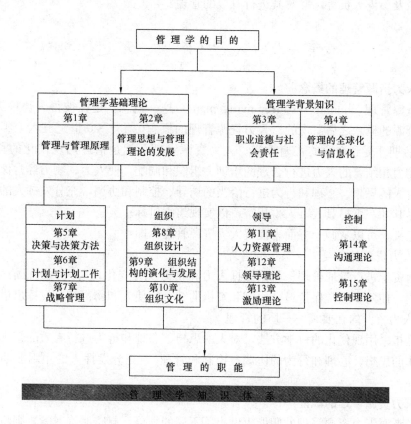

管理学的目的

管理学基础理论		管理学背景知识	
第1章	第2章	第3章	第4章
管理与管理原理	管理思想与管理理论的发展	职业道德与社会责任	管理的全球化与信息化

计划	组织	领导	控制
第5章 决策与决策方法	第8章 组织设计	第11章 人力资源管理	第14章 沟通理论
第6章 计划与计划工作	第9章 组织结构的演化与发展	第12章 领导理论	
第7章 战略管理	第10章 组织文化	第13章 激励理论	第15章 控制理论

管理的职能

管 理 学 知 识 体 系

第十一章 人力资源管理

组织设计为组织系统的运行提供了基本的运行框架。为确保各项任务的顺利完成并使系统能够正常地运行，组织还必须按照组织设计的基本要求为系统配置合适的人力资源，如管理人员及参谋人员等，并对其进行有效的管理。

第一节 人力资源概述

一、人力资源管理的概念

人力资源管理（human resource mangement）这一概念，是在彼得·德鲁克 1954 年提出人力资源的概念之后出现的。人力资源管理的概念产生于 20 世纪五六十年代，它在 80 年代中后期才受到企业的普遍重视。人力资源管理，就是指运用现代化的科学方法，对与一定物力相结合的人力进行合理的培训、组织和调配，使人力、物力经常保持最佳比例，同时对人的思想、心理和行为进行恰当的诱导、控制和协调，充分发挥人的主观能动性，使人尽其才，事得其人，人事相宜，以实现组织目标。

根据定义，可以从两个方面来理解人力资源管理，即：

1. 对人力资源外在要素——量的管理

对人力资源进行量的管理，就是根据人力和物力及其变化，对人力进行恰当的培训、组织和协调，使两者经常保持最佳比例和有机的结合，使人和物都充分发挥出最佳效应。

2. 对人力资源内在要素——质的管理

主要是指采用现代化的科学方法，对人的思想、心理和行为进行有效的管理（包括对个体和群体的思想、心理和行为的协调、控制和管理），充分发挥人的主观能动性，以达到组织目标。

二、人力资源管理的职能

国内学者对人力资源管理的职能也做出了不同的划分，赵曙明（2001）则将人力资源管理的职能归纳为以下 7 个方面：①预测、分析和计划；②人员需求计划的制定；③组织人力资源所需的配置；④评估员工的行为；⑤员工薪酬计划；⑥工作环境的改善；⑦建立和维护有效的员工关系。郑晓明（2005）总结出人力资源管理的 5 项基本职能：①获取；②整合；③保持和激励；④控制和调整；⑤开发。

现代企业人力资源管理，具有以下五种基本职能：

（1）获取。根据企业目标确定的所需员工条件，通过规划、招聘、考试、测评、选拔、获取企业所需人员。

（2）整合。通过企业文化、信息沟通、人际关系和谐、矛盾冲突的化解等有效整合，使企业内部的个体、群众的目标、行为、态度趋向企业的要求和理念，使之形成高度的合作与协调，发挥集体优势，提高企业的生产力和效益。

（3）保持。通过薪酬、考核、晋升等一系列管理活动，保持员工的积极性、主动性、创造性，维护劳动者的合法权益，保证员工在工作场所的安全、健康、舒适的工作环境，以增进员工满意感，使之安心满意的工作。

（4）评价。对员工工作成果、劳动态度、技能水平以及其他方面做出全面考核、鉴定和评价，为做出相应的奖惩、升降、去留等决策提供依据。

（5）发展。通过员工培训、工作丰富化、职业生涯规划与开发，促进员工知识、技巧和其他方面素质提高，使其劳动能力得到增强和发挥，最大限度地实现其个人价值和对企业的贡献率，达到员工个人和企业共同发展的目的。

综合考察各种划分方法，发现它们之间存在一些共同之处，这些共同的职能可以说就是人力资源管理应当承担的基本职能，我们将其概括为以下 8 个方面：

（1）人力资源规划。这一职能包括的活动有：对组织在一定时期内的人力资源需求和供给做出预测；根据预测的结果制定出平衡供需的计划等等。

（2）职位分析与胜任素质模型。职位分析包括两个部分的活动：一是对组织内各职位所要从事的工作内容和承担的工作职责进行清晰的界定；二是确定出各职位所要求的任职资格，例如学历、专业、年龄、技能、工作经验、工作能力以及工作态度等。职位分析的结果一般体现为职位说明书。胜任素质是与特定组织特定工作职位上工作业绩水平有因果关联的个体特征和行为。胜任素质模型是指为完成某项工作、达成某一目标所需要的一系列不同胜任素质的组合。胜任素质模型是通过职位分析得到的职位规范的重要补充。

（3）员工招聘。这一职能其实包括招募、甄选与录用两部分。招募是企业采取多种措施吸引候选人来申报企业空缺职位的过程；甄选是指企业采用特定的方法对候选人进行评价，以挑选最合适人选的过程；录用是指企业做出决策，确定入选人员，并进行初始安置、试用、正式录用的过程。

（4）绩效管理。就是根据既定的目标对员工的工作结果做出评价，发现其工作中存在的问题并加以改进，包括制定绩效计划、进行绩效考核，以及实施绩效沟通等活动。

（5）薪酬管理。这一职能所要进行的活动有：确定薪酬的结构和水平，实施职位评价，制定福利和其他待遇的标准，以及进行薪酬的测算和发放等。

（6）培训与开发。包括建立培训的体系，确定培训的需求和计划，组织实施培训过程，对培训效果进行反馈总结等活动。

（7）职业生涯规划和管理。职业生涯规划是指一个人通过对自身情况和客观环境的分析，确立自己的职业目标，获取职业信息，选择能实现该目标的职业，并且为实现目标而制定的行动计划和行动方案。职业生涯管理是组织为了更好地实现员工的职业理想和职业追求，寻求组织利益和个人职业成功最大限度的一致，而对员工的职业历程和职业发展进行计划、组织、领导、控制等所采取的一系列手段。

（8）员工关系。就是企业中各主体，包括企业所有者、企业管理者、员工和员工代言人等之间围绕雇用和利益关系而形成的权利和义务关系。

对于人力资源管理的各项职能，应当以一种系统的观点来看待，它们之间并不是彼此割裂、孤立存在的，而是相互联系、相互影响，共同形成了一个有机的系统（图 11-1）。在这个职能系统中，职位分析和职位评价是一个平台，其他各项职能的实施基本上都要以此为基础。绩效管理和薪酬管理与职位分析的关系更加直接，绩效管理中，员工的绩效考核指标可以说完全是根据职位的工作职责来确定的；而薪酬管理中，员工工资等级的确定，依据的信息主要就是职位说明书的内容。在培训与开发过程中，培训需求的确定也要以职位说明书中的任职资格与胜任素质模型为依据。绩效管理职能在整个系统中居于核心地位，其他职能或多或少都要与它发生联系。录用甄选和绩效管理之间则存在着一种互动的关系，培训与开发和绩效管理之间存在一定的关系。此外，培训与开发对员工提高绩效也是有帮助的。人力资源管理的其他职能之间同样也存在着密切的关系，录用甄选要在招聘的基础上进行，没有人来应聘就无法进行甄选。培训与开发也要受到甄选结果的影响，如果甄选的效果不好，员工无法满足职位的要求，新员工的培训任务就会加重；反之，新员工的培训任务就比较轻。员工关系管理的目标是提高员工的组织承诺度，而培训与开发和薪酬管理则是达成这一目标的重要手段。培训与开发和薪酬管理之间也有联系，员工薪酬的内容，除了工资、福利等货币报酬外，还包括各种形式的非货币报酬，而培训就属于其中的一种重要形式，因此从广义上来讲，培训与开发构成了薪酬的一个组成部分。

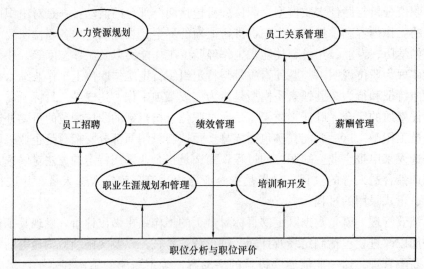

图 11-1　人力资源管理职能的关系图

第二节　人力资源规划

一、人力资源计划的任务

编制和实施人力资源计划的目标，就是要通过计划人力资源管理的各项活动，使组织的需求与人力资源的基本状况相匹配，确保组织总目标的实现。

人力资源计划的任务包括以下几个部分：

（1）系统评价组织中人力资源的需求量

人力资源计划就是要使组织内外人员的供给与一定时期组织内部预计的需求相一致，人力资源的需求量是根据组织中职务的数量和类型来确定的。职务数量指出了每种类型的职务需要多少人，职务类型指出了组织需要具备什么技能的人。一个组织进行了设计之后，需要把组织的需求与组织内部现有人力资源状况对比并找出预计的差距。

（2）选择合适的人员

组织中的员工总是随着内外环境的不断变化而变动的。为了确保担任职务的人员具备职务所要求的基本知识和技能，必须对组织内外的候选人进行筛选。这就必须研究和使用科学的人力资源管理方法，使组织中所需要的各类人才得到及时的补充。

（3）制定和实施人员培训计划

培训既是为了适应组织内部变革和发展的要求，也是为了提高员工素质，实现员工个人生涯发展的要求。要使组织中的成员、技术、活动、环境等要素能更好地适应环境，就必须运用科学的方法，有计划、有组织、有重点、有针对性地对员工进行全面培训，以培养和储备适应未来要求的各级人才。

二、人力资源计划的步骤

1. 人力资源计划的时间跨度

短期计划（一年之内）。要求：目的明确，内容具体，具有灵活性。中期计划（三至五年）。要求：适合组织中期总体发展目标，主要以人力资源管理政策、措施内容为主。长期计划（五至十年）。要求：①适合组织长期总体发展目标，对组织人力资源开发和管理的总战略、总方针和总目标等进行系统的筹划。②对组织人力资源开发和管理具有战略性和指导性，直接为短期和中期计划判定与实施提供框架及基础。计划时间跨度划分，必须与组织总体发展计划保持一致。

2. 人力资源计划的基本步骤

第一，计划的基础，是组织总体发展战略。组织发展重点、企业技术设备特点、产销状况、经营规模和扩展方向等，都会对人力资源提出不同要求。计划则必须满足组织上述要求。制定计划，面对外部经营环境包括市场环境、劳动力市场供求状况、劳动者文化素质，有关法律政策以及本地区平均工资水平、人们择业偏好等等，都会对人力资源计划的制定形成制约。因此，要明确分析外部条件，作为制定计划的必要依据。

第二，分析组织现有人力资源状况。对照组织发展要求，对现有人力数量、质量、配置结构等进行资源盘点。

第三，对组织的人力资源供求状况进行预测。理清现况与发展差距，分析内部和外部的人力供给状况，并进行预测。

第四，制定人力资源计划，包括总体计划和各项职能计划。注意计划时间跨度、各不同职能计划以及相关制度之间的平衡和衔接。

第五，完善计划执行监督和控制机制，保证计划实施。

第六，完善计划评估和调整系统。及时评估计划执行效果，及时调整，保证计划的有效性。

三、影响企业人力资源计划的因素

1. 影响企业人力资源计划的内部因素

（1）企业目标。现代企业制度知识经济，竞争空前激烈，为谋求生存发展，要随时根据外部环境来改变自身情况变化要求，调整目标。例如，企业发展方向调整，必然促使企业改变发展目标，会直接影响人力资源计划，因此必须随之调整。或者吸引并留住更多核心人才，或者培训优秀员工，或者设计有足够吸引力的奖励与报酬等等。

（2）员工素质。随着经济与社会的发展，员工素质有了重大变化。白领比重逐步提高，知识工人成为主力军。传统人事管理体制和管理方法已不能适应需要。现代制度和方法受到企业重视，并正在取代传统体制和方法。人力资源计划必须考虑到这一点。

（3）组织形式。现代企业制度要求企业组织形式更趋合理。传统高型组织，层次多，信息损失多，人际关系复杂，效率低下。减少中间层次，减少信息与资源损耗，完善员工关系，增进企业的效率，要通过人力资源计划做出改变，完善组织结构，促进企业制度向现代化方向转化。

（4）企业最高领导层的理念。最高领导层对人力资源管理所持观念，关系到他们对企业人力资源管理活动的作用，也直接影响企业人力资源规划的内容。

2. 影响企业人力资源计划的外部因素

（1）劳动力市场。劳动力市场变化，供给变化、需求变化，或同时发生变化。制定计划的依据就是对供给与需求的预测。研究劳动力市场变化特点，才能够有针对性地进行计划。

（2）政府相关政策。政府人才流动政策、户籍政策、大学毕业生就业政策等，会影响企业招聘范围和对象。

（3）行业发展状况。高新技术行业属于"朝阳行业"，发展前途光明，潜力巨大，人力计划着重于吸引、激励人才。"夕阳行业"，因调整经营结构、开拓发展渠道，人力资源计划一要着重于引进或培养经济增长点所需要人才；二要考虑冗员安置，以降低劳动力成本。

内部、外部因素会同时影响计划，有些是积极的，有些是消极的。因此，在计划前要仔细分析各种影响因素，趋利避害，使计划尽可能科学、合理，促进组织战略目标的实现。

第三节　人力资源招聘与培训

员工招聘是指组织根据人力资源管理规划和工作分析的要求，从组织内部和外部吸收人力资源的过程。员工招聘在人力资源管理工作中具有重要的意义。招聘工作直接关系到企业人力资源的形成，有效的招聘工作不仅可以提高员工素质、改善人员结构，也可以为组织注入新的管理思想，为组织增添新的活力，甚至可能给企业带来技术、管理上的重大革新。招聘是企业整个人力资源管理活动的基础，有效的招聘工作能为以后的培训、考评、工资福利、劳动关系等管理活动打好基础。因此，员工招聘是人力资源管理的基础性工作。

一、员工招聘应遵循的原则

1. 因事择人原则

所谓因事择人，就是员工的选聘应以实际工作的需要和岗位的空缺情况为出发点，根据岗位对任职者的资格要求选用人员。

2. 公开、公平、公正原则

公开就是要公示招聘信息、招聘方法，这样既可以将招聘工作置于公开监督之下，防止以权谋私、假公济私的现象，又能吸引大量应聘者。公平、公正就是确保招聘制度给予合格应征者平等的获选机会。

3. 竞争择优原则

竞争择优原则是指在员工招聘中引入竞争机制，在对应聘者的思想素质、道德品质、业务能力等方面进行全面考察的基础上，按照考查的成绩择优选拔录用员工。

4. 效率优先原则

效率优先原则就是用尽可能低的招聘成本录用到合适的最佳人选。

二、员工招聘的来源

员工招聘的来源可以是多方面的，如学校、人才市场、网上招聘等，但招聘工作的有效性更多地依赖于劳动力市场的状况、组织内部空缺职位的高低、组织规模的大小、组织形象等因素。显然，劳动力市场越大，人员就越容易招聘；而职位越高或要求的技能就越多，招聘的范围就可能越为广泛。一般来讲，组织可以通过外部招聘和内部招聘两种方法来获取必要的人力资源。

1. 外部招聘

外部招聘就是根据组织制定的标准和程序从组织外部选拔符合空缺职位要求的员工。选择员工具有动态性，特别是一些高级管理人员岗位和专业岗位，常常需要组织将选择的范围扩张到全国甚至全球劳动力市场。外部招聘的渠道大致有：人才交流中心，招聘洽谈会，传统媒体广告，网上招聘，校园招聘，人才猎取和员工推荐等。

外部招聘的优点：

（1）来源广泛，选择空间大。特别是在组织初创和快速发展时期，更需要从外部大量招聘各类员工。

（2）可以避免"近亲繁殖"，能给组织带来新鲜空气和活力，有利于组织创新和管理革新。此外，由于他们新近加入组织，与其他人没有历史上的个人恩怨关系，从而在工作中可以很少顾忌复杂的人情网络。

（3）可以要求应聘者有一定的学历和工作经验，因而可节省在培训方面所耗费的时间和费用。

局限性：①难以准确判断他们的实际工作能力。②容易造成对内部员工的打击。③费用高。

2. 内部招聘

也叫内部提升是指组织内部成员的能力和素质得到充分确认之后，被委以比原来责任更大、职位更高的职务，以填补组织中由于发展或其他原因而空缺了的管理职务。

内部提升的优点：

（1）选任时间较为充裕，了解全面，能做到用其所长，避其所短。

（2）他们对组织情况较为熟悉，了解与适应工作的过程会大大缩短，他们上任后能很快进入角色。

（3）内部提升给每个人带来希望，有利于鼓舞士气，提高工作热情，调动员工的积极性，激发他们的上进心。

内部提升制度也会带来一些弊端：

（1）容易造成"近亲繁殖"。老员工有老的思维定式，不利于创新，而创新是组织发展的动力。

（2）容易在组织内部形成错综复杂的关系网，任人唯亲，拉帮结派，给公平、合理、科学的管理带来困难。

（3）内部备选对象范围狭窄。

不管是外部招聘还是内部提升，需要根据企业所处的发展阶段、企业面临的特殊经营环境来决定。

三、企业在选择招聘方式时应注意以下几个方面的因素

1. 所需选聘人才的层次。

一般来说，高层次管理人才选拔应内部优先。高层次人才的内部选拔，对内部提拔对象有长期的考查和充分的了解，从而保证选拔的正确性，而且有利于企业战略的连续性，特别是有利于企业文化的传承。内部晋升的高级管理人才才能深刻理解和领会企业的核心价值观。由于长期受企业文化的熏陶，已经认同并成为企业文化的自觉执行者和传播者，所以也更能坚持企业的核心价值观。

2. 企业经营环境的特点。

外部环境变化剧烈时，企业宜从外部选聘适合的人才。在这种环境下，行业的技术基础、竞争特征以及竞争规则可能发生根本性的变化，知识迅速更新，企业原有的特长和经验可能成为适应环境的障碍，因此从企业外部，甚至行业外部吸纳人才和寻求新的资源成为企业生存与发展的重要条件。实际上，在环境迅速变化的条件下，时不我待，不允许企业坐等内部人才的成熟。

3. 企业所处的发展阶段。

处于成长期的企业，由于发展速度较快，仅仅依靠内部选拔与培养企业人才队伍无法跟上企业的发展。同时由于企业人员规模有限，内部招聘选择余地相对较小。相反，在成长后期与成熟期，通过长期的培养，企业已经积累了一定的人力资源，这时内部选聘可能更为恰当。

4. 企业战略以及与之相关的企业文化调整的需要。

企业战略不变，需要原有的企业文化的支持，这时内部晋升可以保证企业文化的传承；相反，当企业根据外部环境及其其他因素的变化需要对原来的战略进行调整时，通常也需要对原先的文化进行改造。

四、员工招聘的程序

为了保证员工选聘工作的有效性和可行性，应当按照一定的程序并通过竞争进行招聘。员工招聘的一般程序包括制定招聘计划、发布招聘信息、接待和甄别应聘人员、发出录用通知书、评价招聘效益等活动环节。

1. 制定招聘计划

根据人力资源计划来制定，具体内容包括：确定本次招聘目的、描述应聘职务和人员的标准和条件、明确招聘对象的来源、确定传播招聘信息的方式、确定招聘组织人员、确定参与面试人员、确定招聘的时间和新员工进入组织的时间、确定招聘经费预算等。

2. 发布招聘信息

是指利用各种传播工具发布岗位信息，鼓励和吸引人员参加应聘。在发布招聘信息时主要应注意信息发布的范围、信息发布的时间、招聘对象的层次。

3. 应聘者提出申请

应聘者在获取招聘信息后，向招聘单位提出应聘申请。应聘申请常有两种：一是通过信函向招聘单位提出申请；二是直接填写招聘单位应聘申请表（网上填写提交或到单位填写提交）。应聘者应提供的资料包括：应聘申请表、个人简历、各种学历的证明包括获得的奖励、证明（复印件）、身份证（复印件）。

4. 接待和甄别应聘人员（也叫员工选拔过程）

其实质是在招聘中对职务申请人的选拔过程，具体又包括如下环节：审查申请表→初筛→与初筛者面谈、测验→第二次筛选→选中者与主管经理或高级行政管理人员面谈→确定最后合格人选→通知合格入选者作健康检查。此阶段一定要客观与公正，尽量减少面谈中各种主观因素的干扰。

5. 发出录用通知书

招聘单位与入选者正式签订劳动合同并向其发出上班试工通知的过程。通知中，通常应写明入选者开始上班的时间、地点与向谁报到。

6. 对招聘活动的评估

对本次招聘活动作总结和评价，并将有关资料整理归档。评价指标包括招聘成本核算和录用人员评估。

五、员工的解聘

如果人力资源规划过程中存在多余人员，组织面临结构性收缩要求或者员工存在违反组织政策的行为时，组织应当裁剪一定的员工，这种变动叫解聘。解聘方式有很多种，解雇；永久性、非自愿地终止合同。临时解雇：临时性、非自愿地终止合同；可能持续若干天，也可能延续几年；自然裁员：对自愿辞职或正常退休腾出的职位空缺不予填补；调换岗位：横向或向下调换员工岗位，通常不会降低成本，但可减缓组织内的劳动力供求不平衡；缩短工作周：让员工每周少工作一些时间，或者工作分组，或以临时工身份做这些工作；提前退休：为年龄大、资历深的员工提供激励，使其在正常退休期提前提早离位。

六、员工培训的内涵与方法

员工培训是指一定组织为开展业务及培育人才的需要，采用各种方式对员工进行有目的、有计划的培养和训练的管理活动，其目标是使员工不断的更新知识，开拓技能，改进员工的动机、态度和行为，使企业适应新的要求，更好的胜任现职工作或担负更高级别的职务，从而促进组织效率的提高和组织目标的实现。高效的企业培训，其实是提升企业综合竞争力的过程。事实上，培训的效果并不取决于受训者个人，而恰恰相反，企业组织本身作为一个有机体的状态，起着非常关键的作用。良好的培训对企业的意义主要有：培训能增强员工对企业的归属感和主人翁责任感。培训能促进企业与员工、管理层与员工层的双向沟通，增强企业向心力和凝聚力，塑造优秀的企业文化。培训能提高员工综合素质，提高生产效率和服务水平，树立企业良好形象，增强企业盈利能力。适应市场变化、增强竞争优势，培养企业的后备力量，保持企业永继经营的生命力，提高工作绩效。

1. 员工培训的方法

（1）导入培训：应聘者一旦决定被录用之后，组织中的人事部门应该对他将要从事的工作和组织的情况给予必要的介绍和引导，西方国家称之为职前引导。职前引导的目的：减少新来人员的担忧和顾虑，尽快熟悉本职工作和组织情况，了解自己的义务、职责、权利等等。

（2）在职培训：对员工进行的在职培训是为了使员工通过不断学习掌握新技术和新方

法，从而达到新的工作目标要求所进行的不脱产培训。工作轮换和实习是其基本形式。

（3）离职培训：是指为了使员工能够适应新的工作岗位要求而让员工离开工作岗位一段时间，专心致志于一些职外培训。

2. 管理人员培训的方法

（1）工作轮换：所谓工作轮换，就是将员工轮换到另一个同等水平、技术要求接近的工作职位上去工作。员工长期从事同一职位的工作，特别是那些从事常规性工作的员工，时间长了会觉得工作很枯燥，缺乏变化和挑战。员工也不希望自己只掌握一种工作技能，而是希望能够掌握更多不同的工作技能以提高对环境的适应能力。因此，工作轮换也常常与培养员工多样化的工作技能结合在一起，也被称为交叉培训法。管理工作轮换与非管理工作轮换。管理工作轮换：在提拔某个管理人员担任较高层次的职务以前，先让他在一些较低层次的部门工作，以积累不同部门的管理经验，了解各管理部门在整个公司中的地位、作用及其相互关系。非管理工作轮换：是根据受训者的个人经历，让他们轮流在公司的不同部门和岗位上工作一段时间，以熟悉公司的各种业务。

（2）设置助理职务：在一些较高层次的管理层次设立助理职务，不仅可以减轻主要负责人的负担，使之从繁忙的日常管理中脱出身来，专心致力于重要问题的考虑和处理，而且有助于培训待提拔管理人员。

（3）临时职务和彼得原理：设置代理职务不仅是一种培训管理人员的方法，而且可以帮助组织进行正确的提升，防止"彼得现象"产生。

彼得原理是美国学者劳伦斯·彼得在对组织中人员晋升的相关现象研究后得出的一个结论：在各种组织中，由于习惯于对在某个等级上称职的人员进行晋升提拔，因而雇员总是趋向于被晋升到其不称职的地位。彼得原理有时也被称为"向上爬"理论。这种现象在现实生活中无处不在：一名称职的教授被提升为大学校长后无法胜任；一个优秀的运动员被提升为主管体育的官员，导致无所作为。

彼得原理是管理心理学的一种心理学效应，指在一个等级制度中，每个职工趋向于上升到他所不能胜任的地位，诺斯古德·帕金森（C. N. Parkinson）是著名的社会理论家，他曾仔细观察并有趣地描述层级组织中冗员累积的现象。他假设，组织中的高级主管采用分化和征服的策略，故意使组织效率降低，借以提升自己的权势，这种现象即帕金森所说的"爬升金字塔"。彼得认为这种理论设计是有缺陷的，他给出的解释员工累增现象的原因是层级组织的高级主管真诚追求效率。正如彼得原理显示的，许多或大多数主管必已到达他们的不胜任阶层。这些人无法改进现有的状况，因为所有的员工已经竭尽全力了，于是为了再增进效率，他们只好雇用更多的员工。员工的增加或许可以使效率暂时提升，但是这些新进的人员最后将因晋升过程而到达不胜任阶层，于是唯一改善的方法就是再次增雇员工，再次获得暂时的高效率，然后是另一次逐渐归于无效率。这样就使组织中的人数超过了工作的实际需要。

如何防止"彼得现象"呢？积极的方法应从彼得现象产生的原因出发。我们提拔的管理人员往往主要根据过去的工作成绩和能力。在较低层次上表现优秀，能力突出的管理者能否胜任较高层次的管理工作？检验某个管理人员是否具备担任较高职务的条件的可行方法，是安排他临时担任某个职务的"代理"职务。通过对代理者的考察，组织可以更好地了解他独立工作的能力。由于代理只是临时的工作，取消代理不会对本人造成太大的打击，也可以帮助组织避免一次错误的提拔。

第四节 绩效评估与薪酬管理

绩效考核也称成绩或成果测评，绩效考核是企业为了实现生产经营目的，运用特定的标准和指标，采取科学的方法，对承担生产经营过程及结果的各级管理人员完成指定任务的工作实绩和由此带来的诸多效果做出价值判断的过程。

一、绩效考评

1. 绩效考评的意义

绩效考核是现代组织不可或缺的管理工具。它是一种周期性检讨与评估员工工作表现的管理系统，是指主管或相关人员对员工的工作做系统的评价。有效的绩效考核，不仅能确定每位员工对组织的贡献或不足，更可在整体上对人力资源的管理提供决定性的评估资料，从而可以改善组织的反馈机能，提高员工的工作绩效，更可激励士气，也可作为公平合理地酬赏员工的依据。

（1）有利于目标的达成。从本质上来讲，绩效考核不仅仅是对工作结果的考核，同时也是对过程的管理。它可以将长期目标分解开来，变成年度指标、季度指标、月度指标，甚至每周指标，不断监督员工来完成这一目标，一个成功的绩效考核体系，能有效地帮助企业来达成目标。

（2）有利于发现问题。绩效考核是一个不断的制定计划→执行→修正错误的过程，这也是一个不断发现问题，改进问题的过程。

（3）有助于合理利益分配。如果不与利益挂钩，那么我们的考核就没有任何的意义，让员工的绩效工资与考核的结果挂钩，才能提起员工的工作积极性。

（4）有利于促进个人与企业的发展和成长。对企业而言，人才的成长是企业不可或缺的部分。而绩效考的最终目的就是促进企业与员工的共同成长。通过在考核过程中不断发现问题、改进问题，不断促进提升，从而达到个人和企业的双赢。

2. 绩效考评常用的方法

（1）360 度绩效考评（360° performance appraisal）

360 度绩效考评也叫全方位绩效考评，是由被考评人的上级、同级、下级、本人或考评专家担任考评者，从各个角度对被考评者进行全方位评价的一种绩效考核方法，见图 11-2 所示。

自己：自我评价，是指让经理人针对自己在工作期间的绩效表现，或根据绩效表现评估其能力和并据此设定未来的目标。当员工对自己做评估时，通常会降低自我防卫意识，从而了解自己的不足，进而愿意加强、补充自己尚待开发或不足之处。

同事：同事的评价，是指由同事互评绩效的方式，来达到绩效评估的目的。对一些工作而言，有时上级与下属相处的时间与沟通机会，反而没有下属彼此之间多。在这种上级与下属接触的时间不多，彼此之间的沟通也非常少的情况下，上级要对部属做绩效评估也就非常困难。但相反的，下属彼此间工作在一起的时间很长，所以他们相互间的了解反而会比上级与部属更多。此时，他们之间的互评，反而能比较客观。而且，部属之间的互评，可以让彼此知道自己在人际沟通这方面的能力。

下属：由部属来评价上司，这个观念对传统的人力资源工作者而言似乎有点不可思议。但随着知识经济的发展，有越来越多的公司让员工评估其上级主管的绩效，此过程称为向上反馈。而这种绩效评估的方式对上级主管发展潜能上的开发，特别有价值。管理者可以通过下属的反馈，清楚地知道自己的管理能力有什么地方需要加强。若自己对自己的了解与部属的评价之间有太大的落差，则主管亦可针对这个落差，深入了解其中的原因。因此，一些人力资源管理专家认为，下属对上级主管的评估，会对其管理才能的发展有很大的裨益。

客户：客户的评价对从事服务业、销售业的人员特别重要。因为唯有客户最清楚员工在客户服务关系、行销技巧等方面的表现与态度如何。所以，在类似的相关行业中，在绩效评估的制度上不妨将客户的评价列入评估系统之中。

主管：主管的评价是绩效评估中最常见的方式，即绩效评估的工作是由主管来执行。因此身为主管必须熟悉评估方法，并善用绩效评估的结果作为指导部属，发展部属潜能的重要武器。

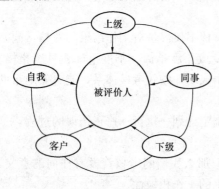

图 11-2　360°考评法图

随着企业的调整，一些公司常常会推动一些跨部门的合作方案，因此一些员工可能同时会与很多主管一起共事。所以在绩效评估的系统建立上，亦可将多主管、矩阵式的绩效评估方式纳入绩效评估系统之中。

（2）关键绩效指标（Key Performance Indicator，KPI）

随着管理实践的不断发展和成熟，绩效管理也逐渐上升到战略高度，强调对企业战略规划的承接。管理学界探索各种评估方法，将结果导向和行为导向的评估方法的优点相结合，强调工作行为和目标达成并重。在这种背景下，关键绩效指标应运而生。

1）关键绩效指标的基本内涵

企业关键绩效指标是通过对组织内部流程的输入端、输出端的关键参数进行设置、取样、计算、分析，衡量流程绩效的一种目标式量化管理指标，是把企业的战略目标分解为可操作的工作目标的工具，是企业绩效管理的基础。KPI 可以使部门主管明确部门的主要责任，并以此为基础，明确部门人员的业绩衡量指标。建立明确的切实可行的 KPI 体系，是做好绩效管理的关键。关键绩效指标是用于衡量工作人员工作绩效表现的量化指标，是绩效计划的重要组成部分。

KPI 的理论基础是二八原理，是由意大利经济学家帕累托提出的一个经济学原理，即一个企业在价值创造过程中，每个部门和每一位员工的 80% 的工作任务是由 20% 的关键行为完成的，抓住 20% 的关键，就抓住了主体。二八原理为绩效考核指明了方向，即考核工作的主要精力要放在关键的结果和关键的过程上。于是，所谓的绩效考核，一定放在关键绩效指标上，考核工作一定要围绕关键绩效指标展开。关键绩效指标是衡量企业战略实施效果的系统性关键指标，它是战略目标通过层层分解产生的可操作性的指标体系。其目的是建立一种体制，将企业战略转化为内部过程和活动，不断增强企业的核心竞争力，使企业能够得到持续的发展。

2）基于关键绩效指标的绩效指标体系设计

关键绩效指标体系作为一种系统化的指标体系，包括三个层面的指标：企业级关键绩效指标、部门级关键绩效指标和个人级关键绩效指标。三个层面由上至下，由宏观到微观，层层传递；由下至上，由微观到宏观，层层支撑，形成一个相互联系的系统。

企业级关键绩效指标体系的确定。关键绩效指标的建立事一项专业的工作，一般需要聘请外部专家进行指导。通过关键成功分析法选择 KPI。部门级关键绩效指标的确定。得出企业级关键绩效指标以后，部门管理人员应该在专家的指导下，将企业级指标分配或分解到相应的部门，形成部门级关键绩效指标。具体做法是：首先，确认企业级指标是否可以直接由部门承担，对于可以承担的，就可以直接过渡为部门级指标，对于不能够直接承担的，可以按组织结构分解或按主要流程分解。个人级关键绩效指标的确定。按照相同的方法，将部门级指标进行承接或分解，形成个人关键绩效指标。需要注意的是，部门级和个人级关键绩效指标都是源于企业级关键绩效指标，所以部门级和个人级的指标理应随着企业级指标的改变而适时做出调整。

3）关键绩效指标的 SMART 原则

确定关键绩效指标有一个重要的 SMART 原则。SMART 是 5 个英文单词首字母的缩写：S 代表具体（Specific），指绩效考核要切中特定的工作指标，不能笼统；M 代表可度量（Measurable），指绩效指标是数量化或者行为化的，验证这些绩效指标的数据或者信息是可以获得的；A 代表可实现（Attainable），指绩效指标在付出努力的情况下可以实现，避免设立过高或过低的目标；R 代表关联性（Relevant），指绩效指标是与上级目标具明确的关联性，最终与公司目标相结合；T 代表有时限（Time bound），注重完成绩效指标的特定期限。

（3）平衡积分卡（The Balance Score-Card，BSC）

哈佛大学教授罗伯特·卡普兰（Robert kaplan）和复兴全球战略集团的创始人兼总裁大卫·诺顿（David Norton）对 12 家公司进行了一项研究，以寻求新的绩效评价方法。在讨论了多种可能的替代方法后，他们决定采用积分卡来建立一套囊括整个组织各方面活动的绩效评价系统，并将这种新的工具命名为"平衡积分卡"。平衡积分卡诞生后，逐渐被各类组织接受，并广泛采用。据统计，《财富》1000 强企业中，有 70% 的公司采用了平衡积分卡。全球经典的管理学杂志《哈佛商业评论》更是将其列入为 20 世纪最有影响力的管理工具之一。

平衡积分卡以企业战略和使命为基础，依托于战略地图 11-3 中所描述的企业战略，对每项战略进行分解，制定衡量指标和目标值，同时配之以达成目标的行动方案，形成一套对战略进行衡量的考核指标体系。平衡积分卡从四个层面来衡量企业的绩效：财务层面、客户层面、内部流程层面和学习与成长层面。这四个层面将财务指标和非财务指标有机结合在一起，打破了以财务指标为核心的传统的绩效管理系统框架。并且，平衡积分卡将企业的战略目标和绩效评价指标紧密联系起来，对员工的行为起着更明确的导向作用，有助于企业战略目标的实现。同时，平衡积分卡实现了财务指标和非财务指标的平衡、组织内外部指标的平衡、前置指标和滞后指标的平衡、长期指标和短期指标的平衡。卡普兰和诺顿认为："如果你不能描述，就不能衡量；如果你不能衡量，就不能管理。"战略地图是对战略的一个描述框架，它使战略清晰化，并且清楚描述了战略目标和驱动因素之间的因果逻辑关系。而平衡积分卡则是对战略的衡量，平衡积分卡将战略地图目标转化为指标和目标值，并为每一目标制定行为方案，通过执行方案，战略得以实现。所以，平衡积分卡和战略地图是一脉相承的关系，先用战略地图对公司的战略进行描述，然后利用平衡积分卡从四个层面对战略进行衡量。正是由于战略地图和平衡积分卡的结合，使得这套工具由绩效衡量工具上升为战略管理工具。

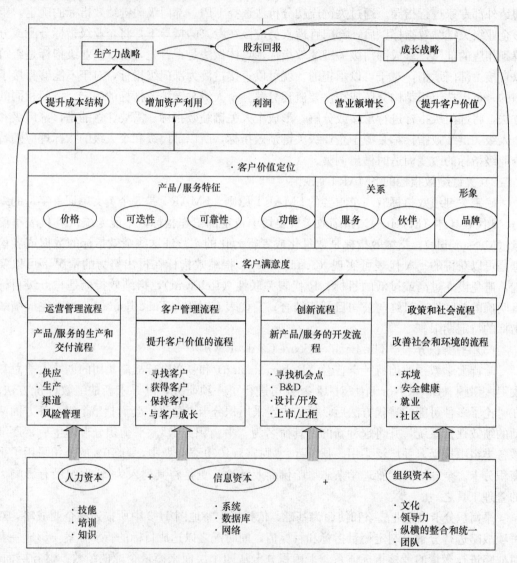

图 11-3　战略地图的整体框架

"突破性的成果＝描述战略＋衡量战略＋管理战略"，该公式很好地描述了卡普兰和诺顿的管理学思想。战略地图是在平衡积分卡的基础上发展来的，与平衡积分卡相比，它增加了两个层次的东西：一是颗粒层，每一个层面下都可以分解为很多要素；二是增加了动态的层面，也就是说战略地图是动态的，可以结合战略规划过程来绘制。

战略地图是以平衡积分卡的四个层面目标（财务层面、客户层面、内部流程层面、学习与成长层面)为核心,通过分析这四个层面目标的相互关系而绘制的企业战略因果关系图,见图11-4所示。战略地图的核心内容包括:企业通过运用人力资本、信息资本和组织资本等无形资产,才能创新和建立战略优势和效率,进而使公司把特定价值带给市场,从而实现股东价值。

1)财务层面。财务层面衡量公司的财务和利润情况,参考战略的实施和执行能否为最终经营成果的改善做出贡献,财务层面是其他层面的目标和指标的核心。财务层面的最终目标是利润最大化,企业的财务目标通过两种方式实现:收入增长和生产率提高。不同类型的企业在不同的发展时期会有不同的财务目标,但是一般而言,可以将财务目标分为收入增长、生产率提高、成本下降、资产利用、风险管理等主题,企业可以从中选择适当的财务目标。

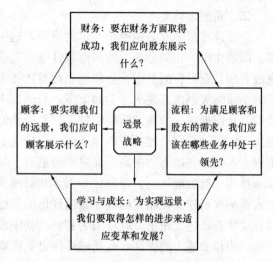

图11-4 平衡积分卡示意图

2)客户层面。客户层面反映了企业吸引客户、保留客户和提高客户价值方面的能力。企业应该首先确定自己的目标客户和细分市场,然后针对目标客户确定自己的客户价值主张,卡普兰和诺顿提出了四种竞争战略,即竞争战略、总成本最低战略、产品领先战略、全面客户解决方案和系统锁定战略。四种战略各有利弊,企业应该根据自己的战略目标、所处环境等实际情况做出选择。然后针对不同的客户价值主张确定核心指标。可以使用的衡量指标有:客户满意度、客户保持率、市场份额、客户份额等。

3)内部流程层面。内部流程层面反映了企业内部运营的资源和效率,关注导致绩效更换的决策和行动过程,特别是对顾客满意度和股东满意度有重要影响的流程。内部流程可以分为四类:运营管理流程、客户管理流程、创新流程以及法规与社会流程。内部流程是企业改善经营业绩的重点,常见的指标包括:产品合格率、生产周期、新产品开发速度、出勤率等。

4)学习与成长层面。学习与成长层面描述了前面的基本架构,是驱动前三个层面获得成功的内在动力。学习与成长层面关注组织未来的发展潜力,主要有三个来源:人、系统和组织程序。相对于其他层面而言,该层面可以考虑选用的指标有:员工的满意度、保留率、战略信息覆盖率、战略目标的一致性等。

平衡积分卡四个层面的指标和目标都来源于组织的使命、愿景和战略,是对使命、愿景、战略的分解、细化和实现支撑。四个层面内部存在层层支撑、层层传递的内在联系,构成了一个紧密联系、有机统一的整体。

从绩效考核模式上看:KPI模式强调抓住企业运营中能够有效量化的指标,提高了绩效考核的可操作性与客观性;MBO模式将企业目标通过层层分解下达到部门以及个人,强化了企业监控与可执行性(第六章内容);BSC模式是从企业战略出发,不仅考核现在,还考核未来;不仅考核结果,还考核过程,适应了企业战略与长远发展的要求,但不适应对于初创公司的衡量；360 度绩效评价评价有利于克服单一评价的局限，但应主要用于能力开发；主管述职评价仅适用于中高层主管的评价。不同企业规模绩效考核模式方法的选择，每一种绩效考核模式与方法都反映了一种具体的管理思想和原理，都具有一定的科学性和合理性，同时，不同的模式方法又都有自己的局限性与适用条件范围。

二、薪酬设计

企业设计薪酬时必须遵循一定的原则，这些原则包括战略导向、经济性、体现员工价值、激励作用、相对公平、外部竞争性等。随着组织的扁平化趋势，越来越多的企业实行宽带薪酬。宽带薪酬是指企业将原来相对比较多的薪酬等级合并压缩为几个级别，同时拉大每个薪酬级别内部薪酬浮动的范围，取消原来狭窄的工资级别带来的工作间明显的等级差别，从而形成一种新的薪酬管理系统及操作流程。宽带中的"带"意指工资级别，"宽"则指工资浮动范围比较大。该体系的核心理念是"绩效比岗位更重要"，它能够引导员工重视个人技术与能力的提高，促进学习型与参与型企业文化的形成，同时将员工的绩效与薪酬挂钩，有效地吸引、保留核心人才和激励员工，使员工的能力不断得到开发。员工的个人薪酬水平建立在相应的胜任素质评价的基础上，并直接表现为在薪酬带内或带间的不同移动状态。这反映了以胜任力为基础的薪酬设计思维，鼓励员工的横向职业发展，重视技能的增长和能力的提高，改变过去注重纵向职业发展与提升的思维。

1. 薪酬设计的原则

（1）战略导向原则

战略导向原则强调企业设计薪酬时必须从企业战略的角度进行分析，制定的薪酬政策和制度必须体现企业发展战略的要求。企业的薪酬不仅仅只是一种制度，它更是一种机制，合理的薪酬制度驱动和鞭策那些有利于企业发展战略的因素的成长和提高，同时使那些不利于企业发展战略的因素得到有效的遏制、消退和淘汰。因此，企业设计薪酬时，必须从战略的角度进行分析哪些因素重要，哪些因素不重要，并通过一定的价值标准，给予这些因素一定的权重，同时确定它们的价值分配即薪酬标准。

（2）经济性原则

薪酬设计的经济性原则强调企业设计薪酬时必须充分考虑企业自身发展的特点和支付能力。它包括两个方面的含义，从短期来看，企业的销售收入扣除各项非人工费用和成本后，要能够支付起企业所有员工的薪酬；从长期来看，企业在支付所有员工的薪酬，及补偿所有非人工费用和成本后，要有盈余，这样才能支撑企业追加和扩大投资，获得企业的可持续发展。

（3）体现员工价值原则

现代的人力资源管理必须解决企业的三大基本矛盾，即人力资源管理与企业发展战略之间的矛盾，企业发展与员工发展之间的矛盾和员工创造与员工待遇之间的矛盾。因此，企业在设计薪酬时，必须要能充分体现员工的价值，要使员工的发展与企业的发展充分协调起来，保持员工创造与员工待遇之间短期和长期的平衡。

（4）激励作用原则

激励作用原则就是强调企业在设计薪酬时必须充分考虑薪酬的激励作用，即薪酬的激励效果。这里涉及企业薪酬（人力资源投入）与激励效果（产出）之间的比例代数关系，企业在设计薪酬策略时要充分考虑各种因素，使薪酬的支付获得最大的激励效果。

（5）相对公平（内部一致性）原则

内部一致性原则是斯密公平理论在薪酬设计中的运用，它强调企业在设计薪酬时要"一碗水端平"。内部一致性原则包含几个方面。一是横向公平，即企业所有员工之间的薪酬标准、尺度应该是一致的；二是纵向公平，即企业设计薪酬时必须考虑到历史的延续性，一个员工过去的投入产出比和现在乃至将来都应该基本上是一致的，而且还应该是有所增长的。这里涉及一个工资刚性问题，即一个企业发给员工的工资水平在正常情况下只能看涨，不能看跌，否则会引起员工很大的不满；最后就是外部公平，即企业的薪酬设计与同行业的同类人才相比具有一致性。

（6）外部竞争性原则

外部竞争性原则前文已经提到过，它强调企业在设计薪酬时必须考虑到同行业薪酬市场的薪酬水平和竞争对手的薪酬水平，保证企业的薪酬水平在市场上具有一定的竞争力，能充分地吸引和留住企业发展所需的战略、关键性人才。

2. 薪酬设计必须考虑的因素

企业设计薪酬在制定的薪酬策略的指导下，在遵循一定原则的基础上，必须对相应的影响企业薪酬设计的因素进行分析，这些因素包括战略发展阶段、文化、市场和价值因素等。

（1）战略与发展阶段因素

企业在薪酬设计时必须充分考虑企业的发展战略，这与战略导向原则是一致的。企业设计薪酬还必须结合企业自身的发展阶段，不同的阶段对薪酬策略要求是不一样的。比如在创立期，企业的薪酬政策关注的易操作性和激励性，表现出非常个人化的随机性报酬，在薪酬评价上以主观为主，总裁拥有90％以上的决策权；处于高速成长期的企业，在制定薪酬政策时，必须考虑到薪酬的激励作用，这个时候设计的薪酬工资较高、奖金相对非常高，长期报酬也比较高，福利水平也会要求比较高。但如果企业处于平稳发展期或者衰退期时，制定薪酬策略又不一样了。因此，企业设计薪酬政策必须充分与企业发展的阶段相结合。

（2）文化因素

文化因素主要是指企业工作所倡导的文化氛围。企业的工作文化一般有四种：功能型工作文化、流程型工作文化、时效型工作文化和网络型工作文化。功能型工作文化的企业强调严密的自上而下的行政管理体系、清晰的责任制度、专业化分工等，这种工作文化的企业在设计薪酬时一般以职务工资制为主。流程型工作文化的特点是以客户满意度为导向来确定价值链；基于团队和相互学习的工作关系，共同承担责任；围绕流程和供应链来设计部门等。这种工作文化的企业在设计薪酬时主要以客户、市场导向为主，一般以职能工资制为主。时效型工作文化集中资源，抓住机会，迅速把产品和服务推向市场，强调高增长和新市场进入，这种工作文化的企业在设计薪酬时主要考虑时效和速度因素，同时考虑工作质量因素，一般以绩效工资制为主。网络型工作文化没有严密的层级关系，承认个人的特殊贡献，强调战略合作伙伴；以合伙人方式分配权力，强调对公司总体目标的贡献；以"合同"方式形成工作网络。典型的公司有律师事务所、会计事务所、某些咨询公司等。这种工作文化的企业在设计薪酬时主要强调利益共享、风险共担。

（3）市场竞争因素

企业在设计薪酬时应该考虑哪些市场竞争因素，这些因素包括市场薪酬水平、市场人才供给与需求情况、竞争对手的薪酬政策与薪酬水平、企业所在市场的特点与竞争态势等等。在充分调查和考虑以上因素后，企业制定出薪酬设计的市场薪酬线。

第五节 职 业 生 涯 规 划

职业生涯规划指的是一个人对其一生中所承担职务的相继历程的预期和计划，这个计划包括一个人的学习与成长目标，以及对一项职业和组织的生产性贡献和成就期望。职业生涯规划，在社会未迈入工业化以前，职业的种类较少，工作内涵也极为简单，通常的职业都是父母传授给子女，或由学徒直接向师傅学习，因此并不会产生择业的种种问题。自产业革命后，工业科技日渐发达，机器日新月异，而生产过程也日渐复杂，产品的种类及生产量也大量增加。

一、职业生涯的一般阶段

职业认知及职业导向：从幼儿园或小学开始到初中是属于这个阶段，其主要工作是使学生对自己的能力、兴趣有所了解，开始意识到工作对个人的重要性、认识各种行业，以作为将来选择职业的准备。

职业试探：初中阶段的后期和高中阶段的初期都是职业试探时期。在这个时期，学生可以利用各种机会试探一些自己认为有兴趣的工作，以便真正地了解自己的能力和兴趣适合哪些工作。

职业生涯规划：根据在前两个阶段里对自己兴趣、能力的了解，以及对职业的认识，再辅以职业人员的咨询、辅导，学生可以制订一个职业生涯计划，以作为将来职业生涯的依据。

职业准备：根据自己的职业生涯计划，学生可以选择适当的教育、训练机构来习得职业的技能，如果学生想从事的工作仅需职业学校或专科学校的教育，他们就该进入高职或专科学校接受职业准备；如果学生有兴趣的工作需要学士或更高的学位，他们就该进入大学或更高的教育机构。

就业安置与职业发展：学生职业准备阶段完成后，学校及有关职业辅导机构应辅导他们获得适当的职业。而在其就业后，也应随时提供各种训练，以顺应技术的变化、工作的升迁、职业的转换。

二、职业生涯的规划准备

做好职业生涯规划应该分析三个方面的情况

1. 自己适合从事哪些职业/工作

研究自己适合从事哪些职业/工作是职业生涯规划的关键和基础；回答这个问题要考虑以下各方面的因素：自己的职业锚，（就是职业取向系统）；自己的职业兴趣；自己的技能，（也就是我们的自身本领，比如专业、特长等，又称为商业价值系统）；自我职业机会系统分析。

（1）本人的职业锚。职业锚/动机（Career·Anchor）是职业生涯规划时另一个必须考虑的要素。当一个人不得不做出职业选择的时候，他无论如何都不会放弃的那种职业中至关重要的东西或价值观就是职业锚。职业锚是人们选择和发展职业时所围绕的中心。每一个人都有自己的职业锚，影响一个人职业锚的因素有：①天资和能力；②工作动机和需要；③人生态度和价值观。天资是遗传基因在起作用，而其他各项因素虽然受先天因素的影响，但更加受后天努力和环境的影响，所以，职业锚是会变化的，这一点有别于职业性向。

（2）本人的职业兴趣。在做职业生涯规划时，还要考虑本人的职业兴趣。

（3）本人的技能。也就是我们的自身本领，比如专业、特长等。

（4）本人的职业性向。约翰·霍兰德的研究发现，不同的人有不同的人格特征，不同的人格特征适合从事不同的职业。每一种职业性向适合于特定的若干职业。通过一系列测试，可以确定一个人的职业性向。职业者如果确定了自己的职业性向，就可以从对应的若干职业中选择。

2. 自己所在公司能否提供这样的岗位以及职业通路

除了研究本人适合从事哪些职业/工作之外，还要考虑本人所在的公司可能给您提供哪些岗位，从中选择那些适合您本人从事的岗位。如果在本公司没有适合您本人从事的岗位，或者说，您所在的公司不可能提供适合您本人的工作岗位，就应该考虑换工作了。作为公司的管理者，有责任指导员工做职业生涯规划，并且给出员工适合的职业通路。这样，企业才能人尽其才；员工才能尽其所能为公司效力。职业生涯规划的时限，面对发展迅速的信息社会，仅仅制订一个长远的规划显得不太实际，因而有必要根据自身实际及社会发展趋势，把理想目标分解成若干可操作的小目标，灵活规划自我。

3. 在自己适合从事的职业中，哪些是社会发展迫切需要的

做职业生涯规划时，还要把目光投向未来。研究清楚本人现在做的工作，十年后会怎么样？自己的职业在未来社会需要中，是增加还是减少。自己在未来的社会中的竞争优势，随着年龄的增加是不断加强还是逐渐削弱？在自己适合从事的职业中，哪些是社会发展迫切需要的？等等。

三、职业生涯规划的步骤

每个人都渴望成功，但并非都能如愿。了解自己、有坚定的奋斗目标，并按照情况的变化及时调整自己的计划，才有可能实现成功的愿望。这就需要进行职业生涯的自我规划。职业生涯规划的步骤是：

1. 自我评估

自我评估包括对自己的兴趣、特长、性格的了解，也包括对自己的学识、技能、智商、情商的测试，以及对自己思维方式、思维方法、道德水准的评价等等。自我评估的目的，是认识自己、了解自己，从而对自己所适合的职业和职业生涯目标做出合理的抉择。

2. 职业生涯机会的评估

职业生涯机会的评估，主要是评估周边各种环境因素对自己职业生涯发展的影响。在制定个人的职业生涯规划时，要充分了解所处环境的特点、掌握职业环境的发展变化情况、明确自己在这个环境中的地位以及环境对自己提出的要求和创造的条件等等。只有对环境因素充分了解和把握，才能做到在复杂的环境中避害趋利，使你的职业生涯规划具有实际意义。环境因素评估主要包括：组织环境、政治环境、社会环境、经济环境。

3. 确定职业发展目标

俗话说："志不立，天下无可成之事。"立志是人生的起跑点，反映着一个人的理想、

胸怀、情趣和价值观。在准确地对自己和环境做出了评估后，我们可以确定适合自己、有实现可能的职业发展目标。在确定职业发展的目标时，要注意自己性格、兴趣、特长与选定职业的比配，更重要的是考察自己所处的内外环境与职业目标是否相适应，不能妄自菲薄，也不能好高骛远。合理、可行的职业生涯目标的确立决定了职业发展中的行为和结果，是制定职业生涯规划的关键。

4. 选择职业生涯发展路线

在职业目标确定后，向哪一路线发展，是走技术路线还是管理路线，是走技术＋管理即技术管理路线，还是先走技术路线、再走管理路线等，此时要做出选择。由于发展路线不同，对职业发展的要求也不同。因此，在职业生涯规划中必须对发展路线做出抉择，以便及时调整自己的学习、工作以及各种行动措施沿着预定的方向前进。

5. 制定职业生涯行动计划与措施

在确定了职业生涯的终极目标并选定职业发展的路线后，行动便成了关键的环节。这里所指的行动，是指落实目标的具体措施，主要包括工作、培训、教育、轮岗等方面的措施。对应自己行动计划可将职业目标进行分解，即分解为短期目标、中期目标和长期目标，其中短期目标可分为日目标、周目标、月目标、年目标，中期目标一般为三至五年；长期目标为五至十年。分解后的目标有利于跟踪检查，同时可以根据环境变化制定和调整短期行动计划，并针对具体计划目标采取有效措施。职业生涯中的措施主要指为达成既定目标，在提高工作效率、学习知识、掌握技能、开发潜能等方面选用的方法。行动计划要对应相应的措施，要层层分解、具体落实，细致的计划与措施便于进行定时检查和及时调整。

6. 评估与回馈

影响职业生涯规划的因素很多，有的变化因素可以预测，而有的变化因素难以预测。在此状态下，要使职业生涯规划行之有效，就必须不断地对职业生涯规划执行情况进行评估。首先，要对年度目标的执行情况进行总结，确定哪些目标已按计划完成、哪些目标未完成。然后，对未完成目标进行分析，找出未完成原因及发展障碍，制定相应解决障碍的对策及方法。最后，依据评估结果对下年的计划进行修订与完善。如果有必要，也可考虑对职业目标和路线进行修正，但一定要谨慎考虑。

职业生涯的规划包括个人目标的设定、知识的管理、人脉的管理、日程任务的安排等等，要想更好地去完成自己设定的规划，将各项内容融会贯通，可以通过软件来实现，采用国际上先进的信息管理理念（GTD时间管理、MBO目标管理、PKM知识管理），这些正是我们个人信息管理所必须的方法。职业生涯规划是员工谋求自我发展的个人设计，但企业可以通过企业文化、制度体系等辅助性措施从外部加以指导。恰当地参与员工职业生涯规划，可以使企业及时掌握员工的个性化特征和职业发展动向，了解员工的需要、能力及自我目标，加强个体管理；再辅以按照员工兴趣、特长和公司需要相结合的培训发展计划，充分挖掘其潜力，使员工真正安心于企业工作并发挥最大潜能，创造出企业与员工持续发展的良好氛围与条件，职业生涯规划由此也成为联系企业与员工的工具。

四、职业生涯规划的测试

1. 霍兰德 SDS 职业兴趣测试

霍兰德 SDS 职业兴趣测试适合高中生、大一大二学生。

理论：美国著名职业指导专家 J·霍兰德（HOLLAND）编制的，在几十年间，经过一百多次大规模的实验研究，形成了人格类型与职业类型的学说和测验。该测验能帮助被试者发现和确定自己的职业兴趣和能力专长，从而科学地做出求职择业。

霍兰德在其一系列关于人格与职业关系的假设的基础上，提出了六种基本的职业类型。

（1）实际型。（如一般劳工、技工、修理工等）和技术性职业（如摄影师、机械装配工等）。

（2）研究型。其典型的职业包括科学研究人员、工程师等。

（3）艺术型。（如演员、导演）、文学方面的（如，诗人、剧作家等）。

（4）社会型。其典型的职业包括教育工作者与社会工作者。

（5）企业型。其典型的职业包括政府官员、企业领导等。

（6）传统型。其典型的职业包括办公室人员、会计、打字员等。

应用：此霍兰德职业兴趣测试一般是适合于高中生，通过此测试可以让高中生确定自己的兴趣爱好，给大学的专业选择提供参考。目前，我们国内的很多高中已经在实施霍兰德职业兴趣测试了，这是好的开始。如果你正处于大学生的大一、大二阶段，也可以测一下，及时调整。

2. MBTI 职业性格测试

MBTI 职业性格测试适合大学毕业生、在职员工。

理论：按照卡尔容格对于人的心理类型的基本划分，人群分别属于外向型 E 或内向型 I，前者倾向于在自我以外的外部世界发现意义，而后者则把相应的心理过程指向自身。接下来就是四种心理功能的划分：两种理性功能（思考 S 和情感 F）以及两种感知功能（实感 S 和直觉 N）。每个人都有自己的某一个主导类型，而圆满的状态则是这四种心理能力的齐头并进。

应用：MBTI 测试是目前性格测试中最著名的，已经应用到全球五百强的很多企业，中国企业有"宝钢""海尔"等大型公司，主要用于员工的性格确定，以便公司对员工进行有效的发展规划。此测试不适合高中生主要是因为高中生在性格养成上还未完全确定，尤其我们国内的教育导致学生的性格被严重压抑。

3. 职业锚定位测评

职业锚定位测评适合在职员工。

理论：职业锚的概念是最早由美国的施恩教授在 1978 年出版的《职业动力论》这本书中提到的。职业锚就是最佳职业定位，是一个人在长期的职业生涯实践中通过内外部条件、因素的比较，自觉主动选择能最有利于自身发展和做出最大贡献的职业定位，简称职业锚。

应用：职业锚主要用于在职员工，已经对自己的职业有所了解，尤其是前五年的工作，是处于职业转变期，需要在一次次的职业转变成找到真正属于自己的那份职业锚。主要用于转行、跳槽等员工先使用职业锚测评对自我的定位有个真实的认识。俗话说："找到职业锚，做人生之舟的船长"。

4. 贝尔宾团队角色测试

贝尔宾团队角色测试适合团队工作的在职员工，尤其是创业团队。

理论：团队角色理论，也叫做贝尔宾团队角色理论（Belbin Team Roles），贝尔宾（Dr. Raymond Meredith Belbin）是英国剑桥大学的教授，他在1981年出版了一本书《团队管理：他们为什么成功或失败》（Management Teams-Why They Succeed or Fail），在这本书中他提出了团队角色模型的理论。

贝尔宾教授的理论中指出，每个人在工作环境中都有两个角色：一个是职能部门里的角色，通常由个体的岗位头衔所决定；另一个不那么明显，是个体天然倾向的团队角色。根据这个理论，贝尔宾教授创造了九种类型的团队角色，它们分别是：智多星、协调者、推进者、监督员、外交家、凝聚者、实干家、完美主义者以及专家。每种类型的角色都有其特色与专长，但也伴随着一定的可接受（Allowable）的弱势。每个人都不是只有一个角色，一般会有两个左右的"显著角色"，团队是否完美就是团队中的人是否在"显著角色"中有"互补"效应。

应用：只要你是在团队中工作，你想让团队出色地完成任务，团队角色区分是必须的。俗话说"没有完美的个人，只有完美的团队"。尤其是对于以"项目型"为主导的团队，比如创业团队，你想创业成功，就必须要明确你的团队中各自担当的角色，是否具有"互补"效应，这也是为什么风投（VC）问你的第一个问题"请描述一下你的团队"。尤其是互联网创业，技术的重要性不可或缺，如果你是技术型人才，那你在创业时千万不要再去找技术人合伙人了，因为那并不能"互补"你的团队。60％的互联网创业失败都是基于太过于"技术化"。

5. TKI冲突处理模型测试

TKI冲突处理模型测试适合经理级人物。

理论：工作中，冲突通常被认为是负面的影响。但实际上，冲突恰恰是组织变化和改善沟通的催化剂。TKI冲突模型［The Thomas-Kilmann Conflict Mode Instrument (TKI)］是目前全球最主要的冲突管理评价方法，被专家们用来学习各种不同的冲突处理方式以及它对个人及团队的影响。

冲突情境是指两个人的关注看来不可调和的情境，在这种情境下，我们能从两个基本的维度来描述一个人的行为：①强硬性，个体试图满足自己的关注的程度；②合作性，个体试图满足他人的关注的程度。用行为的这两个基本维度，即强硬性与合作性可以定义五类应对冲突的具体方法，这五类冲突分别是：竞争型、合作型、妥协型、回避型、顺应型。

应用：学过PMP（项目管理专家，全球最著名的项目管理机构）的都会学到"冲突管理"，TKI的测试让你去跟其他经理人比较，在处理中你采用的方式是否存在偏差。"管理"的目的归根到底就是"处理冲突"。

6. DISC行为模式测试

DISC行为模式测试适合在职员工。

理论：DISC理论首先在20世纪的早期出现，William Moulton Marston教授，心理"测谎器"的创始人，他基于其个人激励的理论创建了DISC的行为因素分析方法，并在其书中—The Emotions of Normal People加以构建，这是迄今为止，为数不多的将心理学运用于心理健康常人的尝试。从此之后，DISC这四个字母-Dominance（支配）、Influence（影响）、Steady（稳健）、Compliance（服从）便广为流传。

内在行为模式：是您天生、固有的行为模式，代表着您最自然真实的内在动机和欲求。这种行为之所以常在处于压力时显现，是因为您没有空间或时间去思考如何调整您的行为，这种行为模式您通常不自知；

外在行为模式：是您基于您自身对环境的判断与认知，认为自己在特定环境下理应呈现的理想行为模式。这个模式通常代表个人试图在工作中采用的行为类型，是您的一张环境"面具"，这种行为模式通常不被他人所知；

认知行为模式：在真实世界里，每个人对自己都有一种特定的认知，继而产生一种特定的行为模式，这种行为模式是个体来自过去的习得性反映与环境期待的一种结合，这种行为模式相对稳定，因此也通常被他人所熟知。

应用：对于目前的招聘中，DISC 是用得最多的招聘测评之一，中国的大中型企业、猎头公司以及国际上的大企业，在招聘时经常会使用此 DISC 测评，他们不是需要你的技能，更注重的是你的行为模式，这是属于基本素质之一。你现在就可以自我测试一下，免得应聘时无所适从。

DISC 也可以帮助个人更加成熟，更加具备主观能动性，基于环境的要求去调整自己的行为，而不要总是依着自己的性格去。

备注：DISC 是个最复杂的测评，报告只解读了一些你容易看懂的部分，而对于详细的内在-外在-认识行为模式，需要具有心理学知识并接受 DISC 认证顾问才能正确解读，要是有条件的话，应该咨询专业的顾问进行解答。

思考题

1. 简要概述什么是人力资源管理。
2. 人力资源计划的步骤是什么？影响企业人力资源计划的因素有哪些？
3. 企业在选择招聘方式时应注意几个方面的因素有哪些？
4. 薪酬设计必须遵循的原则和考虑的因素有哪些？
5. 如何全面理解分析平衡计分卡？
6. 员工的解聘包含哪些内容？

本章案例　宝洁公司的校园招聘

宝洁始创于 1837 年，是世界上最大的日用消费品公司。每天，宝洁公司的品牌同全球的广大消费者发生着 30 亿次的亲密接触。1999～2000 财政年度，公司全年销售额为399.5 亿美元。在《财富》杂志最新评选出的全球 500 家最大工业/服务业企业中，排名第 75 位，全美排名第 23 位并被评为业内最受尊敬的公司。宝洁公司全球雇员超过 11 万，在全球 70 多个国家设有工厂及分公司，所经营的 300 多个品牌的产品畅销 140 多个国家和地区，其中包括洗发、护发、护肤用品、化妆品、婴儿护理产品、妇女卫生用品、医药、食品、饮料、织物、家居护理及个人清洁用品。宝洁公司拥有众多深受信赖的优质、领先品牌，包括帮宝适、佳洁士、汰渍、碧浪、舒肤佳、飘柔、潘婷、海飞丝、威娜、玉兰油、欧乐-B、金霸王、吉列、博朗等。宝洁公司在全球 80 多个国家和地区拥有雇员近 140000 人。2006 财政年度，公司全年销售额近 682 亿美元，在全球"财富五百强"中排名 81 位。宝洁公司在全球 80 多个国家设有工厂或分公司，所经营的 300 多个品牌的产品畅销 160 多个国家和地区，其中包括美容美发、居家护理。

宝洁公司完善的选拔制度得到商界人士的首肯。在 2003 年中华英才网首届"英才大学生心目中最佳雇主企业"评选活动中，宝洁名列综合排名的第五位和快速消费品行业的第一位。宝洁相信，"一张白纸，好做最新、最美的图画"。宝洁宁可招聘刚毕业、没有社会经验的大学生，也不愿意招聘在其他企业有相关工作经验的人员。宝洁甚少公开向社会招聘，他们招聘的重点是直接从重点大学选拔优秀应届毕业生，这是宝洁长期的基本策略。

我们考察宝洁所取得的成就时，肯定不能忘记的是宝洁独特的人力资源战略。其中，尤其值得称道的是宝洁的校园招聘。曾经有一位宝洁的员工这样形容宝洁的校园招聘："由于宝洁的招聘实在做得太好，即便在求职这个对学生比较困难的关口，自己第一次感觉自己被人当作人来看，就是在这种感觉的驱使下我应该说是有些带着理想主义来到了宝洁。"

一、宝洁的校园招聘程序

1. 前期的广告宣传

派送招聘手册，招聘手册基本覆盖所有的应届毕业生，以达到吸引应后毕业生参加其校园的招聘会的目的。

2. 邀请大学生参加其校园招聘介绍会

宝洁的校园招聘介绍会程序一般如下：校领导讲话，播放招聘专题片，宝洁公司招聘负责人详细介绍公司情况：招聘负责人答学生问，发放宝洁招聘介绍会介绍材料。

宝洁公司会请公司有关部门的副总监以上高级经理以及那些具有校友身份的公司员工来参加校园招聘会。通过双方面对面的直接沟通和介绍，向同学们展示企业的业务发展情况及其独特的企业文化、良好的薪酬福利待遇，并为应聘者勾画出新员工的职业发展前景。通过播放公司招聘专题片，公司高级经理的有关介绍及具有感召力的校友亲身感受介绍，使应聘学生在短时间内对宝洁公司有较为深入的了解和更多的信心。

3. 网上申请

从 2002 年开始，宝洁将原来的填写邮寄申请表改为网上申请。毕业生通过访问宝洁中国的网站，点击"网上申请"来填写自传式申请表及回答相关问题。这实际上是宝洁的一次筛选考试。

宝洁的自传式申请表是由宝洁总部设计的，全球通用。宝洁在中国使用自传式申请表之前，先在中国宝洁的员工中及中国高校中分别调查取样，汇合其全球同类问卷调查的结果，从而确定了可以通过申请表选拔关的最低考核标准。同时也确保其申请表能针对不同文化背景的学生仍然保持筛选工作的相对有效性。申请表还附加一些开放式问题，供面试的经理参考。

因为每年参加宝洁应聘的同学很多，一般一个学校就有 1000 多人申请，宝洁不可能直接去和上千名应聘者面谈，而借助于自传式申请表可以帮助其完成高质高效的招聘工作。自传式申请表用电脑扫描来进行自动筛选，一天可以检查上千份申请表。宝洁公司在中国曾做过这样一个测试，在公司的校园招聘过程中，公司让几十名并未通过履历申请表这一关的学生进入到了下一轮面试，面试经理也被告之"他们都已通过了申请表筛选这关"。结果，这几十名同学无人通过之后的面试，没有一个被公司录用。

4. 笔试

笔试主要包括三部分：解难能力测试、英文测试、专业技能测试。

（1）解难能力测试。这是宝洁对人才素质考察的最基本的一关。在中国，使用的是宝洁全球通用试题的中文版本。试题分为5个部分，共50小题，限时65分钟，全为选择题，每题5个选项。第一部分：读图题（约12题），第二和第五部分：阅读理解（约15题）；第三部分：计算题（约12题）；第四部分：读表题（约12题）。整套题主要考核申请者以下素质：自信心（对每个做过的题目有绝对的信心，几乎没有时间检查改正）；效率（题多时间少）；思维灵活（题目种类繁多，需立即转换思维），承压能力（解题强度较大，65分钟内不可有丝毫松懈）；迅速进入状态（考前无读题时间）；成功率（凡事可能只有一次机会）。考试结果采用电脑计分，如果没通过就被淘汰了。

（2）英文测试。这个测试主要用于考核母语不是英语的人的英文能力。考试时间为2个小时。45分钟的100道听力题，75分钟的阅读题，以及用1个小时回答3道题，都是要用英文描述以往某个经历或者个人思想的变化。

（3）专业技能测试。专业技能测试并不是申请任何部门的申请者都需经过该项测试，它主要是考核申请公司一些有专业限制的部门的同学。这些部门如研究开发部、信息技术部和财务部等。宝洁公司的研发部门招聘的程序之一是要求应聘者就某些专题进行学术报告，并请公司资深科研人员加以评审，用以考察其专业功底。对于申请公司其他部门的同学，则无须进行该项测试，如市场部、人力资源部等。

5. 面试

宝洁的面试分两轮。第一轮为初试，一位面试经理对一个求职者面试，一般都用中文进行。面试人通常是有一定经验并受过专门面试技能培训的公司部门高级经理。一般这个经理是被面试者所报部门的经理，面试时间大概在30～45分钟。

通过第一轮面试的学生，宝洁公司将出资请应聘学生来广州宝洁中国公司总部参加第二轮面试，也是最后一轮面试。为了表示宝洁对应聘学生的诚意，除免费往返机票外，面试全过程在广州最好的酒店或宝洁中国总部进行。第二轮面试大约需要60分钟，面试官至少是3人，为确保招聘到的人才真正是用人单位（部门）所需要和经过亲自审核的，复试都是由各部门高层经理来亲自面试。如果面试官是外方经理，宝洁还会提供翻译。

（1）宝洁的面试过程主要可以分为以下四部分：

第一，相互介绍并创造轻松交流气氛，为面试的实质阶段进行铺垫。

第二，交流信息。这是面试中的核心部分。一般面试人会按照既定8个问题提问，要求每一位应试者能够对他们所提出的问题做出一个实例的分析，而实例必须是在过去亲自经历过的。这8个题由宝洁公司的高级人力资源专家设计，无论您如实或编造回答，都能反映您某一方面的能力。宝洁希望得到每个问题回答的细节，高度的细节要求让个别应聘者感到不能适应，没有丰富实践经验的应聘者很难很好地回答这些问题。

第三，讨论的问题逐步减少或合适的时间一到，面试就引向结尾。这时面试官会给应聘者一定时间，由应聘者向主考人员提几个自己关心的问题。

第四，面试评价。面试结束后，面试人立即整理记录，根据求职者回答问题的情况及总体印象作评定。

（2）宝洁的面试评价体系。宝洁公司在中国高校招聘采用的面试评价测试方法主要是经历背景面谈法，即根据一些既定考察方面和问题来收集应聘者所提供的事例，从而来考核该应聘者的综合素质和能力。

宝洁的面试由8个核心问题组成：

第一，请你举1个具体的例子，说明你是如何设定1个目标然后达到它。

第二，请举例说明你在1项团队活动中如何采取主动性，并且起到领导者的作用，最终获得你所希望的结果。

第三，请你描述1种情形，在这种情形中你必须去寻找相关的信息，发现关键的问题并且自己决定依照一些步骤来获得期望的结果。

第四，请你举1个例子说明你是怎样通过事实来履行你对他人的承诺的。

第五，请你举1个例子，说明在完成1项重要任务时，你是怎样和他人进行有效合作的。

第六，请你举1个例子，说明你的1个有创意的建议曾经对1项计划的成功起到了重要的作用。

第七，请你举1个具体的例子，说明你是怎样对你所处的环境进行1个评估，并且能将注意力集中于最重要的事情上以便获得你所期望的结果。

第八，请你举1个具体的例子，说明你是怎样学习1门技术并且怎样将它用于实际工作中。

根据以上几个问题，面试时每一位面试官当场在各自的"面试评估表"上打分：打分分为3等：1～2（能力不足，不符合职位要求；缺乏技巧，能力及知识），3～5（普通至超乎一般水准；符合职位要求；技巧、能力及知识水平良好），6～8（杰出应聘者，超乎职位要求；技巧、能力及知识水平出众）。具体项目评分包括说服力/毅力评分、组织/计划能力评分、群体合作能力评分等项目评分。在"面试评估表"的最后1页有1项"是否推荐栏"，有3个结论供面试官选择：拒绝、待选、接纳。在宝洁公司的招聘体制下，聘用1个人，须经所有面试经理一致通过方可。若是几位面试经理一起面试应聘人，在集体讨论之后，最后的评估多采取1票否决制。任何1位面试官选择了"拒绝"，该生都将从面试程序中被淘汰。

6. 公司发出录用通知书给本人及学校

通常，宝洁公司在校园的招聘时间大约持续两周，而从应聘者参加校园招聘会到最后被通知录用大约为1个月。

二、校园招聘的后续工作

发放录取通知后，宝洁的人力资源部还要确认应聘人被录用与否，并开始办理有关入职、离校手续。除此以外，宝洁校园招聘的后续工作还包括：

1. 招聘后期的沟通

宝洁认为，他们竞争的人才类型大致上是一样的，在物质待遇大致相当的情况下，"感情投资"便是竞争重点了。一旦成为宝洁决定录用的毕业生，人力资源部会专门派1名人力资源部的员工去跟踪服务，定期与录用人保持沟通和联系，把他当成自己的同事来关怀照顾。

2. 招聘效果考核

在公司招聘结束后，公司也会对整个招聘过程进行一些可量化的考核和评估，考核的主要指标包括：是否按要求招聘一定数量的优秀人才；招聘时间是否及时或录用人是否准时上岗；招聘人员素质是否符合标准，即通过所有招聘程序并达到标准；因招聘录用新员工而支付的费用，即每位新员工人均因招聘而引起的费用分摊是否在原计划之内。

三、对宝洁公司招聘的评价

1. 宝洁公司招聘的特点

（1）大多数公司只是指派人力资源部的人去招聘，但在宝洁，是人力资源部配合别的部门去招聘。用人部门亲自来选人，而非人力资源部作为代理来选人才。让用人单位参与到挑选应聘者的过程中去，避免了"不要人的选人，而用人的不参与"的怪圈。

（2）科学的评估体系。与一般的国有企业不同，宝洁的招聘评估体系趋向全面深入，更为科学和更有针对性。改变了招人看证书，凭印象来判断的表面考核制度，从深层次多方位考核应聘人，以事实为依据来考核应聘者的综合素质和能力。

（3）富有温情的"招聘后期沟通"，使应聘学生从"良禽择木而栖"的彷徨状态迅速转变为"非他不嫁"的心态，这也是宝洁的过人之处。它扩展了传统意义上的招聘过程，使其不仅限于将合适的人招到公司，而且在招聘过程中迅速地使录取者建立了极强的认同感，使他们更好地融入公司文化。

2. 宝洁公司的招聘中值得商榷的方面

（1）宝洁公司招聘程序多，历时较长，最短也需要 1 个月左右。普遍来看，在学生有很多选择机会，又有尽快落实用人单位倾向的情况下，用人单位很容易因为决策缓慢而导致一些优秀的人才转投其他用人单位。

（2）宝洁坚持每年只在中国少数几所最著名的大学招聘毕业生，但最著名的学校并不总是宝洁公司最理想的招聘学校。这些学校的毕业生自视颇高，进入公司前，在签约后出国留学时毁约事件经常发生；在进入公司后，又不愿承担具体、烦琐的日常工作。这有碍于他们对基层工作的掌握和管理能力的进步，而且这些员工的流失率相比之下也颇高。

案例思考题

宝洁招聘带给你什么启发？

第十二章 领 导 理 论

在管理的整个过程中，领导是连接计划、组织和控制的重要纽带，是实现组织目标的关键环节。如何让组织中的成员运作起来，需要通过管理的领导职能来完成。管理的领导职能是组织成员在一定的组织环境中，通过管理者的指挥和协调，完成组织目标的过程。领导的实质是通过指导、激励等方式对下属的思想、行为施加影响，使其努力完美地完成组织既定目标的过程与艺术，领导工作是有效管理工作必不可少的一个环节。本章重点内容主要包括以下几个方面：领导的含义；领导与管理的区别与联系；领导权力来源与分析；三大类领导理论：领导特质论、领导行为论、领导情景论。

第一节 领 导 与 管 理

一、领导的含义

领导是指指导和影响群体或组织成员行为，使其为实现群体或组织目标而做出努力和贡献的过程或艺术。领导不同于管理，它是管理的一个重要方面。

毛泽东指出："领导依照每一具体地区的历史条件和环境条件，统筹全局，正确地决定每一时期的工作重心和工作秩序，并把这种决定坚持地贯彻下去，务必得到一定的结果，这是一种领导艺术"。

美国前总统尼克松对"领导"是这样描述的：伟大的领导能力是一种独特的艺术形式，既要求有非凡的魄力，又要求有非凡的想象力。经营管理是一篇散文，领导能力是一篇诗歌。

管理学的鼻祖彼得·德鲁克认为："领导就是创设一种情境，使人们心情舒畅地在其中工作。有效的领导应能完成管理的职能，即计划、组织、指挥、控制。"

著名的学者哈罗德·孔茨是这样定义领导的："领导是管理的一个重要方面。有效地进行领导的本领是作为一名有效的管理者的必要条件之一。"在学术界引用较为广泛的是斯蒂芬·罗宾斯的定义："领导就是影响他人实现目标的能力和过程"。

二、领导与管理的区别

领导与管理的最大区别体现为：领导是一种变革的力量，而管理则是一种程序化的控制工作。

首先，管理强调微观方面，看重风险的排除以及合理性；而领导注重宏观方面，敢冒一定风险的战略以及人的价值观念。

其次，具有管理行为注重专业化，挑选或培训合适的人担任各项工作，要求服从安排；而领导行为则注重于整体性，使整个群体朝着正确方向前进，并且投入进去，实现所确定的目标。

再次，管理行为的控制和解决问题常常侧重于抑制、控制和预见性；而领导的激励和鼓舞侧重于授权、扩展，并不时创造出惊喜来激发群众的积极性。

最后，领导与管理的根本区别体现为它们各自的功用不同，领导能带来有用的变革，而管理则是为了维持秩序。

三、领导与管理的联系

领导与管理的联系主要体现在以下两个方面：①领导是从管理中分化出来的；②领导活动和管理活动在现实生活中，具有较强的复合性和相容性。只有有力的管理与领导联合起来，才能带来满意的效果。

管理过分而领导不力，容易造成：①非常强调短期行为；②过分注重专业化；③过分侧重于抑制、控制和预见性。总的来说，管理过分、领导不力的组织有一种刻板的面貌，不具备创新精神。对于企业来说，就不能处理市场竞争和技术环境中出现的重大变化，衰退是必然的结果。

领导有力而管理不足，会导致如下结果出现：

（1）强调长期远景目标，而不重视近期计划和预算；

（2）产生一个强大群体文化，不分专业，缺乏体系和规则；

（3）鼓动那些不愿意运用控制体制和解决问题的原则的人集结在一起，导致状况最终失控，甚至一发不可收拾。

四、管理者与领导者的区别

管理者和领导者是两类完全不同的人，他们在动机、想问题、做事情的方式上存在着差异。领导者是以一种个人、积极的态度面对目标。领导者的工作具有高度的冒险性，他们常常倾于主动寻求冒险，当机遇和奖励很高时尤其如此。管理者根据自己在事件和决策过程中所扮演的角色与他人发生关系；而领导者关心的是观点，以一种更为直觉和移情的方式与他人发生关系。

（1）管理者的职权是通过组织的正式任命获得的，其对下属命令行为是建立在合法、有报酬和强制性权力基础上。领导者既可是任命的，也可能是在非正式组织中产生或由非正式组织成员公认的，其对组织成员的影响可能建立在合法、有报酬和强制性的权力基础上，也可能是建立在个人影响权和专长权以及模范作用的基础之上。

（2）并不是所有的领导者都是管理者。一种原因是其可能不处于管理岗位上；另一种原因可能是，一个人能够影响别人并不表明他也同样能够做好计划、组织和控制等管理工作。

（3）实践证明，一个好的管理者不一定是个好的领导者；一个好的领导者也不一定是个好的管理者。

五、领导的作用

古人有云：一头狮子带领的一群绵羊一定能战胜一只绵羊带领的一群狮子。由此可见一个好的团队还必须有一个强大的领导者，原因就是领导发挥了非常重要且不可替代的作用。

1. 指挥作用

作为领导者要头脑清晰、胸怀全局、高瞻远瞩、运筹帷幄，带领大家努力完成既定目标。有人将领导者比作乐队指挥，一个乐队指挥的作用是通过演奏家的共同努力而形成一种和谐的声调和正确的节奏。由于乐队指挥的才能不同，乐队也会做出不同的反响。领导者不是站在群体的后面去推动群体中的人们，而是站在群体的前列去促使人们前进并鼓舞人们去实现目标。

2. 激励作用

你可以买到一个人的时间，雇用一个人到指定的岗位工作，但你买不到热情，你买不到主动性，你买不到全身心的投入，而作为组织的领导者又不得不想方设法努力争取获得。因此，作为领导者为了使组织内的所有人都最大限度地发挥其才能，以实现组织的既定目标，就必须关心下属，激励和鼓舞下属的斗志，发掘、充实和加强人们积极进取的动力。

3. 协调作用

在组织实现其既定目标的过程中，人与人之间、部门与部门之间发生各种矛盾和冲突及在行动上出现偏离目标的情况是不可避免的。因此，领导者的任务之一就是协调各方面的关系和活动，保证各个方面都朝着既定的目标前进。

4. 沟通作用

领导者是组织的各级首脑和联络者，在信息传递方面发挥着重要作用，是信息的传播者、监听者、发言人和谈判者，在管理的各层次中起到上情下达、下情上达的作用，以保证管理决策和管理活动顺利地进行。

六、领导权力的来源

1. 法定性权力

指组织内各领导所固有的合法的，法定的权力。它是由组织中的职位决定的，取决于个人在组织中的职位。它可以被看作是一个人的正式或官方明确规定的权威地位。有些人能使事情发生，是因为他们有这么做的权力与权威。拥有法定性权利的个人凭借与其职位、岗位相当的要求或主张，来施加其影响。例如，在组织中上级利用自己的权利对下级下达工作任务和命令，下级必须服从。

2. 奖赏性权力

奖赏性权力是指某人由于控制着对方所重视的资源而对其施加影响。领导者掌握和控制着某些重要资源，对其可以提供奖金、提薪、晋级、表扬、理想的工作安排和其他任何对方重视的东西，而对其施加影响的能力。包括给予加薪、额外津贴和晋升的权力；授予官职的权力；选拔员工完成特别任务或有利可图的活动的权力；分配合意资源的权力等。通过运用奖赏方式来获得影响他人的权力，是领导者、追随者和情景三者共同作用的函数。

3. 惩罚性权力

指领导者对其下属具有的强制其服从的力量。与奖赏性权力相反，强制性权力是指通过负面处罚或剥夺积极事项来影响他人的权力。换句话说，它是利用人们对惩罚或失去其重视的成果的恐惧来控制他人。与奖赏性权力一样，在某种程度上说，强制性权力是领导者的部分职责，但情境往往也会限制领导者可供利用的强制性措施。

4. 专家性权力

指领导者由个人的特殊技能或某些专业知识而形成的权力。专家性权力是知识的权力。有些人能够通过他们在特殊领域的专长来影响他人。一位外科医生在医院可以施加相当大的影响力，是因为虽然他没有高于他人的正式职权，但其他人都依赖于他的知识、技能和判断力。

5. 感召性权力

指领导者由个人的品质、魅力、资历、背景等相关的权力。为消除因缺乏专长而产生的问题，一种方法是构建与下属牢固的个人纽带。参照性权力是指由于领导者与追随者之间的关系强度而产生的潜在影响。当人们钦佩一位领导者，将他视为楷模时，我们就说他拥有感召性权力。

职位权力是指由上级组织赋予并在法律或制度中明文规定的某一职位的正式权力。是一种外在的权力，其中法定性权力、奖赏性权力和惩罚性权力属于职位权力。个人权力是指由于领导者自身在品德、能力和经验等方面的某些特殊因素而具有的非正式权力，是一种内在的权力。专家性权力和感召性权力属于个人权力，即非职位权力。

第二节　领 导 特 质 理 论

领导特性论

这种理论着重研究领导者的品质和特性。按其对领导特性来源的不同解释，可分为传统的领导性格理论和现代的领导性格理论。前者认为领导者所具有的品质是天生的，是由遗传决定的；而后者则认为领导的品质和特性是在实践中形成的，是可以通过教育训练培养的。在此基础上，许多学者做了大量的研究，提出了许多理论。

1. 传统的领导特性论

传统领导特性论的主要观点认为领导者所具有的特性是天生的，是由遗传决定的。现在，已经很少有人赞同这种观点。传统特性理论认为，领导者的特性来源于生理遗传，是先天具有的，且领导者只有具备这些特性才能成为有效的领导者。

早期的领导理论研究都着重在找出杰出领导者所具有的某些共同的特性或品质上，称为特性论（或品质论）。传统的领导特质论认为，领导特质是天生的，Sir. F. Galton 早在 1869 年就认为领导者的特质是天生的。在早期美国管理学家 Edwin E. Ghiselli 提出了八种个性特征和五种激励特征。他在其《管理者探索》中研究得出的八种个性特征为：才智、首创精神、督察能力、自信心、决断力、适应性、性别、成熟程度。五种激励特征为：对工作稳定的需求、对金钱奖励的需求、对指挥别人权力的需求、对自我实现的需求、对事业成就的需求。1969 年 Gibb 的研究认为，天才领导者应该具有七种特质：善于言辞、外表英俊、高超智力、充满自信、心理健康、支配趋向、外向敏感。后来，Stogclill 等认为领导者的特质应包括 16 种特质，又有一种"新特性论"，R. M. Stogdill 把这些领导特性归纳为六大类。以上特性论对领导者的特质进行了研究，在这个时期并没有把具有某些特质的领导命名为某种类型，后来出现了新特性论。

2. 现代的领导特性论

主要观点为领导者的特性和品质是在实践中形成的，是可以通过教育训练培养的。现代特性理论认为：领导者的特性和品质并非全是与生俱来的，而可以在领导实践中形成，也可以通过训练和培养的方式予以造就。

美国管理协会曾对在事业上取得成功的 1800 名管理人员进行了调查，发现成功的管理人员一般具有下列20种品质和能力：①工作效率高；②有主动进取精神；③善于分析问题；④有概括能力；⑤有很强的判断能力；⑥有自信心；⑦能帮助别人提高工作的能力；⑧能以自己的行为影响别人；⑨善于用权；⑩善于调动他人的积极性；⑪善于利用谈心做工作；⑫热情关心别人；⑬能使别人积极而乐观地工作；⑭能实行集体领导；⑮能自我克制；⑯能自主做出决策；⑰能客观地听取各方面的意见；⑱对自己有正确估价，能以他人之长补自己之短；⑲勤俭；⑳具有管理领域的专业技能和管理知识。

上述领导特性理论，无论是传统特性理论还是现代特性理论，都强调了领导者应具有较多的适应于领导工作的人格特性。但领导特性理论还存在着一些缺陷：①领导特性理论忽视了下属，而下属对领导的成效往往产生重要的影响；②没有具体指出不同的品质和特性在领导工作中的相对重要性；③不同的理论依靠的证据不一致。其次，随着研究的展开和深入，被当做领导者特性的条目越来越多，而且有不断增多之势，这导致理论上的争执和混乱。

第三节 领 导 行 为 理 论

领导行为理论集中研究领导的工作作风，行为对领导有效性的影响，主要研究成果包括：K. Lewin 的三种领导方式理论、R. Likert 的四种管理方式理论、领导四分图理论、管理方格理论、领导连续统一体理论等等，这些理论主要是从对人的关心和对生产的关心两个维度，以及上级的控制和下属参与的角度对领导行为进行分类，这些理论在确定领导行为类型与群体工作绩效之间的一致性关系上取得了有限的成功，主要的缺陷是缺乏对影响成功与失败的情境因素的考虑。

一、三种领导方式理论

美国管理学家罗夫·怀特（Ralph k. White）和罗纳德·李皮特（Ronald Lipper）的三种领导方式理论。怀特和李皮特所提出的三种领导方式理论——权威式、参与式、放任式领导方式，是最有影响的分类。

1. 权威式领导

所有政策均由领导者决定；工作分配及组合多由领导者单独决定；领导者对下属较少接触。此类领导者也被称为是"独裁式"的领导，他们几乎决定所有的政策；所有计划及具体的方法、技术和步骤也由领导者发号施令，并要求下属不折不扣地依从；工作内容、资源的分配及组合，也大多由他单独决定；平时他们对下属和员工的接触、了解不多，如有奖惩，也往往是对人不对事。大多数权威式的领导者为人教条而且独断，往往借助奖惩的权力实现对别人的领导，对下属既严厉又充满要求。

2. 参与式领导

参与式领导者一般会在理性的指导下及一定的规范中，使下属及员工为了目标做出自主自发的努力，他们往往认真倾听下属的意见并主动征求他们的看法。参与式领导者将下属视为与己平等的人，给予他们足够的尊重。在参与式领导者管理的团队中，主要政策由组织成员集体讨论、共同决定，领导者采取鼓励与协助的态度，并要求下属员工积极参与决策；在确定完成工作和任务的计划、方法、技术和途径上，组织成员也有相当的选择机会。通过集体讨论，领导者使团队成员对工作和任务有更全面、更深刻的认识，并就此提出更为切实可行的计划和方案。

参与式领导方式按照下属及员工的参与程度又可分为三种不同的类型：

（1）咨询式：领导者在做出决策前会征询组织成员的意见，但对于组织成员的意见，他们往往只是作为自己决策的参考，并非一定要接受。

（2）共识式：这类领导者鼓励组织成员对需要决策的问题加以充分讨论，然后由大家共同做出一个大多数人同意的决策。

（3）民主式：领导者授予组织成员最后的决策权力，他们在决策中的角色则更像是一个各方面意见的收集者和传递者，主要从事沟通与协调。

3. 放任式领导

此类领导者喜欢松散的管理方式，极少运用手中的权力，他们几乎把所有的决策权都完全下放，并鼓励下属独立行事。他们对下属员工基本采取放任自流的态度，由下属自己确定工作目标及行动。他们只为组织成员提供决策和完成任务所必需的信息、资料、资源和条件，提供一些咨询，并充当组织与外部环境的联系人，而尽量不参与、也不主动干涉下属、员工的决策和工作过程，只是偶尔发表一些意见，任务的完成几乎全部依赖团队成员的自主工作。这种领导方式虽然控制力较弱，但对专业人员却可以收到不错的效果。

> 分成三个小组来堆雪人，事先分别训练各组的组长按权威式、民主式和放任式行事。实验表明，放任式领导下的小组工作效果最差，所堆的雪人在数量和质量上都不如其他小组。权威式领导下的小组，堆的雪人数量最多，说明工作效率最高，但质量不如民主式领导下的小组。在民主式领导的小组中，由于孩子们积极主动发表意见，显示出很高的工作热情和创造性思维，小组长又在旁引导、协助和鼓励，结果堆出的雪人质量最高，但工作效率不及第二组，因为孩子在商量时花了大量时间进行讨论才达成了一致意见。这次实验表明，权威式和民主式领导利弊并存，而放任式领导在通常情况下往往弊多利少。

二、领导连续流理论

坦南鲍姆（R·Tannenbaum）和沃伦·施密特（Warren H. Schmidt）于 1958 年提出了领导行为连续体理论。他们认为，经理们在决定何种行为（领导作风）最适合处理某一问题时常常产生困难。他们不知道是应该自己做出决定还是授权给下属做决策。为了使人们从决策的角度深刻认识领导作风的意义，他们提出了下面这个连续体模型。

领导风格与领导者运用权威的程度和下属在做决策时享有的自由度有关。在连续体的最左端，表示的领导行为是专制的领导；在连续体的最右端表示的是将决策权授予下属的民主型领导。在管理工作中，领导者使用的权威和下属拥有的自由度之间是一方扩大另一方缩小的关系。

一个专制的领导掌握完全的权威，自己决定一切，他不会授权下属；而一位民主的领导在指定决策过程中，会给予下属很大的权力，民主与独裁仅是两个极端的情况，这两者中间还存在着许多种领导行为。

在高度专制和高度民主的领导风格之间，坦南鲍姆和施米特划分出七种主要的领导模式，如图 12-1 所示：

领导行为连续体理论对管理工作的启示：

首先，一个成功的管理者必须能够敏锐地认识到在某一个特定时刻影响他们行动的种

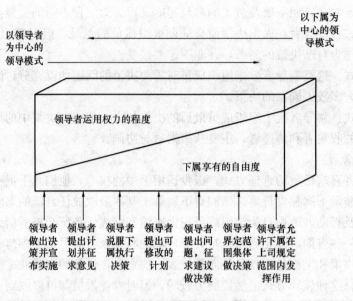

以领导者为中心的领导模式　　　　　以下属为中心的领导模式

领导者运用权力的程度

下属享有的自由度

| 领导者做出决策并宣布实施 | 领导者提出计划并征求意见 | 领导者说服下属执行决策 | 领导者提出可修改的计划 | 领导者提出问题，征求建议做决策 | 领导者界定范围集体做决策 | 领导者允许下属在上司规定范围内发挥作用 |

图 12-1　领导行为连续体理论

种因素，准确地理解他自己，理解他所领导的群体中的成员，理解他所处在的组织环境和社会环境。

其次，一个成功的领导者必须能够认识和确定自己的行为方式，即如果需要发号施令，他便能发号施令；如果需要员工参与和行使自主权，他就能为员工提供这样的机会。

这一理论的贡献在于不是将成功的领导者简单地归结为专制型、民主型或放任型的领导者，而是指出成功的领导者应该是在多数情况下能够评估各种影响环境的因素和条件，并根据这些条件和因素来确定自己的领导方式和采取相应的行动。

三、密歇根大学的研究

1947 年，利克特及其密歇根大学社会研究所的同事，曾进行了一系列的领导研究，其对象包括企业，医院及政府各种组织机构。1961 年，他们把领导者分为两种基本类型，即"以工作为中心"（Job-centered）的领导与"以员工为中心"（Employee-centered）的领导。前者的特点是：任务分配结构化，严密监督，工作激励，依照详尽的规定行事；而后者的特点是：重视人员行为反应及问题。利用群体 实现目标，给予组织成员较大的自由选择的范围。经过比较研究，利克特得出以下几条结论：

（1）高生产效率和低生产效率的部门，职工的士气可能无差别；

（2）部门领导者凡是关心职工的，生产效率就高；经常施加压力的，生产效率则低；

（3）部门领导者与下级和职工接触多的，生产效率就高；反之，生产效率则低；

（4）部门领导人注意向下级授权，听取下级意见并让他们参与决策的，生产效率就高；相反，采取独裁领导方式的，生产效率则低。

利克特根据大量研究材料，证明单纯依靠奖惩来调动职工积极性的管理方式将被淘汰。只有依靠民主管理，从内部来调动职工的积极性，才能充分发挥人力资源的作用。而独裁管理方式不仅永远不能达到民主管理所能达到的生产水平，也不能使职工对工作产生满足感。据此，利克特倡议员工参与管理。在员工导向型的领导组织中，生产的数量要高于工作导向型的领导组织，且员工的满意度和生产率高，缺勤率和离职率都较低。而在工作导向型的组织中，情况相反。

四、俄亥俄州立大学的研究

俄亥俄州立大学的二维构面理论又称领导双因素模式。俄亥俄州立大学的研究者弗莱西和他的同事1945年起，对领导问题进行广泛研究。他们发现，领导行为可以用两个构面加以描述：①关怀（consideration）；②定规（initiating structure）。定规维度：领导者定义和构造自己和下属的角色以实现组织目标。关怀维度：职务关系中相互信任、尊重下级的意见和感情的程度。研究发现，高—高型领导者：在定规、关怀方面均高的领导者。高—高型领导者能使下属达到高绩效和高满意度，见图12-2。

"定规组织"和"关怀人员"这两类因素可以相互组合形成四种基本的领导方式，分别是高关怀与高定规、高关怀与低定规、低关怀与高定规、低关怀与低定规。四种领导行为中，究竟哪种最好呢？结论是不肯定的，要视具体情况而定。例如，有人认为在生产部门中效率与"定规"之间的关系成正比，而与"关怀"的关系成反比，而在非生产部门中情况恰恰相反。一般来说，高定规与低关怀带来更多的旷工、事故和抱怨。许

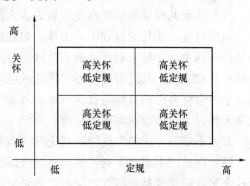

图12-2　领导双因素理论

多其他的研究证实了上述的一般结论，但也有人提供了相反的证据。出现这种情况的原因是他们只考虑了"定规"和"关怀"两个方面，而没有考虑领导所面临的环境。

五、阿基里斯的不成熟—成熟连续流理论

克里斯·阿吉里斯（Chris·Argyris）是美国著名的行为学家，曾获哈佛大学和耶鲁大学的名誉博士学位，并在哈佛大学担任教育学和组织行为学的教学工作。他是美国许多举足轻重的大型企业的高级顾问，同时受聘于许多欧洲国家的政府，担任经理人员培训和教育培训的顾问，在国际上有广泛的影响。阿吉里斯勤于著述，先后出版了多部著作，发表了140多篇论文。代表作有《个性与组织》、《理解组织行为》、《个性与组织的结合》、《组织研究》等等。

1957年6月，阿吉里斯将《个性与组织》中节选的短文在《管理科学季刊》第二卷中发表，这篇名为《个性与组织：互相协调的几个问题》的文章集中体现了阿吉里斯影响最为深远的"不成熟—成熟"理论。克里斯·阿吉里斯不成熟—成熟理论研究的基础是：个人需求与组织需求的不相容。阿吉里斯的不成熟——成熟理论，主要集中在个人需求与组织需求问题上的研究。他主张有效的领导者应该帮助人们从不成熟或依赖状态转变到成熟状态。

1. 组织中的个人成长过程的七方面变化

阿吉里斯的"不成熟—成熟"理论认为：组织行为是由个人和正式组织融合而成的，组织中的个人作为一个健康的有机体，无可避免地要经历从不成熟到成熟的成长过程。在这个成长过程中主要有以下七方面的变化：

（1）从婴儿的被动状态发展到成人的主动状态。

（2）从婴儿的依赖他人发展为成人的相对独立。相对独立指在自立的同时，又和其他

人保持必要的依存关系。

（3）从婴儿有限的行为方式发展为成人多种多样的行为方式。

（4）从婴儿经常变化和肤浅、短暂的兴趣发展为成人相对持久、专一的兴趣。在这方面趋于成熟的标志是：成年人在遇到挑战时是专心一意从整体上深入研究某一问题的全部复杂性，并在自己的行动中得到很大的满足。

（5）从婴儿时期只顾及当前发展到成人时期有长远的打算。

（6）从婴儿时期在家庭或社会上属于从属地位发展为成年人与周围的人处于基本平等的地位甚至支配他人的地位。

（7）从婴儿时期的缺乏自觉发展为成人的自觉自制。

由此可见，成长的过程中，个体的自我世界扩大了，这样一个连续发展的过程也是一个从被动到主动，从依赖到独立，从缺乏自觉自制到自觉自制的过程。个体经历了这样一个成长过程之后，其进取心和迎接挑战的能力都会逐渐提高，而且随着这种自我意识的觉醒，个体会将自己的目标与自我所处的环境作对比，因此，个体在组织中所处位置在一定意义上代表了个体自我实现的程度。

2. "不成熟—成熟"连续流理论的实践意义

（1）在从"不成熟"到"成熟"的连续流上，每个人都拥有自己的发展"起点"，至于这个起点的位置是更接近"原点"还是更接近"终点"，首先受到个体特征的影响。

就多样化的个体特征而言，在同一时刻，有的人呈现优缺点都比较明显的中等成熟状态，有的人表现出稳定而全面的成熟特质，而有的人则暂时看来极不成熟，但具有可发展到非常成熟的潜质。当以连续流框架体系来标定若干个体的发展起点时，这些起点就根据相互比较而形成的差异散落在连续流的不同位置上。一般来说，极少有人完全符合 X 理论或 Y 理论，因此很难找到一个恰好落在"原点"或"终点"上的起点。大多数人在某一特定时刻的起点都以不同的距离偏离"原点"或接近"终点"：比较成熟的人是从连续流上更接近"终点"的地方开始（或重新开始）成长的，这些人在追求"自我实现"的过程中具有既成优势；而那些较不成熟的人的发展起点则距离"终点"更远一些，他们在起始成长阶段的心理和行为特征更多的带有"经济人"的色彩。

这就要求管理者必须努力识别每个被管理者的独特的成熟程度（具体表征为个性、能力等），然后才能判断所采取的管理方式是否适当，并根据具体对象考虑如何管理。在现阶段，管理在某种意义上仍是人作为被管理者时的一种需求。根据心理学的相关理论，一个人的独特需求得到"合拍"的满足时，便可以受到真正有效的激励，最终表现为行为的改善和绩效的提高。如此说来，一味追求"一视同仁"的管理行为都有简陋而专横的嫌疑，违背了"人本主义"管理的初衷。

（2）连续流本身并不排斥特定条件下可能出现的从"成熟"到"不成熟"的逆向成长，甚至承认，在某些情况下，正、逆向成长是交替出现或同时存在的。

一方面，从"不成熟"到"成熟"的个人成长过程在理想条件下其方向是较为单纯的，然而实际上"不够理想"的条件不可避免，因此员工个体完全可能在受到不利因素的影响时产生心智水平与行为模式上的"退化"现象（即逆向成长为"经济人"），而在有利因素再次出现时，又恢复正向成长的状态。另一方面，连续流理论为如何说明个人是否成熟抽象出了能动性、自主性等七个指标，每个指标代表个性特征的某个维度，然而在个人的成长过程中，这些维度彼此之间未必完全同步。比如，一个人可能由于经验的积累，眼光逐渐变得长远了，但对事物的兴趣则越来越冷淡；或者其自主性增强的同时能动性却降低了，表征为坚持己见但凡事被动。因此，个人的成熟过程在连续流上，是可以正、逆向交替出现或同时存在的。就前一方面而言，"持经达变"的管理方式是一种可选择的应对策略。管理者既要信任员工，并通过授权、参与式管理等方法让员工充分得到施展个人才能的空间，又要随时准备应对突然出现的不合期望的员工行为，即在当代倡导的以人为本的管理和马基雅维里式实用主义管理之间找到合适的结合点。后一方面，需要管理者善于识别"光环效应"，在评价员工时防止被少数的优缺点影响到对一个人的整体判断，出现"一叶障目，不见泰山"的错误；还要善于运用"皮格马利翁效应"，懂得欣赏和经常表扬员工的优点，从而使其在身心愉悦的状态下全面健康的发展，最大限度地以组织目标作为"自我实现"的报酬。

六、管理方格理论

管理方格理论（Management Grid Theory）是研究企业的领导方式及其有效性的理论，是由美国得克萨斯大学的行为科学家罗伯特·布莱克（Robert·R·Blake）和简·莫顿（Jane·S·Mouton）在 1964 年出版的《管理方格》一书中提出的。这种理论倡导用方格图表示和研究领导方式。管理方格图是一张纵轴和横轴各 9 等分的方格图，纵轴表示企业领导者对人的关心程度（包含了员工对自尊的维护、基于信任而非基于服从来授予职责、提供良好的工作条件和保持良好的人际关系等），横轴表示企业领导者对业绩的关心程度（包括政策决议的质量、程序与过程、研究工作的创造性、职能人员的服务质量、工作效率和产量），其中，第 1 格表示关心程度最小，第 9 格表示关心程度最大，形成 81 种不同的领导类型，如图 12-3 所示。

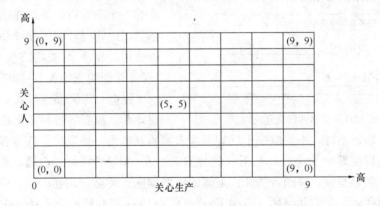

图 12-3 管理方格理论图

管理方格图中，"1.1"方格表示对人和工作都很少关心，这种领导必然失败，称为贫乏型管理。"9.1"方格表示重点放在工作上，而对人很少关心。领导人员的权力很大，指挥和控制下属的活动，而下属只能奉命行事，不能发挥积极性和创造性，称为任务型管理。"1.9"方格表示重点放在满足职工的需要上，而对指挥监督，规章制度却重视不够，称为乡村俱乐部型管理。"5.5"方格表示领导者对人的关心和对工作的关心保持中间状态，只求维持一般的工作效率与士气，不积极促使下属发扬创造革新的精神，称为中庸之道型管理。只有"9.9"方格表示对人和工作都很关心，能使员工和生产两个方面最理想、最有效地结合起来，称为团队性管理。这种领导方式要求创造出这样一种管理状况：职工能了解组织的目标并关心其结果，从而自我控制，自我指挥，充分发挥生产积极性，为实现组织的目标而努力工作。

除了那些基本的定向外，还可以找出一些组合。比如，5.1方格表示准生产中心型管理，比较关心生产，不大关心人；1.5方格表示准人中心型管理，比较关心人，不大关心生产；9.5方格表示以生产为中心的准理想型管理，重点抓生产，也比较关心人；5.9方格表示以人为中心的准理想型管理，重点在于关心人，也比较关心生产。还有，如果一个管理人员与其部属关系会有9.1定向和1.9体谅，就是家长作风；当一个管理人员以9.1定向方式追赶生产，而在这样做的时候激起了怨恨和反抗时，又到了1.9定向，这就是大弧度钟摆；还有平衡方法、双帽方法、统计的5.5方法等。

第四节　领　导　情　境　理　论

一、菲德勒权变理论

弗雷德·菲德勒（Fred E. Fiedler）：美国西雅图华盛顿大学心理学与管理学教授，兼任荷兰阿姆斯特丹大学和比利时卢万大学客座教授。菲德勒早年就读于芝加哥大学，获博士学位，毕业后留校任教。1951年，移居伊利诺伊州，担任伊利诺伊大学心理学教授和群体效能研究实验室主任，直至1969年前往华盛顿。他所提出的"权变领导理论"开创了西方领导学理论的一个新阶段，使以往盛行的领导形态学理论研究转向了领导动态学研究的新轨道。他本人被西方管理学界称为"权变管理的创始人"，如图12-4所示。

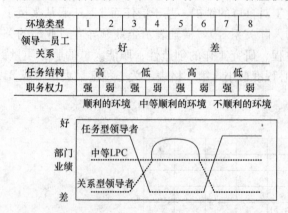

图12-4　菲德勒权变理论图

强调领导无固定模式，领导效果因领导者、被领导者和工作环境的不同而不同。领导效果好不好，不仅取决于领导者本人素质和能力，还取决于许多客观因素。

领导方式权变理论 $S = f(L, F, E)$，领导方式＝f（领导者特征，追随者特征，环境）。领导者特征：领导类型；追随者特征：下属的成熟程度；环境：领导职位、任务性质、上下级关系。伊利诺大学的菲德勒（Fred Fiedler）从1951年开始，首先从组织绩效和领导态度之间的关系着手进行研究，经过长达15年的调查试验，提出了"有效领导的权变模式"，即菲德勒模型。他认为任何领导形态均可能有效，其有效性完全取决于是否与所处的环境相适应。

他把影响领导者领导风格的环境因素归纳为三个方面：职位权力、任务结构和上下级关系。

（1）职位权力（position power）。职位权力指的是与领导者职位相关联的正式职权和从上级和整个组织各个方面所得到的支持程度，这一职位权力由领导者对下属所拥有的实有权力所决定。领导者拥有这种明确的职位权力时，则组织成员将会更顺从他的领导，有利于提高工作效率。

（2）任务结构（task structure）。任务结构是指工作任务明确程度和有关人员对工作任务的职责明确程度。当工作任务本身十分明确，组织成员对工作任务的职责明确时，领导者对工作过程易于控制，整个组织完成工作任务的方向就更加明确。

（3）上下级关系（leader-member relations）。上下级关系是指下属对一位领导者的信任爱戴和拥护程度，以及领导者对下属的关心、爱护程度。这一点对履行领导职能是很重要的。因为职位权力和任务结构可以由组织控制，而上下级关系是组织无法控制的。

他认为有效的领导行为依赖于情境因素对领导者是否有利。情境因素有三方面，领导者与被领导者关系的融洽与否，工作任务结构的明确与否，领导者职位、权力的强弱。并且由此构成了八种情境类型及相应的领导形态。他分析了 1200 多个组织的情境条件，和"最不受欢迎的共事者"量表（简称 LPC 量表）测量了每一组织领导人的量化得分，并与组织的工作绩效进行相关分析，制成了如图示的模式。研究结果认为，在条件最有利和最不利的情境下，以"任务为中心"，即低 LPC 的领导者偏向于工作导向的领导行为最有效；处于中间情境下，以"人为中心"，即 LPC 的领导者偏向于员工导向的领导行为最有效。

领导环境决定着领导方式，在环境较好和环境较差的情况下，采用工作任务型的领导方式较好。而在领导环境一般的情况下，人际关系型的领导方式比较有效。

二、路径目标理论

罗伯特·豪斯（Robert J. House）：多伦多大学的组织行为学教授，路径—目标理论的最早提出者。他出生于 1936 年，曾经就读于底特律大学，获理学学士学位，后又在底特律大学获工商管理硕士学位。在 24 岁时（1960 年），他获得俄亥俄州立大学的哲学博士学位。豪斯曾在多所高校任教，在企业管理和学术研究刊物上发表过数十篇论文，出版了五部著作。其中，以 1976 年出版的《管理过程及组织行为》最为出名，被许多院校采用作为教科书，如图 12-5 所示。

罗伯特·豪斯的路径目标理论认为，领导者的工作是帮助下属达到他们的目标，并提供必要的指导和支持以确保各自的目标与群体或组织的总体目标相一致。"路径—目标"的概念来自于这种信念，即有效领导者通过明确指明实现工作目标的途径来帮助下属，并为下属清理各项障碍和危险，从而使下属的这一履行更为容易。该理论认为有四种领导行为：指导型领导、支持型领导、参与型领导、成就取向型领导。该理论将环境因素和个人特点作为之变量。控制点指个体对环境变化影响自身行为的认识程度。这一理论指出，当

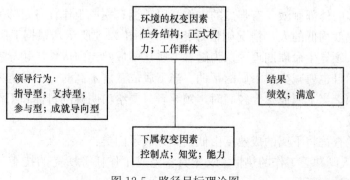

图 12-5　路径目标理论图

环境因素与领导者行为相比重复或领导者行为与下属特点不一致时，效果皆不佳。

路径—目标理论是以期望机率模式和对工作、对人的关心程度模式为依据，认为领导者的工作效率是以能激励下属达到组织目标并且在工作得到满足的能力来衡量的。领导者的基本职能在于制定合理的、员工所期待的报酬，同时为下属实现目标扫清道路，创造条件。根据该理论，领导方式可以分为四种：

（1）指示型领导方式（directive leader）。领导者应该对下属提出要求，指明方向，给下属提供他们应该得到的指导和帮助，使下属能够按照工作程序去完成自己的任务，实现自己的目标。

（2）支持型领导方式（supportive leader）。领导者对下属友好，平易近人，平等待人，关系融洽，关心下属的生活福利。

（3）参与型领导方式（participative leader）。领导者经常与下属沟通信息，商量工作，虚心听取下属的意见，让下属参与决策，参与管理。

（4）成就指向型领导方式（achievement-oriented leader）。领导者做的一项重要工作就是树立具有挑战性的组织目标，激励下属想方设法去实现目标，迎接挑战。

路径—目标理论告诉我们，领导者可以且应该根据不同的环境特点来调整领导方式和作风。当领导者面临一个新的工作环境时，他可以采用指示型领导方式，指导下属建立明确的任务结构和明确每个人的工作任务；接着，可以采用支持型领导方式，有利于与下属形成一种协调和谐的工作气氛。当领导者对组织的情况进一步熟悉后，可以采用参与者式领导方式，积极、主动地与下属沟通信息，商量工作，让下属参与者决策和管理。在此基础上，就可以采用成就指向式领导方式，领导者与下属一起制定具有挑战性的组织目标，然后为实现组织目标而努力工作，并且运用各种有效的方法激励下属实现目标。

三、领导生命周期理论

美国管理学者保罗·赫塞和肯·布兰查德提出了情景领导理论，他们认为，成功的领导者要根据下属的成熟度来选择恰当的领导方式。由于被领导者是否接受领导者最终影响领导的效果，因此，研究领导者的有效形式必须重视被领导者的成熟度。

该理论认为：依据下属的成熟度，选择正确的领导风格，就会取得领导的成功。把下属的成熟度作为领导情境的关键因素。个体对自己的直接行为负责任的能力和意愿。它包括两项要素：工作成熟度与心理成熟度。所谓成熟度，指的是个体能够并愿意完成某项具体任务的程度。下属的成熟度由心理成熟度和工作成熟度两方面构成，心理成熟度指个体做某事的意愿和动机，工作成熟度是指个体的知识和技能。心理成熟度和工作成熟度均高的人不需要太多的外部刺激，有强烈的工作意愿，拥有完成工作任务足够的技能。心理成熟度与工作成熟度均低的人，情况则恰好相反，如图 12-6 所示。根据下属成熟度和组织所面临的环境，领导生命周期理论认为随着下属从不成熟走向成熟，领导者不仅要减少对活动的控制，而且也要减少对下属的帮助。当下属成熟度不高时，领导者要给予明确的指导和严格的控制，当下属成熟度较高时，领导者只要给出明确的目标和工作要求，由下属自我控制和完成。

赫塞与布兰查德将下属的成熟度由低到高分成了四类：

M1：这些人既缺乏工作的热情，又不具备完成工作任务所需的技能，他们既不能胜任工作，又不能被信任。

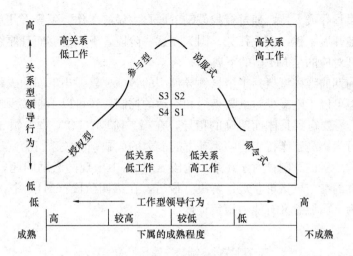

图 12-6　领导生命周期理论图

M2：这些人有较高的工作热情，愿意从事必要的工作任务，但目前缺乏完成工作所需要具备的技能。

M3：这些人具备完成工作所需要的技能，但缺乏工作热情，不愿意承担领导所交予的任务。

M4：这些人既具有高度的工作热情，愿意承担工作任务，又具有完成工作所需要的知识和技能。

领导生命周期曲线模型概括了情景领导模型的各项要素。当下属的成熟水平不断提高时，领导者不但可以不断减少对下属行为和活动的控制，还可以不断减少关系行为。在第一阶段（M1），需要得到具体而明确的指导；在第二阶段（M2）中，领导者需要采取高工作—高关系行为；高工作行为能够弥补下属能力的欠缺；高关系行为则试图使下属在心理上"领会"领导者的意图；对于在第三阶段（M3）中出现的激励问题，领导者运用支持性、非领导性的参与风格可获最佳解决。最后，在第四阶段（M4）中，领导者不需要做太多事，因为下属愿意又有能力担负责任。

（1）命令式（telling）。表现为高工作低关系型领导方式，在这种领导方式下，由领导者进行角色分类，并告知人们做什么，如何做，何时以及何地去完成不同的任务，它强调直接指挥。因为在这一阶段，下属缺乏接受和承担任务的能力和愿望，既不能胜任又缺乏自觉性。命令型领导方式其对应的是 M1 型的下属。

（2）说服式（selling）。表现为高工作高关系型领导方式。在这种领导方式下，领导者既提供指导性行为，又提供支持性行为。领导者既给下属以一定的指导，又注意保护和鼓励下属的积极性。因为在这一阶段，下属愿意承担任务，但缺乏足够的能力，有积极性但没有完成任务所需的技能。其对应的是 M2 型的下属。

（3）参与式（participating）。表现为低工作高关系型领导方式。在这种领导方式下，领导者极少进行命令，而是与下属共同进行决策，领导者着重给下属以支持及其内部的协调沟通。因为在这一阶段，下属具有完成领导者所交给任务的能力，但没有足够的积极性。其对应的是 M3 型的下属。

（4）授权式（delegating）。表现为低工作低关系型领导方式。在这种领导方式下，领导者几乎不提供指导或支持，通过授权鼓励下属自主做好工作。领导者几乎不加指点，由下属自己独立地开展工作，完成任务。因为在这一阶段，下属能够而且愿意去做领导者要他们做的事。其对应的是 M4 型的下属。

领导生命周期曲线模型概括了情景领导模型的各项要素。当下属的成熟水平不断提高时，领导者不但可以不断减少对下属行为和活动的控制，还可以不断减少关系行为。在第一阶段（M1），需要得到具体而明确的指导；在第二阶段（M2）中，领导者需要采取高工作一高关系行为；高工作行为能够弥补下属能力的欠缺；高关系行为则试图使下属在心理上"领会"领导者的意图；对于在第三阶段（M3）中出现的激励问题，领导者运用支持性、非领导性的参与风格可获最佳解决。最后，在第四阶段（M4）中，领导者不需要做太多事，因为下属愿意又有能力担负责任。

第五节　领　导　艺　术

领导艺术是领导者个人素质的综合反映，是因人而异的。黑格尔说过："世界上没有完全相同的两片叶子"，同样也没有完全相同的两个人，没有完全相同的领导者和领导模式。有多少个领导者就有多少种领导模式。钱锦国认为：任何一种管理模式的运用，不可能是要求下属们依葫芦画瓢就可以了，而是需要自上而下使每位负有不同管理职责的人都能对该管理模式融会贯通，在不同环境下为同一个目标而因时制宜、不断改善。

领导艺术（The art of leadership）是指在领导的方式方法上表现出的创造性和有效性。领导艺术一方面是创造，是真、善、美在领导活动中的自由创造性。"真"是把握规律，在规律中创造升华，升华到艺术境界；"善"就是要符合政治理念；"美"是指领导使人愉悦、舒畅。另一方面是有效性，领导实践活动是检验领导艺术的唯一标准。主要包括：决策的艺术、创新的艺术、应变的艺术、指挥的艺术、抓总的艺术、统筹的艺术、协调的艺术、授权的艺术、用人的艺术、激励的艺术。

领导艺术有规律可循，这些规律就是领导行为模式。领导模式就是领导方法。哪位领导者在错综复杂的矛盾中抓住了主要矛盾，他就能把领导艺术演绎得出神入化。例如，牵牛要牵牛鼻子，十指弹钢琴，统筹兼顾，全面安排，这些就是所谓的模式化。

一、用人的艺术

如何用好人，除了要端正用人思想，让那些想干事的人有事干，能干事的人干好事外，在用人技巧上。

还要注意以下问题：用人的艺术在于用人所长，且最大限度地实现其优势互补。用人所长，首先，要注意"适位"。领导要做到知人善任，把最合适的人安排到最合适的岗位上去，实现人才所长与岗位所需的最佳组合。其次，要注意"适时"。界定各类人才的最佳试用期，对看准的人一定要大胆使用、及时使用。最后最注意"适度"。领导者用人不能"鞭打快牛"，"快牛"只能用在关键时候、紧要时刻，如果平时只顾用起来顺手、放心，长期压着那些工作责任心和工作力都较强的人在"快车道"上超负荷运转，那些"快牛"必将成为"慢牛"或"死牛"。

二、决策与处事的艺术

决策是领导者的一项重要任务，它的重要性超过了其他一切工作。决策一旦失误，对单位就意味着损失，对自己就意味着失职。所以，领导者要强化决策意识，尽快提高决策水平，减少各种决策性浪费。为此，要注意：

（1）决策前注意调查。领导者在决策前一定要调查研究，搞清各种情况，不能无准备就进入决策状态。

（2）决策中注意民主。领导者在决策中要充分发扬民主，优选决策方案，尤其碰到一些非常规性决策，适时进行决策，不能未谋乱断，不能错失决策良机。

（3）决策后狠抓落实，决策一旦定下来，就要认真抓好实施，做到言必信、信必果，绝不能朝令夕改。

每个领导者都做决策，然而有的决策是有效的，有的决策是效益不大甚至是无效的。真正意义上的决策是对事关全局性的问题所做出的决定，或者是对大量出现的"例行性"工作建立一种处理规则、原则，以便过后出现此类事情时，下属按照例常的规则、原则处理，不需再做决策。"二八定律"，认为任何一个系统，总有大约20％的因素是重要的。抓住这20％重点，可以得到对整个系统来说80％的成果。因此，领导者要善于抓住那些决定组织80％成果的20％决策，即战略决策。为了找出这少数的决策问题，需要对所有决策问题排列组合，得出一个"二元四重组合"表：①即"重"又"急"；②"重"而"不急"；③"急"而"不重"；④不"重"不"急"。其中的①和②属于战略决策，③和④属于战术或者作业决策。高层领导者应主要抓关系到组织生存和发展的，具有决定性、全局性、长期性的①和②决策。③和④的决策问题应尽量授权下属去抓。

三、处事的艺术

毫无疑问，作为一名领导者任务很重，工作很忙。尤其处在核心地位的领导者，面对组织中的财、物、供、产、销等，需要进行决策的问题很多。常听到领导者感叹：事情太多，忙不过来。一个会当领导的人，不应该成为做事最多的人，而应该成为做事最精明的人。要清楚自己千头万绪，哪些是应该主要抓好的工作，哪些是要有一定时间保证的日常工作，既要能抓住关键，又要能突出重点，收到事半功倍的效果，这就需要领导者有处事的艺术。领导者对该管的事一定要管好，对不该管的事一定不要管，尤其是已经明确授权的事情，不要乱插乱干预。领导者应该多做有利于组织可持续发展的事。

四、沟通的艺术

沟通是组织管理活动中重要的组成部分，成功的领导要通过有效的沟通来实现。著名管理学大师彼得·德鲁克就明确把有效沟通作为管理的一项基本职能，无论是决策前的调研与论证，还是计划的制定、工作的组织、人事的管理、部门间的协调、与外界的交流，都离不开沟通。

领导沟通既是科学性体现，又是艺术性体现。从有效沟通的艺术性看，领导者沟通能力不是天生的，而是后天培养的。随着沟通技巧的增加，领导能力也得到增加。没有沟通能力的人当不好领导者。

沟通不仅要明确沟通对象和沟通方式，还要具有正确的沟通态度：

（1）对上请示沟通。平时，要主动向领导请示汇报工作，若在工作中有意或无意得罪了上级领导，靠"顶"和"躲"是不行的。理智的办法，一是要主动沟通，错的要大胆承认，误会的要解释清楚，以求得到领导的谅解；二是要请人调解，这个调解人与自己关系要好，与领导的关系更要非同一般。

（2）对下沟通协调。当下属在一些涉及个人利益的问题上与单位或对领导有意见时，领导者应通过谈心、交心等方式来消除彼此间的误解。对能解决的问题要尽快解决，一时解决不了的问题也要说清原因。

（3）对外争让有度。领导者在与外面平级单位的协调中，其领导艺术就往往体现争让之间。大事要争，小事要让。不能遇事必争，也不能遇事皆让，该争就争，就会丧失原则；该让不让，就会影响全局。

五、用时艺术

时间是一种无形的稀缺资源，领导者不能无视它，更不能浪费它。领导者为了有效利用时间，必须掌握以下基本原则：

（1）强化时间意识，诊断自己的时间。领导者要利用有限的时间多做点有意义的事。诊断自己的时间目的在于知道自己的时间如何耗用。把精力最充沛的时间集中起来，专心去处理最费精力、最重要的工作；否则，常会把最有效的时间分割成无用的或最低效的零碎时间。

（2）学会管理时间，分析有效的时间。领导者管理时间应包括两个方面：一是要善于把握好自己的时间。领导者遇事要先问自己"这事值不值得做？"然后，再问自己"是不是现在必须做？"最后，还要问自己"是不是必须自己做？"只有这样，才能比较主动地驾驭好自己的时间。二是要检查自己是否有浪费别人时间的行为，如有要立即停止。有人做过统计，某领导者60%的时间用在开会上。领导者要力戒"会瘾"。不要动不动就开会，不要认为工作就是开会，如果要开会也应开短会、说短话，千万不要让无关人员来"陪会"，"浪费别人的时间等于谋财害命"。

（3）养成惜时习惯，排除浪费的时间。在日常活动中，时间浪费的原因很多，如一个单位的制度不健全、环节很多、信息不灵、人浮于事、相互扯皮等都会造成时间上的惊人浪费。时间毕竟是个常数，人的精力总是有限的，但只要领导者能够遵循管理制度，便能提高工作的有效性，争取时间产生更大的经济效益。人才学的研究表明：成功人士与非成功人士的一个重要区别，就是成功人士年轻时就养成了惜时的习惯。要像比尔·盖茨那样：能站着说的东西就不要坐着说，能站着说完的东西就不要进会议室去说，能写个便条的东西就不要写成文件，只有这样才能形成好的惜时习惯。

六、讲话的艺术

所谓领导讲话艺术，是指领导者如何更好地借助语言这一工具，实施有效领导的一门艺术。不管是哪个行业或哪个层级的领导，都是群体或团体行动的筹划者、指挥者、领路人和代言人。任何领导要想把人带领好、把事处理好、把物管理好，就必须导之于言而施之于行。领导立权、立威的过程就是立言、立行的过程。换句话说，领导讲话贯穿于领导活动和领导过程的始终。离开了领导讲话，领导活动是无法实现的。同样，不善于讲话的领导者也是不可能实现其有效领导的。

讲话是一门艺术，领带者要想树立成功形象，提高领导水平，增强领导能力和领导魅力，必须努力提高讲话水平和艺术。而讲话的艺术不是与生俱来的。是通过领导者勤奋学习和艰辛实践才能获得的。领导者要提高讲话的艺术，除了要提高语言表达基本功外，关键要提高语言表达艺术，做到：

（1）言之有序，主题凝练。领导讲话言之有序，才会使听众更清楚、更明白。要做到言之有序，就需要在讲话过程中注意讲话内容的前后顺序。特别要注意提炼讲话的主题、讲话的思想，领导者讲话要经过深入思考，形成明确的观点，搞清楚内在联系。

（2）言之有物，简洁、凝练。要做到这点就必须做到"真"、"实"。一是讲话要求真，既要体现出对真理追求的坚定性；二是讲话要务实，即用发自内心的简洁实话，去吸引、打动和感染听众。领导者要善于将短话，更要善于讲有用的短话。如果讲话不切实际，满篇套话、空话，即使讲话时间不长，也是对听众的不负责任。善于讲短话的领导能力和水平的体现，但讲短话不是目的。目的是，要让听众进去，受到启发和教益。

（3）言之有文，富有魅力。孔子曰："言而无文，其行不远。"说话没有文采，流传不会久远。如果领导者的讲话有文采、有新意、幽默、形象，能够生动地再现生活，就容易引起听众的遐想和富有哲理的启迪。

（4）言之有情，真诚相见。领导讲话重在动真情，只有诉真情，讲诚心话，一定能够打动听众。领导者无论在何时何地讲话都要用真情，讲真心话，绝对不可装腔作势，盛气凌人。而要真正做到这一点，非常关键的是，要牢固树立群众观点，做到"权为民所用、情为民所系、利为民所谋"。想群众之所想、急群众之所急、办群众之所盼，始终做人民的公仆。

七、管理会议的艺术

会议是人们为了达到一定目的，聚集在一起交流思想或规划性的一种活动。会议对沟通情况、统一思想，研究分析和解决问题、下达布置任务等都极为重要，开会是领导工作的重要手段之一。因此，为了提高领导效率，就必须讲究会议管理的方法和技巧。

（1）要端正会风。会议过程一般包括会前准备、会议进行和会议结尾三个主要环节。要端正会风应注意：不开没有准备的会议，可开可不开的会议不开；没有明确议题的会不开；无关紧要的人不要参加；不迁就迟到的人，准时开会；限制发言时间，不做离题或重复性发言；不允许外界干扰专心会议，控制会议秩序，控制会议经费，控制会议时间。不要议而不决，应集体决定的事不能个人决定。

（2）会议主持的艺术。会议的效率同会议主持密切相关。因此，主持人要控制好会议的全过程。会议开始时明确告知与会者会议的目的，会议过程中以自身的表率作用感染和引导会议，处理好冷场、离题、争执和延时发言等异常状态。会议结束时，对会议组织内容、讨论情况、收货、存在的不足、落实会议精神的要求等进行总结、布置。

（3）控制会议成本。会议是一个组织统一思想、整顿形象和提高领导效率的关键环节，如何节约时间，以最大限度地提高组织工作效率并节约成本是摆在所有领导者面前的一个不容忽视的问题。

思考题

1. 请谈谈领导和管理的区别与联系。
2. 什么是领导心理和领导行为？
3. 领导者的影响力中，占主导地位的是权力性影响力还是非权力性影响力？
4. 决定领导行为效果的因素有哪些？
5. 领导权变理论在实际工作中的应用有哪些？
6. 何为费德勒的领导理论？将其应用于你所了解的领导者案例中进行分析，你是否认为这个理论是正确的？

拓展阅读 12-1　马云与阿里巴巴

马云 1988 年毕业于杭州英语师范专业，之后任教于杭州电子工业学院。1995 年，在出访美国时首次接触到因特网，回国后创办网页"中国黄页"。1997 年，加入中国外经贸部，负责开放其官方站点及中国产品网上交易。2003 年，创办独立的第三方电子支付平台，目前在中国市场位居第一。2005 年，和全球最大门户网站雅虎合作。2008 年，推出了以网络广告为营收项目的营收平台"阿里巴巴"。其后，马云任职过阿里巴巴集团主要创始人之一、阿里巴巴集团主席和首要执行官、中国雅虎董事局主席、亚太经济合作主席（APEC）下工商咨询委员会（ABAC）会员、华谊兄弟传媒集团董事。目前，阿里巴巴是全球最大的 B2B 网站之一。

1998 年 12 月，马云和其他 17 位创建人在中国杭州发布了我们的首个网上贸易市场，名为"阿里巴巴在线"。阿里巴巴 1999 年 3 月开始创建，投资 50 万，1999 年年底，会员 8、9 万。2000 年 1 月，日本互联网投资公司入股 2000 万美元；2001 年 6 月，韩文站在韩国首尔正式开通；2001 年 12 月，当月开始赢利，注册商人会员 100 万，成为全球首家会员超过百万的商务网。2002 年 10 月，日文网站正式开通；2002 年底赢利，冲破现金赢利 600 万元。2003 年 5 月提前实现当月每日 100 万元人民币；2003 年 7 月 7 日，宣布投资 1 亿元建设淘宝网站。阿里巴巴只做信息流，不做资金流和物流业务。2003 年 5 月，阿里巴巴投资 1 亿人民币推出个人网上交易平台淘宝网，致力打造全球最大的个人交易网站。2003 年 10 月，阿里巴巴创建独立的第三方支付平台——支付宝，正式进军电子支付领域。2005 年 8 月，阿里巴巴和全球最大门户网站雅虎达成战略合作，阿里巴巴兼并雅虎在中国所有资产，阿里巴巴因此成为中国最大的互联网公司。目前，阿里巴巴旗下拥有如下业务：B2B（以阿里巴巴网站为主）、C2C（淘宝、一拍）、电子支付（支付宝）。2007 年 4 月，推出香港"中国供应商"服务，促进出口贸易。2007 年 8 月，向香港证券交易所递交上市申请。2007 年 10 月，成功上市。2008 年 4 月 11 日，阿里巴巴战略级产品"旺铺"正式开放体验，该项战略级产品是企业级电子商务基础平台，将帮助中小企业迈开网上生意第一步。

马云的领导策略是宏伟的愿景、明确的目标、独特的企业文化、激励员工。他的团队目标是要建立一个伟大的企业，2004 年每天利润 100 万，2005 年每天缴税 100 万。马云实行不封顶奖金制度，他认为要打破大锅饭打破平均制度，奖金是对昨天工作的肯定及未来工作的期望。奖金不是福利，是通过努力挣来的。马云说"天下没有人能挖走我的团队。这个文化形成这样的时候，人就很难被挖走了。这就像在一个空气很新鲜的土地上生存的人，你突然把他放在一个污浊的空气里面，工资再高，他过两天还跑回来。"马云为了跟员工有效地沟通，建立了总裁邮箱、阿里集团及 5 个子公司所有员工的论坛、社团与活动（非公事活动渠道）、阿里旺旺等。

马云的价值观、领导风格决定了团队的文化氛围。正是因为他领导风格的制度化，塑造了高效的团队。从 1998 年的创业开始，他领导团队与团队共同成长，才造就了马云的今天，也造就了阿里巴巴今天的成功。

拓展阅读 12-2　李·艾柯卡与克莱斯勒汽车公司

　　李·艾柯卡（Lee Iacocca）：风头盖过韦尔奇的领袖，曾先担任过福特汽车公司的总裁，后又担任克莱斯勒汽车公司的总裁，把这家濒临倒闭的公司从危境中拯救过来，奇迹般地东山再起，使之成为全美第三大汽车公司。他那锲而不舍、转败为胜的奋斗精神使人们为之倾倒。在 20 世纪 80 年代以及 90 年代初，成为美国商业偶像第一人。

　　李·艾柯卡，22 岁以推销员的身份加入福特公司，25 岁成为地区销售经理，36 岁成为福特公司副总裁兼总经理，46 岁升为公司总裁。他创下了空前的汽车销售纪录，公司获得了数十亿美元的利润，从而成为汽车界的风云人物。54 岁，被亨利·福特二世解雇，同年以总裁身份加入濒临破产的克莱斯勒公司。6 年后，创下了 24 亿美元的盈利纪录，比克莱斯勒此前 60 年利润总和还要多。艾柯卡也成为美国家喻户晓的大人物，美国人心目中的英雄。

结　缘　福　特

　　1924 年 10 月 15 日，艾柯卡生于美国宾夕法尼亚州。艾柯卡的父亲尼古拉 12 岁搭乘移民船来到新大陆，白手起家，略有一些资产。父亲在大萧条的艰苦岁月中，始终持乐观态度和坚定信念，这给艾柯卡留下深刻的印象。每当艾柯卡遇到困难时，父亲总是深情地鼓励他："太阳总是要出来的。要勇往直前，不要半途而废。"多年以后，艾柯卡在事业上遭受挫折时，他就以父亲的教诲激励自己，坚韧不拔地迎接挑战，从逆境中奋起，重振雄风。

　　父亲尼古拉从小喜爱汽车，很早就拥有一辆福特汽车公司最早期的产品——福特 T 型车。平时一有空，就摆弄李·艾柯卡汽车。这一嗜好无疑也传给了儿子，而儿子后来的事业都与汽车有关。

　　早期的意大利移民，在美国备受歧视，艾柯卡是个有骨气的人，学习成绩总是名列前茅。他毕业于美国利哈伊大学，得了工程技术和商业学两个学士学位。后又在普林斯顿大学获硕士学位，其间还学过心理学。

　　1946 年 8 月，21 岁的艾柯卡来到底特律，在福特公司当了一名见习工程师，从而开始了他在汽车业中的传奇生涯。然而，实习尚未结束，艾柯卡对整天同无生命的机器打交道的工作已感到索然无味。他感兴趣的是到销售部门同人打交道。经过一番努力，福特公司宾夕法尼亚州的地区经理终于给了他一个机会，他当上一名推销员。

　　推销员工作充满了酸甜苦辣。艾柯卡虚心好学，竭尽全力去干，很快学会了推销的本领，不久，他被提拔为宾夕法尼亚州威尔克斯巴勒的地区经理。销售，是汽车业的关键。艾柯卡从中明白了一个道理：想在汽车这一行获得成功，必须和销售商站在同一立场上。在以后的风风雨雨中，他始终牢记这一点，因此深得销售商的拥护。

　　在此期间，艾柯卡受到了一位知名人士的影响，此人是福特公司东海岸经理查利，他也是工程师出身，后来转入推销和市场工作。有一次，在本地区的 13 个小区中，艾柯卡的销售情况最糟。他为此而情绪低落，查利把手放在他肩上说："为什么垂头丧气？总有人要得最后一名的，何必如此烦恼！"说完他走开了，不过他又回过头来说："但请你听着，可不要连续两个月得最后一名！"

在他的激励下，艾柯卡灵机一动，想出了一个推销汽车的绝妙办法：谁购买一辆 1956 年型的福特汽车，只要向李·艾柯卡先付 20% 的货款，其余部分每月付 56 美元，3 年付清。这样，一般消费者都负担得起。艾柯卡把这个办法称为"花 56 元钱买五六型福特车"。

这个诱人的广告，使福特汽车在费城地区的销量像火箭般直线上升，仅仅 3 个月，就从原来的最末一名一跃而居全国第一位。福特公司把这种分期付款的推销方法在全国各地推广后，公司的年销量猛增了 7.5 万辆。艾柯卡也因此名声大振。不久，公司晋升他为华盛顿特区经理。

几个月后，年仅 32 岁的艾柯卡又调到福特公司总部，担任卡车和小汽车两个销售部的经理。在总部，他开始崭露非凡的管理才能，深得上司的赏识。4 年后，即 1960 年 11 月 10 日，艾柯卡担任了副总裁和福特分部的总经理职务，时年 36 岁。这比艾柯卡在大学时发誓"要在 35 岁担任福特公司副总裁"的时间，仅仅晚了一年。艾柯卡发迹速度之快在世界上实属罕见。

逆 境 崛 起

进入 20 世纪 60 年代后，他亲自出马，夜以继日地研制出一款专为年轻人设计的新车，并定名为"野马"，第一年销售量竟高达 41.9 万辆，创下了全美汽车制造业的最高纪录。头两年，"野马"型新车为公司创纯利 11 亿美元，他成了闻名遐迩的"野马之父"。后来"侯爵"、"美洲豹"和"马克 3 型"高级轿车型的推出，更是大获成功。1970 年 12 月 10 日，艾柯卡终于如愿以偿地登上福特汽车公司总裁的宝座，成了这家美国第二大汽车企业中地位仅次于福特老板的第二号人物。

一瞬间，好似整个世界都在他的脚下了，艾柯卡从来没有这么得意过。可是，老天没有让他的高兴持续太久，1978 年 7 月 13 日，由于"功高盖主"，他被妒火中烧的大老板亨利·福特开除了。当了 8 年的总经理，在福特工作已 32 年，一帆风顺，从来没有在别的地方工作过，突然间失业了，艾柯卡几乎无法承受住这个打击，这是梦还是现实，命运为什么要给他开这个玩笑呢？

不仅如此，亨利·福特要对艾柯卡的支持者进行一次整肃，谁要是继续保持与他的联系，自己也就有被开除的危险。艾柯卡被解雇一周后，负责公共关系的墨菲，接到了大老板亨利·福特打来的电话："你喜欢艾柯卡吗？""当然！"墨菲回答。"那你被开除了。"事情就是那么简单。

一时间，艾柯卡没有了朋友，没有了事业，仿佛他在世界上已不复存在。"野马之父"一类的话再也听不到了。昨天他还是英雄，今天却好像成了麻风病患者，人人远而避之。该怎么办呢？"艰苦的日子一旦来临，除了做个深呼吸，咬紧牙关尽其所能外，实在也别无选择。"艾柯卡是这么说的，最后也是这么做的。他没有倒下去。

在他被解雇之后，由于过去的威名，许多大公司诸如洛克希德、国际纸业公司等，都对他发出过邀请。但艾柯卡认为，54 岁是个尴尬的年龄：退休太年轻，在别的行业里另起炉灶又太老；况且汽车的一切已经在他的血液里流动了。因此，他还是选择了汽车业这一老行当。

他接受了一个新的挑战——应聘到濒临破产的克莱斯勒汽车公司出任总经理。

但是，克莱斯勒公司的状况比他预料的还糟。由于前任的无能，公司几乎处于无政府状态，纪律松弛，35 位副总裁各把一方，互不通气；财务混乱，现金枯竭；产品粗制滥造，积压严重。就在艾柯卡上任当天，该公司宣布连续 3 个季度的亏损达 1.6 亿美元。在公司处于生死存亡的关键时刻，艾柯卡没有气馁更不想退缩，而是深入员工中调查研究，认真分析国内外汽车市场的发展趋势。为了拯救克莱斯勒，确保 65 万员工的工作和生活，他没有简单地裁员，决定以紧缩开支为突破口，提出了"共同牺牲"的大政方针。艾柯卡从自己做起，把 36 万美元的年薪降为 1 美元，与此同时全体员工的年薪也减少了 125 倍。

"要想渡过难关，克莱斯勒人流出的血必须一样多。如果有人光等待别人为他付出，自己却袖手旁观，那就会一无所有。"他强调道："作为企业的领导，最重要的一点就是身先士卒，做出样子。这样员工的眼睛都看着你，大家都会模仿你。"

艾柯卡把自己年薪减至 1 美元的做法在美国企业界没有先例，很自然地引起了轰动。克莱斯勒人长期以来一直很铺张浪费、讲究奢侈，他们无不对此深感震惊，开始时很不理解。然而，榜样的力量是无穷的，老总的表率作用是最好的动员令。从各级领导到普通员工，人人渐渐地达成共识。大家毫无怨言，心甘情愿地勒紧裤腰带。

"共同牺牲"给克莱斯勒公司带来了生机，使广大员工看到了希望。艾柯卡率领高层领导班子对营销、信贷、财务、计划和人事等部门进行整顿改革，积极扶持新产品的开发，花大力气抓生产制造。

当然，更重要的是尽快拿出适销对路的产品。1982 年，"道奇 400"新型敞篷车先声夺人，畅销市场，多年来第一次使克莱斯勒公司走在其他公司前面。K 型车面市，也一下子占领小型车市场的 20％以上。

艾柯卡曾经说过——"齐心协力可以移山填海"。1983 年 8 月 15 日，艾柯卡把他生平仅见的面额高达 8 亿 1348 万多美元的支票，交给银行代表手里。至此，克莱斯勒还清了所有债务。而恰恰是 5 年前的这一天，亨利·福特开除了他。

他的作品主要有：《艾柯卡自白：管理与商业经》、《什么是真正的领导》、《艾柯卡自传》。李·艾柯卡他说："我懂得了一个亲密无间的家庭可以给人以力量；我懂得了奋斗，即使时运不济；我懂得了不可绝望，哪怕天崩地裂；我懂得了世上没有免费的午餐；我懂得了辛勤工作的价值。"

第十三章　激　励　理　论

导入案例　猎狗的故事

一条猎狗将兔子赶出了窝，一直追赶他，追了很久仍没有捉到。牧羊狗看到此种情景，讥笑猎狗说："你们两个之间小的反而跑得快得多。"猎狗回答说："你不知道我们两个的跑是完全不同的！我仅仅为了一顿饭而跑，他却是为了性命而跑呀！

这话被猎人听到了，猎人想：猎狗说的对啊，那我要想得到更多的猎物，得想个好法子。于是，猎人又买来几条猎狗，凡是能够在打猎中捉到兔子的，就可以得到几根骨头，捉不到的就没有骨头吃。这一招果然有用，猎狗们纷纷去努力追兔子，因为谁都不愿意看着别人有骨头吃，自己没得吃。

就这样过了一段时间，问题又出现了。大兔子非常难捉到，小兔子好捉。但捉到大兔子得到的奖赏和捉到小兔子得到的骨头差不多，猎狗们善于观察发现了这个窍门，专门去捉小兔子。慢慢地，大家都发现了这个窍门。猎人对猎狗说："最近你们捉的兔子越来越小了，为什么？"猎狗们说："反正没有什么大的区别，为什么费那么大的劲去捉那些大的呢？"

猎人经过思考后，决定不将分得骨头的数量与是否捉到兔子挂钩，而是采用每过一段时间就统计一次猎狗捉到兔子的总重量。按照重量来评价猎狗，决定一段时间内的待遇。于是，猎狗们捉到兔子的数量和重量都增加了，猎人很开心。

但是，过了一段时间猎人发现，猎狗们捉兔子的数量又少了，而且越有经验的猎狗，捉兔子的数量下降得就越厉害。于是，猎人又去问猎狗。猎狗说："我们把最好的时间都奉献给了您，主人，但是我们随着时间的推移会老，当我们捉不到兔子的时候，您还会给我们骨头吃吗？"猎人做了论功行赏的决定。分析与汇总了所有猎狗捉到兔子的数量与重量，规定如果捉到的兔子超过了一定的数量后，即使捉不到兔子，每顿饭也可以得到一定数量的骨头。猎狗们都很高兴，大家都努力去达到猎人规定的数量。

一段时间过后，终于有一些猎狗达到了猎人规定的数量。这时，其中有一只猎狗说："我们这么努力，只得到几根骨头，而我们捉的猎物远远超过了这几根骨头。我们为什么不能给自己捉兔子呢？"于是，有些猎狗离开了猎人，自己捉兔子去了……

管理的本质就是影响他人的能力，激发他们为组织工作的积极性，去实现自己为组织制定的目标。在管理的领导职能中，领导者方面描述的是管理者向员工提供有助于端正工作态度和提高工作质量的内容。对领导的对象——组织成员或下属来说，影响管理者领导行为的出发点，是他们内在的个体需求差异。因此，要实现组织的活动目标，必须设法让组织成员提供有效的工作贡献。这意味着管理者不仅要根据组织活动的需要和个人素质与能力，还要分析他们的行为特点和影响因素，创造并维持一种良好的工作环境，以调动他们的工作积极性，改变和引导他们的行为。成功的管理者必须知道用什么样的方式有效调动下属的工作积极性。

<h2 style="text-align:center">第一节 激 励 概 述</h2>

一、激励的内涵

激励（motivation），通常是和动机连在一起的。美国管理学家罗宾斯把动机定义为个体通过高水平的努力而实现组织目标的愿望，而这种努力又能满足个体的某些需要。

无论是激励还是动机，都包括三个要素：努力、组织目标和需要。一般而言，动机是指诱发、活跃、推动并引导行为指向一定目标的心理过程。

激励是指影响人们的内在需求或动机，从而加强、引导和维持行为的活动或过程。

二、激励产生的内因与外因

内因：人的认知知识（需求、价值观、行为准则、对行为对象的认知等）

外因：自然环境和社会环境

自然环境包括气候、水土、阳光、空气、自然资源。

社会环境包括社会制度、劳动条件、经济地位、文化条件等。

三、激励的过程模型

简单地说，激励（motivation）就是激发人内在的行为动机并使之朝着既定目标前进的整个过程。由此可见，激励是与人们的行为联系在一起的，因此我们首先要简要了解一下行为的形成过程。

心理学的大量研究表明，人们的行为都是由动机决定和支配的，而动机则是在需求的基础上产生的。当人们产生

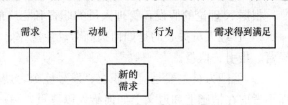

图 13-1　行为的形成过程

了某种需求而这种需求又没有得到满足时，就会在内心出现一种紧张和不安的状态，为了消除这种紧张和不安，就会去寻找满足需求的对象，从而产生进行活动的动机，在动机的支配下，人们就会为了满足需求而表现出相应的行为。当人们的需求完全得到满足时，紧张和不安的心理状态就会消除，然后就会产生新的需求，形成新的动机，引发新的行为，见图 13-1。

四、人性假设理论

对于人性假设理论，很多学者都做过深入的研究，其中最有代表性的就是道格拉斯·麦格雷戈提出的"X 理论—Y 理论"以及美国行为科学家埃德加·沙因（Ed-gar H. Schein）提出的"四种人性假设理论"。

1. X 理论—Y 理论

道格拉斯·麦格雷戈是美国著名的行为科学家，在 1924 年他 18 岁的时候还是一个服务站的服务员，后在韦恩大学取得文学学士学位；1935 年，他取得哈佛大学哲学博士学位，随后留校任教；1957 年 11 月号的美国《管理评论》杂志上发表了《企业的人性方面》（The Human Side of Enterprise）一文，提出了有名的"X 理论—Y 理论"，该文

1960 年以书的形式出版。麦格雷戈认为，有关人的行为的假设在某种程度上决定着管理人员的工作方式。不同的管理人员之所以会采用不同的方式来组织、控制和激励人们，原因就在于他们对人的性质的假设是不同的。他经过长期研究后，在 1957 年 11 月的美国《管理理论》杂志上发表了《企业中人的方面》一文，提出了著名的"X 理论—Y 理论"，并在以后的著作中对这一理论作了进一步拓展和完善。

（1）X 理论

麦格雷戈将传统的人们对人性的假设称为 X 理论（theory X），并将这一观点的内容归纳为以下几个方面：

1）大多数人生性都是懒惰的，他们尽可能地逃避工作。

2）大多数都缺乏进取心和责任心，不愿对人和事负责，没有什么雄心壮志，不喜欢负什么责任，宁可让别人领导。

3）大多数人都是以个人为中心的，这会导致个人目标与组织目标相互矛盾，为了达到组织目标必须靠外力严加管制。

4）大多数人都是缺乏理智的，不能克制自己，很容易受别人的影响。

5）大多数具有欺软怕硬、畏惧强者的弱点，习惯于保守，反对变革，安于现状。为此，必须对他们进行惩罚，以迫使他们服从指挥。

6）大多数人干的工作都是为了物质与安全的需要，人工作是为了钱，是为了满足基础的胜利需要和安全需要，他们将选择那些在经济上获利最大的事去做。

7）只有少数人能克制自己，这部分人应当担负起管理的责任。

根据 X 理论的假设，管理人员的职责和相应的管理方式是：

1）管理人员关心的是如何提高劳动生产率、完成任务，它的主要职能是计划、组织、经营、指引、监督。

2）管理人员主要是应用职权、发号施令，使对方服从，让人适应工作和组织的要求，而不考虑在情感上和道义上如何给人以尊重。

3）强调严密的组织和制定具体的规范和工作制定，如工时定额、技术规程等。

4）应以金钱报酬来收买员工的效力和服从。

由此可见，此管理方式是胡萝卜加大棒的方法：一方面靠金钱的收买与刺激；一方面严密的控制、监督和惩罚，迫使其为组织目标努力。麦格雷戈发现当时企业中对人的管理工作以及传统的组织结构、管理政策、实践和规划都是以 X 理论为依据的。

（2）Y 理论

麦格雷戈认为 Y 理论比 X 理论更优越，因此管理应当按照 Y 理论来行事。约翰·J·莫尔斯（john j·Morse）和杰伊·W·洛尔施（Jay W·Lorsch）这两位学者经过试验证明麦格雷戈的这一观点是不正确的，他们于 1970 年《哈佛商业评论》上发表了《超 Y 理论》一文，提出了著名的"超 Y 理论"（theory super Y），对麦格雷戈的 X 理论—Y 理论做了进一步的完善，该理论的主要观点是：

1）人们是抱着各种各样的愿望和需要加入企业组织的，人们的需要和愿望有不同的类型。有的人愿意在正规化、有严格规章制度的组织中工作；有的人却需要更多的自治和更多的责任，需要有更多发挥创造性的机会。

2）组织形式和管理方法要与工作性质和人们的需要相适应，不同的人对管理方式的要求是不一样的。对上述的第一种人应当以 X 理论为指导来进行管理；而对第二种人则应当以 Y 理论为指导来进行管理。

3）组织机构和管理层次的划分，员工的培训和工作的分配，工资报酬、控制程度的安排都要从工作的性质、工作的目标和员工的素质等方面考虑，不可能完全一样。

4）当一个目标达到以后，可以激起员工的胜任感和满足感，使之为达到新的更高的目标而努力。

根据以上假设，相应的管理措施为：

1）管理职能的重点。在 Y 理论的假设下，管理者的重要任务是创造一个使人得以发挥才能的工作环境，发挥出职工的潜力，并使职工在实现组织的目标贡献力量时，也能达到自己的目标。此时的管理者已不是指挥者、调节者或监督者，而是起辅助者的作用，从而给职工以支持和帮助。

2）激励方式。根据 Y 理论，对人的激励主要是来自工作本身的内在激励。在他担当具有挑战性的工作、担负更多的责任时，促使其工作做出成绩，满足其自我实现的需要。

3）在管理制度上给予工人更多的自主权，实行自我控制，工人参与管理和决策，并共同分享权力。

按照超 Y 理论的观点，在进行人力资源管理活动时要根据不同的情况，采取不同的管理方式和方法。

2. 四种人性假设理论

美国行为科学家埃德加·H·沙因在其 1965 年出版的《组织心理学》一书中，把前人对人性假设的研究成果归纳为"经济人假设"、"社会人假设"和"自我实现人假设"，并在此基础上提出了"复杂人假设"，它将这四种假设排列称为"四种人性假设"，这应当说是到目前为止对人性假设所做的最为全面的概括和研究。

（1）经济人假设

这种假设就相当于麦格雷戈提出的 X 理论，沙因将经济人假设的观点总结为以下几个方面：

1）人是由经济诱因来引发工作动机的，其目的在于获得最大的经济利益。

2）经济诱因在组织的控制之下，因此，人总是被动地在组织的操纵、激励和控制下从事工作。

3）人以一种合乎理性、精打细算的方式行事，总是力图用最小的投入获得满意的报酬。

4）人的情感是非理性的，会干预人对经济利益的合理追求，组织必须设法控制人的感情。

（2）社会人假设

这种假设是人际关系学派的倡导者梅奥等人提出的，它最初的依据就是历时 8 年之久的霍桑实验所得出的一些结论。按照社会人的假设，管理的重点就是要营造和谐融洽的人际关系。沙因将社会人假设的观点总结为以下四点：

1）人类工作的主要动机是社会需要，人们要求有一个良好的工作氛围，要求与同事建立良好的人际关系，经过与同事的关系获得基本的认同感。

2）工业革命和工作合理化的结果，使工作变得单调而无意义，因此必须从工作的社会关系中寻求工作的意义。

3）非正式组织有利于满足人们的社会需要，因此非正式组织的社会影响比正式组织的经济诱因对人有更大的影响力。

4）人们对领导者的最强烈期望是能够承认并满足他们的社会需要。

（3）自我实现人假设

这种假设相当于麦格雷戈提出的 Y 理论，此外，马斯洛的需求层次理论中自我实现的需要和克里斯·阿吉里斯的不成熟—成熟理论中个性的成熟也都属于自我实现人的假设。沙因将自我实现人假设的观点总结为以下几点：

1）人的需要有低级和高级的区别，从低级到高级可以划分为多个层次，人的最终目的是满足自我实现的需求，寻求工作上的意义。

2）人们力求在工作上有所成就，实现自治和独立，发展自己的能力和技术，以便富有弹性，能适应环境。

3）人们能够自我激励和自我控制，外部的激励和控制会对人产生威胁，造成不良的后果。

4）个人自我实现的目标和组织的目标并不是冲突的，而是能够达成一致的，在适合的条件下，个人会自动地调整自己的目标，使之与组织目标相配合。

（4）复杂人假设

这种假设类似于约翰·J·莫尔斯和杰伊·W·洛尔施提出的超 Y 理论。沙因认为，经济人假设、社会人假设和自我实现人假设并不是绝对的，它们在不同的环境下针对不同的人分别具有一定的合理性，由于人们的需要是复杂的，因此不能简单地相信或使用某一种假设，为此他提出了复杂人假设。这一假设包括以下几个方面的观点：

1）每个人都有不同的需要和不同的能力，工作的动机不但非常复杂而且变动性也很大，人们的动机安排在各种重要的需求层次上，这种动机阶层的构造不但因人而异，而且对于同一个人来说在不同的时间和地点也是不一样的。

2）人的很多需要不是与生俱来的，而是在后天环境的影响下形成的，一个人在组织中可以形成新的需求和动机，因此一个人在组织中表现的动机模式是他原来的动机模式与组织经验交互作用的结果。

3）人们在不同的组织和不同的部门中可能有不同的动机模式，例如有人在正式组织中满足物质利益的需要，而在非正式组织中满足人际关系方面的需要。

4）一个人在组织中是否感到心满意足，是否肯为组织奉献，取决于组织的状况与个人的动机结构之间的相互关系，工作的性质、本人的工作能力和技术水平、动机的强弱以及同事之间的关系等都可能对个人的工作态度产生影响。

5）人们依据自己的动机、能力以及工作性质，会对一定的管理方式产生不同的反应。

按照复杂人假设，实际上不存在一种适合于任何时代和任何人的通用的管理方式和方法，管理必须是权变的，要根据不同人的不同需要和不同情况，采取相应的管理方式。

第二节　内容型激励理论

内容型激励理论主要是研究激励的原因和起激励作用的因素的具体内容。代表性的内容型激励理论有：马斯洛的需求层次理论、赫茨伯格的双因素理论、阿尔德弗的 ERG 理论和麦克利兰的成就激励理论。

一、马斯洛需要层次理论

马斯洛需要层次论亦称"基本需求层次理论"。马斯洛（Abrahamt. Maslow，1908～1970）美国人，管理心理学家。需要层次论是研究人的需要结构的理论。需要层次论的构成根据三个基本假设：①只有未满足的需要才能影响人的行为；②人的需要按重要性和层次性排成顺序；③当人的低层次需要得到满足后才会追求高一层次的需要。马斯洛在 1943 年出版的《人类激励的一种理论》一书中首次提出了需求层次理论（needs hierarchy theory），1954 年在《激励与个性》一书中又对该理论做了进一步的阐述，他将人们的需要划分为五个层次：生理需求、安全需求、社交需求、尊重需求和自我实现的需求（图 13-2）。马斯洛的需

图 13-2　马斯洛的需求层次

要层次论第一次揭示了人类行为动机的实质。需要是人类行为的导源，需要是人类内在、天生、下意识存在的，满足了的需要不再是激励因素。

（1）生理需求。这是人类维持自身生存所必需的最基本的需求，包括衣、食、住、行的各个方面，如食物、水、空气、住房等。生理需求如果得不到满足，人们将无法生存下去。

（2）安全需求。这种需求不仅指身体上的，希望人身得到安全保障、免受威胁，而且还有经济、心理以及工作上的等多个方面，如有一份稳定的职业、心理不会受到刺激或者惊吓、退休后生活有保障等。

（3）社交需求。有时也称作友爱和归属的需求，是指人们希望与他人进行交往，与同事和朋友保持良好的关系，成为某个组织的成员，得到他人关爱等方面的需求。这种需求如果无法满足，可能就会影响人们精神的健康。

（4）尊重需求。人人都希望自己有稳定的社会地位，要求个人的能力和成就得到社会的承认。尊重的需要又可分为内部尊重和外部尊重。内部尊重是指一个人希望在各种不同情境中有实力、能胜任、充满信心、能独立自主。总之，内部尊重就是人的自尊。外部尊重是指一个人希望有地位、有威信，受到别人的尊重、信赖和高度评价。马斯洛认为，尊重需要得到满足，能使人对自己充满信心，对社会满腔热情，体验到自己活着的用处和价值。

（5）自我实现的需求。这是最高层次的需要，它是指实现个人理想、抱负，发挥个人的能力到最大程度，达到自我实现境界的人，接受自己也接受他人，解决问题能力增强，自觉性提高，善于独立处事，要求不受打扰地独处，完成与自己的能力相称的一切事情的需要。也就是说，人必须干称职的工作，这样才会使他们感到最大的快乐。马斯洛提出，为满足自我实现需要所采取的途径是因人而异的。自我实现的需要是在努力实现自己的潜力，使自己越来越成为自己所期望的人物。

马斯洛理论把需求分成生理需求、安全需求、归属与爱的需求、尊重需求和自我实现需求五类，依次由较低层次到较高层次排列。

（1）五种需要像阶梯一样从低到高，按层次逐级递升，但这样的次序不是完全固定的，是可以变化的，也有种种例外的情况。这五种需求的次序是普遍意义上的，并非适用于每个人，一个人需求的出现往往会受到职业、年龄、性格、经历、社会背景、受教育程度等多种因素的影响，有时可能会出现顺序颠倒的情况。

（2）需求层次理论有两个基本出发点，一是人人都有需要，某层需要获得满足后，另一层需要才出现；二是在多种需要未获满足前，首先满足迫切需要；该需要满足后，后面的需要才显示出其激励作用。

（3）满足需求的顺序也同样如此，只有当低一级的需求得到基本满足以后，人们才会去追求更高一级的需求；在同一时间，人们可能会存在几个不同层次的需求，但总有一个层次的需求是发挥主导作用的，这种需求就称为优势需求；只有那些未满足的需求才能成为激励因素；任何一种满足了的低层次需求并不会因为高层次需求的发展而消失，只是不再成为行为的激励因素而已。

（4）五种需要可以分为两级，其中生理上的需要、安全上的需要和感情上的需要都属于低一级的需要，这些需要通过外部条件就可以满足；而尊重和自我实现的需要是高级需要，他们是通过内部因素才能满足的，而且一个人对尊重和自我实现的需要是无止境的。同一时期，一个人可能有几种需要，但每一时期总有一种需要占支配地位，对行为起决定作用。任何一种需要都不会因为更高层次需要的发展而消失。各层次的需要相互依赖和重叠，高层次的需要发展后，低层次的需要仍然存在，只是对行为影响的程度大大减小。

（5）马斯洛和其他的行为心理学家都认为，一个国家多数人的需要层次结构，是同这个国家的经济发展水平、科技发展水平、文化和人民受教育的程度直接相关的。在不发达国家，生理需要和安全需要占主导的人数比例较大，而高级需要占主导的人数比例较小；在发达国家，则刚好相反。

马斯洛的需求层次理论将人们的需求进行了内容上的区分，揭示了人类心理发展的一般规律，这对于管理的实践具有一定的指导意义，但同时也存在一些问题，马斯洛自己也承认，这一理论并没有得到实证研究的证明。此外，他将需求层次看成是固定的机械上升模式，没有考虑到人们的主观能动性；他认为，满足的需求将不再成为人们行为的动机，但是对于满足的意义解释却不是很明确；在现实中，当一种需求得到满足以后，很难预测哪一种更高层次的需求会成为下一个必须满足的需求。

> 美元不如山羊
>
> 为了捉拿本·拉登，美国国防部曾许下了 2500 万美元的悬赏。可是后来五角大楼已经将这笔赏金改成了赠送一群山羊之类的许诺。这个改变主要是因为贫穷的阿富汗老百姓没有受过教育，这笔巨额的金钱已经超过了普通阿富汗人的想象力。他们可能对小额的奖赏更喜欢。

二、赫茨伯格双因素理论

双因素理论（two-factor theory），又称作"激励因素—保健因素"理论，这是美国行为科学家弗雷德里克·赫茨伯格（Frederick · Herzberg）提出的一种激励理论。20 世纪50 年代末，赫茨伯格及同事对匹兹堡地区 9 家工业企业的 200 多位工程师和会计师进行了访谈，访谈主要围绕两个问题：在工作中，哪些事项是让他们感到满意的，并估计这种积极情绪将持续多长时间；有哪些事项是让他们感到不满意的，并估计这种消极情绪将持续多长时间。赫茨伯格以对这些问题的回答为材料，着手研究哪些事情使人们在工作中得到快乐和满足、哪些事情造成不愉快和不满足，在此基础上他提出了双因素理论。

调查结果表明，使员工感到满意的因素往往与工作本身或工作内容有关，赫茨伯格将其称为"激励因素"，包括成就、认可、工作本身、责任、晋升、成长等六个方面（见图13-3）；而使员工感到不满意的因素则大多与工作环境和工作条件有关，赫茨伯格将其称为"保健因素"，主要体现在公司的政策和管理、监督、与主管的关系、工作条件、薪酬、与同事的关系、个人生活、与下属的关系、地位及安全感十个方面。

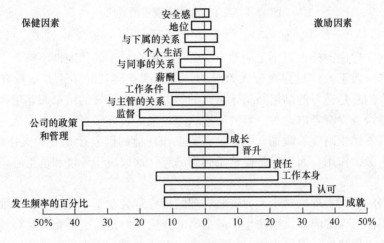

图 13-3　激励因素与保健因素

保健因素的满足对员工产生的效果类似于卫生保健对身体健康所起的作用。保健从人的环境中消除对健康有害的事物，它不能直接提高健康水平，但有预防疾病的效果；它不是治疗性的，而是预防性的。这些因素恶化到人们认为可以接受的水平以下时，就会产生对工作的不满意。但是，当人们认为这些因素很好时，它只是消除了不满意，并不会导致积极的态度，这就形成了某种既非满意，又不是不满意的中间状态。根据赫茨伯格的发现，管理者应该认识到保健因素是必需的，只有激励因素才能使人们更努力地工作，有更好的工作绩效。对于激励因素，如果员工得到满足，往往会使员工感到满意，使他们具有较高的工作积极性和主动性。当这些因素缺乏时，员工的满意度会降低或消失，但是并不会出现不满意的情况。也就是说，激励因素只会产生满意，却不会导致不满。保健因素与激励因素是彼此相对独立的。

据此，赫茨伯格针对传统的工作满意/不满意的观点提出了自己不同的看法。传统的观点认为，"满意"的对立面就是"不满意"，因此消除了"不满意"就会产生"满意"；赫茨伯格则认为，"满意"的对立面是"没有满意"，"不满意"的对立面是"没有不满意"，消除"不满意"只会产生"没有不满意"，并不能导致"满意"（图13-4）。

赫茨伯格的双因素理论与马斯洛的需求层次理论有相似之处，他提出的保健因素相当于马斯洛提出的生理需求、安全需求、社交需求等较低级的需求；激励因素则相当于尊重需求、自我实现的需求等较高级的需要，但这两个理论解释问题的角度是不同的；相比需求层次理论，双因素理论更进了一步，它使管理者在进行激励时的目标更加明确，也更有

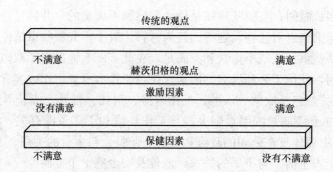

图 13-4　关于工作满意观点的对比

针对性。

　　当然，这一理论同样也有不足的地方。首先，调查样本的代表性不够，工程师和会计师这类白领和一般工人还是存在较大差异的，因此调查得到的结论并不具有广泛的适用性；其次，人们总是把好的结果归结于自己的努力，而把不好的结果归罪于客观条件或他人身上，问卷调查没有考虑这种一般的心理状态；最后，许多行为科学家认为，高度的工作满意不一定就产生高度的激励。不论是有关工作环境的因素还是有关工作内容的因素，都有可能产生激励作用，而不仅是使员工感到满意，这取决于环境和员工心理方面的许多条件。

　　赫茨伯格的双因素理论对于人力资源管理的指导意义在于，调动员工和维持员工的积极性，首先要注意保健因素，以防止不满情绪的产生。但是，更重要的是要利用激励因素去激发员工的工作热情，努力工作，创造奋发向上的局面，因为只有激励因素才会增加员工的工作满意感。双因素理论促使管理者在激励员工时，去区分激励因素和保健因素，对于保健因素不能无限制地满足，这样做并不能激发他们的动机，调动他们的积极性，而应当更多地从激励因素入手，满足员工在这方面的需求，这样才能使员工更加积极、主动地工作。也就是说，物质需求的满足是必要的，没有它会导致不满意。但是，它的作用往往也是有限不能持久的。要调动人的积极性，不仅要注意物质利益和工作条件等外部因素，更重要的是要注意工作安排、量才适用，各得其所，给予认可，注重给人以成长、发展、晋升的机会。此外，在人力资源管理过程中，要采取有效措施将保健因素尽可能地转化为激励因素，从而扩大激励的范围，例如工资本来是属于保健因素的，但是如果将工资与员工的绩效水平挂钩，使工资成为工作结果好坏的一种反映，那么它就会在一定程度上变为与工作本身有关的激励因素，这样就能使工资发挥更大的效用。

　　三、奥尔德弗 ERG 理论

　　ERG 理论就是生存－相互关系－成长需要理论的简称，这个理论是耶鲁大学教授克雷顿·奥尔德弗（Clayton·Alderfer）根据已有的实验和研究，于 20 世纪 70 年代初提出来的，它系统地阐述了一个需要类型的新模式，发展了马斯洛、赫茨伯格的需要理论。认为人的需求主要有三种：生存需求（existence），包括心理与安全的需求；关系需求（relatedness），包括有意义的社会人际关系；成长需求（growth），包括人类潜能的发展、自尊和自我实现。由于这三个词的首字母分别是 E、R、G，因此又被称为 ERG 理论（ERG theory）。

　　（1）生存需求。这是人类最基本的需求，如生理和物质上的需求，这类需求相当于马斯洛提出的生理需求和安全需求。

（2）关系需求。指与他人进行交往和联系的需求，这相当于需求层次理论中的社交需求和尊重需求中的他人尊重部分。

（3）成长需求。指人们希望在事业上有所成就、在能力上有所提高，不断发展、完善自己的需求，这可以与需求层次理论中自我实现的需求以及尊重需求中的自我尊重部分相对应。

阿尔德弗认为，哪个层次的需求得到的满足越少，人们就越希望满足这种需求；较低层次的需求越是得到越多的满足，人们就越渴望得到较高层次的需求，但是如果较高层次的需求受到挫折、得不到满足，人们的需求就会退到较低层次，重新追求低层次的需求。据此阿尔德弗提出，在需求满足的过程中，既存在需求层次理论中提到的"满足—上升"的趋势，也存在"挫折—倒退"的趋势。此外，他还指出，人们所有的需求并不都是天生就有的，有些需求是经过后天学习和培养得到的，尤其是较高层次的需求。

尽管 ERG 理论假定激励行为沿着类似于马斯洛理论的层次而上升，两者间仍然有两个重大区别。

第一，ERG 理论认为可以同时有两种或两种以上需求占主导地位。例如，人们可以同时被对金钱的欲望（生存需求）、友情（关系需求）和学习新技能的机会（成长需求）所激励。

第二，ERG 理论有"挫折—倒退"的机制。如果需求迟迟不能满足，个体会感受到挫折，退回较低的层次，并对较低层次的需求有更强烈的欲望。例如，以前由金钱（生存需求）激励的员工可能获得了一次加薪，从而满足了这方面的需求。假定他接下来试图建立友情，以满足关系需求。如果由于某些原因，他发现不可能同工作中的其他同事成为好朋友，他可能遭受挫折并且退缩，进而会去争取更多的金钱来满足自己的生存需求。

根据马斯洛与阿尔德弗的理论，在人力资源管理过程中，为了调动员工的工作积极性和主动性，管理者必须首先明确员工的哪些需求没有得到满足，以及员工最希望得到的是哪些需求，然后再有针对性地满足员工的这些需求，这样才能最大限度地刺激员工的动机，发挥激励的效果。

四、麦克利兰成就需要论

美国心理学家戴维·麦克利兰（David McClleland）等人自 20 世纪 50 年代开始，经过大量的调查和试验，尤其是对企业家等高级人才的激励进行了广泛的研究后，提出了这一理论。由于这些人的生存条件和物质需求得到了相对的满足，因此麦克利兰的研究主要集中于在生理需求得到满足的前提下人们还有哪些需求，他的结论是权力需求、归属需求和成就需求。

（1）权力需求。就是对他人施加影响和控制他人的欲望，相比归属需求和成就需求而言，权力需求往往是决定管理者取得成功的关键因素。

（2）归属需求。就是与别人建立良好的人际关系，寻求别人接纳和友谊的需求，这种需求成为保持社会交往和维持人际关系的重要条件之一。

（3）成就需求。就是人们实现具有挑战性的目标和追求事业成功的愿望。

麦克利兰认为，不同的人对上述三种需求的排列层次和所占比重是不同的。成就需求强烈的人往往具有内在的工作动机，这种人对于企业、组织和国家有着重要的作用，一个组织拥有这样的人越多，它的发展就越快，获利就越多。特别是，麦克利兰认为成就需求不是天生就有的，可以通过教育和培训造就出具有高成就需求的人。

麦克利兰对高成就需求者的研究，对于组织的管理，尤其是企业的管理有很大的启示。首先，高成就需求者喜欢能独立负责、可以获得信息反馈的工作环境，他们会从这种环境中获得高度的激励。麦克利兰发现，在小企业的经理人员和在企业中独立负责一个部门的管理者中，高成就需求往往会取得成功。其次，在大型企业和其他组织中，高成就需求者并不一定是一个优秀的管理者，原因是高成就需求者往往只对自己的工作绩效感兴趣，并不关心如何影响别人做好工作。再次，归属需求与权力需求和管理的成功密切相关。麦克利兰发现，最优秀的管理者往往是对权力需求高而对归属需求低的人。如果一个大企业的经理的权力需求与责任感和自我控制相结合，那么他很可能成功。最后，可以通过对员工进行训练来激发他们的成就感。如果某项工作要求高成就需求者，那么管理者可以通过直接选拔的方式找到一个高成就需求者，或者通过培训的方式培养自己原有的下属。

麦克利兰的成就激励理论对于管理者来说具有非常重要的指导意义，首先，在人员的选拔和安置上，测量一个人需求体系的特征对于如何分派工作和安排职位有重要的意义。其次，由于具有不同需求的人需求不同的激励方式，了解员工的需求与动机有利于合理建立激励机制。最后，麦克利兰认为动机是可以训练和激发的，因此可以训练和提高员工的成就动机，以提高生产率。在进行人力资源管理时，管理者应当充分发掘和培养员工的成就需求，给员工安排具有一定挑战性的工作和任务，从而使员工具有内在的工作动力。

第三节 过程型激励理论

激励的过程理论主要有：亚当斯公平理论、弗鲁姆期望理论、洛克的目标设置理论、斯金纳强化理论、海德的动机归因理论、韦纳的成败归因理论。

一、亚当斯公平理论

亚当斯的公平理论又称社会比较理论，由美国心理学家约翰·斯塔希·亚当斯（John Stacey Adams）于 1965 年提出的。该理论的基本要点是：人的工作积极性不仅与个人实际报酬多少有关，而且与人们对报酬的分配是否感到公平更为密切。人们总会自觉或不自觉地将自己付出的劳动代价及其所得到的报酬与他人进行比较，并对公平与否做出判断。公平感直接影响职工的工作动机和行为。因此，从某种意义来讲，动机的激发过程实际上是人与人进行比较，做出公平与否的判断，并据以指导行为的过程。

进行比较选择的参照对象包括其他人、制度、自我。一种比较称为横向比较，即将自己获得的"报酬"（包括金钱、工作安排以及获得的赏识等）与自己的"投入"，包括教育程度、工作努力、用于工作的时间、精力和其他无形损耗等的比值与组织内其他人作比较，只有相等时他才认为公平；另一种称为纵向比较，即把自己目前投入的努力与目前所获得报酬的比值，同自己过去投入的努力与过去所获报酬的比值进行比较，只有相等时他才会认为公平，而且关注制度是否公平。如果这种比率和其他人相比不平衡，就会感到紧张，这样的心理进一步驱使员工追求公平和平等的动机基础。

亚当斯认为，员工的工作积极性不仅受到绝对报酬的影响，还受到相对报酬的影响。

当一个人取得报酬以后，不仅关心自己收入的绝对值，还关心自己收入的相对值。也就是说，每个人都会不自觉地把自己获得的报酬和投入的比率与他人或自己过去的报酬和投入的比率进行比较，如图 13-5 所示。其中，O（outcome）代表报酬，包括内在报酬和外在报酬，如工资、奖金、提升、赏识等等；I（input）代表投入，如工作的数量和质量、技术水平、努力程度、时间、精力等等；A 代表自己；B 代表参照系，一般是与

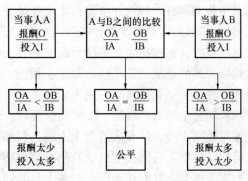

图 13-5 公平理论示意图

自己大致相当的同事、同行、邻居、朋友等，也可以是过去的自己。与他人的比较称为社会比较或横向比较，与自己的比较称为纵向比较。

比较的结果会有三种情况：当 OA/IA＝OB/IB 时，人们会觉得报酬是公平的，他会保持原有的工作投入；当 OA/IA＞OB/IB 或 OA/IA＜OB/IB 时，人们往往会感到不平衡，就会产生紧张，引发动机，会采取多种方法来消除这种不平衡，寻求自己所感觉的公平和合理。人们通常会采取如下 6 种方法来减少不公平感。

（1）改变投入。人们可以选择对组织增加或减少投入的方式来达到平衡，例如在 OA/IA＞OB/IB 时增加投入，在 OA/IA＜OB/IB 时减少投入。

（2）改变报酬。由于人们一般不会主动要求降低报酬，因此报酬的改变主要是正向的，即通过增加报酬来达到平衡，例如在 OA/IA＜OB/IB 时要求组织给予自己更多的报酬。

（3）改变对自己投入和报酬的知觉。在实际报酬和投入没有发生变化的情况下，人们可以通过改变对这些要素的知觉来达到比较的平衡。在感受到不公平之后，我们可以改变自我评估。认为我们的贡献并不那么高，而回报则并不那么低。例如，我们也许发现实际工作时间并不像开始时想得那么多——上班时有些时间用来社交，而不是真正的工作。

（4）改变对他人投入或报酬的看法。例如，如果我们认为奖励不足，我们可能认为比较对象的工作时间比我们原来认为的更长——周末加班或将工作带回家。

（5）改变参照系。人们还可以通过改变比较的对象来减轻原有比较所产生的不公平感。例如，我们也许认为当前的比较对象和老板的关系较好、运气好或拥有特殊的技能和能力。

（6）选择离开。也就是说，唯一的出路是换个完全不同的环境。换到另一个部门工作或找新的工作，也许是减少不公平感的最后方法。

公平理论对管理的意义显而易见。首先，影响激励效果的不仅有报酬的绝对值，也有报酬的相对值；其次，激励时应力求公平，尽管有主观判断的误差，也不会造成严重的不公平感；最后，在激励过程中应注意对被激励者公平心理的引导，使其树立正确的公平观。一是要认识到绝对的公平是不存在的；二是不要盲目攀比；三是不要按酬付劳。从而在薪酬管理方面，要实施具有公平性的报酬体系，这种公平体现在内部公平、外部公平和自我公平三个方面，要使员工感到自己的付出得到了相应的回报，从而避免员工产生不满情绪。为了保证薪酬体系的公平合理，要从两个方面入手：一方面是薪酬体系的设计，例

如采用薪酬调查、职位评价等技术来保证公平；另一方面是薪酬的支付，要与绩效考核挂起钩来，"多劳多得，少劳少得"，这就从另一个角度对绩效考核体系的公平提出了要求。

早期的公平理论主要关注分配公平（distributive justice）或者说结果公平，也就说员工对所得到的结果的公平性的知觉。最近，程序公平（procedural justice）受到了极大的关注。程序公平是指员工对用来确定结果的程序和方法的公平性的知觉。莱文瑟尔提出了判断程序公平的六条规则：①一致性规则：对不同人员或在不同时间应该保持一致；②避免偏见规则：应该摒弃决策者个人的私利和偏见；③准确性规则：应该依据正确的信息；④可修正规则：有修正的机会及修改错误结果的申诉程序；⑤代表性规则：所有相关人员有发言的机会，并能代表所有相关人员的利益；⑥道德与伦理规则：必须符合一般能够接受的道德与伦理标准。企业在制定人力资源管理制度、政策与措施，以及日常管理过程中，可以以莱文瑟尔提出的规则为准绳，如果符合这些规则，则从程序的角度来说是公平的；如果不符合这些规则，企业就有必要进行相应的调整。

管理经典寓言故事：分粥制度

有七个人曾经住在一起，每天分一大桶粥。要命的是，粥每天都是不够的。

一开始，他们抓阄决定谁来分粥，每天轮一个。于是每周下来，他们只有一天是饱的，就是自己分粥的那一天。

后来，他们开始推选出一个道德高尚的人出来分粥。强权就会产生腐败，大家开始挖空心思去讨好他、贿赂他，搞得整个小团体乌烟瘴气。

然后，大家开始组成三人的分粥委员会及四人的评选委员会，互相攻击扯皮下来，粥吃到嘴里全是凉的。最后，想出来一个方法：轮流分粥，但分粥的人要等其他人都挑完后拿剩下的最后一碗。为了不让自己吃到最少的，每人都尽量分得平均，就算不平也只能认了。大家快快乐乐、和和气气，日子越过越好。

同样是七个人，不同的分配制度就会有不同的风气。所以，一个单位如果有不好的工作习气，一定是机制问题，一定是没有完全公平、公正、公开，没有严格地奖勤罚懒。如何制订这样一个制度，是每个领导需要考虑的问题。

二、弗鲁姆期望理论

期望理论是美国学者弗鲁姆在 1964 年提出的，他认为，只有当人们预期到某一行为能给个人带来既定结果，并且这种结果对个人是非常重要的时候，才会被激励起来，去做某些事情。期望理论的基本描述：激励力（M）＝期望值（E）×效价（V）。根据期望理论，员工对于工作的态度依赖于对以下三种联系的判断：努力—绩效的关系；绩效—奖赏的关系；奖赏—个人目标的关系。

期望理论的基础是自我利益，核心是双向期望。管理者期望员工的行为，员工期望管理者的奖赏。期望理论（expectancy theory）有很多学者进行研究，其中以美国心理学家维克多·弗洛姆（Victor·Vroom）于 1964 年在其著作《工作与激励》一书中提出的理论最有代表性。弗洛姆认为，人之所以能够从事某项工作并达成目标，是因为这些工作与组织目标的达成反过来会帮助他们达成自己的目标，满足自己某些方面的需求。因此，激励的效果取决于效价和期望值两个因素，即：

$$激励力（motivation）＝效价（value）×期望值（expectance）$$

$$M=V\times E$$

式中，激励力表示人们受到激励的程度。效价指人们对某一行动所产生结果的主观评价，取值范围在-1～+1之间。结果对个人越重要，效价值就越接近+1；如果结果对个人无关紧要，效价值就接近0；如果结果是个人不愿意出现而尽力避免的，效价值就接近-1。期望值是指人们对某一行动导致某一结果的可能性大小的估计，它的取值范围是0～1。由公式可以看出，当人们把某一结果的价值看得越大，估计结果能实现的概率越大，那么这一结果的激励作用才会越大；当效价和期望值中有一个为零时，激励就会失去作用。

根据以上公式，只有当效价与期望值都较高时，才会产生比较强的激励力。因此，当人们预期某一行为（个人努力）能够完成任务（个人绩效），而任务完成后能够得到组织的奖励，且组织奖励有助于实现个人目标时，个体就会有动力去实施这一行为，如图13-6所示。也就是说，个体是否会有动力取决于三个关系：第一个是个人努力和个人绩效之间的关系；第二个是个人绩效和组织奖励之间的关系；第三个是组织奖励和个人目标之间的关系。这三个关系中的任何一个减弱，都会影响整个激励的效果。

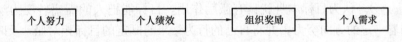

图13-6　期望理论的基本模式

按照期望理论的观点，人力资源管理要达到激励员工的目的，就必须对绩效管理系统和薪酬管理系统进行相应的改善。在绩效管理中，给员工制定的绩效目标要切实可行，必须是员工经过努力能够实现的；同时，要及时地对员工进行绩效反馈，帮助员工更好地实现目标。对薪酬管理而言，一方面，要根据绩效考核的结果及时给予各种报酬和奖励；另一方面，要根据员工不同的需求设计个性化的报酬体系，以满足员工不同的需求。

三、洛克的目标设置理论

美国心理学家洛克（E. A. Locke）于1967年最先提出了"目标设置理论"（Goal Setting Theory），他和同事经过大量研究发现，目标本身就具有激励作用，目标能把人的需要转变为动机，使人们的行为朝着一定的方向努力，并将自己的行为结果与既定的目标相对照，及时调整和修正，从而能实现目标。目标具有引导员工工作方向和努力程度的作用，因此应当重视目标在激励过程中的作用。

洛克提出了目标理论的一个基本模式（图13-7）。

目标设定理论提出，目标是一个人试图完成的行动的目的。目标是引起行为的最直接的动机，设置合适的目标会使人产生想达到该目标的成就需要，因而对人具有强烈的激励作用。重视并尽

图13-7　目标设置理论图

可能设置合适的目标是激发动机的重要过程。目标设定理论预测当目标困难增加会使一个人的工作业绩提高，直到到达业绩的顶峰，而对困难目标缺乏认同感的个体，企业业绩降低或者很差。

目标设置理论中目标的特点：

（1）目标要有一定难度，但又要在能力所及的范围之内。

（2）目标要具体明确。

（3）必须全力以赴，努力达成目标。如果将你的目标告诉一两个亲近的朋友，那么，就会有助于你坚守诺言。

（4）短期或中期目标要比长期目标可能更有效。

（5）要有定期反馈，或者说，需要了解自己向着预定目标前进了多少。

（6）应当对目标达成给予奖励，用它作为将来设定更高目标的基础。

（7）在实现目标的过程中，对任何失败的原因都要抱现实的态度。人们有将失败归因于外部因素（如运气不好），而不是内部因素（如没有努力工作）的倾向。只有诚实对待自己，将来成功的机会才能显著提高。

美国马里兰大学管理学兼心理学教授洛克（E. A. Locke）和休斯在研究中发现，外来的刺激（如奖励、工作反馈、监督的压力）都是通过目标来影响动机的。目标能引导活动指向与目标有关的行为，使人们根据难度的大小来调整努力的程度，并影响行为的持久性。于是，在一系列科学研究的基础上，他于1967年最先提出"目标设定理论"（Goal Setting Theory），认为目标本身就具有激励作用，目标能把人的需要转变为动机，使人们的行为朝着一定的方向努力，并将自己的行为结果与既定的目标相对照，及时进行调整和修正，从而能实现目标。

由图13-7可以看出，激励的效果主要取决于目标的明确度和目标的难度两个因素，目标的明确度是指目标能够准确衡量的程度，目标的难度则是指实现目标的难易程度。洛克的研究表明，就激励的效果来说，有目标的任务比没有目标的任务要好；有具体目标的任务比只有笼统目标的任务要好；有一定难度但经过努力能够实现目标的任务比没有难度或者难度过大的任务要好。当然，目标理论发挥作用还必须有一个前提，那就是员工必须承认并接受这一目标。

与公平理论相比，目标理论对人力资源管理的意义更多地体现在绩效管理方面。按照目标理论的要求，在制定员工的绩效目标时要注意以下几个问题：一是目标必须具体、明确；二是目标要有一定的难度，通俗地说就是让员工"跳一跳能够摘到桃子"；三是制定目标时要让员工一起参与，使员工能够认同和接受这一目标。

四、斯金纳强化理论

伯尔赫斯·弗雷德里克·斯金纳（Burrhus Frederic Skinner，1904～1990），美国行为主义心理学家，操作学习理论创始人，提出了强化理论。斯金纳在心理学研究领域成就卓著，他发展了巴甫洛夫和桑代克的研究，揭示了操作性条件反射的规律；设计用来研究操作性条件反射的实验装置"斯金纳箱"。被世界各国心理学家和生物学家广泛采用；在哈佛大学常见的各自实验室名垂青史；根据对操作性条件反射和强化作用的研究发明了"教学机器"，并设计了"程序教学"方案，对美国教育产生过深刻影响，他也被誉为"教学机器之父"。

操作性条件反射（operant conditioning）这一概念，是斯金纳新行为主义学习理论的核心。斯金纳把行为分成两类：一类是应答性行为，这是由已知的刺激引起的反应。另一类是操作性行为，是有机体自身发出的反应，与任何已知刺激物无关。与这两类行为相应，斯金纳把条件反射也分为两类。与应答性行为相对应的是应答性反射，称为S（刺激）型，S型名称来自英文 Stimulation；与操作性行为相对应的是操作性反射，称为 R（反应）型，R 型名称来自英文 Response。S 型条件反射是强化与刺激直接关联，R 型条件反射是强化与反应直接关联。斯金纳认为，人类行为主要是由操作性反射构成的操作性行为，操作性行为是作用于环境而产生结果的行为。在学习情境中，操作性行为更有代表性。斯金纳很重视 R 型条件反射，因为这种反射可以塑造新行为，在学习过程中尤为重要。

斯金纳关于操作性条件反射作用的实验，是在他设计的一种动物学习实验自动记录装置，即著名的"斯金纳箱"中进行的。他是大约 0.3 米见方的箱子，内有杠杆和与食物储存器相连的食物盘。箱内放进一只白鼠或鸽子，并设一杠杆或键，箱子的构造尽可能排除一切外部刺激。动物在箱内可自由活动，当它压杠杆或啄键时，就会有一团食物掉进箱子下方的盘中，动物就能吃到食物。箱外有一装置记录动物的动作。若干次后，就形成白鼠或鸽子通过杠杆或啄键取得食物的条件反射，斯金纳称此为操作条件反射。

强化理论是指人们用正强化和负强化的办法来影响行为的后果，从而修正行为。它是以学习的强化原则为基础的关于理解和修正人的行为的一种学说。

强化是学习理论中的核心概念。所谓强化，从其最基本的形式来讲，指的是对一种行为的肯定或特定的后果（报酬或惩罚），它至少在一定程度上会决定这种行为在今后是否会重复发生。根据强化的性质目的，可把强化分为正强化与负强化。在管理上，正强化就是奖励那些组织上需要的行为，从而加强这种行为；负强化就是惩罚那些与组织不相容的行为，从而削弱这种行为。正强化包括奖金、对成绩的认可、表扬、改善工作条件和人际关系、提升、安排单人挑战性的工作、给予学习和成长的机会等；负强化包括批评、处分、降级等，有时不给予奖励或少给奖励也是一种负强化。强化包括正强化、负强化、惩罚和自然消退四种类型。

第一种：正强化（positive reinforcement），又称积极强化。当人们采取某种行为时，能从他人那里得到某种令其感到愉快的结果，这种结果反过来又成为推进人们趋向或重复此种行为的力量。例如，企业用某种具有吸引力的结果（如奖金、休假、晋级、认可、表扬等），以表示对职工努力进行安全生产的行为的肯定，从而增强职工进一步遵守安全规程进行安全生产的行为。

第二种：负强化（negative reinforcement），又称消极强化。它是指通过某种不符合要求的行为所引起的不愉快的后果，对该行为予以否定。若职工能按所要求的方式行动，就可减少或消除令人不愉快的处境，从而也增大了职工符合要求的行为重复出现的可能性。例如，企业安全管理人员告知工人不遵守安全规程，就要受到批评，甚至得不到安全奖励，于是工人为了避免此种不期望的结果，而认真按操作规程进行安全作业。

第三种：惩罚（punishment）。惩罚是负强化的一种典型方式，即在消极行为发生后，以某种带有强制性、威慑性的手段（如批评、行政处分、经济处罚等）给人带来不愉快的结果，或者取消现有的令人愉快和满意的条件，以表示对某种不符合要求的行为的否定。

第四种：自然消退（extinction），又称衰减。它是指对原先可接受的某种行为强化的撤销。由于在一定时间内不予强化，此行为将自然下降并逐渐消退。例如，企业曾对职工加班加点完成生产定额给予奖酬，后经研究认为这样不利于职工的身体健康和企业的长远利益，因此不再发给奖酬，从而使加班加点的职工逐渐减少。

正强化是用于加强所期望的个人行为；负强化和自然消退的目的是为了减少和消除不

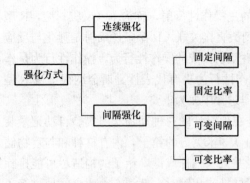

图 13-8　强化方式的类型图

期望发生的行为。这三种类型的强化相互联系、相互补充，构成了强化的体系，并成为一种制约或影响人的行为的特殊环境因素。强化理论指出，要根据员工行为情况的不同来选择不同的强化方式（图 13-8）。

连续强化指在每次行为发生之后都进行强化，间隔强化指间隔性地进行强化，其中固定间隔就是在固定的一段时间后给予强化；固定比率指在确定数量的行为发生后给予强化；可变间隔指给予强化的时间间隔是变动的，但时间的长短围绕一个平均数变动；可变比率指在一定数量的行为发生后给予强化，这一数量虽然不是确定的，但围绕某个确定的数值变动。强化理论具体应用的行为原则如下：

（1）经过强化的行为趋向于重复发生。所谓强化因素，就是会使某种行为在将来重复发生的可能性增加的任何一种"后果"。例如，当某种行为的后果是受人称赞时，就增加了这种行为发生的可能性。

（2）要依照强化对象的不同采用不同的强化措施。人们的年龄、性别、职业、学历、经历不同，需求就不同，强化方式也应不一样。例如，有的人更重视物质奖励，有的人更重视精神奖励，就应区分情况采用不同的强化措施。

（3）小步子前进，分阶段设立目标，并对目标予以明确规定与表述。对于人的激励，首先要设立一个明确、鼓舞人心又切实可行的目标。同时，要对目标进行分解，分解成一些小目标，完成每个小目标后都给予强化，这样通过不断的强化可以增强信心，不仅有利于目标的实现，而且通过不断的激励可以增强信心。

（4）及时强化。要取得最好的激励效果，就应该在行为发生后尽快采取适当的强化方法。一个人在实施了某种行为以后，即使是领导者表示"已经注意到这种行为"这样简单的反馈，也能起到正强化的作用；如果领导者对这种行为不加注意，这种行为重复发生的可能性就会减少以至消失。所以，必须在第一时间进行强化。

（5）正面强化比负面强化更有效。所以，在强化手段的运用上，应以正面强化为主；同时，必要时也要对不妥的行为进行负面强化。

强化理论对人力资源管理的借鉴意义在于要建立完善的绩效管理体系和奖惩制度，对员工的绩效考核不仅要注重目标，还要注意过程，要及时发现员工的有效行为和不良行为并及时给予奖励或惩罚，以达到引导和纠正员工行为的目的。此外，还要加强人力资源管理的培训活动，通过培训对员工的行为进行有计划、有目的的训练，通过不断的强化，使员工的行为与组织的目标紧密结合起来。

小资料：奖励和惩罚哪个更有效？

组织心理学家一直坚持认为，奖励比惩罚更有效，因为惩罚只能使下属人员知道某事不该做，却不知道做什么。他们举了这样一个例子：有个年轻人养了一只狗，一天他发现狗在屋里撒尿，于是将狗暴揍一顿，然后从窗子扔了出去。可事后狗并没有改变在屋里撒尿的习惯，只是在撒完尿后自觉地从窗户跳出去。

五、海德的动机归因理论

1958 年，海德（Fritz·Heider）在他的著作《人际关系系理学》中，从通俗心理学（Naive psychology）的角度提出了归因理论，该理论主要解决的是日常生活中人们如何找出事件的原因。海德认为，人有两种强烈的动机：一是形成对周围环境一贯性理解的需要；二是控制环境的需要。而要满足这两个需求，人们必须有能力预测他人将如何行动。因此，海德指出每个人（不只是心理学家）都试图解释别人的行为，并都具有针对他人行为的理论。

海德认为事件的原因无外乎有两种：一是内因，比如情绪、态度、人格、能力等；二是外因，比如外界压力、天气、情境等。一般人在解释别人的行为时，倾向于性格归因；在解释自己的行为时，倾向于情景归因。

海德还指出，在归因的时候，人们经常使用两个原则：

一是共变原则（Principle of covariation），它是指某个特定的原因在许多不同的情境下和某个特定结果相联系，该原因不存在时结果也不出现，就可以把结果归于该原因，这就是共变原则。

二是排除原则，它是指如果内外因某一方面的原因足以解释事件，就可以排除另一方面的归因。

六、韦纳的成败归因理论

美国心理学家伯纳德·韦纳（B. Weiner，1974）认为，人们对行为成败原因的分析可归纳为以下六个原因：能力，根据自己评估个人对该项工作是否胜任；努力，个人反省检讨在工作过程中是否尽力而为；任务难度，凭个人经验判定该项任务的困难程度；运气，个人自认为此次各种成败是否与运气有关；身心状态，工作过程中个人当时身体及心情状况是否影响工作成效；其他因素。以上六项因素作为一般人对成败归因的解释或类别，韦纳按各因素的性质，分别纳入以下三个向度之内：

1. 控制点（因素源）

指当事人自认影响其成败因素的来源，是以个人条件（内控），抑或来自外在环境（外控）。在此一向度上，能力、努力及身心状况三项属于内控，其他各项则属于外控。

2. 稳定性

指当事人自认影响其成败的因素，在性质上是否稳定，是否在类似情境下具有一致性。在此一向度上，六因素中能力与工作难度两项是不随情境改变的，是比较稳定的。其他各项则均为不稳定者。

3. 可控性

指当事人自认影响其成败的因素，在性质上是否能否由个人意愿所决定。在此一向度上，六因素中只有努力一项是可以凭个人意愿控制的，其他各项均非个人所能为力。韦纳等人认为，我们对成功和失败的解释会对以后的行为产生重大的影响。如果把考试失败归因为缺乏能力，那么以后的考试还会期望失败；如果把考试失败归因为运气不佳，那么以后的考试就不大可能期望失败。这两种不同的归因会对生活产生重大的影响。

韦纳的归因理论的主要论点：

（1）人的个性差异和成败经验等影响着他的归因。

（2）人对前次成就的归因将会影响到他对下一次成就行为的期望、情绪和努力程度等。

（3）个人的期望、情绪和努力程度对成就行为有很大的影响。

第四节　综合型激励理论

上述各种类型的激励理论都是从不同角度出发来研究激励问题的，因此都不可避免地存在这样或那样的问题。而且，在实际工作中，我们一般也不会完全孤立地运用某一种理论，而会根据实际遇到的问题，综合运用多种理论来激励员工。波特—劳勒激励理论是他们在1968年的《管理态度和成绩》一书中提出来的，将激励进行整合，形成更系统、全面的模型。模型如图13-9所示。爱德华·劳勒在美国的布朗大学获学士学位，在加利福尼亚大学伯克利分校获博士学位，曾在耶鲁大学任教，以后在密歇根大学任心理学教授和社会研究所组织行为室主任。他还是西雅图的巴特勒纪念研究所人类事务所研究中心的访问学者。莱曼·波特也是美国著名行为科学家，在耶鲁大学获得博士学位后，在加州大学伯克利分校任教11年，并在耶鲁大学管理科学系任访问教授1年。以后，他在加州大学管理研究院任院长和管理及心理学教授。

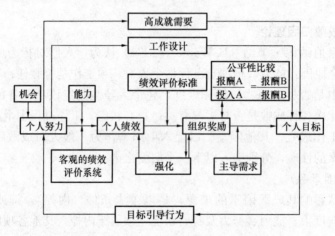

图13-9　波特—劳勒综合激励理论图

综合激励模型的特点：

（1）"激励"是导致一个人是否努力及其努力的程度；

（2）工作的实际绩效取决于能力的大小、努力程度以及对所需完成任务理解的深度，具体地讲，"角色概念"就是一个人对自己扮演的角色认识是否明确，是否将自己的努力指向正确的方向，抓住了自己的主要职责或任务；

（3）奖励要以绩效为前提，不是先有奖励后有绩效，而是必须先完成组织任务才能导致精神的、物质的奖励。当职工看到他们的奖励与成绩关联性很差时，奖励将不能成为提高绩效的刺激物；

（4）奖惩措施是否会产生满意，取决于被激励者认为获得的报偿是否公正。如果他认为符合公平原则，当然会感到满意，否则就会感到不满。众所周知的事实是，满意将导致进一步的努力。

这种模式的具体内容是，一个人在做出了成绩后得到两类报酬。一是外在报酬，包括工资、地位、提升、安全感等。按照马斯洛需求层次理论，外在报酬往往满足的是一些低层次的需要。由于一个人的成绩，特别是非定量化的成绩往往难于精确衡量，而工资、地位、提升等报酬的取得也包含多种因素的考虑，不完全取决于个人成绩，所以在图中用了一条曲折的线把成绩与外在报酬联系起来，表示两者并非直接、必然的因果关系。另一种报酬是内在报酬。即一个人由于工作成绩良好而给予自己的报酬，如感到对社会做出了贡献，对自我存在意义及能力的肯定等等。它对应的是一些高层次的需要的满足，而且与工作成绩是直接相关的，是不是"内在报酬"与"外在报酬"就可以决定是否"满足"呢？答案是否定的。我们注意到，在其间必然要经过"所理解的公正报酬"来调节。也就是说，一个人要把自己所得到的报酬同自己认为应该得到的报酬相比较。如果他认为相符合，他就会感到满足，并激励他以后更好地努力。如果他认为自己得到的报酬低于"所理解的公正报酬"，那么，即使事实上他得到的报酬量并不少，他也会感到不满足，甚至失落，从而影响他以后的努力。波特—劳勒期望激励理论在 20 世纪 60～70 年代是非常有影响的激励理论，在今天看来仍有相当的现实意义。它告诉我们，不要以为设置了激励目标、采取了激励手段，就一定能获得所需的行动和努力，并使员工满意。要形成激励→努力→绩效→奖励→满足并从满足回馈努力这样的良性循环，取决于奖励内容、奖惩制度、组织分工、目标导向行动的设置、管理水平、考核的公正性、领导作风及个人心理期望着多种综合性因素。

波特和劳勒认为，在内容激励和过程性激励因素之外，从激励开始到工作绩效之间有三个因素非常重要。

（1）能力和素质。一个人的能力对完成任务起着巨大的作用，因此，作为管理者必须要慧眼识才，把人才放在最能发挥其长处的岗位上，如果放错了岗位，不仅浪费了人才，还直接导致不良的工作效果。

（2）工作条件。选好人才后，还必须要为其发挥才干创造必要的条件，配备必要的资源。

（3）角色感知。为了让职工做出优异的绩效，作为管理者必须要帮助职工充分了解该角色、该岗位或者该项任务对他的具体要求，也就是说，让职工充分地把握好岗位的目的和要求。

管理者必须将努力—业绩—报酬—满足这个连锁过程贯彻到知识型员工的激励过程中去，形成促进他们积极行为的良性循环。根据波特劳勒综合激励模型，可以确定激励体系主要有这样几个激励因子，报酬、期望值、能力和对工作的认识。因此，我们可以得出知识型员工的激励策略包括，报酬激励、精神激励和工作激励。不同的激励策略中又有各种激励方式，对知识型员工真正有效地激励方法是从员工的特点出发，进行各种激励方式的有效选择及其组合。只有这样才能更为有效地激励知识型员工，做到人尽其才，人尽其位。下面我们来探讨一下各种不同激励策略中的激励方式。

1. 报酬激励

金钱激励。金钱需要始终是人类的第一需要，是人们从事一切社会活动的基本保证，所以，金钱激励是激励的主要形式，如采取发放鼓励性报酬、奖金、公司支付保险金，或在做出成绩时给予奖励。金钱激励必须公正，一个人对他所得的报酬是否满意不是只看其绝对值，而要进行社会比较或历史比较，通过相对比较，判断自己是否受到了公平对待，金钱激励是否公正会影响员工的情绪和工作态度、

股权激励。股票期权是分配制度的一种创新，股权激励是最富成效的激励制度之一，而股票期权作为股权激励的典型方式在国外也已取得了很大的成功。知识型员工只有在增加股东财富的前提下才可同时获得收益，从而与股东形成了利益共同体，这种"资本剩余索取权"驱动知识型员工不断努力提高公司业绩，最终达到双赢的局面。股票期权计划对企业的知识型员工具有两个方面的激励作用"报酬激励"和"所有权激励"。

2. 工作激励

充分放权。知识型员工一般具有以下三个特征：一是具有较强的自主性，他们不仅不愿受制于物，而且无法忍受上级的遥控指挥，他们更强调工作中的自我引导；二是他们往往比管理者更加专业，他们对自己的工作比管理者掌握得更多，更有能力做出正确的决策；三是下放决策权是满足知识员工被委以重任的成就感的需要，使他们对工作抱有更大的热情。因此，管理者不应独揽大权，阻碍知识员工发挥专长，否则不仅会扼杀知识员工的创意和才能，而且会扼杀知识员工的工作积极性。

3. 推行弹性工作制

知识员工不愿受制于一些刻板的工作形式，如固定的工作时间和固定的工作场所，而更喜欢独自工作的自由和刺激，以及更具张力的工作安排，由于他们从事的是思维性的工作，固定的工作时间和工作场所可能会限制他们的创新能力，因此，应制定弹性工作制，在核心工作时间与工作地点之外，允许知识员工调整自己的工作时间及地点以把个人需要和工作要求之间的矛盾降至最小。事实上，现代信息技术的发展和办公手段的完善也正为弹性工作制的实施提供了有利条件。

4. 工作富有挑战性

知识员工一般并不满足于被动地完成一般性事务，而是尽力追求完美的结果，因此，他们更热衷于具有挑战性的工作，把攻克难关看作一种乐趣，一种体现自我价值的方式，要使工作富有挑战性，除了下放决策权外，还可以通过工作轮换和工作丰富化来实现。

5. 为员工提供学习，培训机会

为知识型员工提供学习培训的机会，重视员工的个体成长和事业发展。知识型员工更关心自己的利益和价值，当生活有保障之后，他们会追求更高层次的自我超越和自我完善，所以，企业除为知识型员工提供一份与贡献相称的报酬外，还应立足长远，制定员工培训计划，为知识型员工提供受教育和不断提高自身技能的学习机会，使其永不落后。

6. 双重职业途径激励法

在知识员工当中，一部分人希望通过努力晋升为管理者，另一部分人却只想在专业上获得提升。因此，组织应该采用双重职业途径的方法，来满足不同价值观员工的需求，但必须使每个层次上的报酬都将是可比的。

第五节　激　励　实　务

如果说管理是一门艺术，那么激励就是这门艺术的核心。通过激励可以使员工最充分的发挥其才能和潜力，变消极因素为积极因素，从而保持工作的实效性和高效率，最大限

度地创造价值。激励是指一个有机体在追求某些目标的愿望程度。激励艺术是指领导者在率领团队实现组织目标时给予团队成员的巨大动力，这一动力能够极大地鼓舞团队成员的工作热情和创造精神，加速组织目标更好地实现。领导的激励，可以使下属意识到自己在群体中的位置和价值，在领导心中的形象；领导的激励，可以满足下属的荣誉感和成就感，使其在精神和物质上受到鼓励；领导的激励也是下属工作的精神动力；领导的激励，还能够密切上下级的关系，有利于上下团结，领导激励不仅表明了领导对下属的肯定和赏识，还表明领导很关注下属的事情，对他的一言一行都很关心。

1. 形象激励

现代管理心理学的研究表明，领导形象是调动劳动者积极性的不可缺少的、有时甚至是起决定作用的因素。这主要是因为领导者所处的地位和应起的作用所决定的。领导者处在众人瞩目的位置上，既是一个组织领导者又是一个示范引导者，领导的一言一行、所作所为很容易引起下属的学习和效仿，下属希望领导者做出表率。因此，高明的领导者很会利用自己独具的形象激励优势，在水平、作风、精神、情感等方面去影响、鼓舞、激励自己的下属。

2. 赏识激励

就是领导者对有才能、有抱负的群体成员予以重视，对有智力型贡献的劳动者给予肯定和赞扬，并为之提供实现自我创造的机会和条件。赏识激励是激励的最高层次，实际上就是满足下属的一种高级精神需要，使下属的自尊感、荣誉感、参与感和责任感都得以满足和实现，并能充分发挥自己的创造力和潜力。

3. 荣誉激励

荣誉激励是一种高层次的激励方式，是一定层次的组织对下属的单位和个人授予的一种荣誉称号。被授予荣誉称号，表明被承认是大家学习的榜样，标志着某方面追求的成功和自我价值的增值，是对一种高级精神需要的满足，对一个有才干、有抱负的人来说，这无疑是一种巨大的鞭策，将起长久的激励作用。

4. 信任激励

信任是对人的价值的一种肯定。人们在受到信任以后，便能产生荣誉感，激发责任感，增强事业感。尤其当领导者给予的信任与个人的意向、兴趣、爱好相吻合时，下属工作起来，不仅不是一种负担，而且是一种享受，并能激发起人们的更大积极性。领导者的责任，就在于利用人们求好向上的心理，加以正确引导，激励他们前进，使下级的积极性能够充分发挥出来。

5. 榜样激励

榜样是人的行动的参照系。作为领导者如果能够建立起科学、合理的"参照系"，就会把人们的行为导向组织目标的实现。我们常说榜样的力量是无穷的，就是这个道理。榜样不是僵死的"样板"，也不是十全十美的圣贤，而是从人们的群体行为中孕育、成长起来的，被群体公认为思想进步、品格高尚、工做出色的人。只有这样的榜样，才能受到群众的敬佩、信服，因而也就是权威性。

6. 目标激励

人的需求确定了人行动的目标，人的行动都是为了达到一定的目标，当人们有意识地明确自己的行动目标，并把自己的行动与目标不断加以对照，知道自己前进的速度和不断缩小达到目标的距离时，其行动的积极性就会持续和高涨。在领导目标制定、分解时，目标的难度应以中等为宜，目标难度太大，容易令人失去信心；目标难度过小，又激发不出下属应有的干劲；只有跳一跳才能够得着的目标，人的积极性才是最高的，因为这样的目标满足个人需要的价值最大。

7. 能力激励

每个人都有自己发展自己能力的需求。领导者可以通过培训激励和工作内容激励满足员工这方面的需求。培训激励对青年人尤为有效。通过培训，可以提高下属实现目标的能力，为承担更大的责任、更富挑战性的工作及提升到更重要的岗位创造条件。工作内容激励是用工作本身来激励下属是最有意义的一种激励方式。如果领导者能让下属干其最喜欢的工作，就会产生这种激励。领导者应该了解下属的兴趣所在，发挥各自的特长，从而提高效率。工作扩大化和工作丰富化虽然都属于改进岗位设计的重要方法，但两者存在着明显的差异。工作丰富化与工作扩大化的根本区别在于，后者是扩大工作的范围，而前者是工作的深化，以改变工作的内容。所谓的工作丰富化是指在工作中赋予员工更多的责任、自主权和控制权。工作扩大化是指工作范围的扩大或工作多样性，从而给员工增加了工作种类和工作强度。工作扩大化使员工有更多的工作可做。

8. 行政激励

是国家行政机构和各级组织按照一定的法规程序给予的具有行政权威性的奖励和处罚。这也是激励的一种主要方式，主要形式有：按照法律规定和条令条例给予的警告、记过、记大过、留用察看、开除等处罚和嘉奖、三等功、二等功、一等功、荣誉称号等奖励；各级组织经过群众性的评比而确定的各类委员、代表、标兵、模范、先进工作者等以及对其罢免；国家、军队、地方评定的科技进步成果奖和科学发明奖等等。行政激励具有鲜明的法规性、权威性、永久性和严肃性的特点。所谓法规性，就是要严格执行法律和条令条例以及有关规定，不能有随意性；所谓权威性，就是以国家和行政组织名义出现的，对激励对象有着十分重大的影响；所谓永久性，就是一般要"记录在案"，在激励对象身上能留下长远的"印记"，甚至是影响终身；所谓严肃性，就是要按照严格的程序和规定进行，并以一定的形式公布于众。

9. 反向激励

就是指领导者通过向下属的心理施加反向的负刺激，来激发他们的自尊心和荣誉感的方法。其通常的做法是，领导者针对下属争强好胜的心理状态，有意识地直接或间接地向下属表达诸如怀疑、否定之类的信息，来适度地触动他们的自尊心，使其从内心产生一种保持自尊的强烈意念，驱动他们用自己的富有积极性和创造性的行动来否定外来的负面信息。领导者正确运用反向激励法，可以收到事半功倍的效果。但是，由于这种方法只适用于自尊心和逆反心理比较强烈的下属，并在具体运用中要求较高的技巧性，因而在实际工作中受到一定的局限，领导者不可滥加使用。否则，将会因使用不当而产生副作用。

思考题

1. 对公务员实行职业保障，又称"井底之泉"，这在赫兹伯格的双因素理论中属于哪类激励因素？

2. "先天下之忧而忧，后天下之乐而乐"，这句话反应马斯洛需求层次理论中哪类动或需要？

3. 提高激励的有效性原则有哪些？

4. 激励的概念及其意义是什么？

5. 激励理论有哪些？

6. 解释公平理论、强化理论的主要观点，谈谈对实际工作的启发。

本章案例　华为的激励机制

华为技术有限公司是一家总部位于中国广东深圳市的生产销售电信设备的员工持股的民营科技公司，于 1988 年成立于中国深圳。是电信网络解决方案供应商。华为的主要营业范围是交换、传输、无线和数据通信类电信产品，在电信领域为世界各地的客户提供网络设备、服务和解决方案。总裁任正非，董事长孙亚芳。华为是全球领先的电信解决方案供应商。华为技术有限公司的业务涵盖了移动、宽带、IP、光网络、电信增值业务和终端等领域。目前，华为 的产品和解决方案已经应用于全球 100 多个国家，服务全球运营商 50 强中的 45 家及全球 1/3 的人口。根据美国《财富》杂志公布的数据，华为 2009 年的销售额达 218.21 亿美元（1491 亿元人民币），净利润达 26.72 亿美元（183 亿元人民币），成为继联想集团之后，成功闯入世界 500 强的第二家中国民营科技企业，也是 500 强中唯一一家没有上市的公司，排名第 397 位。

中新社纽约 12 月 22 日电 2010 年度"世界品牌 500 强"（The World's 500 Most Influential Brands）排行榜 22 日在纽约 揭晓，华为集团再次入选。海外科技杂志 Fast Company 三月初评出了 2011 年全球最具创新能力的公司，中国的华为排名第 18 位，为中国品牌最高名次。著名财经作家，程东升评价任正非和华为：大凡真正的大企业家，首先应该是个思想家，对企业的宏观战略有清晰的认识，以自己独特的思想认识、影响和指导企业的发展。一是制定《华为基本法》；二是引进西方发达国家跨国企业的先进管理思想和方法。

华为的核心价值观

成就客户：为客户服务是华为存在的唯一理由，客户需求是华为发展的原动力。

艰苦奋斗：华为没有任何稀缺的资源可依赖，唯有艰苦奋斗才能赢得客户的尊重和信赖。坚持奋斗者为本，使奋斗者获得合理的回报。

自我批判：只有坚持自我批判，才能倾听、扬弃和持续超越，才能更容易尊重他人和与他人合作，实现客户、公司、团队和个人的共同发展。

开放进取：积极进取，勇于开拓，坚持开放与创新。

至诚守信：诚信是华为最重要的无形资产，华为坚持以诚信赢得客户。

团队合作：胜则举杯相庆，败则拼死相救。

任何时候，不管是提供网络设备给运营商，还是谈说一项新的技术，开发一项新的产品；不管是与客户交流、沟通，还是优化内部工作流程，华为公司总是不断 地回到最根本的问题——客户的需求是什么？关注客户需求是华为服务的起点，满足客户需求是华为服务的目标。对华为来说，通过服务为客户创造价值，永远是第一位的。

2014 年 9 月 23 日，任正非在公司近期激励导向和激励原则汇报会上的讲话全文：

一、落实获取分享制，管理好员工的分配结构，关注到公司的每个角落，让人人都能分享到公司成长的收益

第一，薪酬激励的对标分析要提高合理性，要管理好拉车人和坐车人的分配比例，让拉车人比坐车人拿得多，拉车人在拉车时比不拉车的时候要拿得多。

在进行公司员工薪酬水平与社会水平对比时，高级干部要去掉股票分红，基层员工要去掉加班工资，再作薪酬激励的社会对比，这样才能建立合理的薪酬激励对标管理。员工的货币资本所得（指员工获得虚拟受限股所带来的收益）管理要考虑员工过去的劳动回报，在当时历史条件下做出的贡献，不能用今天来否定过去；而员工的人力资本所得（指员工获得的工资性薪酬、年度奖金和 TUP 等累计的总收益）管理更多要看现实表现。

要管理好员工人力资本所得和货币资本所得的分配结构，货币资本所得保持合理收益即可，其他收益全部给人力资本所得，我们不能通过股票大量分红来过度保障退休员工的收益，而是要切实保障作战队伍获得大量的机会。

我们已初步确定了员工的激励结构分配系数，这个比例可以继续摸索下去，这就是两个大包的分享机制。具体到每个人的纵向分享机制，可以再来进一步研究。这样，让拉车的人比坐车的人拿得多，"获取分享"的价值分配理念驱动公司长期健康发展。

让拉车的比坐车的人拿得多，同时还要区分时间段，拉车人在拉车时比不拉车的时候要拿得多。比如：中国远洋船，船员上岗津贴税后 5 万多，下来待岗休息时的基本工资只有 1800 元。员工中凡是有从事第二职业、赌博行为的，道德遵从委员会一旦发现，就可以直接辞退、清退。

第二，金字塔不仅拉开顶端差距，还要重视金字塔的基座，把每一个角落的人都要关注到。

从事基础性工作的员工应该有社会可比性的收入待遇，如果总是拉高顶端，容易产生内部矛盾。在华为公司不要形成两个对立的群体，所有人都要分享到公司未来收益，我们一定要把这两方面都做好，才能形成新的战斗力，万众一心。比如，司机在机场等客人，一旦客人晚点，就要在机场外等几个小时，与其让他坐在车里开着空调，为什么不能同意他们去咖啡厅喝杯咖啡、吃点东西，这样汽油也节省了，他本人也有感觉。这种改善有利于巩固我们的队伍，也有利于优秀员工拿高工资。

我们一定要拔高优秀员工，但以前为了突出优秀员工，总是采取把其他人员压低的方式，这种思维方式也要转变过来，优秀员工要加大激励力度，基层员工也要获得社会可比的薪酬竞争力。

二、非物质激励应该是让多数人变成先进，让大家看到机会，拼命去努力

非物质激励主要要管理好机会激励、思想激励。非物质激励应该是让多数人变成先进，让大家看到有机会，拼命去努力。如果只有少数人先进，被孤立起来，其实他内心是很恐惧的。我认为金牌奖比例还是太少，华为绝大多数人是先进人物和优秀分子，愿意发钱就发钱，即使发个奖章也好。思想激励不仅是指建立正确思想，还要听得进批评，否则将来公司都听不进批评，都以"世界老大"自居，这是不行的。

三、要攻下战略机会点，不仅靠物质激励，更重要地是要培养战略系统思维

未来信息社会到底是什么样子，人们还没有想象明白，我们也没有想明白。当年我们提出"太平洋管道"，仅仅是在技术上领先了别人一步，获得了战略地位；在企业市场等

其他方面，我们还没有获得战略地位。ICT 大数据一定有很多机会，我们一定要占据应该占据的重要机会。

现在我们攻不进"莫斯科大环"，仅靠提高奖金包没有用，最重要因为没有建立起系统思维结构。所以，我让大家看看诺曼底登陆，涉及三百万盟军渡过英吉利海峡，还要造港口等这么多系统工程，才体现战略胜利。但是华为缺少思想家、战略家，很多人都想去作战，一手拿枪、一手拿镐，猛打猛冲。我们梳理出战略沙盘 68 个战略机会点时，就发现缺少攻占战略机会点的指挥官。因此战略机会点拿不下来，其实跟我们的知识结构、思维结构、组织结构等没有做战略定位有关。华为要产生越来越多的大思维家、战略家，今天若不培养，到大数据时，战略机会点就可能会一个个丢掉。我们公司为什么缺少系统性思维？因为是从小的游击战打过来的，提拔的都是务实的人，没有对务虚的人给予肯定，我们要转换，慢慢从人力资源机制中也要形成培养战略家、思想家的土壤。

华为的人人股份制。在华为的股份中，任正非只持有不到 1%，其他股份都由员工持股会代表员工持有。如果你离职，你的股份该得多少，立即数票子给你。哪怕是几千万元的现金，任正非眼睛也不眨一下。但是你离开公司，就不能再继续持有华为股份。华为股份只给那些现在还在为华为效力的人。这样一种体制的设计，是全球没有的。当年山姆·沃尔顿设计沃尔玛的"人人是股东"也没有到这个份上，日本稻盛和夫创立的京瓷系也没有到这个程度。一如任正非所说："希腊大力神的母亲是大地，他只要一靠在大地上就力大无穷。我们的大地就是众人和制度。"

华为实行高薪，一个刚毕业的大学生能拿到 15 万的年薪。华为实行工资＋奖金＋股利，分别为 1＋1＋1 的激励机制，三个 1 分别是工资＋股利＋奖金。任正非透露，设计这个制度受了父母亲的影响。他出生在贵州贫寒家庭，家中 7 个兄弟姊妹，身为老大的任正非，从小就学会与父母一同扛起责任。在任正非成长的家庭中，爸爸妈妈给了他无尽的爱。温暖的家庭构筑了爱的次第："亲亲、仁民与爱物"。父母的不自私、节俭、忍耐与慈爱，给予任正非很大的影响，使他养成了与他人分享奋斗成果的习惯，让他团结和激励更多人为实现理想而奋斗。创业时，他自然要把这种氛围传承下去。他把华为员工当家人一样"亲亲"，对客户是周到至极"仁民"，然后才是"爱物"公司技术和规模。这个爱的次第，在华为是很清晰的。

案例思考题

结合所学习的理论，分析华为公司的激励机制。

第五篇 控 制

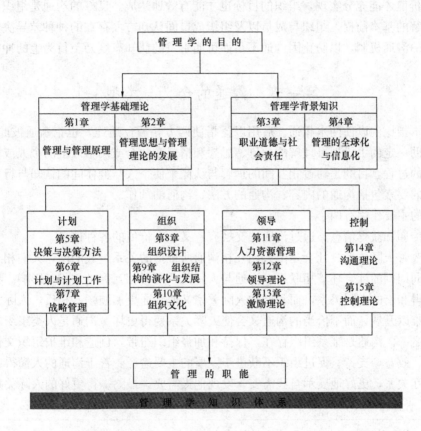

管理学知识体系

第十四章 沟通理论

组织目标的实现要求不同成员提供不同的努力，不同成员在参与组织活动中能够提供的贡献也各不相同。只有当组织的要求与组织成员能够提供的服务相吻合时，组织成员的人力资源价值才能充分实现，组织的目标也才能有效地达成。良好的沟通是组织与组织成员相互了解的基本前提。组织与成员以及组织成员间认知方面存在的种种差异决定了必须建立有效的沟通机制，以防止因沟通不足而可能引发的认知态度乃至行为上的冲突。

第一节 沟通的含义与类型

沟通本指挖沟以使两水相通。后用以泛指使两方相通，通连，也指疏通彼此的意见。沟通是借助一定的手段把可理解的信息、思想和情感在两个或两个以上的个人或群体中传递或交换的过程，目的是通过相互间的理解与认同来使个人与群体间的认知与行为相互适应。沟通的要素包括沟通的内容、沟通的方法、沟通的动作。

沟通的主要作用有两个：

（1）传递和获得信息。通过沟通，交换有意义、有价值的各种信息。

（2）改善人际关系。社会是由人们互相沟通所维持的关系组成的网，人们相互交流是因为需要同周围的社会环境相联系。沟通与人际关系两者相互促进、相互影响。有效的沟通可以赢得和谐的人际关系，而和谐的人际关系又使沟通更加顺畅。相反，人际关系不良会使沟通难以开展，而不恰当的沟通又会使人际关系变得更坏。沟通是人类组织的基本特征和活动之一。沟通是维系组织存在，保持和加强组织纽带，创造和维护组织文化，提高组织效率、效益，支持、促进组织不断进步发展的主要途径。善于沟通的人懂得如何维持和改善相互关系，更好地展示自我需要、发现他人需要，最终赢得更好的人际关系和成功的事业。

> 有一个人请了甲、乙、丙、丁四个人吃饭，临近吃饭的时间了，丁迟迟未来。这个人着急了，一句话就顺口而出："该来的怎么还不来？"他听到这话，不高兴了："看来我是不该来的？"于是就告辞了这个人很后悔自己说错了话，连忙对乙、丙解释说："不该走的怎么走了？"乙心想："原来该走的是我。"于是也走了。这时候，丙对他说"你真不会说话，把客人都气走了。"那人辩解说："我说的又不是他们。"丙一听，心想："这里只剩我一个人了，原来是说我啊！"也生气地走了。

一、沟通过程

沟通过程是指信息发送者处理加工信息，并通过所选择的沟通渠道，将信息传递给信息接受者，信息接受者收到信息后，将有关信息进行理解解释后，再采取行动这一系列活动的综合，如图 14-1 所示。首先，信息发送者将自己内心的信息内容或思想用可交换或

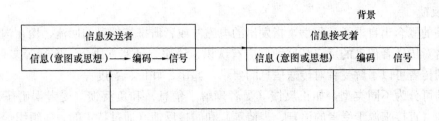

图 14-1　沟通过程模型

共同认可的表达方式进行编码，将信息转换成信息符号，如文字、手势、表情等，然后选择一定的渠道来传递；信息接受者获得信息后需要进行解码，进而变化成内在的信息。如果他的解码，也就是对信息的理解或解释符合发送者的意愿，沟通才能成功。由此可见，信息的发送者传递给接受者时要完成三个转换：一是信息被编码成一定的信息形式；二是这个被转换成信号的信息要通过一个适当的渠道；三是接受者对信号进行译码或翻译。从沟通过程看，一个完成的沟通过程一般包括由六个基本要素组成：信息发送者，信息，渠道，信息接受者，反馈和背景。

1. 发送者

信息的发送者也可以称为传者。传者是制造信息来源的人，是沟通的启动者。传送者在沟通中居于主动的地位，他首先要确定沟通的目标，明确要传送的内容，考虑采用什么形式进行传送，然后把所要传送的思想、情报、情感等内容，通过转换变成对方所能理解的信息传送出去，经过一定的渠道让对方接受。因而传送者是首要的沟通者。信息编码就是指传送者将其所要传播的内容和思想，以语言、文字或其他符号进行传递和接收。

2. 信息

传递过程中的内容称作信息。内容能够成为信息被传送需要转变为传送者与接受者都能理解的符号即语言、文字等。

3. 渠道

传递的途径和方式也可称为渠道（或通道、路径），是指由发送者选择的，借由传递信息的媒介，包括直观、口头、书面以及感官等。它是传递社会意识的直接物质载体。渠道的选择直接关系到信息传递或反馈的效果。不同的信息内容要求不同的渠道。沟通渠道不仅能使正确的思想观念尽可能全、准、快地传达给沟通客体，而且还能广泛、及时、准确地收集客体的思想动态和反馈的信息，因而沟通渠道是实施沟通过程，提高沟通功效的重要一环。

4. 接收者

信息的接收者可以简称为受者。传送者和接收者共同构成沟通主体。沟通具有一定的目的性，是要把一定的信息传送给特定的对象。因为沟通多以双向沟通的形式出现，所以沟通中传送者和接收者的划分也是相对的，当接收者将自己的反应或问题反馈到传送者那里的时候，两者的位置互换。当传送者发出信息后，接收者通过一定的渠道收到信息并有选择地吸收消化这些信息，进一步转化为自己理解的内容和意念，经过判断采取相应的行为，因而接收者是响应的沟通者。接收者将获得的信息转换为自己所能理解的概念的过程称为译解（又称译码、解码）。接收信息时一定要做到完整，力求接收传送来的每一个信息信号。

5. 反馈

反馈的概念出自电子工程学，指发出的电磁波或者所携带信息的回流，用在沟通中则指接受者对传送者信息的反应。这种反应有认识、说服、证实、决定、实行等多种表现，通过反馈传者可以了解受者对传送信息的要求、愿望、评价、态度等。

反馈可分为不同类型，如正反馈（受者理解了信息）和负反馈（受者误解了信息）；直接反馈（直接来源于受者的语言、表情等）和间接反馈（通过特定的人、组织等第三者得到）；真实反馈和假性反馈（经过伪装的反应）等。

6. 环境

沟通总是发生在一定的情景和场合中，沟通的环境可以影响其他要素或者整个沟通过程。沟通环境是指沟通时周围的环境和条件，既包括与个体间接联系的社会整体环境（政治制度、经济制度、政治观点、道德风尚、群体结构），又包括与个体直接联系的区域环境（学习、工作、单位或家庭等），对个体直接施加影响的社会情境及小型的人际群落。

二、沟通的类别

按照功能划分，分为工具式沟通和感情式沟通。工具式沟通指发送者将信息、知识、想法、要求传达给接受者，目的是影响和改变接受者的行为。感情式沟通指沟通双方表达情感，获得对方精神上的同情和谅解，最终改善相互之间的人际关系。

按照行为主体划分，可以分为个体间沟通和群体间沟通。组织成员是组织活动的基本单元。任何个人都是在与组织中其他成员的协作下完成组织规定的任务的，离开其他成员的配合，个人在组织中可能一事无成。为了实现与其他成员的成功协作，每一个组织成员都需要研究如何借助合理的形式和手段准确地向其他人传递与自己的思想、情感以及行为有关的各种信息，并准确地理解他人发出的各种信息。群体或部门间的关系也是如此。只有通过有效的沟通才能实现相互间在了解与理解基础上的合作，以整合各自在组织活动中不同时空的贡献，促进组织目标的有效达成。

按照组织系统，沟通可分为正式沟通和非正式沟通。一般来说，正式沟通指以企业正式组织系统为渠道的信息传递。非正式沟通指的是以企业非正式组织系统或个人为渠道的信息传递。

按照所借助的媒介或手段，可以分为口头沟通、书面沟通、非语言沟通、体态语言沟通、电子媒介沟通等。口头沟通是运用口头表达来进行信息传递与交流。书面沟通是使用书面形式所进行的信息传递与交流。

按照组织系统，可以分为正式沟通和非正式沟通。正式沟通是指在群体、组织内部，依据一定组织原则所进行的信息传递与交流；非正式沟通是指不受组织监督而自行选择的沟通渠道。

按照方向，可以分为上行沟通、下行沟通、平行沟通和斜向沟通。下行沟通指上级将信息传达给下级，是由上而下的沟通。上行沟通指下级将信息报告给上级，是由下而上的沟通。平行沟通指同级之间横向的信息传递，也称横向沟通。平行沟通是指组织结构中处于同一层次上的成员或群体之间的沟通。斜向沟通是指非属同一组织层次上的个人或群体之间的沟通。

按照是否进行反馈，可以分为单项沟通和双向沟通。单向沟通指的是信息发送者背向或者以命令方式面向接受者，一方发送信息，另一方只接受信息，双方无论在语言上还是情感上都缺乏信息反馈。双向沟通指信息发送者以协商和讨论的姿态面对接受者，信息发出后，还要及时听取反馈意见，发送者和反馈者要进行多次重复交流，直到双方共同明确为止。

三、沟通的基本模式

沟通的模式有语言和非语言这两种，语言更擅长沟通的是信息，非语言更善于沟通的是人与人之间的思想和情感。

1. 语言沟通

语言是人类特有的一种非常好且有效的沟通方式。语言的沟通包括口头语言、书面语言、图片或者图形。口头语言包括我们面对面的谈话、会议等等。书面语言包括我们的信函、广告和传真，甚至现在用得很多的 E-mail 等。图片包括一些幻灯片和电影等，这些都统称为语言的沟通。在沟通过程中，语言沟通对于信息的传递、思想的传递和情感的传递而言更擅长于传递的是信息。

2. 非语言的沟通

非语言包含的非常丰富，包括我们的动作、表情、眼神。实际上，在我们的声音里也包含着非常丰富的肢体语言。我们在说每一句话的时候，用什么样的音色去说，用什么样的抑扬顿挫去说等，这都是肢体语言的一部分。见表 14-1。

沟通方式对比表　　　　　　　　　　　　　　　　表 14-1

沟通方式	举例	优点	缺点
口头	交谈、讲座、讨论会、电话	快速传递、快速反馈、信息量很大	传递中经过层次越多失真越严重，核实越困难
书面	报告、备忘录、信件、内部期刊、布告	持久、有形、可以核实	效率低，缺乏反馈
非语言	声、光信号、体态、语调	信息意义十分明确，内含丰富，含义隐含灵活	传递距离有限，界限模糊，只能意会不能言传
电子媒介	传真、闭路电视、计算机网络、电子邮件	快速传递、信息容量大、一份信息可以同时传给多人、廉价	单向传递，电子邮件可交流，但看不见表情

非语言沟通和语言沟通相互加强，但它们之间存在着明显的区别。语言沟通在词语发出时开始，它利用声音一个渠道传递信息，它能对词语进行控制，是结构化的，并且是被正式教授的。非语言沟通是连续的，通过声音、视觉、嗅觉、触觉等多种渠道传递信息，绝大多数是习惯性和无意识的，在很大程度上是无结构的，并且是通过模仿学到的。

四、单向沟通和双向沟通的区别

单向沟通和双向沟通存在很大差异，在时间、信息理解的准确程度、接受者和发送者的自信程度、满意、噪声等方面都存在差异，见表 14-2。

单向沟通和双向沟通对比图　　　　　　　　　　　　表 14-2

因　素	结　果
时间	双向沟通比单向沟通需要更多的时间
信息理解的准确程度	在双向沟通中，接受者理解信息发送者意图的程度大大提高

续表

因　素	结　果
接受者和发送者的自信程度	在双向沟通中，接受者和发送者都比较相信自己对信息的理解
满意	接受者比较满意双向沟通；发送者比较满意单向沟通
噪声	由于与问题无关的信息较易进入沟通过程，双向沟通的噪声比单向沟通要大得多

美国管理心理学家莱维特（H·J·Leavitt）曾作过一次沟通实验来比较双向与单向沟通的效果与功能。结果双向沟通虽然在沟通速度上慢一些、工作的秩序差一点，但沟通的内容正确性高，对促进人际关系较有利，接受信息的把握力度大。

第二节 正 式 沟 通

正式沟通是指组织内的信息交流，沟通的方式是由组织规则、制度保证的，正式沟通的内容以及程序是固定的。正式沟通是事先计划和安排好的，如定期的书面报告、面谈、有经理参加的定期的小组或团队会等。

（1）定期的书面报告

员工可以通过文字的形式向上司报告工作进展、反映发现的问题，主要有：周报、月报、季报、年报。当员工与上司不在同一地点办公或经常在外地工作的人员可通过电子邮件进行传送。

（2）一对一正式面谈

正式面谈对于及早发现问题，找到和推行解决问题的方法是非常有效的；可以使管理者和员工进行比较深入的探讨，可以讨论不易公开的观点；使员工有一种被尊重的感觉，有利于建立管理者和员工之间的融洽关系。

（3）定期的会议沟通

会议沟通可以满足团队交流的需要；定期参加会议的人员相互之间能掌握工作进展情况；通过会议沟通，员工往往能从上司口中获取公司战略或价值导向的信息。

正式沟通有几种具体的沟通形态据研究，以5个人的群体为例，基本上可有五种沟通形态，即：链式、环式、Y式、轮式、全通道式，见图14-2。

1. 链式沟通

这是一个平行网络，其中居于两端的人只能与内侧的一个成员联系，居中的人则可分别与两人沟通信息。在一个组织系统中，它相当于一个纵向沟通网络，代表一个五级层次，逐渐传递，信息可自上而下或自下而上进行传递。在这个网络中，信息经层层传递，筛选，容易失真，各个信息传递者所接收的信息差异很大，平均满意程度有较大差距。此外，这种网络还可表示组织中主管人员和下级部属之间中间管理者的组织系统，属控制型结构。在管理中，如果某一组织系统过于庞大，需要实行分权授权管理，那么，链式沟通网络是一种行之有效的方法。

2. 环式沟通

此形态可以看成是链式形态的一个封闭式控制结构，表示5个人之间依次联络和沟通。其中，每个人都可同时与两侧的人沟通信息。在这个网络中，组织的集中化程度和领

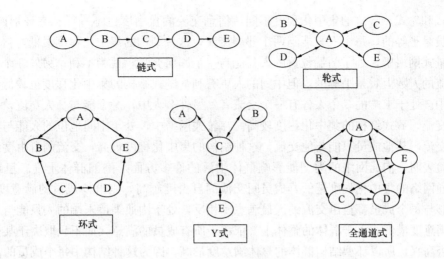

图 14-2 正式沟通图

导人的预测程度都较低；畅通渠道不多，组织中成员具有比较一致的满意度，组织士气高昂。如果在组织中需要创造出一种高昂的士气来实现组织目标，环式沟通是一种行之有效的措施。

3. Y 式沟通

这是一个纵向沟通网络，其中只有一个成员位于沟通内的中心，成为沟通的媒介。在组织中，这一网络大体相当于组织领导，秘书班子再到下级主管人员或一般成员之间的纵向关系。这种网络集中化程度高，解决问题速度快，组织中领导人员预测程度较高。除中心人员（C）外，组织成员的平均满意程度较低。此网络适用于主管人员的工作任务十分繁重，需要有人选择信息，提供决策依据，节省时间，而又要对组织实行有效的控制。但此网络易导致信息曲解或失真，影响组织中成员的士气，阻碍组织提高工作效率。

4. 轮式沟通

属于控制型网络，其中只有一个成员是各种信息的汇集点与传递中心。在组织中，大体相当于一个主管领导直接管理几个部门的权威控制系统。此网络集中化程度高，解决问题的速度快。主管人（当然是 C）的预测程度很高，而沟通的渠道很少，组织成员的满意程度低，士气低落。轮式网络是加强组织控制、争时间、抢速度的一个有效方法。如果组织接受紧急攻关任务，要求进行严密控制，则可采取这种网络。

5. 全通道式沟通

这是一个开放式的网络系统，其中每个成员之间都有一定的联系，彼此了解。此网络中组织的集中化程度及主管人的预测程度均很低。由于沟通渠道很多，组织成员的平均满意程度高且差异小，所以士气高昂，合作气氛浓厚。这对于解决复杂问题，增强组织合作精神，提高士气均有很大作用。但是，由于这种网络沟通渠道太多，易造成混乱且又费时，影响工作效率。

上述种种沟通形态和网络，都有其优缺点。作为一名主管人员，在管理工作实践中，要进行有效的人际沟通，就需发挥其优点，避免其缺点，使组织的管理工作水平逐步提高。

H. J. 里维特在 1951 年研究了 5 人群体的几种典型的沟通网络，分别表示为环式、链式、Y式和轮式,各式的集中化程度不同,信息交流的自由度也不一样。在环形网络中,全体成员是平等的,每个人只能与两个邻居交流,这种结构的集中化程度最低,自由度最高。在链式网络中,处于两端位置的人只能与一个邻居交流,最为不利;另外3个成员从可以交流的人数上看是平等的,但中间的人更有利。链式结构的集中化程度也较低。在Y式网络中,处于末端的3个人各有一个交流者。另外2人中,一个能与2人交流,一个能与3人交流。Y式结构的集中化程度较高。在轮式网络中,处于中间地位的人能与其他成员自由交流,其他成员只能与他交流,这种结构的集中化程度最高,交流的自由度最小。

实验表明,沟通网络的类型能影响群体生活的许多方面,例如群体士气。里维特发现,沟通网络的集中化程度越低,成员间交流的自由度越高,则群体成员的满意度越高。那些能够与每个成员都自由交流的人最满意。相反,处于沟通渠道末端的人只能与一个人交流,满意度最低。由于群体的整体士气依赖于所有成员的满意,而不只取决于某个核心人物是否高兴,所以环型结构群体的整体满意度最高,因为这种结构中每个成员的沟通机会均等。

沟通网络也能影响群体工作效率。大多数研究表明,集中化结构(如轮式结构)对解决简单的问题更有效,而非集中化结构(如圆式结构)对复杂问题的解决更有效。因为非集中化结构中大家的满意度高,工作热情高。因此,人们认为任务和沟通网络的合理匹配是提高工作效率的关键。

沟通网络与领导选择有关系。一些研究表明,在群体中的信息交流量是选择群体领导的重要因素。一个群体成员讲话多、活动水平高,对群体的影响就较大。在某些情况下,特别是讨论会一类的短时群体中,信息交流量大、讲话多的人往往可能被选为领导人。里维特所进行的研究显示了群体结构与领导选择的关系。设计的沟通网络图中圆圈内的数字表明该位置的群体成员被选为领导的次数。可见,处于控制信息交流位置的人很容易成为领导。当然,这些研究采用的是暂时性的群体和极端化的环境,对于现实生活中的长期群体或者当群体成员为专家的时候,信息交流的质比量更重要。

第三节 非正式沟通

非正式沟通指的是一种通过正式规章制度和正式组织程序以外的信息交流和传递,它不受组织监督,自由选择沟通渠道。主要包括小道消息和越级报告。

一、非正式沟通的特点

非正式沟通有一种可以事先预知的模型,心理学研究表明,非正式沟通的内容和形式往往是能够事先被人知道的。它具有以下几个特点:

(1)非正式沟通信息交流速度较快。由于这些信息与职工的利益相关或者是他们比较感兴趣的,再加上没有正式沟通那种程序,信息传播速度大大加快。

(2)非正式沟通的信息比较准确。据国外研究,准确率可高达95%。一般来说,非正式沟通中信息的失真主要是因为形式上的不完整,而不是因为无中生有的谣言。人们常常把非正式沟通(俗称小道消息)与谣言混为一谈,这是缺乏根据的。

(3)非正式沟通效率较高。非正式沟通一般是有选择地针对个人的兴趣传播信息。正式沟通则常常将信息传递给本不需要的人。

（4）非正式沟通可以满足职工的需要。由于非正式沟通不是基于管理者的权威，而是出于职工的愿望和需要，因此，这种沟通常常是积极和卓有成效的，并且可以满足职工们的安全、社交和尊重需要。

（5）非正式沟通有一定的片面性。非正式沟通中的信息常常被夸大、曲解，因而需要慎重对待。

二、小道消息的优点与缺点

小道消息是非官方发布，来自道听途说的消息。通过正式渠道和非正式渠道传递。小道消息的特点：（1）在个别情况下，小道消息可能传播正式组织不愿意传播的或有意缄口不说的信息；（2）小道消息具有快速传播的特点；（3）小道消息具有异乎寻常的渗透能力。

对于非正式沟通这些特点，管理者应该予以充分和全面的考虑，以防止起消极作用的"小道消息"。通过利用非正式沟通，为组织的目标服务。

优点：沟通方便，内容广泛，方式灵活，沟通速度快，可用以传播一些不便于正式沟通的信息。而且由于在这种沟通中比较容易把真实的思想、情绪、动机表露出来，因而能提供一些正式沟通中难以获得的信息。管理者要善于利用这种沟通方式。缺点：这种沟通比较难以控制，传递的信息往往不确切，易于失真、曲解，容易传播流言蜚语而混淆视听。所以，应对这种沟通方式予以重视，注意防止和克服其消极的一面。

缺点：非正式沟通难以控制，传递的信息不确切，容易失真、被曲解，并且它可能促进小集团、小圈子的建立，影响员工关系的稳定和团体的凝聚力。如果能够对企业内部非正式的沟通渠道加以合理利用和引导，就可以帮助企业管理者获得许多无法从正式渠道取得的信息，在达成理解的同时解决潜在的问题，从而最大限度提升企业内部的凝聚力，发挥整体效应。

三、非正式沟通的类型

依照最常见至较少见的顺序分别如图 14-3 所示：

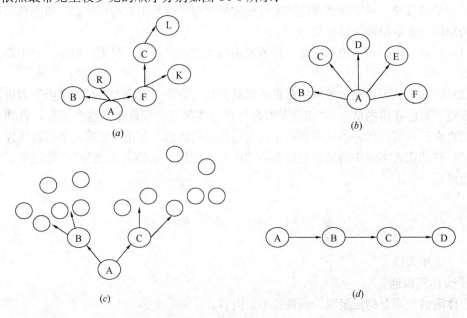

图 14-3　非正式沟通形态图

（1）集群连锁。即在沟通过程中，可能有几个中心人物，由他转告若干人，而且有某种程度的弹性。如图（a）中的 A 和 F 两人就是中心人物，代表两个集：正式沟通与非正式沟通的渠道对比群的"转播站"。

（2）密语连锁。由一人告知所有其他人，犹如其独家新闻，如图（b）所示。

（3）随机连锁。即碰到什么人就转告什么人，并无一定中心人物或选择性，如图（c）所示。

（4）单线连锁。就是由一人转告另一人，他也只再转告一个人，这种情况最为少见，如图（d）所示。

戴维斯还发现，小道消息传播的最普遍的形式是集束式。在一个单位里，大约只有10％的人是小道消息的传播者，而且多是固定的一群，其余的人往往姑且听之，听而不传。总之，一个群体里，有的是小道消息的"制造者"，有的人是小道消息的"传播者"，有的人是"夸大散播者"，而大多数人是只听不传或不听不传者。

戴维斯的研究表明，小道消息有五个特点：第一，新闻越新鲜，人们议论越多；第二，对人们工作越有影响，人们议论越多；第三，越为人们熟悉的，人们议论越多；第四，人与人在生活上有关系者，最可能牵涉到同一谣传中去；第五，人与人在工作中常有接触者，最可能牵涉到同一谣传中去。

小道消息由于均以口头传播为主，故易于形成也易于迅速消失，一般没有永久性的结构和成员。对小道消息的准确性，有人曾做了统计。赫尔希对 6 家公司的 30 件小道消息作了调查分析，发现有 16 件毫无根据，5 件有根据也有歪曲，9 件真实。

四、管理人员如何正确地对待非正式沟通

一般来说，在一个组织里小道消息盛行是不正常的，会破坏组织的凝聚力，不利于组织的管理。研究表明，小道消息盛行常常是大道消息不畅的结果。因此，完善和疏通正式沟通渠道是防止小道消息传播的有效措施。另外，由于小道消息常常是组织成员忧虑心理和抵触情绪的反映。所以管理者应该通过谣传间接地了解员工的心理状态，研究造成这种状态的原因并采取措施予以解决。

（1）管理人员必须认识到它是一种重要的沟通方式，否认、消灭、阻止、打击都是不可取的。

（2）管理人员可以充分地利用非正式沟通为自己服务，管理人员可以"听"到许多从正式渠道不可能获得的信息，"知道"谁在传播这些信息，谁最喜欢这些信息，管理人员还可以将自己所需要传递但又不便从正式渠道传递的信息，利用非正式沟通进行传递。

（3）对非正式沟通中的错误信息必须"以其人之道，还治其人之身"，通过非正式渠道进行更正。

第四节 沟 通 管 理

一、组织沟通

1. 个体间沟通

个体间的沟通是构成组织沟通最基本的内容。

2. 团队沟通

团队沟通是指组织中以工作团队为基础单位对象进行的信息交流和传递的方式。工作团队随着组织内外部环境的变化而变化，在企业管理，尤其是西方企业管理中，其重要性越来越明显。

3. 组织间沟通

简单地说，就是组织之间如何加强有利于实现各自组织目标的信息交流和传递的过程。组织间沟通的目的，是通过协调共同的资源投入活动，实现有利于合作各方的共同利益。

所谓有效沟通，简单地说就是传递和交流信息的可靠性和准确性高，它表明了组织对内外噪声的抵抗能力强，因而和组织的智能是连在一起的。沟通的有效性越明显，说明组织智能越高。

二、影响有效沟通的障碍

有效沟通是传递和交流信息的可靠性和准确性高，实际上还表示组织对内外噪声的抵抗能力。影响有效沟通的障碍包括下列因素：

1. 个人因素

个人因素主要包括两大类：一是有选择地接受；二是沟通技巧的差异。有选择地接受是指人们拒绝或片面地接受与他们的期望不一致的信息。人运用沟通的技巧也很不相同。所有这些问题都妨碍进行有效的沟通。

2. 人际因素

人际因素主要包括沟通双方的相互信任、信息来源的可靠度和发送者与接受者之间的相似程度。沟通是发送者与接受者之间"给"与"受"的过程。信息传递不是单方面，而是双方面的事情，因此，沟通双方的诚意和相互信任至关重要。信息来源的可靠性由下列四个因素所决定：诚实；能力；热情；客观。沟通的准确性与沟通双方间的相似性有着直接的关系。沟通双方特征的相似性影响了沟通的难易程度和坦率性。

3. 结构因素

结构因素包括地位差别、信息传递链、团体规模和空间约束四个方面。地位的高低对沟通的方向和频率有很大的影响。地位悬殊越大，信息趋向于从地位高的流向地位低的。信息通过的等级越多，它到达目的地的时间也越长，信息失真程度则越大。这种信息连续地从一个等级到另一个等级时所发生的变化，称为信息链传递现象。当工作团队规模较大时，人与人之间的沟通也相应变得较为困难。这可能部分地由于沟通渠道的增长大大超过人数的增长。企业中的工作常常要求员工只能在某一特定的地点进行操作。这种空间约束的影响往往在员工单独于某位置工作或在数台机器之间往返运动时尤为突出。空间约束不仅不利于员工之间的交流，而且也限制了他们的沟通。一般来说，两人之间的距离越短，他们交往的频率也越高。

4. 技术因素

技术因素主要包括语言、非语言暗示、媒介的有效性和信息过量。大多数沟通的准确性依赖于沟通者赋予字和词的含义。语言的不准确性不仅表现为符号多样，它还能激发各种各样的感情，这些感情可能又会更进一步歪曲信息的含义。同样的字词对不同的团体来说，会导致完全不同的感情和不同的含义。管理人员十分关心各种不同沟通工具的效率。选择何种沟通工具，在很大程度上取决于信息的种类和目的，还与外界环境和沟通双方有关。

三、有效沟通的技巧

1. 从沟通组成看

一般包括三个方面：沟通的内容，即文字；沟通的语调和语速，即声音；沟通中的行为姿态，即肢体语言。这三者的比例为文字占 7%，声音占 38%，行为姿态占 55%。同样的文字在不同的声音和行为下，表现出的效果截然不同。所以，有效的沟通应该是更好地融合好这三者。身体语言在沟通中有非常重要的作用。但是，要恰如其分地运用身体语言还是有一定的困难。要明确的是，同样的身体语言，如果是不同性格的人做出的，它的意义很有可能是不一样的。另外，同样的身体语言在不同的语境中的意义也是不一样的。因此，不但要了解身体语言的意义，而且要培养自己的观察能力，要站在对方的角度来思考，善于从对方不自觉的姿势表情或神态中发现对方的真实想法，千万不要武断地下结论。在使用身体语言的时候，要注意身体语言使用的情境是否合适，是否与自己的角色相一致。少做无意义的动作，以免分散对方的注意力，影响沟通效果。创造相互信任、有利于沟通的小环境。

2. 从心理学角度

沟通中包括意识和潜意识层面，而且意识只占 1%，潜意识占 99%。有效的沟通必然是在潜意识层面、有感情、真诚的沟通。弗洛伊德的心理剖析认为，心理由内及外可以分为：本我、自我、超我。本我：是内心深处最本质的想法，是潜意识，表现为情绪；自我：是心灵的检察官和思想工作者，表现为理智、文化、修养；超我：是心灵的"外部环境"表现为法律、道德、习俗。作为思想政治工作者，要认真观察人的心灵，找出人的本我与自我，深入人的心灵深处，才能真正想员工之所想。因为有时人们说出来的话，并不代表其内心的真实想法，在公众场合尤其如此，在生活中养成把心理活动分成三层（本我、自我、超我）来观察的习惯，只有抓住了人的真实的想法，抓住了人的本我与自我，你就会更好地理解他人，抓住问题的关键与要害才能对症下药，真正解决员工存在的问题。

缩短信息传递链、拓宽沟通渠道，确保信息的通畅无阻和完整性。

3. 沟通中的"身份确认"

针对不同的沟通对象，如上司、同事、下属、朋友、亲人等，即使是相同的沟通内容，也要采取不同的声音和行为姿态。不同的场合对于沟通的要求是不一样的。比如公司、聚会、会议室等，应采用不同的沟通方式。另一方面，沟通的对象也决定了沟通的语言和形式。比如与同事、朋友、亲戚、领导、客户、邻居、陌生人等沟通时，就应根据对象的不同改变沟通方式。通过这个步骤，可以使自己清晰地明了需要沟通的对象和场合，以便全面地提高自己的沟通能力。

4. 沟通中的肯定

即肯定对方的内容，不仅仅说一些敷衍的话。这可以通过重复对方沟通中的关键词，甚至能把对方的关键词语经过自己语言的修饰后，回馈给对方。这会让对方觉得他的沟通得到您的认可与肯定。人性中最深切的禀性，是被人赏识的渴望。不是被赏识的"愿望"或"欲望"或"希望"，而是被人赏识的"渴望"。在人际关系方面，我们永远也不要忘记我们所遇到的人，都渴望别人的欣赏和赞扬。这是所有人都欢迎的，我们试着找出别人的优点，给别人诚实而真挚的赞赏。"真诚永远不为过"，赞美需要真诚，是发现对方确实存在的优点，而后赞美之。恭维是虚假的，是从牙缝中挤出来的，是"发明"，是对方一眼就能看出来的，虚假的赞美没有价值，真诚的赞美会产生意想不到的效果。

5. 沟通中的聆听

聆听不是简单的听就可以了，需要您把对方沟通的内容、意思把握全面，这才能使自己在回馈给对方的内容上，与对方的真实想法一致。例如，有很多人属于视觉型的人，在沟通中有时会不等对方把话说完，就急于表达自己的想法，结果有可能无法达到深层次的共情。培养"听"的艺术。一般来讲，人的倾听有五个层次：一是忽视（Ignoring），根本没有听；二是假装听（Pretend Listening），其实是一边听，一边想其他的事情，如晚上吃什么呢；三是选择性倾听（Selective Listening），报喜不报忧，报忧不报喜；四是留意地听（Attentive Listening），比较注意；五是同理心倾听（Empathic Listening），这是最高层次。倾听的目的是要知道对方讲话的动机是什么？他说了什么？他用什么方式说？他有什么感受？倾听要做到耐心、虚心、会心。同理心倾听是有效倾听的最高表现形式。只有做到有效倾听，才能真正了解、设身处地站在当事人的角度看问题，沟通起来才能减少障碍或无障碍。

四、沟通艺术

沟通的目的是让对方达成行动或理解你所传达的信息和情感，即沟通的品质取决于对方的回应。良好的沟通是要说对方想听的，听对方想说的。要想达到这个目的，就必须进行有效的编码、解码与反馈。人与人之间最宝贵的是真诚、信任和尊重。而这一切的桥梁就是沟通。

亲眼看到的未必是事实，更何况是道听途说

有一个小故事。孔子和众弟子周游列国，曾行至某小国，当时遍地饥荒，有银子也买不到任何食物。过不多日，又到了邻国，众人饿得头昏眼花之际，有市集可以买到食物。弟子颜回让众人休息，自告奋勇地忍饥做饭。当大锅饭将熟之际，饭香飘出，这时饿了多日的孔子，虽贵为圣人，也受不了饭香的诱惑，缓步走向厨房，想先弄碗饭来充饥。不料孔子走到厨房门口时，只见颜回掀起锅的盖子，看了一会，便伸手抓起一团饭来，匆匆塞入口中。孔子见到此景，又惊又怒，一向最疼爱的弟子，竟做出这等行径。读圣贤书，所学何事？学到的是——偷吃饭？肚子因为生气也就饱了一半，孔子懊恼地回到大堂，沉着脸生闷气。没多久，颜回双手捧着一碗香腾腾的白饭来孝敬恩师。

孔子气犹未消，正色到："天地容你我存活其间，这饭不应先敬我，而要先拜谢天地才是。"颜回说："不，这些饭无法敬天地，我已经吃过了。"这下孔子可逮到了机会，板着脸道："你为何未敬天地及恩师，便自行偷吃饭？"颜回笑了笑："是这样子的，我刚才掀开锅盖，想看饭煮熟了没有，正巧顶上大梁有老鼠窜过，落下一片不知是尘土还是老鼠屎的东西，正掉在锅里，我怕坏了整锅饭，赶忙一把抓起，又舍不得那团饭粒，就顺手塞进嘴里……"

至此孔子方大悟，原来不只心想之境未必正确，有时竟连亲眼所见之事，都有可能造成误解。于是欣然接过颜回的大碗，开始吃饭。

人们用"对牛弹琴"来比喻对愚蠢的人讲深刻的道理，或对外行人说内行话，白白浪费时间；现在也用来讥笑人说话不看对象。真正的沟通力是100％的责任沟通，"一个巴掌拍不响"，将"对牛弹琴"沟通责任彻底归于弹琴者。

战国时代，有一个叫公明仪的音乐家，他能作曲也能演奏，七弦琴弹得非常好，弹的曲子优美动听，很多人都喜欢听他弹琴，人们很敬重他。公明仪不但在室内弹琴，遇上好天气，还喜欢带琴到郊外弹奏。有一天，他来到郊外，春风徐徐地吹着，垂柳轻轻地动着，一头黄牛正在草地上低头吃草。公明仪一时兴致来了，摆上琴，拨动琴弦，就给这头牛弹起了最高雅乐曲——"清角之操"来。老黄牛在那里却无动于衷，仍然低头一个劲地吃草。公明仪想，这支曲子可能太高雅了，该换个曲调，弹弹小曲。老黄牛仍然毫无反应，继续悠闲地吃草。公明仪拿出自己的全部本领，弹奏最拿手的曲子。这回呢，老黄牛偶尔甩甩尾巴，赶着牛虻，仍然低头闷不吱声地吃草。最后，老黄牛慢悠悠地走了。换个地方去吃草。公明仪见老黄牛始终无动于衷，很是失望。人们对他说："你不要生气了！不是你弹的曲子不好听，是你弹的曲子不对牛的耳朵啊！"最后，公明仪也只好叹口气，抱琴回去了。

显然能够明白：问题不在牛，而在弹琴的人。如果你对着牛来弹琴，牛能明白吗？当然不能明白。那谁之错？显然是弹琴之人。若想实现对牛弹琴，首先要会讲"牛语"。这说明在执行当中，面对听不懂的下属，我们也要学会"牛"语了。否则你的下属怎能执行好呢？甚至被我们称之为"不拔不动"。

第五节 冲 突 管 理

一、组织冲突及其管理

任何一个组织都不同程度地存在各种各样的冲突。所谓冲突是指组织内部成员之间、不同部门之间、个人与组织之间由于在工作方式、利益、性格、文化价值观等方面的不一致性所导致的彼此相抵触、争执甚至攻击等行为。

组织中的冲突是常见的，特别是在变革中是不可避免的，对此不能一概排斥和反对，重要的是研究导致这种冲突的原因，区分冲突的性质，并有效地加以管理。

1. 组织冲突的影响

组织冲突会对组织造成很大的影响。研究表明，竞争是导致团体内部或团体之间发生冲突的最直接因素，组织变革的一个主要目标就是要在效率目标的前提下通过有效的竞争来降低组织的交易成本，因此，团体内部或团体之间的竞争是不可避免的，组织冲突可以说是这种竞争的一种表现形式。

(1) 竞争胜利对组织的影响

1) 组织内部更加团结，成员对团体更加忠诚，这有利于加强和保持团体的凝聚力。

2) 组织内部气氛更为轻松，紧张的情绪有所消除，同时也容易失去继续奋斗的意志，容易滋生骄傲和得意忘形的情绪。

3) 强化了组织内部的协作，组织更为关心成员的心理需求，但对于完成工作及任务的关心则有减少的趋势。

4）组织成员容易感到满足和舒畅，认为竞争胜利证实了自己的长处和对方的弱点，因此，反而不愿对其自身的不足作估计和弥补，也不想重新反思团体是否还需要根据环境的变化作进一步的改善。

（2）竞争失败对组织的影响

1）如果胜败的界限不是很分明，团体就会以种种借口和理由来掩饰自己的失败，团体之间也容易产生偏见，每个团体总是只看到对方的弱处，而非长处。

2）当一个团体发现失败是无可置疑的事实时，依据团体的基本状况，例如成员平时的团结程度、失败的程度、对挫折的忍受程度等，可分为两种情况：一种情况是团体内部可能发生混乱与斗争，攻击现象频频发生，团体最终将趋于瓦解；另一种情况是全体成员可能会知耻而奋起，通过努力探寻失败的原因，大胆改进，勤奋工作，以求走出失败。

3）竞争失败后的团体往往不太关心成员的心理需求，而只集中精力于自己的本职工作，组织中的组织性和纪律性明显增强，组织有集权化的倾向。

4）成员以往的自信心会受到极大的打击，过去的固执和偏见经过失败考验之后不得不重新进行检讨和反思，实际上这正给了组织一个检讨、改革的机会。

无论是竞争胜利还是竞争失败，组织冲突都存在两种截然不同的结果，即建设性冲突和破坏性冲突。

所谓建设性冲突，是指组织成员从组织利益角度出发，对组织中存在的不合理之处所提出意见等等。它可以使组织中存在的不良功能和问题充分暴露出来，防止了事态的进一步演化。同时，可以促进不同意见的交流和对自身弱点的检讨，有利于促进良性竞争。

所谓破坏性冲突是指由于认识上的不一致、组织资源和利益分配方面的矛盾，员工发生相互抵触、争执甚至攻击等行为，从而导致组织效率下降，并最终影响到组织发展的冲突。它造成了组织资源的极大浪费和破坏，种种内耗影响了员工的工作热情，导致组织凝聚力的严重降低，从根本上妨碍了对组织任务的顺利完成。

2．组织冲突的类型

每一种环境都可以对应一种冲突类型。常见的组织冲突来源于组织目标的不相容、资源的相对稀缺、层级结构关系的差异以及信息沟通上的失真等等。

组织冲突会在不同的层次水平上发生，如个体内部的心理冲突、组织内个人之间的冲突、各种不同部门之间的冲突等。而其中组织内的非正式组织与正式组织之间、直线与参谋之间以及委员会内部之间的冲突最为典型。

（1）正式组织与非正式组织之间的冲突

由于正式组织与非正式组织之间成员是交叉混合的，更由于人们心理上所存在的感性、非理性因素的作用，所以，非正式组织的存在必然要对正式组织的活动产生影响。正面的影响可以是满足员工在友谊、兴趣、归属、自我表现等心理上的需要，使员工之间的关系更加和谐融洽，易于产生和加强成员之间的合作精神，自觉地帮助维持正常的工作和生活秩序。

但是，一旦非正式组织的目标与正式组织相冲突，则可能对正式组织的工作产生负面影响，特别是在强调竞争的情况下，非正式组织可能会认为这种竞争会导致成员间的不合，从而抵制这些竞争。非正式组织还要求成员行动保持一致，这往往会束缚成员的个人发展，使个人才智受到压抑，从而影响组织工作的效率。由于非正式组织中大多数成员害怕变革会改变其非正式组织性，这种组织极有可能会演化成为组织变革的一种反对势力。

（2）直线与参谋之间的冲突

组织中的管理人员是以直线主管或参谋两类不同身份出现的，现实中这两类人员之间的矛盾往往是组织缺乏效率的重要原因。直线关系是一种指挥和命令的关系，具有决策和行动的权力，而参谋关系则应当是一种服务和协调的关系，具有思考、筹划和建议的权力。实践中，保证命令的统一性往往会忽视参谋作用的发挥，参谋作用发挥失当，又会破坏统一指挥的原则。这将使直线和参谋有可能相互指责、互相推诿责任。

（3）委员会成员之间的冲突

委员会是集体工作的一种形式，它起到了汇聚各种信息、加强人员交流、协调部门关系等重要作用。委员会是一个讲坛，每个成员都有发言的权力，而这些成员既代表了不同的利益集团、利益部门，也代表了个人的行为目标。在资源一定的条件下，成员之间的利益很难取得一致。而一旦某个利益代表未能得到支持，他将会被动执行或拒绝执行委员会的统一行动，导致组织效率的下降。委员会必须充分考虑各方利益，其协调的结果必然是各方势力妥协、折中的结果，这势必会影响决策的质量和效率。

3. 组织冲突的避免

避免组织冲突有许多方法，首先需要强调组织整体目标的一致性，同时需要制定更高的行动目标并加强团体之间的沟通联系，特别是要注意信息的反馈。

对于非正式组织来讲，首先要认识到非正式组织存在的必要性和客观性，积极引导非正式组织的积极贡献，使其目标与正式组织目标相一致。同时，要建立良好的组织文化，规范非正式组织的行为。

对于直线与参谋应该首先明确必要的职权关系，既要充分认识到参谋的积极作用，也要认识到协作和改善直线工作的重要性，在工作中不越权、不争权、不居功自傲。其次，为了确保参谋人员的作用，应当授予他们必要的职能权力，这种权力应当更多的是一种监督权。同时，给予参谋人员必要的工作条件，使其能够及时了解直线部门的活动进展情况，并提出更具有实际价值的建议。

对于委员会，一方面应该选择勇于承担责任的合格的成员加入委员会，并注意委员会人选的理论和实践背景，力争使之成为一个有效的决策机构和专家智囊团。同时，要对委员会的规模提出限制。显然，信息沟通的质量与成员的多少具有关联性，在追求沟通效果和代表性这两者之间要尽可能取得平衡。为了提高委员会的工作效率，要发挥委员会主席的积极作用，避免漫无边际的争论和时间的浪费，要做好会议的准备工作，讨论中主席应善于引导和把握每一种意见，去粗取精，从总体把握组织利益的方向。

需要注意的是，要把建设性冲突和破坏性冲突区分开来。过去，人们常把组织冲突视为组织中的一种病态，是组织管理失败或组织崩溃的前兆。事实显然并非如此。适度的组织冲突是组织进步的表现，它会使组织保持一定的活力和创造力。为了促进和保护这种有益的建设性冲突，首先应当创造一种组织气氛，使成员敢于发表不同意见。其次，要保持信息的完整性和畅通性，把组织冲突控制在一定的范围之内，同时要避免和改正组织中压制民主、束缚成员创新的机械式的规章制度，以保持组织旺盛的活力。

4. 组织冲突的原因与三种冲突观

（1）组织内冲突的原因

冲突原因大体上可以归纳为三类：沟通差异、结构差异、个体差异。由于沟通差异、结构差异和个体差异的客观存在，冲突也就不可避免地存在于一切组织中。从而，管理冲突的必要性突出出来。

（2）三种冲突观

传统观点：存在于 19 世纪末到 20 世纪 40 年代，认为冲突对组织是有害无益的。

冲突的人际关系观点：认为冲突是任何组织不可避免的产物，冲突并不一定会导致对组织的危害，甚至可能有利于组织中的积极动力。

当今的冲突管理观点：冲突是组织保持活力的一种有效手段。因而，这种观点鼓励管理者维持一种冲突的最低水平，以使组织保持创新的激发状态。

（3）冲突的管理

1）谨慎地选择想处理的冲突。不是每个冲突都是值得你花精力去处理的。也不要以为优秀的管理者可以处理好每一个冲突。

2）仔细研究冲突双方的代表人物。谁卷入了冲突，冲突各方的兴趣何在，各方的价值观、人格特点、资源因素如何，能站在双方当事人的立场上考虑问题，成功处理冲突的可能性会大幅度提高。

3）深入了解冲突的根源。不仅要了解表层原因，而且应了解深层原因。

4）妥善选择处理方法。

（4）零和谈判与双赢谈判

零和谈判就是有输有赢的谈判，一方所得就是另一方所失。双赢谈判：谈判结果找到一种双方都赢的方案。双赢谈判的条件为信息的公开和双方的坦诚；各方对另一方需求的敏感性；信任别人的能力；双方维持灵活性的愿望。

本章思考题

1. 沟通的定义是什么？沟通有哪些类别？
2. 什么叫正式沟通和非正式沟通？各有什么特点？
3. 正式沟通有哪几种形态？试比较五种沟通形态。
4. 举例说明个人沟通的障碍及如何克服。
5. 对于非正式沟通我们所需要采取的立场和对策是什么？
6. 什么是有效沟通？影响有效沟通的障碍有哪些？
7. 影响组织沟通的因素有哪些？
8. 组织内冲突产生的原因是什么？冲突产生时我们应采取什么样的措施？

相关链接　华北建筑的一天

在开封，有这么一家公司，他们的一天是这样的：

早上 7 点 30 分，各带班经理、副经理以及科长就已经在公司门口列队欢迎前来上班的员工；

7 点 40 分，广播响起，开始播放歌曲，第一首歌就是《好运来》；

8 点，是员工的早操，全体员工会在《步步高》的节奏中做起早操；

8 点 15 分，公司各高管组织分管部门及所属员工召开晨会，时间不会超过 5 分钟；

12 点，员工下班，在《相亲相爱一家人》的旋律中享受公司提供的免费午餐；

14 点 15 分，歌曲《醒来》响起，午休中的员工开始准备上班；

14 点 30 分，全体员工进入工作岗位开始工作；

18 点 30 分，员工下班，音乐又一次响起来。

这家公司就是河南华北建筑有限公司（下简称华北建筑），公司的董事长王军说："这样的工作流程已经在华北建筑坚持了一年多了。"

这种独特的企业文化也备受其他企业的关注，王军说，"一年以前，我们实施了这项制度，刚开始很多员工都觉得很不好意思。但是，在潜移默化的影响下，我们有个团队取得了意想不到的成绩。后来我们才发现，原来这个团队里的人每天早上的见面问好，拉近了心与心之间的距离，工作也更团结了。"

这样别出心裁的工作氛围，让华北建筑从一开始就变得与众不同。

在华北建筑的企业文化里，有这么一句理念："同创造，齐分享，共飞扬"。短短九个字，却将员工和企业的关系呈现在眼前，"公司是所有员工一起努力创造的，所以，员工理所当然应该分享所得。"王军告诉记者，2010 年，公司拿出当年 15％的利润用以奖励员工，2011 年，这个数字变成了 20％，今年，将会变成 25％。

数字变迁的背后是华北建筑蒸蒸日上最好的见证，这样的辉煌离不开每一位员工的默默付出。

华北建筑有一位管物资的老员工，跟了王军 16 年。

这 16 年来，他默默无闻地坚守在一线，逢年过节从来没有回过家，但是他却从未抱怨过，这让王军很感动，"物资的管理不像其他岗位，有个闲忙时，这个岗位每天都离不开人。所以，逢年过节的时候，我有时间都会去看看这位老员工。"

这样默默付出的老员工在华北建筑不是唯一的，也不是最特别的。

王军有个亲姐姐也供职在华北建筑，2010 年以前，她担任公司的常务理事兼财务总监的要职，但是 2010 年的机制改革，她主动放弃了这些职务，做了个小小的科员，"因为她想把岗位留给更有才能的人，这样才能给公司创收更大的利益，而不是为自己创收更大的利益。"王军感叹。

这样的例子在华北建筑举不胜举，每一个人都让王军很感动，他说，"所以，公司的成绩不是我一个人的，既然不是我一个人的，那么我们就要学会分享，这样才能一起飞扬。"

随着公司的日益壮大，王军对公司的管理也开始逐渐放手，"我只把握方向性的问题，具体的管理都交了员工自己，因为这不是我一个人的公司，也是所有华北人的公司。"

懂付出，才会有回报。

华北建筑开始极力替员工安排工作以外的生活细节，比如每天中午为员工提供丰盛免费的午餐，一个半小时的午休，还有充满激情的音乐，诸如此类等等，让每个华北人都在轻松愉悦的环境下工作。

"这种感觉就像一个家。虽然我们没有把这句话说在嘴边，但是，却真真切切地为员工创造家的氛围，让员工享受家庭的温暖。"王军总结说。

对华北人来说，这样的生活每一天都在上演，日复一日的积累，换来是华北建筑的快速发展（原作者：任太鹏）。

案例思考题

华北建筑人与人之间的沟通状况如何？

第十五章 控 制 理 论

控制是管理工作的最重要职能之一，计划是控制的依据和基础，它是保障企业计划与实际作业动态相适应的管理职能。控制工作的主要内容主要包括确立目标、衡量绩效和纠正偏差。一个有效的控制系统可以保证各项活动朝着组织目标的方向进行。而且，控制系统越完善，组织目标就越容易实现。

第一节 控制的含义与意义

一、控制的含义

所谓控制（control），就是监督管理的各项活动，以保证它们按计划进行并纠正各种重要偏差的过程。具体地说，作为管理职能之一的控制工作是指：为了确保组织的目标以及为此而拟订的计划能够实现，各级管理者根据事先确定的标准或因发展需要而重新拟订的标准，对下级的工作进行衡量、测量和评价，并在出现偏差时进行纠正，以防止偏差继续发展或今后再度发生；或者，根据组织内外环境的变化和组织发展的需要，在计划的执行过程中对原计划进行修订或制定新的计划，并调整整个管理工作的过程。控制就像一艘船上的舵，使组织朝着正确的方向行进。它不时以工作绩效形式将组织的实际方位与预期方位进行比较。控制为组织提供了一种有效的机制，在工作偏离了不可接受的范围时调整行进的路线，确保高效、高速地到达终点。

二、控制的意义

法约尔曾经指出，控制必须施之于一切的事、人和工作。这是因为即使有完善的计划、有效的组织和领导，都不能保证组织目标的自然实现，而需要强有力的控制与监督。罗宾斯指出，有效的管理始终是督促他人、控制他人的活动，以保证应该采取的行动得以顺利进行，以及他人应该达到的目标得以实现。控制的重要性可以从以下两个方面来理解：

1. 控制的普遍性

控制职能普遍存在于任何组织、任何活动当中。因为在现代管理系统中，人、财、物、信息等要素的组合关系是多种多样的，时空变化及环境的影响很大，内部运行机制和结构有时变化也很大，加上组织关系错综复杂，随机因素很多，预测不可能完全准确，制定出的计划在执行过程中不仅可能会出现偏差，而且还会发生未曾预料到的情况。这时，控制工作就起到了执行和完成计划的保障作用以及在管理控制中产生新的计划、目标和控制标准的作用。所以说，控制是一项普遍而广泛的管理职能。

2. 控制的全程性

控制职能作为实现目标及改进工作的有效手段存在于管理活动的全过程中。尽管计划可以制定出来，组织结构可以调整得非常有效，员工的积极性也可以调动起来，但是这些仍然不能保证所有的行动能按计划执行，不能保证管理者追求的目标一定能达到，必须依靠控制工作在计划实施的各个阶段通过纠正偏差的行动来实现。因此控制职能存在于管理活动的全过程中，它不仅可以维持其他职能的正常活动，而且在必要的时候可以改变其他管理职能的活动。这种改变有时可能很简单，只在指导中稍做些变动即可。但在许多情况下正确的控制工作可能导致确立新的目标，提出新的计划，改变组织结构，改变人员配备以及在指导和领导方法上做出重大改革，使组织的工作得以创新和提高。

三、控制与其他管理职能的关系

控制是管理职能环节中的重要一环。控制以计划、组织、领导等职能为基础，并对其有积极的影响。

首先，它与计划的关系相当密切，两者相互依存。计划起指导性的作用，而控制是为了保证组织的产出与计划相一致，控制到什么程度、怎么控制都取决于计划的要求；计划预先指出了所期望的行为和结果，而控制是按计划指导实施的行为和结果，有时会导致计划的改变；制定有效的计划需要信息，而这些信息多数是通过控制得到的；一些有效的控制方法，如预算、政策、程序、规则等，同时也是计划方法或计划本身。

其次，明确的目标与计划，合理的组织机构与形式，英明的领导及有效的指导，最大限度地发挥出员工的积极性和潜力，这一切是实施控制的基础和保障。同时，在控制的过程中，可能会根据内外环境或其他因素的变化，导致对目标与计划的修改、组织机构的改革、人员配备的调整以及领导方式方法做出重大改变等等，这实际上是开始了新一轮的管理过程。

四、管理控制系统的组成

任何组织，如果没有一个与之一致的管理控制系统，都无法有效地贯彻它的战略。组织中的控制活动是通过组织的控制系统来完成的，而控制系统主要包括以下几个方面：

第一，控制的目标，即进行控制活动的目的取向，也是进行控制活动的依据。

第二，控制的主体，即各级管理者及其所属的各职能部门。

第三，控制的对象，控制系统控制的对象应是组织的整个活动。

第四，控制的方法和手段，即为达到有效的控制，所采用的各种科学方法和手段。管理控制系统的基本结构见图 15-1。

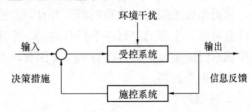

图 15-1　管理控制系统的结构图

比如，企业管理系统就是一个控制系统，这个系统是由决策领导层及计划编制者组成的施控主体，以及分厂或车间生产者组成的受控客体组成。计划部门根据决策领导层确定的经营目标，经过分解将指标下达到各个生产单位，即施控主体作用于受控客体，这就是控制作用。各个分厂、车间生产的产品是否按质、按量、按期实现了计划，在市场上销售状况如何，顾客有何反映，情况有何变化，这些信息需要反馈到计划部门，同计划目标进行对比，找出偏差加以调整或纠正，即受控客体反作用于施控主体，这就是反馈作用。同时，系统存在于环境之中，它与环境相互作用、相互制约。

在具体研究一个管理控制系统时，还应当明确被控对象是什么，被控变量有哪些。如库存控制系统的被控对象是仓库，而被控变量就是库存量。能根据被控变量的实际值和预期值间的偏差,对被控对象施加控制作用以减少偏差的控制机构由偏差测量机构、决策机构和执行机构组成。偏差测量机构可以是计算装置,它应能连续不断地测定实际值与预期值之间的偏差。决策机构是核心机构,它能根据偏差做出控制决策。执行机构用以执行纠正偏差的决策命令,作用于被控制对象上。

上面考察的控制形式是将控制对象与控制机构明确地区别开来:在这种情况下,所涉及的是外部对于对象的控制。但是,控制并不总是由外部机构来实施的。在管理中,很多控制是自我控制,即人们以自己的方式行事。自我控制是一种内部控制,因为在同一个人身上集中了控制的原因和理由。就管理控制而言,在大部分情况下内部控制与外部控制相配合。管理控制的负责人也被视作其希望控制的对象的一部分:他实施的是一种自我控制。而且,从本质上来说,管理控制更倾向于让管理负责人自己来组织已经发生偏差形势的纠正。只不过我们主要讨论的是管理控制过程的正规问题。

五、有效地管理控制

1. 适时控制

适时控制是企业经营活动中产生的偏差只有及时采取措施加以纠正,才能避免偏差的扩大,或防止偏差对企业不利影响的扩散。及时纠偏,在偏差未产生前进行控制,要求管理人员及时掌握能够反映偏差产生及其严重程度的信息。如果等到偏差已经非常明晰,且对企业造成了不可挽回的影响后,反映偏差的信息才姗姗来迟。那么,即使这种信息非常系统、绝对客观、完全正确,也不可能对纠正偏差带来任何指导作用。

2. 适度控制

适度控制是指控制的范围、程度和频度要恰到好处。虽然任何组织都需要控制,但控制系统的大小各异。对适度控制的要求体现在这两方面:一方面,过多的控制会扼杀组织中成员的积极性、主动性和创造性,会抑制他们的首创精神,从而影响个人能力的发展和工作热情的提高,最终影响企业的效率;另一方面,控制不足将不能使组织活动有序地进行,不能保证各部门活动进度和比例的协调,造成资源的浪费。此外,过少的控制还可能使组织中的个人无视组织的要求,我行我素,甚至利用在组织中的便利地位谋求个人利益,从而导致组织的涣散和崩溃。并且,要处理好全面控制与重点控制的关系。任何组织不可能对每一个部门、每一个环节的每一个人在每一个时刻的工作情况进行全面控制。全面控制不仅成本高,而且没有必要。因此,企业要找出影响经营绩效的关键环节和关键因素,进行重点控制。

3. 客观控制

控制工作应该针对企业的实际情况,采取必要的纠偏措施,或促使企业活动沿着原先既定的轨道有序前行,因此,有效的控制必须是客观的,符合企业实际情况的。控制过程中使用的检查、测量技术与手段必须能正确反映企业经营的状况。企业还要定期的检查过去规定的标准和计量规范,使其符合现实的要求。

4. 弹性控制

企业生产经营中会遇到各种突发情况,使企业计划与现实条件严重背离,有效地控制在这种情况下仍能发挥作用,维持企业的运营,具有灵活性或弹性。如果要使控制工作在计划出现失常或预见不到的变动情况下保持有效性的话,所设计的控制系统就要具有灵活性。换句话说,控制工作即使在面临计划发生了变动,出现了未预见到的情况或计划全盘错误的情况下，也应当能发挥它的作用。按照这一原则，绝不能把控制硬性地与某个计划联系在一起，以免在整个计划失常或发生突变时，控制也随之失效。

在许多情况下，人们制定了良好的计划，也有了适当的组织，但由于没有把握住控制这一环节，最后还是达不到预期的目的。要使管理控制工作有效，在设计管理控制系统和进行管理控制过程中，除了以上归纳的某些要点或基本的道理，还应对相关的问题给予考虑。

（1）在管理控制中，以往更强调正式的控制系统，现在人们越来越认识到除正式的控制系统之外，非正式的控制系统也正在发挥其作用。我们应该寻求在正式的控制系统和非正式的控制系统两者间的平衡。

正式系统是通过组织正式的结构或层次来正式运行的，非正式系统则是通过正式系统以外的途径来进行的。非正式管理控制系统往往是伴随着正式管理控制系统而出现的。非正式管理控制系统是对正式管理控制系统的补充，就如同非正式组织是对正式组织的补充一样。这两组系统之间，既有本质的区别，又有紧密的联系，如果这两个系统在组织内部能达成一致，相互协调，不断完善，将会有效地应付不断变化的环境。

（2）信息是组织的一种资源，控制的重要基础是信息。管理控制是以一系列信息及其处理技术为基础的。关于这一点，我们可以在好几个层次上进行考查。

1）信息内容：必须同时了解应该达到的标准和实际获得的结果；

2）信息处理：必须拥有能比较标准与结果的方法以及实施这种比较的手段。

管理控制系统实质上就是一个典型的信息反馈系统。为了确保良好的控制，我们需要一个定期的正式的报告制度。每一个管理人员都应注意他自己部门和组织的报告体系是否能将适当的信息，在适宜的时候传递给适宜的人，以使其对工作的控制富有实效。

要提高整个管理工作的效率和效果，就必须对信息进行有效的管理。计算机化的管理信息系统的建立为完成这一任务提供了强有力的手段，但这仍然不可能做到实时控制（实时控制又称同步控制或现场控制）。

（3）控制工作应讲究经济效益。控制是一项需要投入大量人力、物力、财力的事情，耗费之大正是使许多应当控制的问题没有得以控制的重要原因，因此要考虑控制的经济性问题。将组织的总目标转化成各个不同部门的次目标将经过几个步骤，要保证这些目标为人们所了解和接受，根据目标调整控制标准测度，使用控制机制从而使其真正影响人的行为——所有这些都将是需要花费时间和力气的。为控制所花的费用必须有所值。这个要求似乎很简单，但在实际工作中往往很复杂。因为一个主管人员很难了解哪个控制系统是划算的，以及它将花多少费用。要把控制所需要的费用同控制所产生的结果进行经济方面的比较，只有当有利可图时才实施控制。

第二节 控 制 原 则

控制是一项重要的管理职能，也是常常出现问题的职能。无效的控制会导致计划无效和组织无效。控制工作的基本运行过程和原理具有普遍性。有效的控制必须具备一定的条件并遵循科学的控制原则。下面介绍几种主要的控制原则。

一、未来导向原则

未来导向的原则，是指控制工作应当着眼未来，而不是只有当出现了偏差才进行控制。由于在整个控制系统中存在着时滞，所以一个控制系统越是以前馈而不是以简单的信息反馈为基础，则管理人员越是能够有效地预防偏差或及时地采取措施纠正偏差。也就是说，控制应该是前向的，这才合乎理想。实际上，这条原则往往被忽视。主要原因是现有的管理工作水平不太容易实现前馈控制方法，管理人员一般仍依赖历史数据。但时滞问题促使我们要投入更大的精力来从事面向未来的控制，这是一件很有意义的事情。

二、反映计划要求原则

在管理工作中，控制和计划的联系最为紧密。孔茨曾说过："可以把计划工作和控制工作看成一把剪刀的两刃。没有任何一刃，剪刀也就没有用了。没有了目标与计划，也就不可能控制，这是因为必须要把业绩同某些已规定的标准相比较。"控制的目的是为了实现计划，计划是控制所采用的绩效衡量标准的原始依据。因此，管理者在制定计划时要考虑到相关的控制因素。计划越明确，越全面、完整，所设计的控制系统越能反映这样的计划，从而控制工作也就越有成效。

每一项计划和每一项工作都各有特点。为实现计划和完成工作所设计的控制系统和所进行的控制工作，尽管基本过程是相同的，但在确定什么标准、控制哪些关键点和重要参数、收集什么信息、如何收集信息、采取何种方法评定成效以及由谁来控制和采取纠正措施等方面，都必须按不同计划的特殊要求和具体情况来设计。例如，对成本计划的控制主要在于控制各部门、各单位甚至各种产品在生产经营过程中所发生的费用；而对产品销售计划的控制，主要包括控制销售产品的品种、规格、数量和交货期等。控制工作越是考虑到各种计划的特点，就越能更好地发挥作用。

三、组织适应性原则

控制必须反映组织结构的类型和状况。组织结构既然是明确组织内每个人应当担任什么职务的主要依据，因而也就是明确职权和责任的依据。为此，控制必须反映组织的结构状况并由健全的组织结构来保证，否则，控制只是空谈。健全的组织结构有两个方面的含义：一方面，要能在组织中将反映实际工作状态的信息迅速地上传下达，保证联络渠道的畅通；另一方面，要做到责权分明，使组织结构中的各部门和个人都能切实担负起自己的责任。否则，出现了偏差就难以纠正，控制也就不可能实现。例如，如果产品成本不按制造部门的组织机构分别进行核算和累计，如果每个车间主任都不知道该部门产出的产成品和半成品的目标成本，那么它就没有多大用处。因此，建立控制系统必须符合每个主管人员的情况，使之能够很好地理解、信任并运用这个系统实施有效的控制。

四、关键点原则

所谓关键点原则，是指控制工作要突出重点，不能只从某个局部利益出发，要针对重要的、关键的因素实施重点控制。事实上，组织中的活动往往错综复杂，管理者根本无法对每一个方面实施完全的控制，它们应该将注意力集中于计划执行中的一些关键影响因素上。因此，找出或确定这些关键因素，并建议重点控制，是一种有效的控制方法。控制住了关键点，也就控制住了全局。

选择关键控制点的能力是管理工作的一种艺术，有效控制在很大程度上取决于这种能力。目前，已经存在一些有效的方法，能帮助主管人员在某些控制工作中选择关键点。例如，计划评审技术就是一种在有多种平行作业的复杂管理活动网络中寻找关键活动和关键路线的方法。这是一种强有力的系统工程方法。它的成功运用确保了像美国北极星导弹研制工程和阿波罗登月工程等大型工程项目提前或如期完成。

五、例外原则

所谓例外原则，是指控制工作应着重于计划实施中的例外偏差（超出一般情况的特别好或特别坏的情况）。这可使管理者把精力集中在他们注意和应该注意的问题上。但是，只注意例外情况是不够的，对例外情况的重视程度不应仅仅依据偏差的大小而定，同时需要考虑客观实际情况。在偏离标准的各种情况中，有一些是无关紧要的，而另一些则不然，某些微小的偏差可能比某些较大的偏差影响更大。因为在一个特定的组织中，不同工作的重要程度各不相同。例如，在某一企业中，对"合理化建议"的奖励超出 20％可能无关紧要，而产品的合格率下降 1％却可能使所有产品滞销。

因此，在实际工作中，控制的例外原则必须与控制关键点原则相结合，把注意力集中在对关键点的例外情况的控制上。关键点原则强调选择控制点，而例外原则强调观察在这些控制点上所发生的异常偏差。

六、及时性原则

控制的及时性是指在控制工作中及时发现偏差，并能及时采取措施纠正。一个有效的控制系统必须能够提供及时的信息。信息是控制的基础。为提高控制的及时性，信息的收集和传递必须及时。如果信息的收集和传递不及时，信息处理的时间又过长，则偏差就不能及时纠正。当采取纠正措施时，如果实际情况已经发生了变化，这时采取的措施如果不变，不仅不能产生积极作用，反而会带来消极影响。

控制信息滞后往往会造成不可弥补的损失。时滞现象是反馈控制系统一个难以克服的困难。较好的解决办法是采用前馈控制，使管理者尽早发现乃至预测到偏差的产生，采取预防性措施，使工作的开展在最初阶段就能够沿着目标方向进行。即使有了偏差，也能及时纠正，把损失降到最低程度。控制要做到及时性，必须依靠现代化的信息管理系统、随时传递信息、掌握工作进度，如此才能尽早发现偏差，进而及时采取措施进行控制。

七、客观性原则

控制的客观性是指在控制工作中，管理者不能凭个人的主观经验或直觉判断，而应采用科学的方法，尊重客观事实。

控制工作的客观性要求控制系统应尽可能提供和使用无偏见、详细、可以被证实和理解的信息。同时，还要求必须具有客观、准确和适当的控制标准。管理难免有许多主观的因素在内，但是对于下属工作的评价不应仅凭主观来决定。在整个控制过程中，主观判断不仅可能使绩效的衡量得不出明确的结论，而且还会使纠正偏差的力度难于把握，从而使现实工作更加混乱。

为了保证控制的客观性，就要求尽可能将衡量标准加以量化。量化程度越高，控制越规范。但是，在诸多衡量标准中总有一些是定性和难于量化的。总之，客观标准可以是定量也可以是定性的，但要做到客观，关键问题是使标准在任何情况下都是可测定和可考核的。

八、准确性原则

一个控制系统要想行之有效，必须具备准确性。一个提供不准确信息的控制系统将会导致管理者在应该行动的时候没有行动，没有出现问题反而采取了行动。基于不准确信息的种种决策往往是错误的决策，会使整个组织蒙受损失。

现实中由于各种因素的影响，常常将不准确性带入控制系统之中。有时，可能是因为衡量绩效的工具精确度不够，使衡量结果的误差过大；有时，则可能是工作人员出于个人利益，人为地虚报数据。因此，管理者需要选择适用、精确的绩效衡量方法和工具，避免产生误差，同时还要采取预防措施，运用先进的管理技能，避免出现弄虚作假行为。

九、弹性原则

有效的控制系统应具有足够的弹性，以适应各种不利的环境变化或利用各种新的机会。如今技术进步日新月异，顾客需求也在不断变化，组织所处内、外部环境中的干扰性、复杂性越来越大。如果没有一个灵活的系统对这些变化做出准确的预测或反映，并据此调整组织活动，那么任何一个组织的生存都难以维系下去。

一个灵活的控制系统能在计划变化以及发生未曾预见事项的情况下继续发挥作用。一项管理计划方案在某种情况下可能会出现问题，控制系统应能报告这种失常的情况，同时还应有足够的灵活性来保持对运行过程的管理控制。例如，假设预算是根据预测的销售量制定的，如果实际销售量远远高于或低于预测的销售量，原来的预算就变得毫无意义，这时就要求修改甚至重新制定预算，并根据新的预算制定合适的控制标准。

通常，对各种可能出现的情况都应尽量准备好各种可选择的方案，以使控制更具有灵活性。事实上，灵活的控制一般最好通过灵活的计划实现。

十、经济性原则

控制活动需要经费。是否进行控制，控制到什么程度，都要考虑费用问题。应将控制所需的费用同控制所产生的结果进行比较。当通过控制所获得的价值大于它所需费用时，才有必要实施控制。所以，从经济性的角度考虑，控制系统并不是越复杂越好，控制力度也不是越大越好。控制系统越复杂，控制工作力度越大，意味着控制的投入也越大。而且，在许多情况下，这种投入的增加并不一定会导致计划能更顺利地实现。管理者应尝试使用能产生期望结果的最少量的控制。如果控制能够以最小的费用或其他代价来实现预期的控制目的，那么这种控制系统就是最有成效的。

第三节 控 制 原 理

管理中的控制自古有之，在西方古典管理理论中，一些学者在划分管理职能时，很早就注意到了控制这一管理的基本职能。但当时所强调的控制职能是只凭经验进行控制，如今的控制是以科学理论为基础的。一般认为，管理控制的理论基础是现代科学中具有较强综合性的基础理论，即信息论、系统论和控制论，通常简称为 ISC 三论。

一、系统论原理

系统是由事物间相互依赖、相互作用的若干要素和部分，按照一定规律所组成的具有特定功能的整体。系统的概念具有普遍适用性。无论是自然界、人类社会还是思维领域，都有系统存在。系统论就是以系统为研究对象，探索和揭示系统发生、发展的基本规律，并用逻辑思维和数学语言定量描述系统的一门科学。系统论一般分为三大分支。

1. 系统工程

即以系统作为研究对象，从系统的整体出发，用最合理、经济、有效的组织管理方法和技术，达到系统的目的。系统工程的关键是使系统达到最优化。

2. 系统分析

是指从系统的观点出发对事物进行分析或综合，找出各种可行方案，使决策者可以在许多可行方案中选择最优方案。

3. 系统管理

是指运用系统工程的思想、方法和程序，对已建成并投入运行的系统进行管理，一般包括系统研究、系统计划、计划执行和工作检查四个阶段。这四个阶段构成了一个动态的管理过程。

管理中的控制职能吸收了系统论中三大分支学科的基本思想。如控制的目的是使计划目标得以实现。在控制的整个过程中体现了最优化的要求，也体现了系统管理的主要内容。具体地说，进行管理控制时要取得良好的控制绩效，就需将控制的对象视为一个系统，并从以下几个方面把握系统的主要特征。

1. 系统的整体性

这是系统的本质特征。在处理管理问题时，它要求要从全局出发，协调各部分之间的关系。

2. 系统的有序性，或称之为系统的层次性

它表现为系统的结构具有层次，构成系统的各个部分是依据一定的规律，而不是杂乱无章地组合而成的。不仅如此，系统的发展也具有层次性。

3. 系统的相关性

它指构成系统的各子系统之间存在着相互依存、相互制约的关系，子系统与大系统之间也存在着相关性。这是因为子系统之间的关系是通过大系统整体相互关联的。系统的相关性特征告诉我们，在管理过程中，既要协调系统中部分与部分之间的关系，又要处理好部分与整体之间的关系。

二、信息论原理

信息论产生于 20 世纪 40 年代末，它的主要创立者是美国的数学家香农（Shannon）和维纳（Norbert Wiener）。

最初，信息论仅局限于通信领域，后来，信息论作为控制论的基础。它是一门应用概率论与数理统计方法研究通信和控制系统中普遍存在的信息传递和信息处理的科学。随着现代科学技术的发展，信息概念及其方法远远超出通信领域，发展成一种广义信息论。在美国称为信息科学，西欧称为信息系统，见图 15-2。

人类对信息的认识和利用虽然历史悠久，但是上升到科学理论的高度并形成一门独立的科学，却是 20 世纪 40 年代的事情。一般认为，香农的《通讯的数学理论》（1948）的发表标志着信息论的诞生。它为人们广泛而有效地利用信息提供了基本的技术方法和必要的理论基础。

另外，维纳从控制论的角度给信息下了定义，并把它作为处理通信和控制的基本概念和方法，为信息的广泛应用开辟了光辉的前景。"信息就是信息，既不是物质，也不是能量"这句维纳的名言已被大多数学者承认。目前，信息与物质、能量被并列为客观世界的三大因素。

图 15-2 信息方法示意图

信息方法这一术语，是控制论的创始人维纳在其 1948 年出版的《控制论》一书中提出的，如图 15-2 所示。尽管技术装置与生物有机体中的反馈回路可以很不相同，但作为信息通道来说却是相同的。这样，就便于控制论从统一的角度来一般地研究各类不同的控制论系统。

信息方法不同于传统的研究方法，传统的方法注重的是物质和能量在事物运动变化过程中的作用，而信息方法是以信息的运动作为分析和处理问题的基础，它完全撇开系统的具体运动形态，把系统的有目的的运动抽象为信息变换过程。它根据系统与外界环境之间的信息输入输出关系，以及系统对信息的整理和使用的过程来研究系统的特性，探讨系统的内在规律。

信息方法是实现科学管理的有效手段。我们知道，管理的成败首先取决于管理决策是否正确。决策正确与否又与能否及时、准确地获取足够的信息有直接的关系，决策过程的实质就是信息反馈控制过程。从信息方法的角度看，我们可以把管理过程抽象为信息过程。整个管理活动就是信息从输入到输出，经过反馈再一次重新输入的过程。

在系统论中，人们分析系统运行时总使用信息这一概念。信息作为系统的输入，通过系统转化成为输出。系统输出中也包含着大量的信息，作为输出的信息又全部或部分地以反馈形式再输入系统之中。

信息与系统一样，是一个普遍适用的概念，它存在于自然界和人类社会。在管理学中，人们一般将信息理解为消息、情报、知识、数据和资料等。信息论就是研究信息的获取、交换、传输、存储、处理、利用和价值等问题的一门科学。

信息是管理控制的基础和关键。控制就是将现实工作成果与计划规定的目标相比较，并纠正偏差的过程。控制过程就是信息传递和转换过程。控制职能的实施需有两方面的信息作为基础和条件。一是控制信息，即指由控制主体所发出的信息，这些信息规定了系统运行的方向、目标及为达到目标而进行的各项工作的时间、任务和指标；二是反馈信息，这类信息是实施控制职能的关键。它是指在计划执行过程中，由控制主体随时收集到的有关实际工作情况的信息。控制者通常将这类信息与计划信息进行比较，查明发生偏差的原因，以便采取纠正措施。因此，要求管理者必须掌握充实的有关管理过程的信息，以便于组织目标的顺利实现。

三、控制论原理

控制的一般含义是指不让被控制对象任意活动或使其活动不超出规定的范围。作为科学术语，控制的概念首先是由维纳于 1948 年在他的著作《控制论——关于在动物和机器中控制和通讯的科学》一书中正式提出来的。维纳在描述控制论的实质时说："控制论的目的在于创造一种语言和技术，使我们有效地研究一般的控制和通信问题，同时也寻找一套恰当的思想和技术，以便通信和控制问题的各种特殊表现都能借助一定的概念加以分类。"

控制论不仅为自然科学，也为社会科学领域的研究奠定了认识论和方法论的基础。控制论在管理中的应用已经日益普及。结合系统分析方法和信息论的观点，根据控制论的基本原理指导管理实践已经取得了成效。

控制论在管理领域应用的主要技术是"功能模拟技术",又称"黑箱方法"。它根据模型和原型之间的相似关系来模拟对象,并通过模型来研究原型的规律性。简单地说,它就是通过建立系统模型来模拟所考察的问题(将被考察对象视为一个系统),重点研究系统的输入和输出及其相互联系。正因为功能模拟方法并不关心系统是如何将输入转换为输出的,因此,习惯上将此方法称为"黑箱方法"。管理意义上的控制正是依据这一技术,通过调整系统的输入条件而影响系统的输出,使其符合管理的目的。

第四节 控制过程与类型

一、控制过程

控制的对象一般都是针对人员、财务、作业、信息及组织的总体绩效,无论哪种控制对象,其所采用的控制技术和控制系统实质上都是相同的。控制的基本过程都包括三个步骤:一是确定标准;二是衡量绩效;三是采取措施。

1. 确定标准

标准必须从计划中产生,计划必须先于控制。换而言之,计划是管理者设计控制工作和进行控制工作的准绳,所以控制工作的第一步总是制定计划;同时,计划的详尽程度和复杂程度各不相同,而且管理者也不可能事事都亲自过问,所以就得制定具体的标准。所谓标准,就是衡量实际工作绩效的尺度。它们是从整个计划方案中选出的,可以给管理者一个信号,使其不必过问计划执行过程中的每一个具体步骤,就可以了解工作的进展情况。

然而,由于不同的企业和不同的部门的特殊性,有待衡量的产品与服务种类繁多,有待执行的计划方案也数不胜数,所以不存在可供所有管理者使用的统一的控制标准。但是,所有的管理者必须使他们的控制和控制标准与其控制工作的需要相一致。

对管理者来说,选择关键性控制点的能力是一项艺术。因为有效的控制取决于控制点。这些控制点有的是一些限制性的因素,有的是一些非常有利的因素,这些因素会影响到将来整个组织的业绩。为此,管理者在确定标准时应当自问:可以最佳地反映本部门目标的是什么?当没有符合这些目标时,可以清楚地反映情况的是什么?能最好地衡量控制点偏差的是什么?应该由谁对哪些失误负责任?哪些标准最省钱?经济适用的信息的标准是什么?

计划方案的每个目标、这些方案所包括的每项活动、每项政策、每项规程以及每项预算,都可以成为衡量实际业绩或预期业绩的标准。但实际上,标准大致有以下几种:

(1)实物标准。这是一类非货币衡量标准,通常用于耗用原材料、雇用劳动力、提供产品及服务等基层单位。

(2)成本标准。是货币衡量标准,与实物标准一样通用于基层单位。这类标准是把货币值加到经营活动的成本之中。

(3)资本标准。是用货币来衡量实物项目而形成的,是成本标准的变种。这些标准与企业的投入资本有关,而同资本运营无关。

(4)收益标准。把货币值用于销售量即为收益标准。

（5）计划标准。为进行控制有时会安排管理人员编制一个可变动预算方案，或者一个准备实施的新产品开发计划，或提高销售人员素质的计划。

（6）无形标准。也就是既不能以实物又不能以货币来衡量的标准。管理者经常遇到这样的难题：能用什么标准来测定公司人事部主任的才干？等等。对于这类问题，要确定明确定量又明确定性的标准是非常困难的。任何一个组织当中都存在着许多无形标准，这是因为对于一些工作的预期成果还缺乏具体的研究。

（7）以指标为标准。一些管理出色的企业往往要在每一层的管理部门建立可考核的定性指标或定量指标，无形标准尽管也很重要但在日益减少，通过这些指标来进行复杂的计划工作或衡量管理者的业绩。

在实际工作当中，不管采取哪种类型的标准，都需要按照控制对象的特点来决定。

2. 衡量绩效

衡量绩效其实也是控制当中信息反馈的过程。在确定了标准以后，为了确定实际工作的绩效究竟如何，管理者首先需要收集必要的信息，考虑如何衡量和衡量什么。这样，一方面可以反映出计划的执行过程，使管理者了解到哪些部门哪些员工的绩效显著，以便对其奖励；另一方面，还可使管理者及时发现那些已经发生或预期将要发生的偏差。

（1）如何衡量

有四种信息常常被管理者用来衡量绩效，它们是：个人观察、统计报告、口头汇报和书面报告。这些信息分别有其长处和缺点，但是将它们结合起来，可以大大丰富信息的来源并提高信息的准确程度。

个人观察提供了关于实际工作的最直接和最深入的第一手资料。这种观察可以包括非常广泛的内容，因为任何实际工作的过程总是可以观察到的。个人观察的显著优势是可以获得面部表情、声音语调以及怠慢情绪等等，它是常被其他来源忽略的信息。

计算机的广泛应用使统计报告的制作日益方便。这种报告不仅有计算机输出的文字，还包括许多图形、图表，并且能按管理者的要求列出各种数据。尽管统计数据可以清楚、有效地显示各种数据之间的关系，但它们对实际工作提供的信息是有限的。统计报告只能提供一些关键的数据，它忽略了其他许多重要因素。

信息也可以通过口头汇报的形式来获得，如会议、一对一的谈话或电话交谈等。这种方式的优点和缺点与个人观察相似。尽管这种信息可能是经过过滤的，但是它快捷、有反馈，同时可以通过语言词汇和身体语言来扩大信息，还可以录制下来，像书面文字一样能够永久保存。

书面报告与统计报告相比，要显得慢一些；与口头报告相比，要显得正式一些。这种形式比较精确和全面，且易于分类存档和查找。

这四种形式各有其优缺点，管理者在控制活动中必须综合使用方能获得较好效果。

（2）衡量什么

衡量什么是比如何衡量更关键的一个问题。如果错误地选择了标准，将会导致严重的不良后果。衡量什么还将会很大程度上决定组织中的员工追求什么。

有一些控制准则是在任何管理环境中都通用的。比如，营业额或出勤率可以考核员工的基本情况；费用预算可以将管理者的办公支出控制在一定的范围之内。但是，必须承认内容广泛的控制系统中管理者之间的多样性，所以控制的标准也各有不同。例如，一个制造业工厂的经理可以用每日的产量、单位产品所消耗的工时及资源、顾客退货率等进行衡量；一个政府管理部门的负责人可用每天起草的文件数、每天发布的命令数、电话处理一件事务的平均时间等来衡量；销售经理常常可用市场占有率、每笔合同的销售额、属下的每位销售员拜访的顾客数等来衡量。

如果有了恰如其分的标准，以及准确测定下属工作绩效的手段，那么对实际或预期的工作进行评价就比较容易。但是有些工作和活动的结果是难以用数量标准来衡量的。如对大批量生产的产品制定工时标准和质量标准是简单的，但对顾客订制的单件产品评价其执行情况就比较困难了。此外，对管理人员的工作评价要比对普通员工的工作评价困难得多，因为他们的业绩很难用有形的标准来衡量，而他们本身和他们的工作又恰恰非常的重要。他们既是计划的制定者，又是计划的执行者和监督者，他们的工作绩效不仅决定着他们个人的前途，而且关系到整个组织的未来，因此不能由于标准难以量化而放松或放弃对其的衡量。有时，可以把他们的工作分解成能够用目标去衡量的活动；或者采取一些定性的标准，尽管会带有一些主观局限性，但这总比没有控制标准和机制要好。

3. 采取措施

控制的最后一个步骤就是根据衡量和分析的结果采取适当的措施。管理者应该在下列三种控制方案中选择一个：维持原状；纠正偏差；修订标准。当衡量绩效的结果比较令人满意，可采取第一种方案；如果发现偏差，就要分析偏差产生的原因，有时可能是人员不称职或技术设备条件跟不上等造成的，也可能是计划或标准有误造成的，对不同的情况要采取不同的更正行动。在此，重点讨论后两种方案。

（1）纠正偏差

如果偏差是由于绩效不足所产生的，管理者就应该采取纠正措施。这种措施的具体方式可以是：管理策略的调整、组织结构的完善、及时进行补救、加强人员培训以及进行人事调整等。

管理者在采取纠正行动之前，首先要决定是应该采取立即纠正行动，还是彻底纠正行动。所谓立即纠正行动是指立即将出现问题的工作矫正到正确的轨道上；而彻底纠正行动首先要弄清工作中的偏差是如何产生的，为什么会产生，然后再从产生偏差的地方开始进行纠正行动。在日常管理工作中，许多管理者常以没有时间为借口而不采取彻底纠正行动，或者因为采取彻底纠正行动会遇到思想观念、组织结构调整以及人事安排等方面的阻力，而满足于不断的救火式的应急控制。然而事实证明，作为一个有效的管理者，对偏差进行认真的分析、并花一些时间永久性地纠正这些偏差是非常有益的。

（2）修订标准

工作中的偏差也可能来自不合理的标准，也就是说指标定得太高或太低，或者是原有的标准随着时间的推移已不再适应新的情况。这种情况下，需要调整的是标准而不是工作绩效。

但是应当注意的是，在现实生活中，当某个员工或某个部门的实际工作与目标之间差距非常大时，他们往往首先想到的是责备标准本身。比如，学生会抱怨扣分太严而导致他们的低分；销售人员可能会抱怨定额太高致使他们没有完成销售计划。人们不大愿意承认绩效不足是自己努力不够的结果，作为一个管理者对此应保持清醒的认识。如果你认为标准是现实的，就应该坚持，并向下属讲明你的观点，否则就应做出适当的修改。

控制过程其实可以看作是整个管理系统的一个组成部分，并且是和其他管理职能紧密相连的。管理者可以运用改变航道的原理重新制定计划或调整目标来纠偏，可以运用组织职能重新委派职务或进一步明确职责来纠偏，可以采用妥善地选拔和培训下属人员或重新配备人员来纠偏，也可以通过改善领导方式方法或运用激励政策来纠偏。控制活动与其他管理职能的交错重叠，说明了在管理者的职务中各项工作是统一的，说明管理过程是一个完整的系统。

二、控制类型

管理控制涉及组织活动的方方面面。由于管理控制的对象不同、目标不同、范围和重点不同，所运用的控制方式和类型也有所不同。管理控制从不同的角度、按照不同的标准可以划分为不同类型。下面介绍几种常见的控制类型。

1. 按控制信息的性质划分

我们知道，信息是控制当中的重要因素。管理中的控制信息可以来自系统的输出结果，也可以来自过程中，或者来自系统的输入及主要扰动量的变化，我们把第一种称为反馈控制；第二种称为同期控制；第三种称为前馈控制。

(1) 反馈控制

反馈控制（feedback control）是指将系统的输出信息返送到输入端，与输入信息进行比较，并利用两者的偏差进行控制的过程。反馈控制其实是用过去的情况来指导现在和将来。在控制系统中，如果返回的信息的作用是抵消输入信息，称为负反馈，负反馈可使系统趋于稳定；若其作用是增强输入信息，则称为正反馈，正反馈可使信号得到加强。反馈不仅是管理系统，也是自然界和人类社会中普遍存在的一种现象。如人体的温度调节系统、电冰箱的温度控制系统、农贸市场上的蔬菜供应的数量与价格、无线电信号的放大等等，都体现了反馈原理。反馈控制是管理控制工作的主要方式，是最常用的控制类型。

反馈控制具有许多优点。首先，它为管理者提供了关于计划执行的效果究竟如何的真实信息。如果反馈显示标准与现实之间只有很小的偏差，说明计划的目的是达到了；如果偏差很大，管理者就应该利用这一信息及时采取纠正措施，也可以参考这一信息使新计划制定得更有效。此外，反馈控制可以增强员工的积极性。因为人们希望获得评价他们绩效的信息，而反馈正好提供了这样的信息。

反馈控制的主要缺点是时滞问题，即从发现偏差到采取更正措施之间可能有时间延迟现象，在进行更正的时候，实际情况可能已经有了很大的变化，而且往往是损失已经造成了。时滞现象对系统的危害极大，它可以使系统的输出剧烈波动和不稳定，导致系统的状况继续恶化甚至崩溃。因此反馈控制与亡羊补牢类似。但是在许多情况下，反馈控制是唯一可用的控制手段。

(2) 同期控制

同期控制（concurrent control）是一种发生在计划执行过程之中的控制。同期控制具有监督和指导两项职能。监督是按照预定的标准检查正在进行的工作；指导是管理者针对工作中出现的偏差，根据制订的工作标准和自己的经验指导下属改进工作。管理者可以在发生重大损失之前及时纠正问题。它是一种主要为基层管理者所采用的控制方法，一般都在现场进行，故又被称为现场控制。它能做到偏差即时发现、即时了解、即时解决。

现场控制主要包括这样一些内容：向下级指示恰当的工作方法和工作过程；监督下级

的工作以保证计划目标的实现；发现不符合标准的偏差时，立即采取措施纠正。现场控制的关键就是做到控制的及时性。因此，必须有赖于信息的及时获得。多种控制方案的事前储备，以及事发后的镇静和果断。因而，也显示出现场控制的难度。但是，在计划的实施过程中，大量的管理控制工作，尤其是基层的管理控制工作都属于这种类型。因此，它是控制工作的基础。一个管理者的管理水平和领导能力的高低常常会通过这种工作表现出来。

在现场控制中，控制的标准应遵循计划工作中所确定了的组织方针与政策、规范和制度，采用统一的测量和评价。要避免单凭主观意志进行控制工作。控制的内容应该和被控制对象的工作特点相适应。例如，对简单的体力劳动采取严厉的监督可能会带来好的效果；而对于创造性的劳动，控制的内容应该和被控制对象的工作特点相适应。例如，对简单的体力劳动采取严厉的监督可能会带来好的效果；而对于创造性的劳动，控制的内容应转向如何创造出良好的工作环境，并使之维持下去。控制工作的重点应是正在进行的计划实施过程。虽然在产生偏差与管理者做出反应之间肯定会有一段延迟时间，但这种延迟是非常小的。控制工作的效果取决于管理者的个人素质、个人作风、指导的方式方法以及下属对这些指导的理解程度。其中，管理者的言传身教具有很大的作用。

（3）前馈控制

前馈控制是管理者最渴望采取的控制类型，因为它能避免预期出现的问题，防患于未然。所谓前馈控制（feed forward control），就是观察那些作用于系统的各种可以测量的输入量和主要扰动量，分析它们对系统输出的影响关系，在这些可测量的输入量和主要扰动量的不利影响产生以前，通常应立即采取纠正措施来避免它们的不利影响。前馈控制与反馈控制的主要区别是，它是在控制产生偏差的原因，而不是控制行动结果，这是前馈控制在现代化管理中的一个很重要的特点。

前馈控制的最大优点是克服了时滞现象。在实际问题发生前就采取管理行动，可以减少系统的损失，而且可以大大改善控制系统的性能，因此在现实中得到了广泛的应用。例如，提前雇用员工可以防止潜在的工期延误；司机在驾驶汽车上坡时提前加速可以保持行驶速度的稳定；在工程设计的过程中，常常将前馈控制与反馈控制结合在一起构成复合控制系统，以改善控制效果。

前馈控制需要对系统输出的未来变化趋势进行预测，并要分析可能对系统产生影响的主要扰动量。这一点往往会给管理工作带来很大困难。而且前馈控制系统一般比较复杂，一个可以操作的前馈控制系统一般应满足以下几个必要条件：

1）要对计划和控制系统做彻底、认真的分析，识别重要的输入变量。

2）为该系统建立一个前馈控制的模型。

3）经常对模型进行检查，以便了解所确定的输入变量及其相互关系是否仍能反映现实情况。

4）定期收集输入变量数据并将其输入系统。

5）定期评定实际输入数据与计划输入数据的差异，并评估这种差异对预期结果的影响。

6）必须有措施保证。在管理过程中，前馈控制系统像其他计划与控制技术一样，只能向管理者显示问题的存在、管理者必须采取措施，才能使这些问题得到解决。

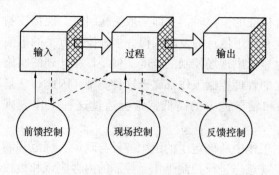

图 15-3 控制类型图

对三种控制类型的比较见图 15-3。图中的实线代表信息，虚线代表纠正措施。

2. 按控制的来源划分

按照控制来源可以把控制分为三种类型，即正式组织控制、群体控制和自我控制。

（1）正式组织控制

正式组织是为了实现某一共同的目标而明确规定各成员之间职责范围的一种结构。正式组织控制是通过管理者设计和建立起来的机构或规定来进行控制。例如，组织可以通过规划、指导组织成员的活动，通过预算来控制消费，通过审计来检查各部门或各成员是否按照规定进行活动，对违反规定或操作规程者给予处理等等，这些都是正式组织控制的范畴。正式组织控制相对于群体控制和自我控制而言具有更多的刚性和强制性。正式组织控制的内容通常包括如下几个方面：

1）实施标准化。即制定统一的规章、制度，制定出标准的工作程序以及生产作业计划等。

2）保护组织的财产不受侵犯。如防止偷盗、浪费等。这包括设备使用记录、审计作业程序以及责任的分派等。

3）质量标准化。包括产品的质量及服务的质量。主要采取的措施有对职工培训、工作检查、质量控制以及激励政策。

4）防止滥用权力。这可以通过制定明确的权责制度、工作说明、指导性政策、规则以及严格的财务制度来完成。

5）对员工的工作进行指导和考核。这可以通过评价系统、产品报告、废品消耗、对员工工作进行直接观察和指导等方式来完成。

（2）群体控制

群体控制是由非正式组织发展和维持的。非正式组织是相对于正式组织而存在的，但它并不是由正式组织建立或需要的，而是由于人们相互联系而自发形成的个人和社会关系的网络，成员之间以共同的感情、爱好及价值观为纽带。群体控制就是基于成员之间不成文的价值观念和行为准则的控制。非正式组织尽管没有明文规定的行为规范，但是组织中的成员都十分清楚这些规范的内容，都知道如果自己遵守这些规范，就会得到其他成员的认可，可能会强化自己在非正式组织组织中的地位；如果违反这些行为规范就会遭到惩罚，这种惩罚可能是遭受排挤、讽刺甚至被驱逐出该组织。群体控制在某种程度上左右着职工的行为，处理得好有利于达成组织目标。如果处理不好，将会给组织带来很大的危害。

（3）自我控制

自我控制是指个人有意识地去按某一规范进行活动。自我控制能力取决于个人本身的素质。例如，一个员工不愿把企业的东西据为己有，可能是因为他具有诚实、廉洁的品质，而不单单是怕被抓住而受惩罚。具有良好修养的人一般具有较强的自我控制能力，顾全大局的人比看重个人局部利益的人具有较强的自我控制能力，具有较高层次需求的人比具有较低层次需求的人具有较强的自我控制能力。

正式组织控制、群体控制和自我控制有时相互一致，有时又是相互抵触的。这取决于组织对其成员的教育和吸引力，或者说取决于组织文化。有效的管理控制系统应该综合利用这三种控制类型，并使它们尽可能和谐，防止它们互相冲突。

3. 按控制的手段划分

按照所采用的手段可以把控制划分为直接控制和间接控制两种类型。

（1）间接控制

间接控制是基于这样一些事实为依据的：即人们常常会犯错误，或常常没有觉察到那些将要出现的问题，因而未能及时采取适当的纠正或预防措施。因此间接控制着眼于发现工作中出现的偏差，分析其产生的原因，并追究管理者个人的责任使其改进未来的工作。

在实际工作中，管理人员往往是根据计划和标准，对比或考核实际的结果，研究造成偏差的原因和责任，然后才去纠正。实际上，在工作中产生偏差的原因是很多的。比如，有时是制定的标准不正确，可对标准做合理的修订；或者存在未知的不可控的因素，如未来社会的发展状况、自然灾害等，因此而造成的失误是难免的；但还有一种原因，就是管理人员缺乏知识、经验和判断力等，在这种情况下可运用间接控制来纠正。同时，间接控制还可以帮助管理人员总结并吸取经验教训，丰富他的知识、经验和判断力，提高其管理水平。

但是，间接控制存在许多缺点。最明显的是，间接控制是在出现了偏差，造成损失之后才采取措施，因此其花费的代价比较大。另外，间接控制是建立在以下五个假设的基础之上的：工作绩效是可以计量的；人们对工作有责任感；追查偏差原因所需要的时间是有保证的；出现的偏差可以及时发现；有关部门和人员将会采取纠正措施。然而这些假设在实际当中有时却不能成立。比如，工作绩效的大小和责任感的高低有时是难以精确评价的，而且两者之间可能关系不大或根本无关；有时，管理人员可能不愿意花费时间去调查分析偏差的原因；有的偏差并不能预先估计或及时发现；有时发现了偏差并查明了原因，可管理者有时候或推卸责任或固执己见，而不去及时采取措施等等。因此，间接控制尚存在一些局限性，还不是普遍有效的控制方法。

（2）直接控制

直接控制认为，计划实施的结果取决于执行计划的人，管理者及其下属的素质越高，就越不需要间接控制。因此，直接控制着眼于培养更好的管理人员，提高他们的素质，使他们能熟练地应用管理的概念、技术和原理，能以系统的观点来看待管理问题，从而防止出现因管理应用管理不善而造成的不良后果。

进行直接控制有许多优点。首先，由于直接控制比较重视人的素质，因而能对管理人员的优缺点有比较全面的了解，在对个人委派任务时能有较大的准确性；同时，为使管理人员合格，对他们经常进行评价并进行专门的培训，能消除他们在工作中暴露出的缺点及不足。第二，直接控制可以及时采取纠正措施并使其更加有效。它鼓励用自我控制的方法进行控制。由于在对人员评价过程中会暴露出工作中存在的缺点，因此会促使管理人员更加努力地担负起职责并自觉地纠正错误。第三，由于提高了管理人员的素质，减少了偏差的发生，可以减轻损失，节约开支。第四，直接控制可以获得较好的心理效果。管理者的素质提高后，其自信心和威信也会得到提高，下级也会更加支持他们的工作，这有利于整体目标的顺利实现。

但需注意的是，采用直接控制方法是有条件的。管理人员必须对管理的原理、方法、职能及哲理有充分的理解。虽然这些不容易做到，但不是不能做到，管理人员可以通过进修、实际经验的积累、上级的严格要求和精心指导等途径，使自己的素质得到提高。

第五节 控 制 方 法

一、预算

所谓预算，就是用数字、特别是用财务数字的形式来描述企业未来的活动计划，它预估了企业在未来时期的经营收入或现金流量，同时也为各部门或各项活动规定了在资金、劳动、材料、能源等方面的支出不能超过的额度。预算控制，就是根据预算规定的收入与支出标准来检查和监督各个部门的生产经营活动，以保证各种活动或各个部门在充分达成既定目标、实现利润的过程中对经营资源的利用，从而费用支出受到严格有效的约束。如果要使预算控制很好地发挥作用，那么管理者必须明确：预算仅仅是管理的手段，而不能代替管理的工作；预算具有局限性，而且必须切合每项工作。另外，预算不仅仅是财务人员和总会计师的管理手段，而且也是所有管理者的管理手段。

1. 有效的预算控制必须注意以下几个方面：

一是高层管理部门的支持。要使预算的编制和管理最有效果，就必须得到高层管理部门全心全意的支持。首先，要给下属编制预算的工作提供在时间、空间、信息及资料等方面的方便条件；另一方面，如果公司的高层管理部门积极地支持预算的编制工作，并将预算建立在牢固的计划基础之上，要求各分公司和各部门编制和维护他们各自的预算，并积极地参与预算审查。那么，预算就会促使整个公司的管理工作完善起来。

二是管理者的参与。要使预算发挥作用的另一种方法就是高层部门的直接参与，也就是希望那些按预算从事经营管理的所有管理者都置身于预算编制工作。多数预算负责人和总会计师都有这样的感觉，即真正地参与预算编制工作是保证预算成功的必要条件。不过在实际中，参与往往变成了迫使管理者仅仅去接受预算而已，这是不足取的。

三是确定各种标准。提出和制定各种可用的标准，并且能够按照这种标准把各项计划和工作转换为对人工、经营费用、资本支出、厂房场地和其他资源的需要量，这是预算编制的关键。许多预算就是因为缺乏这类标准而失效的。一些管理者在审批下属的预算计划时之所以犹豫不决，就是因为担心下属供审查的预算申请额度缺乏合理的依据。如果管理者有了合理的标准和适用的换算系数就能审查这些预算申请，并提出是否批准这些预算申请的依据，而不至于没有把握地盲目削减预算。

四是及时掌握信息。如果要使预算控制发挥作用，管理者需要获得按照预算所完成的实际业绩和预测业绩的信息。这种信息必须及时向管理者表明工作的进展情况，应当尽可能地避免因信息迟缓导致发生偏离预算的情况发生。

2. 预算的作用与缺陷

预算的实质是使用统一的货币单位为企业各部门的各项活动编制计划，因此使得企业在不同时期的活动效果和不同部门的经营绩效具有可比性；预算为协调企业活动提供了依据；预算的编制与执行始终是与控制过程联系在一起的；为企业的各项活动确立财务标准；方便了控制过程中的绩效衡量工作；并为采取纠正措施奠定了基础。

但是，预算在编制和执行中也带有自身的一些局限性：只能帮助企业控制那些可以计量的、特别是可以用货币单位计量的业务活动；编制预算时通常参照上期的预算项目和标准，从而会忽视本期活动的实际需要；缺乏弹性、非常具体特别是涉及较长时期的预算，可能会过度束缚决策者的行动，使企业经营缺乏灵活性和适应性；主管们的精打细算可能忽视了部门活动的本来目的。

3. 预算的类型

（1）预算按其出发点的特征不同，可以分为增量预算和零基预算。

增量预算是指新的预算使用以前期间的预算或者实际业绩作为基础来编制，在此基础上增加相应的内容。资源的分配是基于以前期间的资源分配情况。这种方法并没有考虑具体情况的变化。这种预算关注财务结果，而不是定量的业绩计量，并且和员工的业绩并无联系。

零基预算方法是指在每一个新的期间必须重新判断所有的费用。零基预算开始于"零基础"，需要分析企业中每个部门的需求和成本。无论这种预算比以前的预算高还是低，都应当根据未来的需求编制预算。零基预算通过在企业中的特定部门的试行而在预算过程中实施高层次的战略性目标。此时应当归集成本，然后根据以前的结果和当前的预测进行计量。

上面介绍的预算控制是一种传统而又广泛使用的控制方法。随着社会的发展和科学技术的进步，组织的规模越来越大，劳动分工越来越细，管理活动越来越广泛而复杂，信息量也越来越大，控制的技术和方法在传统的基础上也得到了很大的丰富和发展。在这里，我们根据管理对象的不同，简要介绍几种其他的控制方法和技术。需要指出的是，不管采用哪种控制方法和技术，都必须有一个管理系统作为保障，而且在实际管理活动中必须因地制宜，灵活应用。

（2）静态预算与弹性预算

静态预算是指为特定的作业水平编制的预算。弹性预算是指在成本按性质分类的基础上，以业务量、成本和利润之间的相互关系为依据，按照预算期内可能实现的各种业务水平编制的有伸缩性的预算。

二、经济订购批量

为了生产某些产品而订购所需要原料，应该使用什么标准来确定订购的数量？订购怎样的批量才能够获得最佳的投资效益？经济订货批量模型最早由（F. W. Harris）于1915年提出的。经济订货批量（Economic Order Quantity，EOQ）是存货维持与订货处理相结合使成本最低的补给订货批量。

经济订货批量模型又称整批间隔进货模型，是目前大多数企业最常采用的货物定购方式。该模型适用于整批间隔进货、不允许缺货的存储问题，即某种物资单位时间的需求量为常 D，存储量以单位时间消耗数量 D 的速度逐渐下降，经过时间 T 后，存储量下降到零，此时开始订货并随即到货，库存量由零上升为最高库存量 Q，然后开始下一个存储周期，形成多周期存储模型。

这种批量的确定，是假设全年的需求和成本相对较稳定。当企业按照经济订货批量来订货时，可实现订货成本和储存成本之和的最小化。一是订购成本，即每次订货所需的费

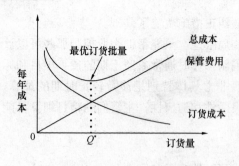

图 15-4 经济订货批量模型

用；二是保管费用，即储存原材料或零部件所需的费用。如果每次订购的数量越大，所需订购的次数就越少，相应订购成本就少，但是存储成本相应增加；如果每次订购的数量越少，订购次数就会越多，订购成本就会增加，同时储存成本就适当降低。计算经济订货批量最有效的方法是数学方法，经济订货批量的计算原理可用图 15-4 来表示。

其中，Q 为经济订货批量；C 为单次订货成本；R 为年总需求量；P 为货物单价（元/件）；F 为每件存货的年保管费用占其价值的百分比；$H=PF$，单位产品的库存成本，即每件存货的年平均库存保管费用[元/（件·年）]。经济订货量基本模型需要设立的假设条件有：

（1）企业一定时期的进货总量可以较为准确地予以预测；

（2）存货的耗用或者销售比较均衡；

（3）存货的价格稳定，且不存在数量折扣，进货日期完全由企业自行决定，并且每当存货量降为 0 时，下一批存货均能立刻一次到位，见图 15-5；

（4）仓储条件及所需现金不受限制；

（5）不允许出现缺货的情形；

（6）所需存货市场供应充足，不会因买不到所需存货而影响其他方面。

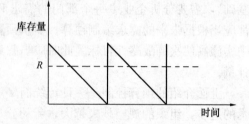

图 15-5 存储量图

$$订购成本 = \frac{CR}{Q} \quad 保管费用 = \frac{PFQ}{2}$$

$$总成本 = 原材料价值 + 订购成本 + 保管费用 = PR + \frac{CR}{Q} + \frac{PFQ}{2}$$

$$TC(Q) = PR + \frac{CR}{Q} + \frac{PFQ}{2} \quad 对 Q 求一阶导数得出：$$

$$\frac{dTC(Q)}{dQ} = \frac{d}{dQ}\left(PR + \frac{CR}{Q} + \frac{PFQ}{2}\right) = 0$$

$$\frac{PF}{2} - \frac{CR}{Q^2} = 0 \quad Q = \sqrt{\frac{2CR}{PF}} = \sqrt{\frac{2CR}{H}}$$

$$经济订购批量 = \sqrt{\frac{2 \times 单次订购成本 \times 年总需求量}{单位产品的库存成本}}$$

通过计算，当订购成本和保管费用相等时总成本最小，也就是当两者相等时的订购量为经济订购批量。

[例 15-1] C 公司是一家冰箱生产企业，全年需要压缩机 360000 台，均衡耗用。全年生产时间为 360 天，每次的订货费用为 160 元，每台压缩机保管持有费率为 80 元，每台压缩机的进价为 900 元。求经济订购批量是多少？

虽然 EOQ 公式比较简单明了，但是在实际应用时还必须考虑其他因素。最常见的就是那些与各种费用调整有关的问题，这是为了利用特殊的购买形式和单位化特征而必须做出的调整。与 EOQ 延伸有关的三种调整分别是：运量费率、数量折扣以及其他调整。

1. 运量费率

在 EOQ 公式中，没有考虑运输成本对订货批量的影响。在根据交付数量购买产品并且卖方支付了从产地到存货目的地的运输费用时，这种忽略有时可能是正确的，因为这是由卖方负责装运，直至它抵达顾客的业务地点。然而，当产品的所有权在产地就已转移，那么在确定订货批量时，就必须考虑运输费率对总成本的影响。

2. 数量折扣

数量折扣可以用基本的 EOQ 公式直接处理，它按照与给定的数量有关的价格计算总成本，以确定相应的 EOQ 值。如果任何数量上的折扣足以弥补增加的维持成本减去降低的订货成本，那么，数量折扣就提供了一种可行方案。但是，应该注意到的是，数量折扣和运量费率各自对较大的购买数量产生影响，总成本最低的购买并不是总在数量上大于用 EOQ 方法计算出来的订货数量。

3. 其他 EOQ 调整

由于各种特殊的情况都会发生，因此需要对基本的 EOQ 方法进行调整。其中可以列举的例子有：①批量生产；②多产品购买；③有限的资本；④私营卡车运输等。

三、标杆管理

标杆管理起源于 20 世纪 70 年代末 80 年代初，在美国学习日本的运动中，首先开辟标杆管理先河的是施乐公司，后经美国生产力与质量中心系统化和规范化。

标杆管理的概念可概括为：不断寻找和研究同行一流公司的最佳实践，并以此为基准与本企业进行比较、分析、判断，从而使自己企业得到不断改进，进入或赶超一流公司，创造优秀业绩的良性循环过程。其核心是向业内或业外的最优秀的企业学习。通过学习，企业重新思考和改进经营实践，创造自己的最佳实践，这实际上是模仿创新的过程。

标杆管理与企业再造、战略联盟并称为 20 世纪 90 年代三大管理方法。标杆管理本质是一种面向实践、面向过程的以方法为主的管理方式，它与流程重组、企业再造一样，基本思想是系统优化，不断完善和持续改进。

1. 标杆控制的作用

（1）通过标杆管理，企业可以选择标杆，确定企业中、长期发展战略；并与竞争对手对比分析，制定战略实施计划，并选择相应的策略与措施。

（2）标杆管理可以作为企业业绩提升与业绩评估的工具。标杆管理通过设定可达目标来改进和提高企业的经营业绩。目标有明确含义，有达到的途径，可行、可信，使企业可以坚信绩效完全有办法提高到最佳。而且，标杆管理是一种辨识世界上最好的企业实践并进行学习的过程。通过辨识行业内外最佳企业业绩及其实践途径，企业可以制定业绩评估标准；然后对其业绩进行评估，同时制定相应的改善措施。企业可以明确本企业所处的地位、管理运作以及需要改进的地方，从而制定适合本企业的有效的发展战略。

（3）标杆管理有助于企业建立学习型组织。学习型组织实质是一个能熟练地创造、获取和传递知识的组织，同时也要善于修正自身的行为，以适应新的知识和见解。而实施标杆管理后，有助于企业发现在产品、服务、生产流程以及管理模式方面存在哪些不足，并学习"标杆企业"的成功之处，再结合实际，将其充分运用到自己的企业当中。而且这种过程是一种持续往复的过程，主要基于三点考虑：企业所在的竞争环境持续改变；"标杆企业"不断升级与更新；企业业务范围和企业规模。

2. 标杆控制的缺陷

虽然作为一种管理方法或技术，标杆管理可以有效地提升企业、产业或国家的竞争力，但是实施标杆管理的实践业已证明，仅仅依赖标杆管理未必就一定能够将竞争力的提高转化为竞争优势，有的企业甚至陷入了"标杆管理陷阱"之中。

（1）标杆管理导致企业竞争战略趋同

标杆管理鼓励企业相互学习和模仿，因此，在奉行标杆管理的行业中，可能所有的企业都企图通过采取诸如提供更广泛的产品或服务以吸引所有的顾客细分市场等类似行动来改进绩效，在竞争的某个关键方面超过竞争对手。模仿使得从整体上看企业运作效率的绝对水平大幅度提高，然而企业之间相对效率差距却日益缩小。普遍采用标杆管理的结果必然使各个企业战略趋同，各个企业的产品、质量、服务甚至供应销售渠道大同小异，市场竞争趋向于完全竞争，造成在企业运作效率上升的同时，利润率却在下降。

（2）标杆管理陷阱

由于科技的迅速发展，使得产品的科技含量和企业使用技术的复杂性日益提高，模仿障碍提高，从而对实施标杆管理的企业提出了严峻的挑战：能否通过相对简单的标杆管理活动就能获得、掌握复杂的技术和跟上技术进步的步伐？如果标杆管理活动不能使企业跨越与领先企业之间的"技术鸿沟"，单纯为赶超先进而继续推行标杆管理，则会使企业陷入繁杂的"落后——标杆——又落后——再标杆"的"标杆管理陷阱"之中。

四、财务控制

1. 财务报表分析

财务报表是用于反映企业经营的期末财务状况和计划期内的经营成果的数字表。财务报表分析，也称经营分析，就是以财务报表为依据来判断企业经营的好坏，并分析企业经营的长处和短处。它主要包括三种分析：第一，利润率分析，指分析企业收益状况的好坏；第二，流动性分析，指分析企业负债与支付能力是否相适应，资金的周转状况是否良好等；第三，生产率分析，指分析企业在计划期间内生产出多少新的价值，又是如何进行分配将其变为人工成本、应付利息和净利润的。

财务报表分析法主要有实际数字法和比率法两种。实际数字法是用财务报表分析中的实际数字来分析，但有时这种绝对的数字不能准确地反映企业的不同时期或不同企业间的实际水平，因为企业在不同的时期以及在不同的企业之间条件不同，规模大小不同，行业标准不同；比率法是求出实际数字的各种比率后再进行分析，更好地体现出了相对性，所以比较常用。财务比率一般来说，用三个方面的比率来衡量风险和收益的关系：偿债能力反映企业偿还到期债务的能力；营运能力反映企业利用资金的效率；盈利能力反映企业获取利润的能力。上述这三个方面是相互关联的。例如，盈利能力会影响短期和长期的流动性，而资产运营的效率又会影响盈利能力。因此，财务分析需要综合应用上述比率。

2. 经营审计

审计是一种常用的控制方法，财务审计与管理审计是审计控制的主要内容，近来推行以保护环境为目的的清洁生产审计。所谓财务审计是以财务活动为中心内容，以检查并核实账目、凭证、财务、债务以及结算关系等客观事物为手段，以判断财务报表中所列出的综合的会计事项是否正确无误，报表本身是否可以依赖为目的的控制方法。通过这种审计还可以判明财务活动是否符合财经政策和法令。所谓管理审计，是检查一个单位或部门管理工作的好坏，评价人力、物力和财力的组织及利用的有效性。其目的在于通过改进管理工作来提高经济效益。此外，审计还有外部审计和内部审计之分，外部审计是指由组织外部的人员对组织的活动进行审计；内部审计是组织自身专门设有审计部门，以便随时审计本组织的各项活动。

按审计活动执行主体的性质分类，审计可分为政府审计、独立审计和内部审计三种。

（1）政府审计（governmental audit）

政府审计是由政府审计机关依法进行的审计，在我国一般称为国家审计。各国政府审计都具有法律所赋予的履行审计监督职责的强制性。

（2）独立审计（independent audit）。

独立审计，即由注册会计师受托有偿进行的审计活动，也称为民间审计。我国注册会计师协会（CICPA）在发布的《独立审计基本准则》中指出："独立审计是指注册会计师依法接受委托，对被审计单位的会计报表及其相关资料进行独立审查并发表审计意见。"独立审计的风险高，责任重，因此审计理论的产生、发展及审计方法的变革都基本上是围绕独立审计展开的。

3. 内部审计（internalaudit）

内部审计是指由本单位内部专门的审计机构和人员对本单位财务收支和经济活动实施的独立审查和评价，审计结果向本单位主要负责人报告。这种审计具有显著的建设性和内向服务性，其目的在于帮助本单位健全内部控制，改善经营管理，提高经济效益。在西方国家，内部审计被普遍认为是企业总经理的耳目、助手和顾问。1999 年，国际内部审计师协会（IIA）理事会通过了新的内部审计定义，指出："内部审计是一项独立、客观的保证和咨询顾问服务。它以增加价值和改善营运为目标，通过系统、规范的手段来评估风险、改进风险的控制和组织的治理结构，以达到组织的既定目标。"

按审计内容分类，我国一般将审计分为财政财务审计和经济效益审计。

1. 财政财务审计（financial audit）

财政财务审计是指对被审计单位财政财务收支的真实性和合法合规性进行审查，旨在纠正错误、防止舞弊。具体来说，财政审计又包括财政预算执行审计（即由审计机关对本级和下级政府的组织财政收入、分配财政资金的活动进行审计监督）、财政决算审计（即由审计机关对下级政府财政收支决算的真实性、合规性进行审计监督）和其他财政收支审计（即由审计机关对预算外资金的收取和使用进行审计监督）。财务审计则是指对企事业单位的资产、负债和损益的真实性和合法合规性进行审查。由于企业的财务状况、经营成果和现金流量是以会计报表为媒介集中反映的，因而财务审计时常又表现为会计报表审计。

财政财务审计在审计产生以后的很长一段时期都居于主导地位，因此可以说是一种传统的审计；又因为这种审计主要是依照国家法律和各种财经方针政策、管理规程进行的，故又称为依法审计。我国审计机关在开展财政财务审计的过程中，如果发现被审单位和人员存在严重违反国家财经法规、侵占国家资财、损害国家利益的行为，往往会立案进行深入审查，以查清违法违纪事实，做出相应处罚。这种专案审计一般称为财经法纪审计，它实质上只是财政财务审计的深化。

2. 经济效益审计（economic effectivity audit）

经济效益审计是指对被审计单位经济活动的效率、效果和效益状况进行审查、评价，目的是促进被审计单位提高人财物等各种资源的利用效率，增强盈利能力，实现经营目标。在西方国家，经济效益审计也称为"3E"（efficiency，effectivity，economy）审计。最高审计机关国际组织（INTOSAI）则将政府审计机关开展的经济效益审计，统一称为"绩效审计"（performance audit）。西方国家又将企业内部审计机构从事的经济效益审计活动，概括为"经营审计"（operational audit）。

五、质量控制

1. 全面质量管理（Total Quality Management，TQM）

20 世纪 50 年代末，美国通用电气公司的费根堡姆和质量管理专家朱兰提出了"全面质量管理"的概念，认为"全面质量管理是为了能够在最经济的水平上，并考虑到充分满足客户要求的条件下进行生产和提供服务，把企业各部门在研制质量、维持质量和提高质量的活动中构成为一体的一种有效体系"。20 世纪 60 年代初，美国一些企业根据行为管理科学的理论，在企业的质量管理中开展了依靠职工"自我控制"的"无缺陷运动"（Zero Defects），日本在工业企业中开展质量管理小组（Q. C. Circle/Quality Control Circle）活动行动，使全面质量管理活动迅速发展起来。全面质量管理是一种预先控制和全面控制制度。它的主要特点就在于"全"字，它包含三层含义：①管理的对象是全面的，这是就横向而言；②管理的范围是全面的，这是就纵向而言；③参加管理的人员是全面的。全面质量管理的基本方法可以概况为四句话、十八字，即：一个过程，四个阶段，八个步骤，数理统计方法。

一个过程，即企业管理是一个过程。企业在不同时间内，应完成不同的工作任务。企业的每项生产经营活动，都有一个产生、形成、实施和验证的过程。

四个阶段，根据管理是一个过程的理论，美国的戴明博士把它运用到质量管理中来，总结出"计划（plan）—执行（do）—检查（check）—处理（act）"四阶段的循环方式，简称 PDCA 循环，又称"戴明循环"。

八个步骤，为了解决和改进质量问题，PDCA 循环中的四个阶段还可以具体划分为八个步骤。

1）计划阶段：分析现状，找出存在的质量问题；分析产生质量问题的各种原因或影响因素；找出影响质量的主要因素；针对影响质量的主要因素，提出计划，制定措施。

2）执行阶段：执行计划，落实措施。

3）检查阶段：检查计划的实施情况。

4）处理阶段：总结经验，巩固成绩，工作结果标准化；提出尚未解决的问题，转入下一个循环。

在应用 PDCA 四个循环阶段、八个步骤来解决质量问题时，需要收集和整理大量的书籍资料，并用科学的方法进行系统的分析。最常用的七种统计方法，他们是排列图、因果图、直方图、分层法、相关图、控制图及统计分析表。这套方法是以数理统计为理论基础，不仅科学、可靠，而且比较直观。

2. 6σ 管理法

6σ管理法是一种统计评估法，"σ"是希腊文的一个字母，在统计学上用来表示标准偏差值，用以描述总体中的个体离均值的偏离程度，测量出的σ表征着诸如单位缺陷、百万缺陷或错误的概率性，σ值越大，缺陷或错误就越少。6σ是一个目标，这个质量水平意味的是所有的过程和结果中，99.99966％是无缺陷的。也就是说，做100万件事情，其中只有三四件是有缺陷的，这几乎趋近到人类能够达到的最为完美的境界。6σ管理法的核心是追求零缺陷生产，防范产品责任风险，降低成本，提高生产率和市场占有率，提高顾客满意度和忠诚度。6σ管理既着眼于产品、服务质量，又关注过程的改进。

六西格玛（6σ）概念作为品质管理概念，最早是由摩托罗拉公司的麦克·哈里于1987年提出，其目的是设计一个目标：在生产过程中降低产品及流程的缺陷次数，防止产品变异，提升品质。

思考题

1. 管理中控制的含义与作用是什么？
2. 控制的基本原则有哪些？
3. 简述管理控制的基本过程？
4. 控制可以划分为哪些类型？各有怎样的特点？
5. 管理控制的基本原理是什么？
6. "控制就是管理，管理就是控制。"请对这一说法做出分析。
7. 请列举一个控制失效的例子，并分析原因。
8. 管理信息系统在管理控制中的作用是什么？
9. 管理控制的方法有哪些？内容如何？
10. 管理控制制度的内容有哪些？

相关链接　房地产公司建筑成本控制

成本控制一直都是房地产行业规范化管理的一个难点。由于成本控制的不确定因素很多，且不同项目的实际情况和人员素质不同，想在不同的项目上应用同一种管理手段、方法进行成本管理是不可能的，也是不现实的。如何开展有效的成本控制，这对任何一个公司都是一个很重要的课题。只要不断地从工作实践中总结经验、抓大放小、规范运作、科学管理，最终完成成本控制目标也并非难事。

案例一：

在我们的项目中，由于前期工程进展缓慢，第一批工程采用了费率招标模式，由合同双方核对确认预算价。这一合同模式在实际应用中出现了诸多不利因素。首先，在预算核对时，由于双方立场的严重对立，对定额规定较模糊的项目争议很大，造成预算核对工作量大得惊人，给以后的工作开展带来了很不利的影响；其次，在施工过程中，施工单位发现在预算中存在少算、漏算的情况，由于预算价是双方核对确认，施工单位要求据实调整，给我单位的日常管理工作带来了很大的负面影响；最后，在开工日期拖得较久的工程，施工单位又以招标时约定的建筑材料涨价为由，要求调整材料价格。

费率招标是一个极不科学的作法，对促进工程进度不一定有利（甚而有可能因双方在造价上达不成一致意见，而使工程搁浅），但肯定会牺牲成本。我们要在施工招标前期做出积极的准备，确定在合理的施工期间内可能出现的价格波动因素，明确合同双方应承担的价格风险范围。在一期二批工程招标中，我方在招标文件中明确指明中标价一次包死，同时只提供了甲方供材及外包工程的价格，其余的材料要求施工单位自主调查市场价格并承担风险；增列了单项金额小于1000元的签证不予结算的条款，有力地促进了现场管理工作的顺利进行。

案例二：

最近，我和工程部A某对临街营业房地弹门及大玻璃窗制作安装工程进行了招标。由于前期准备工作做得很充分，对地弹门主材（10厚钢化玻璃、地弹簧、拉手、玻璃门夹）进行了市场综合调查。在调查中发现地弹门五金价格差距很大，其中：地弹簧的价格范围在60~800元/个之间，拉手的价格范围在40~160元/套之间。为了确保各投标单位报价的可比性，在招标时我方根据产品的性能，指定了合理的配置和价位（采用GMT818系列地弹簧240元/个、金浪斯600拉手60元/套）。由于各施工单位报价的标准一致，竞争很激烈，最终中标价格比前期预测价格低很多，大玻窗为120元/平方米（前期已经招标的合同价为200元/平方米），地弹门为260元/平方米，确保了公司制定的中高档配置、中低价位目标的实现，节约成本约3万元。

施工招投标是决定实际成本的一个很重要的环节。某项目公司把招投标工作确立为投资控制中的关键环节。招标前对工程所用的主要材料先进行实际市场价调查，政府发布的指导价仅仅只能作为一个参考。招标时各项监督机制进行了完善，让各投标单位明确我方对招标的有效监督，确保招标工作阳光、透明，调动各投标单位参标的积极性。

案例三：

项目公司售楼中心的室内精装修工程总造价约为150万元。售楼中心在项目销售结束后需作为商业对外销售，但目前的装修风格根本不适合任何项目的经营，业主在购买后需全部拆除。装修方案在确定时应按功能分区进行设计，同时要考虑售后的使用问题，全面的装饰设计只会增加成本，对销售工作不会有任何积极的影响。而小区的主入口两侧的装饰设计风格又过于单调，在后期景观设计时很难满足要求。

成本控制要做到从经营的高度做成本控制是很难的。需要各专业人员的通力配合，同时一些技术层面的决策要完全下放到专业的技术层面去解决，这样才能使决策更加地科学、合理。某总在我们的日常工作中经常指出多人为公的工作思路。项目审算、工程、销售人员全过程、全方位的配合机制已初步建立，已能做到事前沟通、事中参与、事后沟通。

案例四：

一期、二期工程设计合同结算时，由于原设计合同对图纸重复利用、图纸作废等问题没有约定，而在实际设计过程中这两种情况出现得很多，总金额约为30多万元，设计费的结算在合同中约定为我方收到最后一批图纸后进行，没有考虑到设计院对施工过程的配合问题。最终，通过项目公司C某、D某、E某与设计院的积极沟通，设计院做出了一定的让步，节约投资约10万元。

完美的合同在现实中是不存在的，但如果合同漏洞百出，我们就要进行认真思考了，公司管理是否在哪个环节出了什么问题。

案例五：

某森林半岛项目，在小区供暖方案上，有的楼设计采用的是 PPR 管，有的楼设计采用的是铝塑管。PPR 管、铝塑管是两种技术性能完全不同的两类管材，结果竟然出现在同一个设计院设计的同一个小区中，真是太奇怪了。幼儿园工程设计时，结构设计师居然不明确某当地的墙体材料，设计的墙体材料为多孔砖，在图纸会审时，结构工程师要求本工程必须用多孔砖，原因是设计荷载是按多孔砖考虑的。而在某市没有生产厂家，最近的生产厂家在新乡市获嘉县，运输成本为 0.2 元/块，方案很不经济，并且供货很难满足正常的施工需要。经与设计院多方沟通，设计院最终同意采用烧结普通砖，降低造价 8 万元。

设计环节是控制投资的一个最要环节，除了要实行设计招标、限额设计外，还应该由我公司专业设计人员常驻设计院进行跟踪监控，避免在施工过程中出现较大的偏差。

案例六：

我曾经在一个工厂呆过几天，在当时总感觉那个厂的制度有点太不近人情了。在任何一个人的责任区内如发现一枚螺钉，就有可能会被重罚（不过提法不是罚而是为了改善职工伙食，因某某原因给厂里捐款），甚至连厂长都经常出现在厂里的"光荣榜"上。现在想起来，一个严厉的制度是必需的。如果每个人、每一项工作都没有问题，那些制度的严厉也就起不到作用，也就无所谓严厉。集团公司提倡的全员、全过程成本控制方法，是实现成本控制的唯一途径。只有实现了每个人都是成本控制主体，每个人都有成本考核目标，没有人处在成本控制制度之外，才能实现成本控制的总体目标。相反，如果一个企业从上到下全部都是"好好先生"，那就很危险了。

案例思考题

通过这些案例，作为房地产企业应该如何进行成本控制？

参 考 文 献

1. 周三多 . 管理学(第三版)[M]. 北京：高等教育出版社，2010.
2. 周三多 . 管理学原理与方法(第六版)[M]. 上海：复旦大学出版社，1999.
3. 董克用 . 人力资源管理概论(第三版)[M]. 北京：中国人民大学出版社，2011.
4. 尤建新 . 管理学概论(第三版)[M]. 上海：同济大学出版社，2010.
5. 焦叔斌 . 管理学(第四版)[M]. 北京：中国人民大学出版社，2012.
6. 斯蒂芬•P•罗宾斯 . 管理学(第 11 版)[M]. 北京：中国人民大学出版社，1997.
7. 尤利群 . 管理学[M]. 杭州：浙江大学出版社，2010.
8. 聂正安 . 管理学[M]. (第三版)北京：高等教育出版社，2010.
9. 方振邦 . 管理思想史[M]. 北京：中国人民大学出版社，2011.
10. 赵曙明主编 . 人力资源管理概论(第 9 版)[M]. 北京：电子工业出版社，2000.